江西省哲学社会科学成果文库

JIANGXISHENG ZHEXUE SHEHUI KEXUE
CHENGGUO WENKU

制造企业商品经营和资本经营的互动与协调

STUDY ON THE INTERACTION AND
COORDINATION OF GOODS MANAGEMENT AND
CAPITAL OPERATION IN
MANUFACTURING ENTERPRISES

胡俊南　著

社会科学文献出版社
SOCIAL SCIENCES ACADEMIC PRESS (CHINA)

总　序

　　作为人类探索世界和改造世界的精神成果，社会科学承载着"认识世界、传承文明、创新理论、资政育人、服务社会"的特殊使命，在中国进入全面建成小康社会的关键时期，以创新的社会科学成果引领全民共同开创中国特色社会主义事业新局面，为经济、政治、社会、文化和生态的全面协调发展提供强有力的思想保证、精神动力、理论支撑和智力支持，这是时代发展对社会科学的基本要求，也是社会科学进一步繁荣发展的内在要求。

　　江西素有"物华天宝，人杰地灵"之美称。千百年来，勤劳、勇敢、智慧的江西人民，在这片富饶美丽的大地上，创造了灿烂的历史文化，在中华民族文明史上书写了辉煌的篇章。在这片自古就有"文章节义之邦"盛誉的赣鄱大地上，文化昌盛，人文荟萃，名人辈出，群星璀璨，他们创造的灿若星辰的文化经典，承载着中华文明成果，汇入了中华民族的不朽史册。作为当代江西人，作为当代江西社会科学工作者，我们有责任继往开来，不断推出新的成果。今天，我们已经站在了新的历史起点上，面临许多新情况、新问题，需要我们给出科学的答案。汲取历史文明的精华，适应新形势、新变化、新任务的要求，创造出今日江西的辉煌，是每一个社会科学工作者的愿望和孜孜以求的目标。

社会科学推动历史发展的主要价值在于推动社会进步、提升文明水平、提高人的素质。然而，社会科学的自身特性又决定了它只有得到民众的认同并为其所掌握，才会变成认识和改造自然与社会的巨大物质力量。因此，社会科学的繁荣发展和其作用的发挥，离不开其成果的运用、交流与广泛传播。

为充分发挥哲学社会科学研究优秀成果和优秀人才的示范带动作用，促进江西省哲学社会科学繁荣发展，我们设立了江西省哲学社会科学成果出版资助项目，全力打造《江西省哲学社会科学成果文库》。

《江西省哲学社会科学成果文库》由江西省社会科学界联合会设立，资助江西省哲学社会科学工作者的优秀著作出版。该文库每年评审一次，通过作者申报和同行专家严格评审的程序，每年资助出版 30 部左右代表江西现阶段社会科学研究前沿水平、体现江西社会科学界学术创造力的优秀著作。

《江西省哲学社会科学成果文库》涵盖整个社会科学领域，收入文库的都是具有较高价值的学术著作和具有思想性、科学性、艺术性的社会科学普及和成果转化推广著作，并按照"统一标识、统一封面、统一版式、统一标准"的总体要求组织出版。希望通过持之以恒地组织出版，持续推出江西社会科学研究的最新优秀成果，不断提升江西社会科学的影响力，逐步形成学术品牌，展示江西社会科学工作者的群体气势，为增强江西的综合实力发挥积极作用。

祝黄河

2013 年 6 月

前　言

制造业是国民经济的支柱产业，是国家创造力、竞争力和综合国力的重要体现。商品经营与资本经营是企业成长和发展不可或缺的两翼，实现商品经营和资本经营的良性互动、协调发展，是企业实现可持续发展的必要条件。目前，我国有不少制造企业商品经营与资本经营缺乏协调，要么只重商品经营、忽略资本经营，要么沉迷于资本经营游戏、无视商品经营，可持续发展乏力。因此，制造企业如何实现商品经营和资本经营的协调发展，以促进企业价值的可持续增长和行业竞争力的提升，从而推动我国国民经济的可持续发展，是一个非常值得研究的课题。基于此，本书以价值创造作为研究视角，对我国制造企业商品经营与资本经营的协调性进行了研究。

主要研究内容有以下五个方面。

1. 机理分析。通过构建系统动力学模型进行仿真分析，剖析了商品经营与资本经营的互动关系和相互作用机理，揭示了商品经营与资本经营的互动性对企业价值创造的影响机理。首先，根据商品经营与资本经营创造价值的方式和途径不同，定义了商品经营与资本经营的边界，为定量分析两者关系奠定了基础；其次，运用面板数据单位根检验和格兰杰因果检验，基于我国253家制造业上市公司2001～2010年20期面板数据，对商品经营与资本经营的互动性及其主要影响因素进行了实证研究，通过分析各因素因果关系，构建了商品经营与资本经营互动的因果关系图；再次，应用回归建模和流率基本入树方法，构建了商品经营与资本经营的互动关系及其对价值创造产生影响的系统动力学模型；最后，通过系统动力学仿真分析，揭示了商品经营与资本经营的互动性对企业价值创造的影响机理，阐明了商品经营与资本经营协调发展是企业持续创造价值的必要条件。

2. 价值协调评价。基于价值创造和协调性特征构建了商品经营与资本经营协调性综合评价指标体系，利用主成分分析法和协调指数法，测算了制造企业（包括总行业和各分行业）商品经营与资本经营的协调度，包括静态协调度和动态协调度，评价分析了我国制造企业商品经营与资本经营的综合发展状况以及两个系统之间的协调性。并通过面板数据格兰杰因果检验和脉冲响应函数分析，考察了商品经营与资本经营协调度对企业价值创造的影响，结果表明制造企业商品经营与资本经营协调度的提高对资本增值具有长期显著的正效应。

3. 风险协调衡量。设计了商品经营杠杆和资本经营杠杆，来衡量我国制造企业（包括总行业和各分行业）的商品经营风险与资本经营风险，并运用区间估计法确定了商品经营与资本经营总杠杆系数的合理值域，通过考察总杠杆系数是否处于合理值域，对各制造行业企业商品经营与资本经营的风险协调状况进行了判断。

4. 宏观经济影响分析。分析总结了宏观经济因素变动对制造企业商品经营与资本经营协调性（包括价值协调和风险协调）的影响规律。基于 VAR 模型和 SVAR 模型的脉冲响应函数分析和方差分解，分析了经济波动、货币政策、行业景气度对制造企业商品经营和资本经营协调度以及杠杆效应的影响，找出主要影响因素并探寻影响规律，为相关协调策略的提出提供了数据支持。

5. 协调策略研究。分别针对前面机理分析、价值协调评价、风险协调衡量和宏观经济影响分析四个方面的问题，给出了我国制造企业商品经营与资本经营协调发展的策略。具体是：①协调商品经营与资本经营投融资关系，实现良性互动；②克服背离动因，实现商品经营与资本经营协调发展；③协调运用商品经营杠杆和资本经营杠杆控制风险、创造价值；④顺应宏观环境变化，及时调整商品经营与资本经营的协调策略。

本书主要创新点有以下三点。

（1）构建了反映制造企业商品经营与资本经营互动关系及其对价值创造进行影响的系统动力学模型，通过系统动力学仿真揭示了商品经营与资本经营的互动性对价值创造的影响机理，并针对关键因素构建了反馈基模，提出了相应管理对策。

（2）构建了商品经营与资本经营协调性综合评价指标体系，计算并评价了我国制造企业商品经营与资本经营的协调度，实现了对商品经营与资本经营协调性的定量分析。

（3）设计了商品经营杠杆系数和资本经营杠杆系数来衡量我国制造企业的商品经营风险和资本经营风险，并提出通过总杠杆来实现对商品经营风险与资本经营风险的协调控制。

通过研究，形成了较为系统的商品经营与资本经营协调性评价方法，而且由于是以制造业九大行业的上市公司为实证样本的，研究结论具有较强的针对性。本书构建的评价方法与实证研究成果，为我国制造企业实现价值可持续增长提供了有重要参考价值的依据。

胡俊南

2012 年 10 月于华东交通大学经管楼

目　录

第一章 绪 论

第一节 研究背景与研究意义

资本经营的含义有广义和狭义之分，本书采用的是狭义概念，是指独立于商品经营而存在的，以价值化、证券化了的资本或可以按价值化、证券化操作的物化资本为基础，通过流动、收购、兼并、战略联盟、股份回购、企业分立、资产剥离、资产重组、破产重组、债转股、租赁经营、托管经营、参股、控股、交易、转让等各种途径优化配置，提高资本运营效率和效益，以实现资本最大限度增值目标的一种经营方式（杨波，2002）。简而言之，资本经营就是对资本及其运动所进行的运筹和经营活动（夏乐书，2000）。

（1）企业经营方式由只重商品经营转为商品经营和资本经营并重

创造价值是企业生存与发展的关键，也是企业追求的最终目标，而企业的价值创造主要体现在资本增值。企业经营活动分为商品经营活动和资本经营活动，企业正是通过它们来实现资本保值增值的。商品经营通过商品销售或提供劳务，实现利润最大化，进而实现资本增值。资本经营通过产权流动和重组，提高资本运营效率和效益，进而实现资本增值。20 世纪 90 年代以前，我国企业以制造业为主，侧重于商品经营，随着我国证券市场的建立和发展，市场虚拟化程度的提高，第三产业占 GDP 比重的持续增长（2010 年已达到 42.97%），股票上市、参股、控股、收购、兼并、重组等各种资本经营方式已成为我国企业提高企业价值的重要手段。我国企业经营方式已发生了变化，由过去只重商品经营转为商品经营和资本经营并重。

（2）商品经营与资本经营之间相互促进、相互影响，必须协调发展，才能实现企业价值的可持续增长

由于商品经营与资本经营两者之间存在着相互促进、相互影响的关系，如果协调得好，就会促进资本迅速增值；如果协调不好，就有可能导致企业利润下降、资本减值，甚至陷入财务危机和破产倒闭的严重后果。商品经营是企业实现资本保值与增值的基本途径，是资本经营的前提和基础。如果企业在商品经营过程中供产销各环节脱节，资本循环周转就会中断，资本经营就成了无本之木、无源之水，暂时的繁荣也只能是泡沫。如：美国华尔街神话的破灭，让人们意识到如果主业不稳固，企业的大厦就好像是建立在流沙之上而不能长久。反过来，资本经营的成功运作，会有力地推动商品经营的发展，使商品经营产生量的迅速膨胀和质的根本飞跃。但如果资本经营变成了纯粹的"资本游戏"，就会使商品经营的资源分散，透支主业发展资金，破坏核心竞争力，阻碍商品经营的发展，如德隆的失败和健力宝的衰落。因此，商品经营与资本经营在企业经营中缺一不可。如果把企业比作一部车子，商品经营与资本经营就好比车子的左右两个轮子，只有"双轮驱动"，车子才能快速前进。商品经营与资本经营必须协调发展，形成良性循环，才能实现企业价值的可持续增长（如图 1–1）。

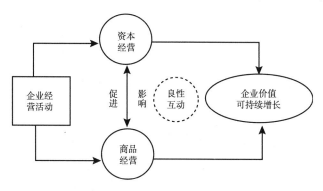

图 1–1   商品经营、资本经营与企业价值增长的关系

（3）制造业是我国经济增长的发动机，但实践中有不少制造企业商品经营与资本经营缺乏协调，持续发展乏力

制造业是我国国民经济的核心和工业化的原动力，是我国经济增长的发动机，2010年中国制造业增加值增长了9.4%，超过日本成为全球第二大工业制造国。因此，能不能提高我国制造企业的经营效率，实现其价值可持续增长，对于推动我国国民经济持续、快速和健康发展具有重大意义。而目前我国有不少制造企业商品经营和资本经营缺乏协调，经营中出现了很多问题（吕波，2009）。典型的有：①只重视商品经营扩张，不重视资本经营，引发商品经营资金危机。如铜锣湾在短短3年内从3家门店发展到50余家门店，却在资本告急时才想到上市融资和引进战略投资者，但为时已晚，最后因为资金链断裂而全线崩溃。②只想通过资本经营圈钱，无视商品经营，企业持续发展乏力。如欧亚农业为了上市圈钱，曾经制造出高科技农业带来高成长的美妙概念，并以虚增营业额等造假方式，侥幸在香港创业板上市，但根本无实质性的商品经营内容，最终"纸包不住火"，股票被清盘。③商品经营和资本经营随机变换，无长远战略规划。如茉织华原是一家经营服装的上市公司，却"这山看着那山高"，一会想大力发展主业，一会想大手笔进军汽车产业，一会又进入了地产行业，没有明确的发展战略目标。2010年9月29日巴菲特在中国慈善晚宴上就中国企业存在的问题进行探讨时，指出中国企业在战略上不够成熟，有些企业把命运都寄托在资本运作上并乐此不疲，而没有踏踏实实做好企业本身，他认为没踏实长远战略规划的企业往往会短视而短命，在资本市场上很难获得成功。

（4）我国商品市场和资本市场的迅速发展为制造企业有效开展商品经营与资本经营创造了良好的外部环境

20年来，我国商品市场与资本市场发展迅速，取得了举世瞩目的成就。一方面，商品市场发生了质的飞跃，一个市场繁荣、商品丰富、充满生机与活力的买方市场已经形成，商品形式多样化，不仅包括各种产品，还包括各种服务，这些为我国制造企业有效开展商品经营创造了有利的环境。另一方面，沪、深两市已成为全球第二大市值市场，中国已成为名副其实的资本大国，中小企业板和创业板的设立为中小企业和创业期企业进

入资本市场融资开辟了专门通道。在上市公司的数量、融资金额和投资者数量等方面，我国资本市场都已经具备了相当的规模，在产品以及法规制度方面，市场的基本要素和基本框架已经形成，技术系统建设方面也成果显著，这些为我国制造企业有效开展资本经营提供了良好的条件。

综上所述，我国制造企业能不能充分利用有利的外部形势，实现商品经营和资本经营的协调发展，以促进价值的可持续增长和行业的竞争力提升，从而推动我国国民经济的可持续发展，是一个非常值得研究的课题。因此，本书以价值创造作为研究的切入点，以价值创造理论、系统动力学反馈原理、协调理论、杠杆原理等作为研究依据，揭示了商品经营与资本经营的互动性对企业价值创造的影响机理，分析了我国制造企业商品经营与资本经营的价值协调与风险协调状况，探寻了宏观经济因素变动对制造企业商品经营与资本经营协调性的影响规律，给出了我国制造企业商品经营与资本经营协调发展的策略，为我国制造企业实现价值可持续增长提供了有重要参考价值的依据，对促进我国制造企业做大、做强，国民经济更快、更好地发展，具有重要的理论意义和现实意义。

第二节　研究现状

资本经营是 20 世纪 90 年代国内出现的特有的新的经济学范畴，最早是由李锦于 1995 年提出的。资本经营概念出现后，得到了国内理论界的广泛接受和应用。虽然在西方经济学界，没有资本经营（或资本运营）这一独立概念的存在，但相关理论研究从很早就开始了，而且随着社会经济的发展不断深化。他们在进行财务研究和预算管理时，就一直将经营活动与投融资活动分开来，即把商品经营和资本经营看做企业并存的经营活动，认为它们共同存在于企业的经营当中，必须密切配合、良性互动才能使企业得以生存和发展。不过由于没有资本经营这个概念，所以也没有直接显示企业商品经营与资本经营之间关系的研究，但是它们分别研究了资本经营的某项单一活动与商品经营之间相互影响的关系，例如投融资、并购、多角化战略、战略联盟、资产剥离、债转股等资本经营活动对企业绩效的影响。

我国学者对资本经营的研究是伴随着我国资本市场的发展而产生的，

并从 20 世纪 90 年代中后期以来形成一股热潮，产生了许多相关的论著和论文，对我国企业资本经营的问题，如理论、实效、风险、模式、策略等，进行了定性和定量的分析。但由于目前我国理论界对资本经营的概念尚未达成共识，形成规范的定义，所以资本经营的范围界定不同，对资本经营与商品经营关系的认识也就不同。一种观点认为资本经营包括商品经营；另一种观点认为资本经营与商品经营是企业并存的两种经营活动。实际上，无论采用哪种观点，它们的目的都是一样的，即都强调企业所有资源的优化配置、各种经营活动的协调发展，以实现企业资本增值，即企业价值最大化的目标。只不过前一种观点更有利于从整体上把握资本经营所涉及的方方面面，并凸显资本经营的战略意义；而后一种观点更有利于企业在关注每项资本经营效益的同时，关注企业内部的机制协调问题，有利于充分发挥资本经营的杠杆作用和资源整合功能（本课题采用的是后一种观点，目的是想探究我国制造企业目前在商品经营与资本经营中是否存在问题、两者之间是否实现了协调发展）。目前我国已有学者对商品经营与资本经营的关系进行了定性分析，也有学者通过实例论证了商品经营与资本经营结合的重要性及有效性，但迄今尚未有对商品经营和资本经营的协调性进行定量分析的相关研究。

从国内外相关研究来看，国内外学者都认识到了商品经营与资本经营之间相互影响、相互依存的关系，只有实现它们的协调发展和良性循环，才能实现企业价值的持续增长。但就目前来看，研究大都侧重于资本经营，而将资本经营与商品经营联系起来研究它们之间关系的文章还很少；并且实证性研究大都侧重于研究资本经营的某项单一活动对商品经营绩效的影响，尚没有定量地研究商品经营对资本经营影响的文章，更没有定量地研究商品经营与资本经营协调性的文章。

第三节 研究内容

本书的研究内容主要有以下几个部分（见图 1 - 2）。

第一章，绪论。介绍研究背景和研究意义。

第二章，文献综述。主要介绍了国内外关于资本经营、商品经营与资

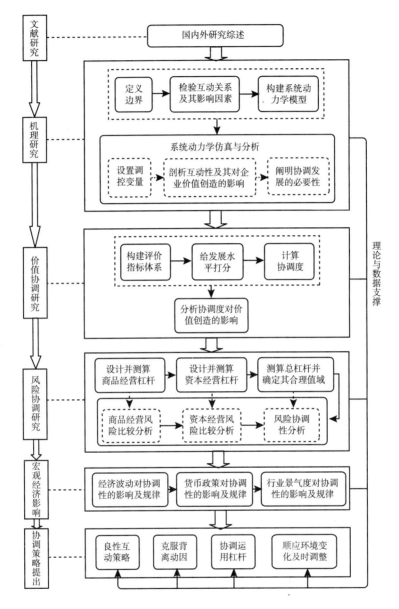

图 1-2 本书研究内容及结构

本经营关系的相关研究。

第三章，商品经营与资本经营的互动性对企业价值创造的影响机理分析。首先，在回顾价值创造理论的基础上，根据商品经营与资本经营创造价值的方式和途径不同，定义了商品经营与资本经营的边界，给出了商品经营利润与资本经营收益的计算公式，为定量分析两者关系奠定了基础；其次，对我国 2001 年以前沪、深上市的 9 大制造行业企业按 50% 的比例随机抽样，计算得到 253 家制造业上市公司 2001 ~ 2010 年 20 期的面板数据，运用格兰杰（Granger）因果检验和相关分析验证了商品经营与资本经营之间存在着互动关系，而且这种互动关系是通过一些相关因素传导实现的，并以实证研究结果为基础构建了适用于整个制造业企业的商品经营与资本经营互动因果关系图；再次，应用回归建模和流率基本入树的方法，构建了商品经营与资本经营互动关系及其对价值创造影响的系统动力学模型；最后，运用 Vensim5.4 进行了系统动力学仿真分析，从微观和宏观两个角度设计了资本经营投资与商品经营投资比例、贷款利率两个调控变量因子进行模拟仿真，通过调节调控变量剖析了商品经营与资本经营之间的互动关系和相互作用机理、揭示了商品经营与资本经营的互动性对企业价值创造的影响机理，阐明了商品经营与资本经营的协调发展是企业持续创造价值的必要条件。

　　第四章，制造企业商品经营与资本经营的协调度对价值创造的影响分析，即价值协调研究。首先，在界定了商品经营与资本经营协调性的基础上，基于价值创造和协调性特征，构建了商品经营与资本经营协调性综合评价指标体系，各子系统指标体系分别由规模性指标、结构性指标和效益性指标组成；其次，以我国 9 个制造行业共 253 家上市公司作为样本，选取 2001 ~ 2010 年共 20 期数据（半年为一期），运用 SPSS18.0 软件，通过主成分分析测算出我国制造企业（包括总行业和各分行业）商品经营与资本经营系统的综合发展指数，通过回归拟合计算商品经营与资本经营系统的最佳发展指数，再运用协调指数法计算出制造企业商品经营与资本经营的协调度，包括静态协调度和动态协调度，评价分析了我国制造企业（包括总行业和各分行业）商品经营与资本经营系统的综合发展状况以及两个系统之间的协调性；最后，运用 Eviews7.0 建立 VAR 模型，对制造业 9 个行业样本企业的面板数据进行了格兰杰因果检验和脉冲响应函数分析，考察了商品经营与资本经营的协调度对企业价值创造的影响，结果表明制造企业商品经营与资本经营协调度的提高对企业资本增值具有长期显著的正效应。

　　第五章，商品经营与资本经营对价值创造的杠杆效应及风险协调研究。首先，根据商品经营和资本经营创造价值的特点和杠杆效应，结合我国会计实务，设计了商品经营杠杆系数和资本经营杠杆系数两个衡量经营风险的指标，并分析了两者的影响因素以及总杠杆在风险协调控制中的作用；其次，通过计算商品经营杠杆系数和资本经营杠杆系数，评价分析了制造企业（包括总行业和各分行业）商品经营风险与资本经营风险的大小；最后，运用区间估计法确定了总杠杆系数的合理值域，通过考察总杠杆系数是否处于合理值域来判断制造企业（包括总行业和各分行业）商品经营与资本经营的风险协调状况。

第六章，宏观经济因素对制造企业商品经营与资本经营协调性（包括价值协调和风险协调）的影响分析。利用 Eviews7.0 建立 VAR 模型和 SVAR 模型，通过脉冲响应函数分析和方差分解，分析了经济波动、货币政策、行业景气度对制造企业（包括总行业和各分行业）商品经营与资本经营协调度以及杠杆效应的影响，即从价值协调和风险协调两个方面探寻了宏观经济因素变动对制造企业商品经营与资本经营协调性的影响规律，找出了主要影响因素，为后面相关协调策略的提出提供了数据支撑。

第七章，基于价值创造的制造企业商品经营与资本经营协调策略研究。在前几章提出问题、分析问题的基础上，针对前面机理分析、价值协调评价、风险协调衡量和宏观经济影响分析四个方面的研究内容，分别从这四个方面给出了我国制造企业商品经营与资本经营协调发展的策略。具体是：

①协调商品经营与资本经营投融资关系，实现良性互动；

②克服背离动因，实现商品经营与资本经营协调发展；

③协调运用商品经营杠杆和资本经营杠杆控制风险、创造价值；

④顺应宏观环境变化，及时调整商品经营与资本经营的协调策略。

第四节　研究方法与创新点

1. 研究方法

（1）采用面板数据单位根检验和格兰杰因果检验，应用 Eviews7.0 软件，对我国制造企业商品经营与资本经营的互动性及其主要影响因素进行了实证检验，根据实证结果构建了具有普遍意义的商品经营与资本经营互动因果关系图。

（2）采用多元线性回归模型、多项式分布滞后模型和自回归分布滞后模型，应用 Eviews7.0 软件，构建了系统动力学模型主要变量的微分方程。

（3）采用系统动力学反馈动态性复杂分析技术构建系统动力学模型。运用系统动力学仿真软件 Vensim5.4，对模型进行检验和灵敏度分析，并通过调控参数，分析了企业管理当局投资偏好不同或外部宏观货币政策不同时，商品经营与资本经营之间的互动性及其对价值创造的影响。

（4）采用主成分分析，运用 SPSS18.0 软件，测算出我国制造企业商品经营与资本经营系统的综合发展指数，通过回归拟合计算出商品经营与资本经营系统的最佳发展指数，再运用协调指数法计算出制造企业（包括总行业和各分行业）商品经营与资本经营的协调度。

（5）采用区间估计法，运用 SPSS18.0 软件，确定了制造企业商品经营与资本经营总杠杆系数的合理值域，并通过描述性统计分析了制造企业经营风险大小。

（6）利用 VAR 模型和 SVAR 模型的脉冲响应函数分析和方差分解，应用 Eviews7.0 软件，分析了经济波动、货币政策、行业景气指数等宏观环境变化对制造企业商品经营和资本经营的协调度以及杠杆效应的影响。

2. 创新点

（1）构建了制造企业商品经营与资本经营互动关系及其对价值创造影响的系统动力学模型，通过系统动力学仿真揭示了商品经营与资本经营的互动性对企业价值创造的影响机理，并针对关键因素构建了反馈基模，提出了相应的管理对策。迄今还未有过相关的此类研究。

（2）构建了商品经营与资本经营协调性综合评价指标体系，计算出我国制造企业商品经营与资本经营的协调度，定量分析了我国制造企业商品经营与资本经营的协调性。以往有学者作过定性分析，但没有定量分析的研究。

（3）根据商品经营和资本经营创造价值的特点和杠杆效应，并结合我国会计实务，创新设计了商品经营杠杆系数和资本经营杠杆系数来衡量制造企业的商品经营风险和资本经营风险，并提出通过总杠杆来实现对商品经营风险与资本经营风险的协调控制。

第五节 技术路线

根据财务的观点，企业要实现价值的可持续增长，在考虑收益的同时，还必须考虑风险因素，因为收益的增加往往意味着风险的上升，只有收益和风险达到较好均衡时才能实现企业价值的可持续增长，因此本书从价值协调和风险协调两个方面来研究商品经营与资本经营的协调性，具体研究路线见图1-3。本书是以上市公司作为制造企业的代表来进行数据分析研究的，主要理由有两个：①由于研究需用大量财务数

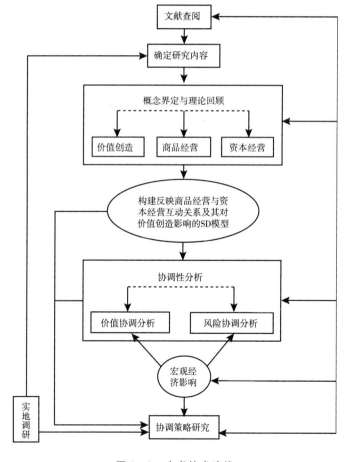

图1-3 本书技术路线

据，而非上市公司的财务数据都是企业的核心机密，无法获得，上市公司披露的报表为研究数据的获得提供了便利；②上市公司是企业中的中坚力量和精英，更具代表性，资本市场为其资本经营提供了更为健全的渠道，其经营状况好坏能较确切地反映我国制造企业的真实概况。

第二章　文献综述

第一节　关于商品经营与资本经营范畴的界定

一　国外研究现状

虽然在西方经济学界，没有资本经营（或资本运营）这一独立概念的存在，但实际上相关理论研究从很早就开始了，比如：投融资理论、并购重组理论等，而且随着社会经济的发展不断深化。投融资理论有：Modigliani 和 Miller（1958）的 MM 理论、Myers（1984）等人的权衡理论、Myers（1984）等人的融资优序理论、Jensen 和 Meckling（1976）的代理成本理论、Harris 和 Raviv（1988）以及 Aghion 和 Bolton（1992）的融资结构控制权理论等。并购重组理论有：马克思的《资本论》（1975）、Ronald Harry Coase（1937）（1960）的科斯定理、Prahalad 和 Hamel（1990）的企业核心竞争力概念、效率理论（Efficiency Theory）、多角化经营理论（Diversification Theory）、价值低估理论（Under Valuation Theory）、代理问题和管理主义者理论（Agency Problem and Managerism Theory）、自由现金流假说（Free Cash Flow Hypothesis）、市场势力理论（Market Power）、税收刺激论和财富重新分配理论等（弗雷德·威斯通，1998）。虽然这些理论研究的侧重点及其采用的分析方法各不相同，但其实它们关注的焦点是一致的，即如何有效地进行投融资或并购重组，以促进企业商品经营的发展和资本的增值。

国外学者虽然没有对商品经营与资本经营的范畴进行明确界定，但实际上从很早开始，就一直把商品经营与资本经营看成是企业两种并存的经营活动。这个我们可以从全面预算管理和财务的实践、研究中得到证实。

全面预算管理自 20 世纪 20 年代在美国的通用电气公司（General Electric Company）、杜邦公司（DuPont Company）、通用汽车公司（General Motors Corporation）产生之后，迅速成为大型现代工商企业的标准作业程序。它对现代工商企业的成熟与发展起到过至关重要的作用，钱德勒在其名著《看得见的手——美国企业的管理革命》中描述了这一史实（潘爱香，2001）。目前国外大中型企业有 90% 以上都采用全面预算管理这一管理模式。所谓全面预算管理是利用预算对企业内部各部门、各单位的各种财务及非财务资源进行分配、控制、考核，以便有效地组织和协调企业的各种经济活动，完成既定的经营目标。它将企业的经营活动分成两大类：一类是生产经营活动，要编制营业预算，主要包括销售预算、生产预算、直接材料预算、直接人工预算、制造费用预算、产品成本预算、采购预算、期间费用预算等相关业务预算；另一类是投融资活动，要编制资本支出预算，主要包括固定资产预算、权益性资本投资预算和债券投资预算，同时还要编制资本筹集预算，主要包括长短期借款、发行债券及还本付息预算，发行股票、配股和增发股票预算。然后将各项经济活动对现金流量和经营成果的影响通过编制财务预算（财务报表预算）来反映。由此可见，国外学者在进行全面预算管理实践和研究时，是把商品经营和资本经营看做企业并存的经营活动的。

再有，从美国财务会计准则委员会（FASB；Financial Accounting Standards Board）1987 年发布的第 95 号财务会计准则《现金流量表会计准则》，还有国际会计准则委员会（IASC；International Accounting Standards Committee）1989 年发布的第 7 号国际会计准则《现金流量表》来看，它们都要求公司在编制现金流量表时，将企业现金流量的流入和流出分为经营活动产生的现金流量、投资活动产生的现金流量和筹资活动产生的现金流量，而经营活动就属于商品经营范畴，投资活动和筹资活动属于资本经营范畴。由此可见，国外学者在进行财务研究时，也是把商品经营和资本经营看做企业并存的经营活动的。

因此，可以看出国外学者对于商品经营和资本经营的研究一直是同时进行的，它们共同存在于企业的经营中，必须密切配合、良性互动才能使企业得以生存和发展。

二　国内研究现状

资本经营思想是 20 世纪后期中国经济理论的重大发现，是继社会主义市场经济理论提出后的又一重大理论成果。李锦（1995）是最早提出资本经营理论的学者，他于 1995 年 6 月 21 日在《东方讯报》上最早刊发了《资本经营试论》，此后两个月内相继成为《人民日报》《经济参考报》《社会科学报》《厂长经理日报》《信息日报》《东方快报》《发展论坛》等报道的头条。李锦率先提出的观点是，资本是能够增值的价值，公开修改了马克思在《资本论》中强调的"资本是能够带来剩余价值的价值"这句话，然后把资本与资本金区别开来，将其视为价值形态，接着强调资本的结构问题，确定了资本增值的实现途径，提出了资本经营的内容、原则及其实践意义。这些形成了相对完整的资本经营理论框架（李锦，2009）。

随着我国资本市场的发展，我国学者对资本经营的研究从 20 世纪 90 年代中后期以来形成一股热潮，产生了许多相关的论著和论文，对我国企业资本经营的问题，如：理论（熊海斌，1997；李凤云、王克、刘志伟，1997；高勇，1998；石兆文，2001）、实效（孙世敏、王星、王永安，2003；陈冬涛，2005；刘玉丽，2006；郑江南，2007；韩刚，2009）、风险（任浩，2005；倪瑛，2007；张刚刚、褚义景，2008）、模式（王雪峰，2001；何广涛、信育平，2004；王泽波，2006；曾建平，2006；王炜，2006；王春霞，2008；唐成，2008）、策略（陈明森、林述舜，2003；陶功浩，2003；高雅翠，2006；史立松，2006；薛晓军，2006；蒋文超，2007；叶思遐，2009）等，进行了定性和定量的分析。但对于资本经营这个被广泛应用的经济范畴，目前在理论界尚未达成共识，形成规范的定义。因此，对于资本经营与商品经营之间的关系也就有了不同的认识。

（1）认为资本经营包括商品经营

从广义的角度讲，资本经营是指以资本增值最大化为目的，以价值管理为特征，通过企业全部资本与生产要素的优化配置和产业结构的动态调整，对企业的全部资本进行有效运营的一种经营方式（杨波，2002）。广义的资本经营包括了以资本增值最大化为目的的企业全部经营活动，显然商品经营也在其中。

持这种观点的主要有：

陈承明和凌宗诠（2003）认为资本运营是指以实现利润最大化和资本增值为根本目的，以价值管理为特征，通过优化资源配置，在资本运动过程中对有形和无形资本进行综合有效的筹划、组织、管理的方式或活动。

王鸿雁等（2004）、胡鸣（2007）、李玲洁（2008）都认为资本运营是指企业所拥有的各种社会资源、各种生产要素，即所拥有的各种资本（包括有形的和无形的）变为可以增值的活化资本，通过流动、裂变组合、优化配置等各种方式进行有效经营，以最少的投入获取最多的产出，实现资本最大限度的增值。

此外，还有任秀梅（2007）等学者也赞成这种观点。

（2）认为资本经营与商品经营是企业并存的两种经营活动

狭义的资本经营是与商品经营相对应的，区别于商品经营的另一种经营方式，是指"独立于商品经营而存在，以价值化、证券化的资本或可以按价值化、证券化操作的物化资本为基础，通过兼并、收购、战略联盟、股份回购、企业分立、资产剥离、资产重组、破产重组、债转股、租赁经营、托管经营等各种途径来提高资本运营效率和效益的经营活动"（杨波，2002）。

这种观点认为资本经营与商品经营的关系是：商品经营是资本经营的前提和基础，离开了商品经营，资本经营势必成为无源之水、无本之木；资本经营是商品经营的提升和促进，离开了资本经营，商品经营就没有量的迅速膨胀和质的根本飞跃。二者相互联系、相互渗透。

持这种观点的主要有：

陈永忠和姚洪（2000）认为应把资本经营和生产经营密切地结合起来，两者都是实现企业价值最大化这一目标的有效方式。

夏乐书等（2000）明确了资本经营与生产经营的区别和联系，指出生产经营是资本经营的基础，资本经营要为发展生产经营服务，只有生产经营搞好了，资本经营的目标才能实现。

李玉平（2003）指出了资本经营与传统的商品经营相比具有的特点，如：资本经营的对象是资本，通过投出资本、监管资本运用和调整存量资本结构等行为实现资本的增值；而商品经营是以商品为导向，通过供、产、销实现销售利润最大化。还有企业在商品经营上的收益主要是商品销售利润；而资本经营既可以通过优化资源配置获取更大的商品销售利润，又可以通过对外投资取得投资利润，或者通过纯粹的资本交易获取资本利得。

杨文（2003）认为资本经营和生产经营都属于企业经营的范围，二者既有区别又密切联系。

马建国（2005）认为资本运营和生产经营应该是国有企业发展的两个"轮子"。资本运营与生产经营都是实现目标的手段，彼此相辅相成，密切配合，两者无高级低级之分。

曾建平（2006）指出在市场经济条件下，企业家既要精通生产经营，又要掌握资本运营，并把两者密切结合起来。要注意防范两种倾向，一是片面强调资本运营而忽视生产经营，把资本运营当做"空手道"；二是强调生产经营而忽视资本运营，把资本运营看做"歪门邪道"。

徐欢（2006）认为资本运营是作为与生产经营相对应的一个概念提出并加以使用的，是针对生产经营所忽视的部分，它和生产经营呈互补关系，共同服务于企业的长期发展战略。

吕波（2009）认为资本经营与主业经营在企业经营中缺一不可。如果把企业比作一部车子，资本经营与主业经营就好比车子的左右两个轮子，只有"双轮驱动"，车子才能快速前进。

此外，采用此观点的学者还有车正红（2010）、马学玲（2010）等。

综上所述可以看出，无论是采用广义的观点，还是采用狭义的观点，实际上目的都是一样的，即都强调企业所有资源的优化配置、各种经营活动的协调发展，以实现企业资本增值，即企业价值最大化的目标。广义的观点有利于从整体上把握资本运营所涉及的方方面面并凸显资本运营的战略意义。狭义的观点有利于企业在关注每项资本经营效益的同时，关注企业内部的机制协调问题，有利于充分发挥资本经营的杠杆作用和资源整合功能。因此，本书采用狭义的观点，旨在研究商品经营与资本经营的协调性，给出具体的协调策略。

第二节 关于商品经营与资本经营关系的研究

一 国外研究现状

由于资本经营是 20 世纪 90 年代中期我国学术界出现的一个新概念，西方学术界并没有这个概念，所以并没有直接显示企业资本经营与商品经营之间关系的研究，但是它们分别从资本经营的几项单一活动研究了其与商品经营之间相互影响、相互依存的关系。

（1）投融资与商品经营的关系

①投融资与内部现金流量（即商品经营活动现金流量）的关系

20 世纪 70 年代以来，关于投融资的研究，西方学者重点关注的是融资和内部现金流量是否影响、为什么影响和如何影响企业的投资行为，以及如何设计和确定与有效的公司治理机制相适应的融资结构，达到优化企业投资行为、提升企业价值的目的。

Meyer 和 Kuh（1957）提出的企业投资流动性约束假说认为，资本市场的不完善使企业投资支出会受到企业内部资金的限制，即投资决策会受到企业盈利水平的影响。Myers 和 Majluf（1984）发现，信息不对称的存在使外部权益融资成本显著高于内源融资，而过高的融资成本形成的融资约束使一些企业被迫放弃原来好的投资项目而出现投资不足。Stiglitz 和 Weiss（1981）对外部债务融资市场的分析也得出了类似的结果。外部融资约束带来的投资不足导致投资与现金流量呈现显著的正相关关系。此后，得到相同结论的实证研究还有：Fazzari 等（1988）用分类检验法对不同财务约束企业的比较；Hoshi 等（1991）对日本财团成员企业和非财团成员企业的比较；Schaller（1993）等对年轻企业和成熟企业的比较；Houston 和 James（2001）对与银行关系不同企业的比较。但也有得到相反结论的实证研究：Kaplan 和 Zingales（1997）根据公司年报中的各种定量和定性信息来确定企业的融资约束程度，并依之对企业进行分类，发现融资约束较少的企业的投资决策对现金流的敏感程度更大；Cleary（1999）采用融资约束指数 ZFC 来对企业进行分类，并且允许企业的分类随着时间的变化而变化，以反映企业财务状况不断变化的现实情况。

实际上无论何种结论，都说明了一个问题，在投资机会既定的情况下，企业内部资金来源（即商品经营状况的好坏）会影响企业的投资水平，如果企业的内部资金来源不能满足投资需求，那么由于外部资金成本的高昂，企业不得不放弃一些投资项目，这表明企业受到了融资约束。而且，外部资金与内部资金成本的差异越大，企业所受到的融资约束越严重，此时企业对内部资金来源（即商品经营的利润）的依赖就越强。

Jensen（1986）指出，自由现金流量多的企业更容易引发代理成本问题而导致过度投资。大量研究表明管理者的管理收益是企业规模的增函数，因此，管理者往往会耗尽企业的自由现金流投资于负净现值的项目以追求规模增长的最大化，导致投资和企业现金流量的高敏感度。支持自由现金流量假说的实证分析还有：Devereux 和 Schiantarelli（1990）研究发现，企业规模越大，现金流对企业投资决策的影响越大；Strong 和 Meyer（1990）通过对造纸企业投资行为的研究，发现剩余现金流与任意投资有很显著的正相关关系；Vogt（1994）对美国 359 家制造业公司投资与现金流关系的研究等。而得到相反结论的研究有：Hoshi、Kashyap 和 Scharfstein（1991），Carpenter（1993）等人的研究认为缺乏自由现金流量假说的证据。

Stein（2003）认为，投资不足和过度投资或者融资约束理论与自由现金流理论并不互相排斥，它们根据企业的不同特征都能解释为什么企业投资对企业净财富或者说内部资金是敏感的。赞同他观点的有 Vogt（1994）、Morgado 和 Pindado（2003）等，如 Morgado 和 Pindado 利用企业现金流与其投资机会的比值，验证了投资不足和投资过度两类企业的投资对现金流量都是敏感的。

根据以上实证研究我们可以看出，企业自身商品经营活动形成的现金流量是否充裕，会对企业的投资活动产生影响。在存在融资约束的情况下，有时会导致投资不足，有时会导致投资过度。

②资本结构与产品市场竞争力的关系

最早研究企业资本结构与产品市场竞争力关系的是 Brander 和 Lewis

（1986），他们提出企业在产品市场上的竞争行为受其资本结构的影响，而企业在产品市场上的表现和绩效也影响着企业的资本结构决策。他们设计了一个二阶段双寡头垄断模型，通过模型分析，认为在不完全竞争市场条件下，企业参与产量竞争时，债务融资会对其在产品市场上的竞争力产生促进作用。然而，由于 Brander 和 Lewis 仅考虑了企业融资结构选择对产品市场竞争的策略效应，而忽略了融资结构选择对企业内部代理问题的影响，因此受到学者们的普遍质疑。在此基础上，Bolton 和 Scharfstein（1990）提出了掠夺性定价理论。他们同样以一个两阶段博弈模型分析融资结构与企业产品市场竞争的关系，结论是：假若存在掠夺性定价条件，那么企业的最优融资结构取决于降低企业内部代理成本和减轻掠夺性定价的激励措施之间的权衡。Kovenock 和 Phillips（1996）建立了负债融资的"市场战略作用"模型，通过模型得出，负债的增加在降低企业自身的市场竞争能力的同时，间接促进了竞争企业的发展。因此，Brander 和 Lewis以及 Bolton 和 Scharfstein 的分析反映了负债融资与产品市场竞争力之间的正向关系；而 Kovenock 和 Phillips 的模型则反映了二者之间的负向关系。

以上研究无论结果如何，都证明了一点，企业产品的市场竞争力会受其资本结构的影响，而企业在产品市场上的表现和绩效也影响着企业的资本结构决策。

综上所述，企业投融资与商品经营之间的关系可以用图 2 - 1 来刻画。

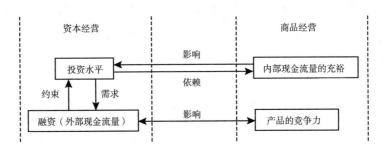

图 2 - 1 投融资与商品经营的关系

（2）企业并购与商品经营的关系

西方学者对企业并购问题作了广泛而深入的研究，主要集中在并购动因研究和并购效应研究两方面。对于企业的并购动机问题，提出了多种理论。Berkovitch 和 Narayana（1983）将并购动因归纳为协调效应或效率、管理者自负和代理问题，并分析了这些动机对合并后目标公司和收购公司收益的影响。Muller（1992）将并购的动机归纳为增加市场能力、提高效率和代理问题。K. D. Brouthers 等（1995）认为，并购动机可以分为经济动机、个人动机和战略动机三类，其中，经济动机包括扩大营销规模、增加利润、降低风险、防御竞争对手等 9 个子项目，个人动机包括增加管理特权等 4 个子项目，战略动机包括提高竞争力、追求市场力量等 4 个子项目。由此可以看出，在现实的经济生活中，企业并购的原因本身是多元而且复杂的，大多数并购伴随着多种动机而且不同时期有着不同的特点，即企业并购的动机是多因素的综合平衡过程。但是不管哪种动机，为企业的商品经营创造一个更好的生存空间，以提高经营绩效、促进资本增值，是企业并购的根本目的。

　　关于并购效应的研究，刘平（2003）将国外学者对并购效应的研究归纳为宏观效应和微观绩效两个方面。并购的宏观效应主要分为产业集聚效应、资源配置效应、垄断效应、社会福利效应、经济发展效应等五种效应。而微观绩效实际上就是商品经营绩效，如图 2 - 2。

　　国外对并购微观绩效的研究主要采用基于股票市场的事件研究法和基于财务经营业绩的会计研究法。①关于事件研究法，最早有文献记载的研究可能开始于 Dolley（1933），Dolley 通过研究拆股时股票名义价格的变动，来检验拆股对股价的影响；Linn 和 Switzer（2001）、Louis（2002）等学者研究了并购时支付方式不同对双方收益的影响；Singh（1987）、Healy 等（1992）、Ghosh（2001）、Megginson 等（2004）等学者考察了并购行业的相关程度与并购绩效的关系；Franks 等（1991）、Fama 和 French（1992）、Rau 和 Vermaelen（1998）等学者从并购企业的成长型和价值型特征对并购绩效影响的角度进行了研究；Shleifer 和 Vishny（1986）、Bradley 等（1988）等学者研究了并购企业的初始持股额与并购绩效的关系。②关于会计研究法，就是利用财务报表和会计数据资料，以盈利能力、市场份额、销售额和现金流量水平等经营业绩指标为评判标准，对比考察并购前后或与同行相比的经营业绩变化。进行这方面研究的学者很多，如：Salter 和 Weinhold（1978）、Mueller（1980）、Ravenscraft 和 Scherer（1989）、Seth（1990a；1990b）、Carline 和 Linn 与 Yadav（2001）

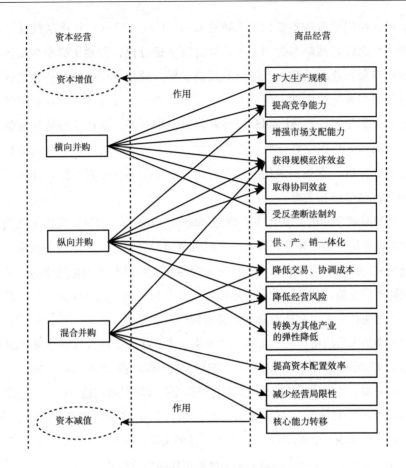

图 2－2　企业并购与商品经营的关系

等。由于研究样本和指标选择的差异，还有方法局限性的影响，研究的结论并不一致，有的认为并购会产生正效应，有的认为会导致负效应。不管研究方法和结论如何，研究者想要验证的是企业并购对于商品经营的绩效究竟产生了什么影响，研究者关心的是企业并购是否能提高商品经营绩效，促进资本增值。

（3）多角化战略与商品经营绩效的关系

企业多角化经营战略与公司业绩的关系，是公司战略管理研究领域最重要的课题之一。产业组织经济学派和战略管理学派是该研究领域的两大主要学派，两大学派在理论基础、研究范式、研究结论等方面都存在明显差异。

产业组织学派的主要代表人物是 Gort。Gort（1962）首次从统计学角度对多角化经营战略与公司业绩关联进行实证分析，开创了研究多角化经营战略与公司业绩关联的产业组织经济学派。他以 SIC 四位数分类代码来度量公司多角化程度的方法成为产业组织学派的研究范式。产业组织经济学派的早期学者，如 Arnould（1969）、Markham 等，从产业经济学理论出发，以美国 SIC 四位数分类代码为标准，对多角化战略与公司业绩关系进行了实证分析，发现多角化战略与公司利润率间不存在相关性，即使存在相关性，也是负相关性。

战略管理学派的主要代表人物是 Rumelt。Rumelt（1974）提出了九类多角化战略度量方法，并对九类多角化经营战略与公司经营业绩的关系进行了实证研究，得出结论：①采用主导约束型与相关约束型多角化战略的公司具有最佳经营业绩；②采用垂直一体化战略与非相关多角化战略公司的经营业绩最不理想；③采用其他经营战略公司的经营业绩处于中等水平。他首创的九类分类法成为战略管理学派的主流理论范式。此后得到与 Rumelt 相似结论的还有 Christensen 和 Montgomery（1981）、Lubatkin 和 Chatterjee（1994）。此外，Lubatkin 和 Rogers（1989）发现将经营业务领域限制在核心能力与技能范围内的公司比其他公司具有更低的经营风险和更好的经营业绩，Markides（1992）、Markides 和 Williamson（1994）证明采用适度相关多角化战略的公司比实施过度非相关多角化战略的公司具有更佳的公司经营业绩。

总而言之，研究结果表明，只有那些从自身核心竞争力出发，在专业化管理基础上实行相关多元化战略的企业，才能取得良好的经营业绩，达到开拓新业务领域、分散商品经营风险的目的；而那些不注重对核心产业和核心竞争力的培育而盲目进行多元化扩张的企业，会由于自身人力、物力、财力有限导致管理松散、业务运作失控而陷入经营困境。因此，多角化战略与商品经营之间的关系可以通过图 2 - 3 反映。

（4）战略联盟对商品经营的影响

战略联盟是组织之间快速取得资源、知识、开发出新产品的一种手段和方法。西方学者对于企业战略联盟的动因进行了深入分析。Contractor 和 Lorange（1988）将企业合作的联盟动机分成六大项，包括降低风险、规模经济、技术互补、克服政府投资限制及贸易障碍、准垂直整合以及塑

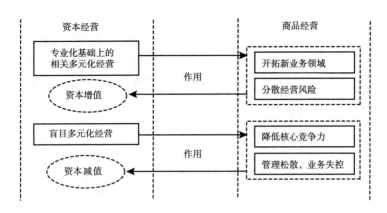

图2-3　多角化战略与商品经营的关系

造竞争地位。Hagedoorn（1988）将联盟动机归纳为三项：取得新技术、创新和进入新市场。Burgers（1993）将联盟动机归纳为两项：扩展公司能力和减少竞争。Krubasik 和 Lautenschlager（1993）认为联盟动机包括发展新产品市场、分担风险、分担发展成本、加强产品技术、增加产能运用、利用规模经济、填满产品线及渗透新的地理市场。Anderson，Håkansson 和 Jahanson（1994）认为战略联盟可以使小公司资源互补，与大公司在市场上竞争。Howarth（1994）将联盟动因归纳为：绩效降低、降低外部环境的不确定性、核心产品的生命周期改变、多角化经营、国内或国际的竞争增加、消费者价值观及购买力的改变、新的政府政策或规定、有被接管的威胁以及资金的成本与取得发生变化。

研究结果表明，虽然每家企业在进行战略联盟时所考虑的因素与动机都不尽相同，但其最终的目标都是为了提升自身的商品经营绩效（如图2-4）。

（5）资产剥离与商品经营绩效的关系

目前国外学术界对于资产剥离有两种界定方法：一种是狭义的方法，认为资产剥离是企业将其一部分资产出售给外部的第三方，并取得现金或其他有价证券的行为，被称作资产出售；另一种是广义的方法，认为资产剥离除了资产出售这种形式以外，还包括企业分立和股权切离等形式。

Duhaime 和 Grant（1984）、Coyne 和 Wright（1986）的案例研究揭示了被出售业务的主要特征：第一，这些被剥离资产的业绩都十分糟糕；第二，进行资产出售的企业都遇到了财务上的困难；第三，被剥离业务与企业剩

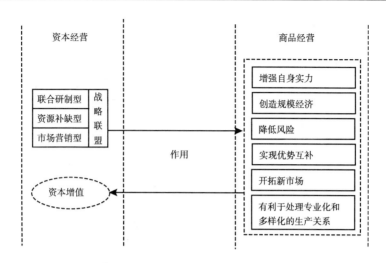

图 2 - 4 战略联盟与商品经营的关系图

余业务基本没有战略上的契合性；第四，管理层投入到这部分业务上的精力非常小；第五，该部分业务所存在的问题在被剥离之前就已明显暴露出来。Haynes、Thompson 和 Wright（2000）把资产剥离视作企业为了达到其最优多元化水平，而不断调整经营业务范围的过程。Montgomery 和 Thomas（1988）第一次运用财务指标法对企业资产剥离后的绩效变化进行了研究，发现在剥离之前的一年，发生资产剥离的公司整体业绩水平要低于没有发生资产剥离的同行，大部分企业在资产剥离后经营业绩都得到了改善，但是业绩仍然明显低于同期没有发生剥离的可比公司。Cho 和 Cohen（1997）通过对 1983～1987 年美国 50 起最大资产剥离事件进行研究，发现企业在剥离之后的经营现金流回报，一般会比剥离之前有轻微提高，不过不显著。Gadad 和 Thomas（2001）认为资产剥离给股东带来财富效应的同时，也能改善公司的业绩。Haynes 等（2002）以 1985～1993 年发生资产剥离的 132 家大型英国公司为样本，进行实证研究，发现资产剥离能给企业业绩带来虽然很小但是在统计上却较为显著的增加。

虽然结果有些差异，但总体表明企业是因为商品经营效益不佳才进行资产剥离的，将经营业绩不好、与主业相关性不大的资产剥离，有助于提高企业的管理效率和核心竞争力，从而提高企业的商品经营绩效（见图 2－5、图 2－6、图 2－7）。

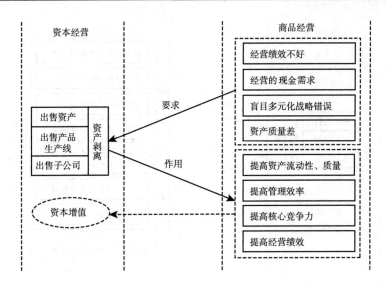

图 2 - 5 资产出售与商品经营绩效的关系

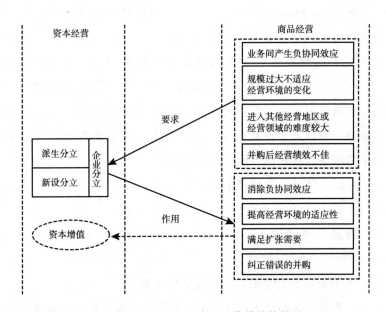

图 2 - 6 企业分立与商品经营绩效的关系

（6）债转股与商品经营绩效的关系

债转股起源于 20 世纪 80 年代的美国，它是化解不良资产的一种重要方式。关于债转股的研究有一部分就集中在债转股绩效评估方面，如

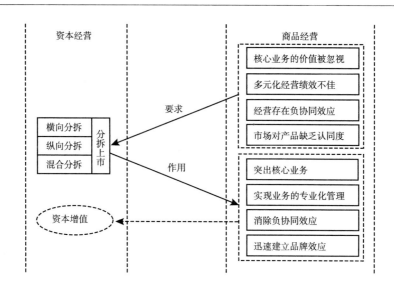

图 2 - 7   企业分拆与商品经营绩效的关系

Peavy（1985）和 Finnerty（1985）研究了债转股的收益回报效应，从股东投资回报角度分析了债转股的政策效应。Lys 和 Thomas 等（1988）通过案例研究了债转股的资本重组给企业价值和企业收益带来的影响。Bowe 等（1993）认为债转股有投资激励效果，但关键是必须把握好股权退出过程中债权市场的二次定价问题。Yuta Seki（2002）通过案例研究，认为实施债转股的公司通常所关注的是资本减少了多少或债务豁免了多少，而不是那些已被转换为股权的债务。

也就是说，债转股有减轻企业债务负担、优化资本结构、改善财务状况、提高企业商品经营绩效的作用，但如果企业自身不注重改善经营管理、提高商品经营绩效和竞争力，债转股也会失去其应有的作用，如图 2 - 8。

（7）无形资本经营与商品经营绩效的关系

无形资产是企业经营不可缺少的一种资产要素，它对企业竞争优势的形成和保持具有重要作用。关于无形资产价值相关性问题的研究主要有 Lev 和 Sougiannis（1996）、Aboody 和 Lev（1998），他们分别从研发费用和软件开发成本的资本化处理的角度，分析了资本化数额的价值相关性，结论是无形资产具有价值相关性。巴鲁·列弗（2003）通过观察企业的

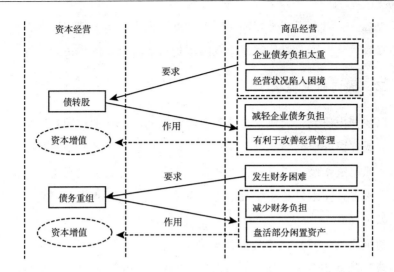

图 2 - 8 债转股与商品经营绩效的关系

发展和价值创造活动，发现无形资产已成为驱动企业价值的核心因素。总而言之，在经济全球化和市场网络化的情况下，无形资本在企业商品经营中的作用变得越来越重要，成功地运营无形资本，能够有效地提高商品经营的绩效。

（8）知识资本经营与商品经营绩效的关系

在企业资本经营过程中，利用市场机制，转让和引进知识、智力，整合企业内部与外部的知识资本，借助于企业外部的知识资源创造出具有自身竞争优势的经营模式，对于企业的发展有举足轻重的作用。

Bontis（1998）通过向 MBA 学生发放问卷，利用 Partial Least Suqares 方法进行分析，认为大部分智力资本要素和企业绩效之间存在着显著的实质因果关系。Pefia（2002）以新创企业为研究对象，分析了智力资本与新企业生存和成长的关联程度，结果显示人力资本、组织资本和关系资本是企业重要的无形资产，与投资绩效存在正相关关系。Raine 和 Ilkka（2003）利用 2002 年芬兰 72 家中小生物科技企业的数据进行研究，结果表明中小企业预期销售额取决于智力资本，人力资本、结构资本和关系资本的平衡能实现最高水平的预期销售额。Riahi - Belkaoui（2003）利用 Forbes 杂志公布的"最国际化"的 81 家制造业和服务业公司数据进行研究，结果显示智力资本与公司财务绩效存在显著正相关关系，是超额利润的来源之一。以上实证研究都证明了一点,人力资本、知识资本、智力资本的有效运营对企业商品经营绩效的增长有非常重要的作用。

二 国内研究现状

以往国内研究,大部分是从资本经营或商品经营的单一角度来进行分析的,或与国外研究相同只研究资本经营某项单一活动与企业绩效之间的关系。而将资本经营与商品经营联系起来专门研究它们之间关系的文章还很少,大多数文献只是在相关论述中简单提及。通过查阅,研究两者关系的文献主要有:

刘星原(1998)认为片面强调商业企业的"资本经营"而忽视"商品经营"的认识和做法是十分错误的。"商品经营"永远是商业企业生存与发展的支点,离开了这个支点,"资本经营"也就成为无源之水。

苗耕书(1998)曾是中国五矿总公司总裁,指出中国五矿总公司在大力强化资本经营的同时,应继续抓好商品经营,只有这样才能实现可持续发展战略。

吕根旭(1998)、唐瑞福(1998)介绍了成都人民商场(集团)股份有限公司按照"强基固本、开拓外延"的发展思路,积极开拓市场,在大力发展主营业务的基础上,积极探索多元化经营,摸索出一条投资少、风险低、回报快的发展道路,即商品经营与资本经营结合的成功道路,取得了显著绩效。

杨依依(2006)指出资本运营和生产经营都属于企业经营的范围,二者既有区别又密切联系,它们是企业创造价值的两种手段。

丁浩(2006)对商品经营和资本运营的互动关系进行了定性研究。

丁浩和尹丽萍(2006)提出实现商品经营和资本运营的良性互动发展是提升企业核心竞争力的根本途径。

吕波(2009)在其著作《资本的雪球》中,较为系统地论述了资本运营与主业经营之间的关系。他认为资本是由"资"和"本"组成的,"资"代表资金,"本"代表主业,要防止"资"偏"本"废。介绍了如何捆绑"资""本"以实现资本快速增长的模式和方法,并用大量案例证明,资本运营与主业经营必须形成良性循环,才能使资本的雪球快速滚大。

从以上的文献可以看出，国内相关研究要么是对资本经营与商品经营的关系进行定性分析，要么是通过实例论证商品经营与资本经营结合的重要性及有效性，目前尚未有对商品经营与资本运营的协调性进行定量分析的文章。

三 综合评述

本书采用狭义的资本经营概念。文献中与"资本经营"并用的还有"资本运营"一词，笔者认为资本经营和资本运营的内涵基本是一致的，本书采用资本经营而非资本运营是因为资本经营与商品经营相对应。再有与"商品经营"并用的还有"生产经营"一词，笔者认为商品经营与生产经营的含义没有本质区别，都是指通过商品销售或提供劳务以实现企业利润最大化的一种经营活动，本书之所以采用商品经营是因为这种提法更符合要求企业以市场为导向的现代理念。

从国内外的相关研究来看，国内外学者都认识到了资本经营与商品经营之间相互影响、相互依存的关系，只有实现它们的协调发展和良性循环，才能实现企业价值的持续增长。但就目前来看，研究大都侧重于资本经营，而将资本经营与商品经营联系起来专门研究它们之间关系的文献还很少；并且实证性研究大都侧重于研究资本经营的某项单一活动对企业商品经营绩效的影响，尚没有定量研究商品经营与资本经营协调性的文章。因此，本书试图对商品经营与资本经营的互动关系以及协调性进行定量研究，以期能揭示两者的互动性对企业价值创造的影响机理，找出影响两者协调发展的主要因素，探寻影响规律。

第三章 商品经营与资本经营的互动性对企业价值创造的影响机理分析

第一节 企业价值与价值创造理论

价值创造是本书研究的视角和基点，是进行计量分析和系统动力学模型构建的重要依据，也是作者研究商品经营与资本经营关系的目的。

一 企业价值理论

关于企业价值的研究，学者们大致基于以下两个角度。

一是基于企业价值构成的角度。主要有两种观点：①有的学者认为企业价值是企业全部资产的价值，由股东价值和债权人价值组成，因为从会计恒等式来看"资产＝负债＋所有者权益"，即企业价值等于企业负债市场价值与股东权益市场价值之和；②有的学者认为企业价值就是股东权益的市场价值。这两种观点的分歧在于前者基于"企业主体"理论的观点认为企业价值等于资产负债表左边的资产市场价值，而后者基于"所有者主权"理论的观点认为企业价值应该等于资产负债表右下方的股东权益市场价值。

二是基于企业价值评估的角度。其观点主要有以下五点。①认为企业价值应该是企业自身的"内含价值"，该价值与企业市场价值的差异取决于资本市场的有效性；②认为企业价值是企业为组织中所有组成要素即企业自身、投资者、顾客、员工、供应商、社区等所创造的价值，即是利益相关者价值和企业自身经济价值之和；③认为企业价值等于企业拥有的客观资产价值，包括有形资产和无形资产；④认为企业的价值等于企业以适当折现率折现的预期现金流量的现值；⑤认为企业价值是多个单项资产组成的企业资产整体所具有的综合价值。

二　企业价值创造理论

长期以来，中外学者从经济学、管理学、会计学、财务学等角度对价值创造进行了长期研究，从理论和实证角度探讨了价值创造的机理和本质，如基于劳动价值论、效用价值论、资产价值论、契约价值论、期权价值论等的价值创造，并从不同角度探讨了价值创造的方法。本书所依据的价值创造主要是从财务的角度来考虑的。

从财务的角度，企业价值创造主要体现于资产价值增加和资本增值，关键在于资本增值。现代企业财务管理的根本目标是资本增值，直接目标是会计利润，核心目标是经济效益。实质上，资本增值最大化与企业股东价值最大化、企业价值最大化目标是一致的。因为：第一，从会计角度看资本是企业股东的价值表现，资本增值实质上是股东价值的增加；第二，资本增值与资产增值是紧密相关的，股东价值与企业价值是紧密相关的，追求股东价值与追求企业价值从长远看是一致的。Tom Copelang、Tim Koller和 Jack Murrin 这几位曾在麦肯锡公司担任过财务业务领导的学者，在他们所著的 *Measuring and Managing the Value of Companies* (3rd *Edition*)（2000）中介绍麦肯锡公司的价值评估精髓时，用大量的数据和案例证明了这个观点：股东价值的创造并不是以牺牲利益相关者的价值而取得的，以股东价值为核心不但对股东有好处，而且对其他利益相关者也都有好处。因为股东对企业的求偿权排在最后，当股东价值实现最大化时，其他利益相关者的利益肯定也已经得到了实现。那些工作环境恶劣、克扣员工工资、吝啬福利开支的企业，是很难吸引和留住优秀员工的；那些不顾债权人利益、随意破坏债务合同的企业，是很难再取得债权人信任把资金投入企业的；那些产品质量差、服务不到位、顾客满意度低的企业，是很难维持或扩大既有销售水平的；那些与供应商关系差的企业，是很难以较低成本获得原材料供应的；那些偷税漏税、不注重环境保护和能源节约的企业，是很难实现可持续发展的；等等。以上这些损害了其他利益相关者利益的企业都不可能实现股东价值最大化，也不可能实现企业价值的可持续增长。企业要实现股东价值最大化、企业价值可持续增长就必须要保护其他利益相关者的利益。当然，这种保护不是无限度的，如果对其他利益相关者的要求不加限制，股东就不会有"剩余"，如果投资不能带来满意的回报，股东就不会出资，利益相关者的要求也就无从实现。

因此，在研究企业价值创造时准确计量资本增值就成了关键。张先治（2007）在其所著的《高级财务管理》中提出：

$$资本增值额 = 企业净利润 - 股权资本机会成本 \qquad (3-1)$$

该公式计算的资本增值额是扣掉了所有资本成本的净增加值，因为它在计算净利润时已经将利息等债务资本成本扣除。

这个观点符合经济利润（即经济增加值 EVA）的观点。经济利润优于传统会计利润的地方在于：它反映的是企业在应用债权人和股东投入的资金后所创造的净增加值，不仅要扣掉债务资金成本，而且还要扣掉股东权益资金成本，是资本收益与资本成本之间的差额。计算公式（科普兰等，2002）如下：

$$
\begin{aligned}
经济利润 &= 息前税后利润 - 资本成本 \\
&= 息前税后利润 - 投资资本 \times 加权平均资本成本 \qquad (3-2)
\end{aligned}
$$

上述计算是站在企业角度，考虑全部投资资本（包括债务资本和权益资本）所计算的经济利润，如果站在企业所有者角度考虑，经济利润是归属企业所有者的，则经济利润可用公式（3-3）计算：

$$
\begin{aligned}
经济利润 &= 税后利润 - 股权资本成本 \\
&= 税后利润 - 所有者权益 \times 股权资本成本 \qquad (3-3)
\end{aligned}
$$

从财务角度，现在关于企业价值的评估主要有现金流量折现法、经济利润折现法、期权价值评估法等，虽然每种方法各有优缺点，但他们都有一个共同点：即只能评估企业现时的价值。由于本书旨在考察制造企业商品经营与资本经营的协调性及其对企业价值创造的影响机理，它是一个历史延续的过程，即本书不仅要考察企业现在的价值创造情况，还要考察企业过去的价值创造情况。因此，本书采用了"资本增值"这个指标来反映企业历年来创造的价值，其计算方法为公式（3-1），这不仅有利于本书的计算分析、达到研究目的，而且也符合价值创造的理论。

第二节　基于价值创造定义商品经营与
资本经营的边界

一　商品经营与资本经营边界的界定

（1）商品经营与资本经营的区别与联系（杨波，2002；任秀梅，2007）

本书采用的是狭义的资本经营概念，它与商品经营的区别主要有以下几点。

①经营对象不同。商品经营的对象是产品及其生产销售过程，经营的基础是厂房、机器设备、产品设计等，侧重的是企业经营过程的使用价值方面；而资本经营的对象是资本及其运动，侧重的是企业经营过程的价值方面。

②经营领域不同。商品经营涉及的领域主要是产品的生产技术、原材料的采购和产品的销售，主要是在生产资料市场、劳动力市场、技术市场和商品市场上运作；资本经营主要在资本市场上运作（资本市场包括证券市场和非证券的产权交易市场等）。

③经营方式和目的不同。商品经营是通过销售商品或提供劳务，实现利润最大化，进而实现资本增值；资本经营是通过产权流动和重组，提高资本运营效率和效益，进而实现资本增值。

④经营导向不同。商品经营较多地受价格信号的控制；资本经营主要受资本市场的制约和资本回报率的限制。

⑤经营风险不同。商品经营风险主要体现在市场需求改变、商品价格变化、原材料价格波动、劳动力成本变动等方面；资本经营风险主要体现在股市波动、利率变动、产业风险变化等方面。

⑥企业的发展方式不同。商品经营主要依赖企业自身的积累，通过创

造更多的利润并使之转化为资本，增加生产要素和生产能力而获得发展；而资本经营不但注重企业自身的内部积累，更重要的是通过资本外部扩张的方式，使企业快速扩张，发展壮大。

商品经营与资本经营存在区别的同时，也有着密切的联系。

①目的一致。商品经营与资本经营最初是合一的，随着企业制度的变迁、所有权与经营权的分离以及资本市场和产权市场的发展，两者逐渐分离。商品经营和资本经营都是以资本增值为目的的经营活动。

②相互依存。资本经营并不排斥商品经营，资本经营和商品经营是密不可分的。通过商品经营实现利润最大化，是资本保值与增值的基本途径，商品经营是资本经营的基础，而资本经营的成功运作，又会有力地推动商品经营的发展。

③相互渗透。企业进行商品经营的过程，就是资本循环周转的过程，如果商品经营过程中供产销各环节脱节，资本循环周转就会中断，如果企业的设备闲置，应收账款与存货等流动资产质量不高，商品销售不畅，就会造成资本效率和效益低下。企业通过资本经营，盘活存量资产，提高资源利用效率，会使资本经营和商品经营又在更高的层次上联系在一起。

因此，商品经营和资本经营是企业经营相辅相成的两个方面，应当有机地结合起来。商品经营始终是企业经营的基本形式，也是资本经营的基础，离开商品经营，资本经营将成为无源之水、无本之木；当然资本经营也可以有力地推动商品经营的发展，它通过对生产要素的有效配置，能够扩大企业市场份额，产生规模效益，拓宽经营领域，降低经营风险，使商品经营产生量的迅速膨胀和质的根本飞跃。

（2）商品经营与资本经营创造价值的边界

根据会计准则，所有经营活动对资本价值造成的影响通过必要的会计处理后，最终都会在"利润表"中体现。由于商品经营与资本经营实现资本增值的方式和途径不同：商品经营是通过销售商品或提供劳务，实现利润最大化，进而实现资本增值。资本经营是通过产权流动和重组，提高资本运营效率和效益，进而实现资本增值，如投融资、并购、战略联盟、股份回购、企业分立、资产剥离、资产重组、债务重组、债转股、租赁经营、托管经营等。因此，本书根据《新会计准则》"利润表"中各组成项目核算内容的性质和特点，分别对它们是属于商品经营活动还是资本经营活动创造的价值进行了界定（见表3-1）。

表3-1　价值属性的界定

项　目	核算内容	性质和特点	价值属性
主营业务收入（成本）	销售商品、提供劳务实现的收入（发生的成本）	通过商品销售或提供劳务实现资本增值	商品经营
其他业务收入（成本）	出租资产、销售材料、用材料进行非货币性交换或债务重组等活动产生的收入（支出）	通过优化配置资产，盘活闲置资产，提高资本运营效率和效益，实现资本增值	资本经营
营业税金及附加	核算与经营活动相关的税费	抵减经营活动的收益	商品经营
销售费用	销售商品、提供劳务过程中发生的各种费用	抵减了销售商品或提供劳务创造的价值	商品经营
管理费用	组织和管理生产经营所发生的管理费用	抵扣生产经营的收益	商品经营
财务费用	为筹集资金所发生的筹资费用	借入资金的成本	资本经营
资产减值损失	计提各项资产减值准备所形成的损失	为真实反映资产的价值，提高资本运营效率而计提	资本经营
公允价值变动收益（损失）	交易性金融资产、交易性金融负债等公允价值变动形成的损益	投融资过程中产生的损益	资本经营
投资收益（损失）	企业对外投资产生的收益（损失）	投资创造的价值	资本经营
营业外收入（支出）	处置非流动资产、交换非货币性资产、债务重组等所产生的利得（损失）	为盘活资产、提高资本运营效率和效益而产生的损益	资本经营
所得税	实现利润应交的所得税	为商品经营与资本经营产生的收益应交的所得税	商品经营资本经营
资本机会成本	股东将资金投入企业而放弃其他投资所能带来的潜在收益	企业为筹集权益资金而必须考虑的成本	资本经营

由表 3 - 1 可知，企业通过商品经营活动带来资本价值变化的有：主营业务收入、主营业务成本、营业税金及附加、管理费用、销售费用、所得税（部分）；通过资本经营活动带来资本价值变化的有：其他业务收入（成本）、财务费用、资产减值损失、公允价值变动收益（损失）、投资收益（损失）、营业外收入（支出）、所得税（部分）、资本机会成本。因此，可以把资本增值额分成两部分，一部分是商品经营创造的价值，另一部分是资本经营创造的价值，本书分别定义为商品经营利润和资本经营收益。

二　商品经营利润与资本经营收益的核算方法

（1）商品经营利润的计算

如公式（3 - 4）：

$$\text{商品经营利润} = (\text{主营业务收入} - \text{主营业务成本} - \text{营业税金及附加} - \text{管理费用} - \text{销售费用}) \times (1 - \text{所得税率}) \tag{3 - 4}$$

（2）资本经营收益的计算

根据表 3 - 1 可知，企业资本增值是由商品经营与资本经营两类活动所创造的价值组成的，如果将它们分别定义为商品经营利润和资本经营收益，也就是说，企业资本增值应等于商品经营利润加资本经营收益。因此，为了简便计算，资本经营收益可以用资本增值额扣除商品经营利润得到。而资本增值额又等于净利润减去股权资本机会成本，所以资本经营收益等于净利润扣除股权资本机会成本和商品经营利润［如公式（3 - 5）］。关于股权资本的机会成本有三种计算方法：①按货币时间价值计算，指在无风险情况下的投资报酬率（通常按短期国库券利率计算）；②按正常利润计算，指资本所有者希望得到的社会平均利润率，它除了包括无风险投资报酬外，还含有资本的风险补偿；③按资本成本计算，指股东要求获得的投资报酬率。以上三种方法中，由于按货币时间价值计算资本机会成本比较简单，但没有考虑到风险补偿；而按资本成本计算资本机会成本方法有很多，要么涉及 BETA 系数，要么涉及股价，这些指标波动性较大，受很多因素干扰，特别是在资本市场还不是很完善的情况下，这些指标并不一定能反映其真实水平。因此，本书采取按正常利润来计算股权资本机会成本的方法。又由于每个行业的投资风险大小不一样，为了考虑风险补偿，以行业平均资本利润率来计算股权资本机会成本。

$$
\begin{aligned}
资本经营收益 &= 资本增值额 - 商品经营利润 \\
&= 净利润 - 股权资本机会成本 - 商品经营利润 \\
&= 净利润 - 股权资本 \times \frac{行业平均资本}{利润率} - 商品经营利润 \quad (3-5)
\end{aligned}
$$

商品经营利润与资本经营收益计算公式的确定，为本书定量研究商品经营与资本经营的协调性奠定了基础。

第三节　商品经营与资本经营的互动性及其主要影响因素的实证研究

一　研究假设

为了验证商品经营与资本经营的互动性，本书根据企业现金流路径和价值创造来源，设定了以下假设，将商品经营与资本经营联系起来，以考察两者之间是否存在互动关系；如果存在互动关系，互动关系又是通过哪些因素传导的，为下一节因果关系图以及系统动力学模型的构建奠定基础。

假设1：商品经营利润与资本经营收益存在互动关系

商品经营与资本经营之间存在着相互促进、相互影响的关系，这在前面已经反复论述过，这里就不再重述。

假设2：商品经营利润与经营活动现金净流量存在互动关系

商品经营利润是引起企业经营活动现金流量变动的主要因素，因为商品经营中为购买原材料、支付人员工资、支付各种税费等活动造成的现金流出是经营活动现金流出量的主要项目，而销售商品、收到相关税费返还等活动引起的现金流入是经营活动现金流入量的主要来源。经营活动现金净流量越多，一方面，表明商品经营投资越有效，可以激励企业进一步追加投资去提升商品经营利润；另一方面，可以补充商品经营投资对资金的需求，促进商品经营利润进一步增长。

假设3：经营活动现金净流量与投资活动现金流出量存在互动关系

假设4：筹资活动现金净流量与投资活动现金流出量存在互动关系

假设5：投资活动现金流入量与投资活动现金流出量存在互动关系

按照会计准则，企业现金流量分为经营活动现金净流量、筹资活动现金净流量和投资活动现金净流量三部分，因此投资活动流出的现金就来源于经营活动现金净流量、筹资活动现金净流量和投资活动现金流入量。经营活动现金净流量、筹资活动现金净流量和投资活动现金流入量越多，企业可使用资金越充裕。为了提高资金使用效益企业会加大投资，投资的加大又会促进商品经营绩效和资本经营绩效的提高，从而进一步促进经营活动现金净流量和投资活动现金流入量的增加，同时商品经营绩效和资本经营绩效的提高还会增强企业的融资能力，影响企业对外筹资的数量，即影响筹资活动现金净流量。

假设6：商品经营利润与筹资活动现金净流量存在互动关系

假设7：资本经营收益与筹资活动现金净流量存在互动关系

企业商品经营利润和资本经营收益对外部筹资数量的影响，可能存在两种情况：一种是商品经营利润和资本经营收益的提高会刺激企业进一步扩大商品经营投资和资本经营投资，对资金的需求量加大，而且绩效越好融资能力越强，这样就会导致筹资活动现金净流量增加；另一种是商品经营利润和资本经营收益越高，资金回流越多，当回流资金能满足投资需要时，对外筹资需求会下降，导致筹资活动现金净流量减少。实际当中，究竟是哪种情况要根据企业的具体情况而定。反过来，筹资活动现金净流量增加可以补充商品经营投资与资本经营投资的资金需求，促进商品经营利润与资本经营收益的提高。

假设8：资本经营收益与投资活动现金流入量存在互动关系

根据现金流量表，投资活动现金流入量包括"收回投资收到的现金""取得投资收益收到的现金""处置固定资产、无形资产和其他长期资产收回的现金净额""收到的其他与投资活动有关的现金"四个项目，其中"取得投资收益收到的现金"和"处置固定资产、无形资产和其他长期资产收回的现金净额"会通过"投资收益"和"营业外收入（支出）"账户在资本经营收益中反映，所以资本经营收益越高，投资活动现金流入量会越多。反过来，投资活动现金流入量越多，一方面，可以增加企业可支配资金，促进投资；另一方面，说明资本经营绩效好，诱使企业追加资本经营投资，促进资本经营收益增加。

假设9：主营业务收入与商品经营利润存在互动关系

主营业务收入的增加是实现商品经营利润上升的主要途径，只有当主营业务收入的增长率超过相关成本费用的增长率时，商品经营利润才能上升。反过来，商品经营利润越高，绩效越好，说明企业成本费用的控制能力越强，产品的市场竞争力越强，可以促进企业产品销售不断扩大。

假设10：投资收益与资本经营收益存在互动关系

根据前面对商品经营和资本经营价值属性的界定（见表3-1），可知投资收益是资本经营收益中的一个重要组成项目，投资收益越高，资本经营收益越高。反过来，资本经营收益越高，投资活动现金流入量越多，可以激励企业加大资本经营投资，进一步提高投资收益。

假设11：投资活动现金流出量与商品经营投资存在互动关系

假设12：投资活动现金流出量与资本经营投资存在互动关系

企业的经营活动分成商品经营与资本经营两类，企业的资金就是通过这两类活动的运作被消耗掉的。投资活动现金流出量的增加，会促进商品经营投资与资本经营投资的增加。反过来，商品经营投资与资本经营投资的加大会促进商品经营利润与资本经营收益的提高，带回更多的经营活动现金净流量和投资活动现金流入量，这又可以补充企业资金，促使投资活动现金流出量增加。

假设13：商品经营投资与主营业务收入存在互动关系

企业加大商品经营投资，如改扩建厂房、更新机器设备、技术研发等，可以提高企业生产能力、产品质量、产品差异度等，从而可以扩大企业产品销售。而销售收入的增加又可以激励企业追加商品经营投资，努力实现规模效益。

假设14：资本经营投资与投资收益存在互动关系

企业加大资本经营投资，如金融投资、对子公司或其他营业单位进行长期股权投资等产权投资，可增加投资收益。投资收益的主要来源是：持有相关资产期间获得的股利、利息或被投资单位分得的利润；处置相关资产取得的收益。当然，投资收益增加又会诱使企业追加资本经营投资，力图获得更多投资收益。

假设15：商品经营利润与资本增值存在互动关系

假设16：资本经营收益与资本增值存在互动关系

根据商品经营利润与资本经营收益的计算公式〔见公式（3－4）和公式（3－5）〕，可知资本增值实际就是商品经营利润与资本经营收益之和，所以商品经营利润与资本经营收益的增加可以促进资本增值。反过来，资本增值越多说明企业可持续成长的能力和抵抗风险的能力越强，可以增强企业融资能力，增加企业筹资活动现金净流量，推动企业进一步发展壮大，促进商品经营利润与资本经营收益增长。

二　研究方法

（1）平稳性检验

为了避免伪回归，在建立回归模型前必须检验数据的平稳性，这个环节通过单位根检验实现。

对于时间序列的单位根检验常用方法有：Augmented Dickey – Fuller 检验（ADF 检验）、Dickey – Fuller GLS 检验（DF 检验）、Phillips – Perron 检验（PP 检验），本文采用最常用的 ADF 检验。

对于面板数据单位根检验的方法划分为两大类：一类为相同根情况下的单位根检验，如 Levin – Lin – Chu 检验、Breitung 检验、Hadri 检验；另一类为不同根情况下的单位根检验，如 Im – Pesaran – Skin 检验、Fisher – ADF 检验和 Fisher – PP 检验。为了保证结果的稳健性，本文采用了两类方法中常用的 LLC 检验和 Fisher – ADF 检验两种方法（白仲林，2008）。

（2）Granger 因果检验

Granger 因果检验是利用变量关系发挥作用的时间差和滞后效应，根据经济变量各自的前期指标在相互解释影响对方指标中的显著程度，来判断因果关系的存在性和方向性。因此，根据 Granger 因果检验的思想，要检验商品经营利润和资本经营收益之间的因果关系，需用如下的双变量 VAR 回归模型来检验：

$$GMP_{it} = \alpha_0 + \sum_{l=1}^{m} \alpha_l GMP_{i,t-l} + \sum_{l=1}^{m} \beta_l COG_{i,t-l} + \varepsilon_{it} \qquad (3-6)$$

$$COG_{it} = \gamma_0 + \sum_{l=1}^{m} \gamma_l COG_{i,t-l} + \sum_{l=1}^{m} \delta_l GMP_{i,t-l} + \varepsilon_{it} \qquad (3-7)$$

其中，GMP_{it} 表示第 i 家制造业上市公司在时间 t 的商品经营利润；COG_{it} 表示第 i 家制造业上市公司在时间 t 的资本经营收益。如果方程（3-6）中 $\beta_1 = \beta_2 = \cdots = \beta_l = 0$，则可以认为资本经营收益不是商品经营利润的 Granger 原因，如果其中有 $\beta_l \neq 0$（$l = 1，2，\cdots，m$），则可认为资本经营收益是商品经营利润的 Granger 原因；同理，如果方程（3-7）中 $\delta_1 = \delta_2 = \cdots = \delta_l = 0$，可以认为商品经营利润不是资本经营收益的 Granger 原因，如果其中有一个 $\delta_l \neq 0$（$l = 1，2，\cdots，m$），则可认为商品经营利润是资本经营收益的 Granger 原因。

判断 Granger 原因的直接方法是利用 F 检验来实现（高铁梅，2006）。在一个二元 P 阶的 VAR 模型中：

$$H_0 : a_{12}^{(q)} = 0, q = 1,2,\cdots,p$$
$$H_1 : 至少存在一个 \, q \, 使得 \, a_{12}^{(q)} \neq 0$$

其统计量为：

$$S = \frac{(RSS_0 - RSS_1)/p}{RSS_1/(T - 2p - 1)} \sim F(p, T - 2p - 1) \qquad (3-8)$$

服从 F 分布。如果 S 大于 F 的临界值，则拒绝原假设；否则接受原假设：x 不能 Granger 引起 y。其中 RSS 是方程的残差平方和。

本书借鉴相关研究成果（陈涛、何宜庆、谢江林，2010），首先运用 Granger 因果检验确定商品经营利润与资本经营收益的影响因子，再运用系统动力学方法构建商品经营与资本经营互动关系的系统动力学模型。

（3）相关分析（贾俊平，2007）

为了考察变量之间的相互作用方向，本书对相关变量进行了相关分析。首先，计算出变量之间的相关系数 r；其次，对其进行 t 检验，如果检验概率小于 0.05，说明变量间相关关系显著；最后，根据相关系数的正负来判断变量之间的相关方向，是正相关还是负相关。

三　样本数据的选取

我国于 2001 年 1 月 1 日实行《企业会计制度》。由于实行《企业会计制度》前后会计核算差异较大，为了保证数据分析的长效性和可比性，本书以我国 2001 年以前在沪市和深市上市的 502 家制造企业作为总体（剔除已经改变经营方向，目前已不是制造企业的上市公司；剔除 2001 年以后已退市的制造业上市公司；包括 A 股和 B 股，但对于同时发行 A 股和 B 股的制造业上市公司扣除 B 股），根据证监会的行业分类标准（中国证券监督管理委员会，2001），按 50% 的比例随机抽取样本（如表 3 - 2，具体样本公司的名称见附录 A）。选取 2001 ~ 2010 年财务报表的半年报和年报数据［来源于国泰安 CSMAR 数据库（国泰安数据库，2011）和证监会指定的信息披露网站巨潮资讯网］，通过计算整理得到以下指标 20 期的面板数据：商品经营利润、资本经营收益、资本增值、主营业务收入、投资收益、经营活动现金净流量、筹资活动现金净流量、投资活动现金流入量、投资活动现金流出量、商品经营投资、资本经营投资。需要说明两点：①由于 2007 年我国颁布了新会计准则，会计报表有所调整，所以为了避免指标口径不一致影响分析结果，对于 2007 年后报表内容有变动的项目，本书是通过查阅每家上市公司年报和半年报计算得到的，统一了所有指标的计算口径，以保证计算分析结果的有效性；②为了增加数据频率以提高计量分析结果的准确性，数据以半年为一期，总共 20 期，由于有些年报数据是全年累积量，所以其年末数据是用全年数据减去上半年数据得到的。

表 3 - 2　样本单位数

单位：个

制造业的行业分类	总体单位数	未改变经营方向的总体单位数	样本单位数
食品、饮料	47	40	20
纺织、服装、皮毛	38	34	17
木材、家具	2	1	3 *
造纸、印刷	15	14	7
石油、化学、塑胶、塑料	116	103	51
电子	30	26	13
金属、非金属	84	78	39
机械、设备、仪表	156	150	75
医药、生物制品	65	56	28
总　　计	553	502	253

* 由于木材、家具制造企业只有一家，为了能更准确地反映整个行业经营情况，本文在不影响计量分析的前提下，对该行业增加了两家在 2001 年初上市的公司作为样本。

　　由于面板数据有时间序列和截面两个维度，相对于截面数据或时间序列数据，面板数据的优点是：可以减少多重共线性带来的影响；能同时反映研究对象在时间和截面两个方向上的变化规律及不同时间、不同单元的特性；能更加准确地分析经济变量之间的关系。因此，为了使研究结论更有说服力，本书在检验商品经营与资本经营的互动性及其相关影响因素时，采用的是面板数据。

四　数据的平稳性检验

　　为了避免伪回归，在对数据建立 VAR 模型进行因果检验之前，本书分别采用了 LLC 检验和 Fisher – ADF 检验两种方法进行单位根检验。

　　由表 3 – 3 可知，LLC 检验和 Fisher – ADF 检验，在 1% 显著性水平下，均拒绝了各指标面板数据存在单位根的假设，即样本制造企业的商品经营利润（GMP）、资本经营收益（COG）、资本增值（CA）、主营业务收入（S）、投资收益（II）、经营活动现金净流量（OCF）、筹资活动现金净流量（FCF）、投资活动现金流入量（ICI）、投资活动现金流出量（ICO）、商品经营投资（GMI）、资本经营投资（COI）的数据都是平稳序列。

表 3 – 3　单位根检验结果

变量名	表示符号	LLC 值	检验概率	ADF 值	检验概率
商品经营利润	GMP	– 26. 4120	0. 0000	1672. 32	0. 0000
资本经营收益	COG	– 5. 82389	0. 0000	997. 102	0. 0000
资本增值	CA	– 14. 1534	0. 0000	1606. 64	0. 0000
主营业务收入	S	– 15. 7375	0. 0000	– 16. 6913	0. 0000
投资收益	II	– 20. 4151	0. 0000	1549. 01	0. 0000
经营活动现金净流量	OCF	– 11. 9868	0. 0000	1156. 33	0. 0000
筹资活动现金净流量	FCF	– 46. 4888	0. 0000	2124. 16	0. 0000
投资活动现金流入量	ICI	– 73. 3192	0. 0000	1544. 36	0. 0000
投资活动现金流出量	ICO	– 9. 18304	0. 0000	670. 188	0. 0000
商品经营投资	GMI	– 7. 64661	0. 0000	614. 955	0. 0000
资本经营投资	COI	– 283. 055	0. 0000	3075. 56	0. 0000

五　Granger 因果关系检验

　　由于各指标数据都是平稳序列，所以本书利用 Eviews7. 0 建立 VAR

模型，运用 Granger 因果检验方法检验各指标之间的因果关系，检验结果如表 3 - 4。

表 3 - 4 Granger 因果检验结果

原假设	滞后期	F 统计量	检验概率
COG 不是 GMP 原因	3	563. 128	0. 00000
GMP 不是 COG 原因		122. 113	6. 8E - 76
OCF 不是 GMP 原因	2	399. 508	1. E - 160
GMP 不是 OCF 原因		373. 685	6. E - 151
ICO 不是 OCF 原因	3	242. 397	3. E - 145
OCF 不是 ICO 原因		85. 2185	1. 5E - 53
ICO 不是 FCF 原因	2	53. 5185	1. 1E - 23
FCF 不是 ICO 原因		113. 989	5. 0E - 49
ICO 不是 ICI 原因	3	21. 5260	7. 8E - 14
ICI 不是 ICO 原因		152. 128	1. 1E - 93
FCF 不是 GMP 原因	3	47. 5444	3. 2E - 30
GMP 不是 FCF 原因		9. 48985	3. 0E - 06
FCF 不是 COG 原因	2	82. 6364	6. E - 36
COG 不是 FCF 原因		52. 1731	4. E - 23
ICI 不是 COG 原因	2	33. 8929	2. 4E - 15
COG 不是 ICI 原因		42. 4028	5. 7E - 19
S 不是 GMP 原因	2	253. 228	5. E - 105
GMP 不是 S 原因		20. 4076	1. 5E - 09
COG 不是 II 原因	2	44. 9284	5. E - 20
II 不是 COG 原因		380. 127	2. E - 153
GMI 不是 ICO 原因	2	45. 5116	2. 7E - 20
ICO 不是 GMI 原因		42. 2699	6. 5E - 19
COI 不是 ICO 原因	2	45. 5116	2. 7E - 20
ICO 不是 COI 原因		19. 4314	4. 0E - 09
GMI 不是 S 原因	3	43. 5813	9. 8E - 28
S 不是 GMI 原因		133. 018	2. 1E - 82
II 不是 COI 原因	2	471. 539	8. E - 187
COI 不是 II 原因		94. 7521	5. E - 41
GMP 不是 CA 原因	1	133. 659	1. 6E - 30
CA 不是 GMP 原因		1994. 16	0. 00000
COG 不是 CA 原因	1	133. 659	1. 6E - 30
CA 不是 COG 原因		245. 901	4. 4E - 54

由表3-4可知，在1%的显著性水平下，制造企业的商品经营利润（GMP）与资本经营收益（COG）、商品经营利润（GMP）与经营活动现金净流量（OCF）、经营活动现金净流量（OCF）与投资活动现金流出量（ICO）、筹资活动现金净流量（FCF）与投资活动现金流出量（ICO）、投资活动现金流入量（ICI）与投资活动现金流出量（ICO）、商品经营利润（GMP）与筹资活动现金净流量（FCF）、资本经营收益（COG）与筹资活动现金净流量（FCF）、资本经营收益（COG）与投资活动现金流入量（ICI）、主营业务收入（S）与商品经营利润（GMP）、投资收益（II）与资本经营收益（COG）、投资活动现金流出量（ICO）与商品经营投资（GMI）、投资活动现金流出量（ICO）与资本经营投资（COI）、商品经营投资（GMI）与主营业务收入（S）、资本经营投资（COI）与投资收益（II）、商品经营利润（GMP）与资本增值（CA）、资本经营收益（COG）与资本增值（CA）之间都存在着 Granger 因果关系，验证了本节前面所有研究假设。因此，可以认为制造企业的商品经营利润（GMP）与资本经营收益（COG）之间存在着互动关系，而且这种互动关系是通过相关因素的传导实现的。

六 相关分析

为了揭示商品经营利润（GMP）与资本经营收益（COG）之间的互动关系是怎么通过有关因素传导的，还必须考察相关变量之间相互作用的方向，即需要根据变量之间的相关系数来确定它们之间的影响是正相关，还是负相关。

表3-5是运用 Eviews7.0 对变量面板数据进行相关分析的结果。根据相关分析中 T 统计量的值及 P 值可知在1%的显著性水平下，这些变量之间的相关系数都是显著的。结合 Granger 因果检验结果（表3-4）和相关分析（表3-5）的数据可知：GMP $\xleftrightarrow{\text{正相关}}$ OCF，OCF $\xleftrightarrow{\text{正相关}}$ ICO，FCF $\xleftrightarrow{\text{正相关}}$ ICO，ICI $\xleftrightarrow{\text{正相关}}$ ICO，GMP $\xleftrightarrow{\text{正相关}}$ FCF，COG $\xleftrightarrow{\text{负相关}}$ FCF，COG $\xleftrightarrow{\text{正相关}}$ ICI，S $\xleftrightarrow{\text{正相关}}$ GMP，II $\xleftrightarrow{\text{正相关}}$ COG，ICO $\xleftrightarrow{\text{正相关}}$ GMI，ICO $\xleftrightarrow{\text{正相关}}$ COI，GMI $\xleftrightarrow{\text{正相关}}$ S，COI $\xleftrightarrow{\text{正相关}}$ II。由此可知，我国制造企

业商品经营利润（GMP）与资本经营收益（COG）之间存在着互动关系，而且这种关系是通过经营活动现金净流量（OCF）、筹资活动现金净流量（FCF）、投资活动现金流入量（ICI）、投资活动现金流出量（ICO）、商品经营投资（GMI）、资本经营投资（COI）、主营业务收入（S）、投资收益（II）的传导而实现的。这为下一节构建系统动力学模型的因果关系图提供了数据支撑。

表 3 - 5　相关系数

变量	相关系数	T 统计量	检验概率
GMP 与 OCF	0.5300	44.45925	0.0000
OCF 与 ICO	0.6965	69.03889	0.0000
FCF 与 ICO	0.3221	24.19443	0.0000
ICI 与 ICO	0.7753	87.09298	0.0000
GMP 与 FCF	0.1281	9.18985	0.0000
COG 与 FCF	- 0.0435	- 3.099115	0.0020
COG 与 ICI	0.1561	11.24116	0.0000
S 与 GMP	0.6409	59.38360	0.0000
II 与 COG	0.2316	16.93249	0.0000
ICO 与 GMI	0.6430	59.71101	0.0000
ICO 与 COI	0.8851	135.2593	0.0000
GMI 与 S	0.7489	80.37833	0.0000
COI 与 II	0.6393	59.13440	0.0000

注：由于 GMP、COG 和 CA 之间是直接的数量关系 GMP + COG = CA，所以没有分析 GMP、COG 和 CA 的相关关系。

第四节　商品经营与资本经营互动关系及其对价值创造影响的 SD 模型构建

系统动力学（System Dynamic，SD）是由美国麻省理工学院 Jay W. Forrester 教授在 1956 年创立的。系统动力学的主要功能有四个。①通过建立反馈环因果关系图清晰地反映系统中各因素之间的错综复杂关系，并针对系统中存在的问题建立反馈基模，提出管理对策；②针对成功案例，建立反馈模型，总结经验；③针对具体的动态复杂系统，建立定量仿真模型，进行系统发展趋势的仿真分析，进行管理对策实施等参数调控；④针对具体的动态复杂系统，进行反馈环计算，揭示具体动态复杂系统发展的反馈环结构变化，提出管理对策。因此，本书为了揭示商品经营与资本经营之间的互动性，反映其对企业价值创造的影响机理，采用了系统动力学进行研究（贾仁安、丁荣化，2002）。

步骤：第一，建立商品经营与资本经营互动因果关系图；第二，构建模型主要变量的微分方程；第三，构建流位、流率系，进行流率基本入树建模；第四，给出商品经营与资本经营互动关系及其对价值创造影响的系统动力学仿真模型；第五，进行模型检验；第六，设置调控变量以剖析商品经营与资本经营的互动关系及相互作用机理；第七，通过系统仿真剖析商品经营与资本经营的互动性对价值创造的影响机理。

一　商品经营与资本经营互动因果关系图

根据前面的 Granger 因果检验和相关分析，我们了解了商品经营利润（GMP）、资本经营收益（COG）、经营活动现金净流量（OCF）、筹资活动现金净流量（FCF）、投资活动现金流入量（ICI）、投资活动现金流出量（ICO）、商品经营投资（GMI）、资本经营投资（COI）、主营业务收入（S）、投资收益（II）、资本增值（CA）各因素之间的互动关系及正负相关性，即可以得到系统的因果关系图（见图 3－1）。值得说明的是：由于资本增值等于商品经营利润加资本经营收益（CA = GMP + COG），图中已经构建了商品经营利润、资本经营收益与筹资活动现金流量之间的因果关系，为了避免重复影响，这里没有构建资本增值与筹资活动现金净流量之间的因果关系。

图 3－1 中有三个正反馈环和一个负反馈环：

①第一个正反馈环 GMP $\xrightarrow{+}$ OCF $\xrightarrow{+}$ ICO $\xrightarrow{+}$ GMI $\xrightarrow{+}$ S $\xrightarrow{+}$ GMP 刻画了商品经营对自身的促进作用。商品经营利润的增加会促进经营活动

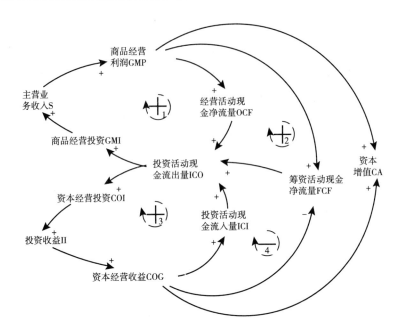

图 3 – 1　商品经营与资本经营互动因果关系图

现金净流量和投资活动现金流出量的增加，从而促使企业加大对商品经营的投资，包括固定资产投资和技术研发等，以提高产品质量、降低产品成本、扩大产品销售量，从而进一步促进商品经营利润的增加。

②第二个正反馈环 GMP $\xrightarrow{+}$ FCF $\xrightarrow{+}$ ICO $\xrightarrow{+}$ GMI $\xrightarrow{+}$ S $\xrightarrow{+}$ GMP 刻画了企业商品经营绩效越好，可持续增长能力和抵抗风险能力越强，这一方面可以增强企业融资能力，另一方面会激发企业进一步做大做强的内在动力，使商品经营对资金的需求加大，从而促进企业筹资活动现金净流量的增加，推动企业商品经营进一步发展壮大。

③第三个正反馈环 COG $\xrightarrow{+}$ ICI $\xrightarrow{+}$ ICO $\xrightarrow{+}$ COI $\xrightarrow{+}$ II $\xrightarrow{+}$ COG 刻画了资本经营对自身的促进作用。资本经营收益增加会促进投资活动现金流入量和投资活动现金流出量增加，诱使企业加大资本经营投资，包括金融投资和产权投资，进而提高投资收益和资本经营收益。

④第四个反馈环是负反馈环，COG $\xrightarrow{-}$ FCF $\xrightarrow{+}$ ICO $\xrightarrow{+}$ COI $\xrightarrow{+}$ II $\xrightarrow{+}$ COG 揭示了资本经营收益的增加对筹资活动现金净流量的制约作

用，这是由于资本经营收益增加带来的现金流入，会弥补一部分商品经营对资金的需求，从而可以减少对外筹集资金的数量。

从图 3 - 1 中可以看出，商品经营与资本经营之间存在着互动关系，而且这种互动关系是通过投资活动现金流出量（ICO）这个关键变量传导实现的。互动关系主要体现在两个方面：一方面是相互促进的作用，商品经营利润和资本经营收益的增加会促进经营活动现金净流量和投资活动现金流入量增加，使企业资金更充裕，企业为了提高资金使用效益，就会加大投资力度，从而导致投资活动现金流出量增加，投资活动现金流出量的增加又可以扩大商品经营投资和资本经营投资，促进商品销售收入和投资收益增加，进而促进商品经营利润和资本经营收益增长，由此形成相互促进的作用；另一方面是相互制约的作用，企业资源毕竟是有限的，当企业可供使用的资金有限时，商品经营投资和资本经营投资之间就会存在此消彼长的关系，如果商品经营投资资源配置过多，资本经营投资及收益都会下降，如果资本经营投资资源配置过多，商品经营投资就会萎缩、商品经营利润也会下降，所以企业必须在商品经营投资和资本经营投资之间进行资源的合理配置，使商品经营与资本经营协调发展，才能保证企业价值的可持续增长。

二　模型构建的数据和方程

（1）数据来源

前面通过对 253 家制造企业面板数据的实证研究，构建了适用于整个制造业企业的商品经营与资本经营互动因果关系图。下面以这个通用的因果关系图为基本框架，再综合考虑影响企业价值创造的相关因素（从财务角度），构建一个反映商品经营与资本经营互动关系及其对价值创造影响的系统动力学模型。

为了构建系统动力学模型，需要对 253 家样本企业的数据进行整合，把它们视做一个大型的单一制造企业进行研究，数据整合后如表 3 - 6 所示。

表 3 - 6 的数据说明：

①由于是以半年为一期，而利润表和现金流量表年报反映的是全年累积量，所以除了净资产和贷款利率外，其他的年末数据都是以全年数据减

表 3-6 数据表

时间 （年-月-日）	商品经营利润 GMP（元）	资本经营收益 COG（元）	资本增值 CA（元）	主营业务收入 S（元）	主营业务收入利润率 SPR	投资收益 II（元）	经营活动现金净流量 OCF（元）
2001-06-30	15923696427.60	-3386257679.73	12537438747.87	199864109511.39	0.07967	1321630491.59	20370225000.29
2001-12-31	11696405917.15	-431542352.77	11264863564.37	200373725298.62	0.05837	1016315604.54	30704833655.45
2002-06-30	16256437592.12	-3947043329.48	12309394262.64	228311179669.36	0.07120	955059696.73	24608597948.11
2002-12-31	17710894731.39	-2651072751.49	14459821979.90	255457748829.14	0.06698	895751230.37	36121037243.31
2003-06-30	22503845631.51	-4562065927.41	17941779704.10	294162207001.36	0.07650	1807841416.61	30918605882.80
2003-12-31	23309582615.59	-5065399631.20	18244182984.39	336548747351.82	0.06926	1417978920.94	36932184259.98
2004-06-30	30496848010.24	-6562679634.55	23934168375.69	393804700031.34	0.07744	2046809512.85	35025338202.80
2004-12-31	28101674124.09	-7300235639.60	20801438484.48	444615127540.66	0.06320	-27825894.73	50641118684.02
2005-06-30	38531395349.18	-8952416019.00	29578979330.18	510823136254.28	0.07543	836826227.81	51504630857.36
2005-12-31	25872410176.80	-3667365449.33	22205044727.46	537079064278.11	0.04817	929461556.53	68050159424.95
2006-06-30	33532109067.23	-7457021093.64	26075087973.59	585806745723.72	0.05724	2677832361.05	56135928290.95
2006-12-31	42999559038.69	-9490833321.11	33508725717.58	697124628669.18	0.06168	3246909909.15	70325310867.00
2007-06-30	52303346705.75	-6369986222.07	45933360483.69	803162330412.25	0.06512	12782209255.25	52047724001.36
2007-12-31	51822199066.59	-9066549990.52	42755649076.07	911977835912.14	0.05682	14293173517.57	71262804765.23
2008-06-30	65608011607.05	-8243590997.95	57364420609.10	1041529157522.28	0.06299	10627319433.70	62135338703.78
2008-12-31	24212790544.16	-21349643593.37	2863146950.79	915162605970.83	0.02646	7602603287.81	9016582810.07
2009-06-30	35267515094.18	-2906173435.28	32361341658.90	828205823723.98	0.04258	11754489284.97	140536576657.55

续表

时 间 (年-月-日)	商品经营利润 GMP(元)	资本经营收益 COG(元)	资本增值 CA(元)	主营业务收入 S(元)	主营业务收入利润率 SPR	投资收益 II(元)	经营活动现金净流量 OCF(元)
2009-12-31	57227993368.34	-5309686376.28	51918306992.06	1071343140474.59	0.05342	17483877421.46	72803324974.25
2010-06-30	78499725935.78	-13512835936.89	64986889998.89	1281639847311.98	0.06125	12011053493.32	62682378715.44
2010-12-31	72583996999.76	-10761650084.77	61823346914.99	1430567613549.58	0.05074	16689180475.48	11769805787.69

时 间 (年-月-日)	筹资活动现金净流量 FCF(元)	投资活动现金流入量 ICI(元)	投资活动现金流出量 ICO(元)	商品经营投资 GMI(元)	资本经营投资 COI(元)	资本经营投资与商品经营投资的比例 CGIR	其他业务利润 OBP(元)
2001-06-30	9578445905.72	9082901362.81	39262884773.19	22871463408.40	16391421364.79	0.716676	795695447.44
2001-12-31	4635387775.70	24766864723.57	52271254 13.24	31307368295.74	20963847117.50	0.669614	806153918.59
2002-06-30	-4003951747.10	7734876733.38	34018012049.72	21824414884.49	12193597165.23	0.558714	840526661.45
2002-12-31	-1394651770.80	11516511142.09	42584455988.47	30262376765.25	12322079223.22	0.407175	896134938.61
2003-06-30	-4739163144.01	9069074499.57	38256594313.65	26757329712.87	11499264600.78	0.429761	1113756268.70
2003-12-31	11164873954.86	12075546200.22	48718220851.58	36973902792.56	11744318059.02	0.317638	1161450380.64
2004-06-30	12627079811.43	9408467641.48	56953939227.34	36052022694.60	20901916532.74	0.579771	1465536682.62
2004-12-31	3870640182.26	12080601308.97	60922135389.67	49713756168.52	11203837921.15	0.225458	1582600869.27
2005-06-30	23091333873.01	11179746997.55	79697711391.21	43893972681.96	35803738709.25	0.815687	1837586301.64
2005-12-31	-14160764804.47	9569118217.40	59887756628.66	53741764192.37	6145992436.29	0.114362	1788408027.04
2006-06-30	4920974873.94	10282844474.39	60367658907.61	50266314596.98	10101344310.63	0.200957	2031552989.77
2006-12-31	28067040767.34	17557884933.91	88085988900.82	71911502617.26	16174486283.56	0.224922	2343597019.30

续表

时 间 (年-月-日)	筹资活动现金 净流量FCF(元)	投资活动现金 流入量ICI(元)	投资活动现金 流出量ICO(元)	商品经营投资 GMI(元)	资本经营投资 COI(元)	资本经营投资 与商品经营投资 的比例 CGIR	其他业务利润 OBP(元)
2007-06-30	23827451865.96	37551239712.85	97215360619.67	60341827446.15	36873533173.52	0.611078	-2236947668.96
2007-12-31	55906152026.81	26155381770.89	117600865341.92	85320738667.05	32280126674.87	0.378339	9551455267.65
2008-06-30	38346944194.42	31530505209.27	122194245358.87	81615846976.02	40578398382.85	0.497188	12208268103.93
2008-12-31	8275190342.08	36425431251.73	133362748925.16	94765101270.76	38597647654.40	0.407298	-3665331549.88
2009-06-30	-17358217157.99	39084437185.39	106375985694.17	66610578324.62	39765407369.55	0.596983	-2184107585.53
2009-12-31	2038092136.10	35203021530.13	123307032576.16	85515621935.60	37791410640.56	0.441924	3030334700.45
2010-06-30	35263265762.08	47037077565.57	108579101249.01	73798011703.17	34781089545.84	0.471301	6516879706.03
2010-12-31	48099524215.00	68574622984.42	185248898434.34	95838075673.70	89410822760.64	0.932936	5064170374.11

时 间 (年-月-日)	财务费用 FC(元)	营业外收支净额 NBRE(元)	资产减值 损失 AI(元)	净资产 NA(元)	行业平均 资本利润 率 ACPR	实际所 得税率 TAX(%)	贷款 利率 IR(%)	收回投资现金流 入量 RCI(元)	其他与投资有 关的现金流 入量 OICI(元)
2001-06-30	2155902082.35	-20565646.45	0.00	344666014647.74	0.009634	19.74	5.85	6708536666.30	939848171.34
2001-12-31	2319281319.96	253168792.04	0.00	352915448517.19	0.000061	15.46	5.85	13358848058.97	8732109284.07
2002-06-30	2956667867.76	-33668892.96	0.00	372588134638.66	0.008227	21.32	5.31	5754112913.55	829798428.77
2002-12-31	2774007717.90	-514649210.21	0.00	378601714291.15	0.005088	24.13	5.31	5436489896.86	4547574864.12
2003-06-30	2986108457.34	-84021504.09	0.00	403813811930.41	0.011828	23.16	5.31	6032862580.37	1134039390.91
2003-12-31	3241818847.13	-326833438.98	0.00	435126202038.14	0.010506	21.09	5.31	6829211606.34	2203546679.39

续表

时间（年-月-日）	财务费用 FC(元)	营业外收支净额 NBRE(元)	资产减值损失 AI(元)	净资产 NA(元)	行业平均资本利润率 ACPR	实际所得税率 TAX(%)	贷款利率 IR(%)	收回投资现金流入量 RCI(元)	其他与投资有关的现金流入量 OICI(元)
2004-06-30	3231799943.21	-180773179.12	0.00	46351794878O.55	0.014887	23.01	5.31	4406132963.78	2358781074.70
2004-12-31	4371561119.65	13061993.70	0.00	49398427852.34	0.009809	24.78	5.58	6789927089.29	1945364235.28
2005-06-30	4269678062.54	176776617.00	0.00	54012653505.58	0.013945	25.47	5.58	6922579665.65	1700191477.36
2005-12-31	5236635915.48	993451714.78	0.00	56636776954.99	0.004682	21.37	5.58	3964121149.96	2897326178.15
2006-06-30	5880456824.73	362797113.19	0.00	58152570244.52	0.011713	22.56	5.85	6505246865.40	1309322890.18
2006-12-31	6883959410.64	-163775831.98	0.00	66168902459.72	0.012756	22.63	6.12	9793940065.61	2498652812.14
2007-06-30	8479512555.93	1234253357.80	2566375627.18	72025225878O.01	0.018588	21.92	6.57	28709586771.27	1372643838.23
2007-12-31	9888784041.72	3566091388.78	3969717994.56	81969501925.11	0.018612	19.28	7.47	10271666397.17	5033869312.13
2008-06-30	11468016786.74	3004000860.65	2007970566.53	87101480009.55	0.019135	18.87	7.47	18607450844.65	2576722268.95
2008-12-31	14701346158.06	6171371347.40	2803362173.88	87783897001.37	-0.001546	0.00	5.31	23128351723.36	5271311460.42
2009-06-30	10399294874.09	2877564449.76	1202153470.27	90800468607.59	0.008038	18.64	5.31	14054724110.14	16672923349.05
2009-12-31	9605409717.58	5762925359.96	7428484794.27	101716860759.29	0.016078	15.20	5.31	31726439092.01	-6197599905.86
2010-06-30	11103156359.29	5441828793.60	4642695667.37	108938322461.47	0.015859	17.30	5.31	30041953421.83	5742394129.95
2010-12-31	11899935640.68	9053199608.82	8176322111.02	121692111888.64	0.018483	16.44	5.81	47988152698.96	13907300833.58

去上半年数据得到或通过相关计算得到的。

②关于"商品经营利润""资本经营收益"和"资本增值"的数据，为了与企业面板数据以及本书后面几章行业数据保持一致，这里是253家制造企业指标数据的合计，而不是按总收入、总成本费用和总所得税率计算的。因为总所得税率是以各企业盈亏相互抵减后的利润总额和交退相互冲减后的所得税费用总额来计算的，算出的所得税率会偏小，导致按总所得税率计算的相关指标与各企业加总的指标会出现差异。

③"主营业务收入利润率"的数据，是由各期商品经营利润除以主营业务收入得到的，是已经扣除所得税后的利润。

④关于"投资收益"的数据，由于利润表中的"公允价值变动损益"主要是债券、股票、基金等交易性金融资产投资带来的，在实现时按准则应通过"投资收益"账户进行处理，所以为了简化建模的变量，本书将"公允价值变动损益"计入"投资收益"合并处理。

⑤关于"商品经营投资"和"资本经营投资"的数据。在现金流量表中"投资活动现金流出量"包括了"购建固定资产、无形资产和其他长期资产支付的现金""投资支付的现金""取得子公司及其他营业单位支付的现金净额""支付其他与投资活动有关的现金"四个项目。根据前文对商品经营与资本经营的区别，可以看出其中与商品经营创造价值直接相关的是"购建固定资产、无形资产和其他长期资产支付的现金"这个项目，而"投资支付的现金"主要是指在进行债券、股票、基金等金融性资产投资时流出的现金（包括了手续费和佣金），"取得子公司及其他营业单位支付的现金净额"是指企业在合并中为购买子公司或其他营业单位进行长期股权投资所产生的现金净流量，"支付其他与投资活动有关的现金"反映的是企业在进行股票、债券的投资活动中垫付的已宣告而尚未领取的现金股利和已到期但尚未领取的债券利息等。这三个项目与资本经营中产权的流动和重组密切相关，因此"商品经营投资"的数据等于"购建固定资产、无形资产和其他长期资产支付的现金"，"资本经营投资"的数据等于"投资支付的现金""取得子公司及其他营业单位支付的现金净额""支付其他与投

活动有关的现金"三个项目之和。

⑥"行业平均资本利润率"的数据，是按照统计方法将 2001～2010 年每年 6 月 30 日和 12 月 31 日制造业所有上市公司净利润合计数除以平均净资产合计数得到的，计算如公式（3－9）。

$$行业平均资本利润率 = \frac{\sum 制造业所有上市公司净利润}{\dfrac{\sum \substack{期初制造业所有\\上市公司净资产} + \sum \substack{期末制造业所有\\上市公司净资产}}{2}} \qquad (3-9)$$

⑦"实际所得税率"的数据，是 253 家样本企业的各期"所得税费用合计"除以"利润总额合计"得到的，由于 2008 年下半年合计的所得税费用为负数，而利润总额为正数，出现所得税率小于零的情况，为了使数据更符合实际，这里设所得税率为 0。

⑧关于"贷款利率"的数据，因为实务中通常以一年期存贷款利率来反映市场利率的波动，所以本文采用的是 2001～2010 年各期的一年期人民币银行贷款基准利率。

（2）回归方程的建立

根据前面商品经营与资本经营互动的因果关系图 3－1，可以看出商品经营与资本经营的互动关系是通过经营活动现金净流量、筹资活动现金净流量、投资活动现金流入量、投资活动现金流出量、商品经营投资、资本经营投资、主营业务收入、投资收益这 8 个变量传导实现的，而其中商品经营投资（GMI）和资本经营投资（COI）加总之和就等于投资活动现金流出量（ICO）。所以要构建系统动力学仿真模型，必须建立的回归方程主要有 6 个：经营活动现金净流量（OCF）、筹资活动现金净流量（FCF）、投资活动现金流入量（ICI）、投资活动现金流出量（ICO）、主营业务收入（S）和投资收益（II）。

根据变量的相关性、滞后性和自回归性，本文分别构建了多元线性回归模型、多项式分布滞后模型和自回归分布滞后模型。

①对于经营活动现金净流量（OCF），主要影响因素有：企业进行商品生产、销售时主营业务活动带来的现金流入和流出，企业提供劳务或接受劳务时其他业务活动带来的现金流入和流出。因此，本书建立了经营活

动现金净流量（OCF）与商品经营利润（GMP）、其他业务利润（OBP）的回归模型。建立模型时，考虑到市场存在竞争的情况下，企业会发生赊购、赊销，销售商品或提供劳务实现收入的部分资金是在以后会计期收回的，购买材料或接受劳务产生成本支出的部分资金是在以后会计期流出的，所以商品经营利润和其他业务利润对经营活动现金净流量会有滞后效应，建立多项式分布滞后模型如下：

$$OCF_t = 0.651GMP_t + 1.280GMP_{t-3} - 1.558OBP_t + 0.888OBP_{t-1} + \varepsilon_{1t} \quad (3-10)$$

$$(t) \qquad 5.46 \qquad 8.20 \qquad -5.67 \qquad 3.30$$

$$R^2 = 0.91 \qquad D.W = 2.05 \qquad P(F-statistic) = 0.0000$$

②对于筹资活动现金净流量（FCF），主要影响因素有企业自身融资能力的强弱、融资需求的大小、融资成本的高低这三个因素，而这三个因素又主要受到企业商品经营利润、资本经营收益和市场利率的影响。一是企业商品经营的好坏在一定程度上影响着企业的融资能力和融资需求，商品经营利润越高、绩效越好，企业抵抗风险的能力和融资能力就越强，越易激发企业扩大再生产的欲望，促使企业加大对固定资产、研发创新的投入以降低成本，扩大销售，从而增加了对资金的需求。二是企业资本经营收益的高低也会影响企业的融资能力和融资需求，资本经营效益越好，投融资效率越高，企业融资能力就越强。资金使用效益的提高，在一定程度上可以缓解商品经营对资金的需求，从而可能会使企业筹资数量下降，这已在上一节实证分析中得到验证。三是市场利率波动是影响企业融资成本高低的主要因素，市场利率上升不仅会提高企业债务性融资成本，而且会提高股权性融资成本，因为市场利率上升会使无风险报酬率上升，进而导致股东投资必要报酬率增加，站在企业角度股权性融资成本上升。因此，本书建立了筹资活动现金净流量（FCF）与商品经营利润（GMP）、资本经营收益（COG）、贷款利率（IR）的回归模型。考虑到资本经营收益和贷款利率对筹资活动现金净流量的滞后效应，因为企业资本运营效率和效益的高低不像商品经营绩效可以通过产品销售迅速反映出来，它需要通过财务报表核算反映，而报表反映又具有滞后性，各期股利也要等到来年才发放，所以资本经营绩效的好坏主要影响的是企业未来的融资能力和融资需求，同时市场利

率变动会影响企业当期和未来的融资成本，所以建立多项式分布滞后模型如下：

$$FCF_t = 0.612GMP_t - 2.558COG_t + 0.890COG_{t-1} + 1.036COG_{t-3} +$$
$$(t) \qquad\quad 3.21 \qquad\quad -3.16 \qquad\quad 1.88 \qquad\qquad 1.78 \qquad (3-11)$$
$$1.967(e+12)IR_t - 1.280(e+12)IR_{t-1} - 55780896791.1 + \varepsilon_{2t}$$
$$\qquad\quad 3.31 \qquad\qquad\qquad -2.01 \qquad\qquad -2.97$$
$$R^2 = 0.90 \qquad D.W = 2.70 \qquad P(F-statistic) = 0.00016$$

③对于投资活动现金流入量（ICI），根据现金流量表，投资活动现金流入量包括"收回投资收到的现金""取得投资收益收到的现金""处置固定资产、无形资产和其他长期资产收回的现金净额""收到的其他与投资活动有关的现金"四个项目，其中"取得投资收益收到的现金""处置固定资产、无形资产和其他长期资产收回的现金净额"会通过"投资收益"和"营业外收入（支出）"账户在资本经营收益中反映，所以本书建立了投资活动现金流入量（ICI）与资本经营收益（COG）、收回投资现金流入量（RCI）、其他与投资活动有关的现金流入量（OICI）的多项式分布滞后模型。

$$ICI_t = -0.306COG_t + 1.170RCI_t + 1.062OICI_t + \varepsilon_{3t} \qquad (3-12)$$
$$(t) \qquad\quad -2.46 \qquad\quad 19.51 \qquad\quad 8.11$$
$$R^2 = 0.975 \qquad D.W = 1.54 \qquad P(F-statistic) = 0.0000$$

④对于投资活动现金流出量（ICO），按照会计准则企业现金流量分为经营活动现金净流量、筹资活动现金净流量和投资活动现金净流量三部分，因此投资活动现金流出量的资金来源于经营活动现金净流量（OCF）、筹资活动现金净流量（FCF）和投资活动现金流入量（ICI），所以建立多元线性回归模型如下：

$$ICO_t = 0.616OCF_t + 0.886ICI_t + 0.784FCF_t + 14519173224.7 + \varepsilon_{4t} \qquad (3-13)$$
$$(t) \qquad\quad 5.06 \qquad\qquad 3.42 \qquad\qquad 5.09 \qquad\qquad 2.70$$
$$R^2 = 0.94 \qquad D.W = 2.7 \qquad P(F-statistic) = 0.0000$$

⑤对于主营业务收入（S），影响销售的因素从企业自身来看，主要有生产能力、产品质量、产品差异度、市场营销、售后服务等，这些主要取决于企业在商品经营上的投入，包括固定资产、技术研发、品牌营销等

方面的投入；而从企业外部来看，主要有市场需求、宏观经济因素等。由于外部因素有很大不确定性，数据很难取得，而本书主要考察企业内部的经营行为，分析其可控因素，并且根据表3－5对253家样本制造企业面板数据的相关分析，可知商品经营投资与主营业务收入之间的相关系数有0.7489，说明商品经营投资是影响主营业务收入的主要因素。因此，本书建立了主营业务收入（S）与商品经营投资（GMI）的回归模型。建立回归模型时，一方面，考虑到投资的滞后效应，因为无论是固定资产投资还是技术研发等无形资产投资，都不会立即形成生产能力，它们对销售量的促进作用有滞后效应；另一方面，考虑到主营业务收入会产生滞后影响，大企业一般都有稳定的销售网络，随着产品的销售和使用，消费者对产品有了一定的认知度，这种认知度会在消费者群体中传播，如果对产品持认可态度，好信息的传播会进一步促进企业销售，如果对产品持否定态度，坏信息的传播会导致企业销售逐步下降。所以建立主营业务收入（S）和商品经营投资（GMI）二阶自回归分布滞后模型如下：

$$S_t = 1.243S_{t-1} - 0.180S_{t-2} + 1.095GMI_t - 1.471GMI_{t-1} + 35020698193.5 + \varepsilon_{St} \quad (3-14)$$
$$(t) \qquad 3.96 \qquad -0.53 \qquad 0.40 \qquad -0.52 \qquad 0.40$$
$$R^2 = 0.95 \qquad D.W = 1.80 \qquad P(F-statistic) = 0.0000$$

　　⑥对于投资收益（II），主要影响因素从企业自身来看，包括交易性金融资产、持有至到期投资、可供出售金融资产和长期股权投资的投资收益，这些主要取决于企业对资本经营的投资力度和决策的正确性；从企业外部来看，主要会受到所投资金融资产价格波动和被投资企业经营绩效的影响。同样，由于外部影响因素不确定性很大，数据很难取得，而且根据表3－5中253家样本制造企业面板数据的相关分析，可知资本经营投资与投资收益相关系数是0.6393，说明资本经营投资是影响企业投资收益的主要因素。因此，建立了投资收益（II）与资本经营投资（COI）的回归模型。建立模型时，一方面，考虑到资本经营投资的滞后效应，因为长期金融资产投资和长期股权投资都属于非流动资产，变现期在一年以上，所以投资取得收益的时间会滞后；另一方面，考虑到投资收益会产生滞后影响，当企业进行金融投资或产权投资时，如果投资收益好，就会追加投资，促进投资收益进一步提高，如果投资收益不好，就会减少投

资、甚至放弃投资来减少损失，不过对于长期投资（尤其是产权投资）来说往往很难立竿见影，必然还会在未来一定时期内对投资收益产生不利影响。所以建立投资收益（II）与资本经营投资（COI）的自回归分布滞后模型如下：

$$II_t = 1.075II_{t-1} - 1.088II_{t-2} + 0.687II_{t-3} + 0.207COI_t - 0.103COI_{t-1} + \varepsilon_{6t} \quad (3-15)$$
$$(t) \qquad 4.36 \qquad -3.05 \qquad 2.34 \qquad 4.13 \qquad -1.40$$
$$R^2 = 0.87 \qquad D.W = 2.23 \qquad P(F-statistic) = 0.0000$$

为了保证所建立模型的合理性，对关系式（3-10）~（3-15）的残差 $\varepsilon_{1t} \sim \varepsilon_{6t}$ 分别进行 ADF 单位根检验，检验结果见表3-7。

表 3-7　残差 ADF 检验结果

变量	t 检验统计量	1% 临界值	5% 临界值	10% 临界值
ε_{1t}	-4.065737	-2.717511	-1.964418	-1.605603
ε_{2t}	-6.229402	-2.717511	-1.964418	-1.605603
ε_{3t}	-3.197678	-2.692358	-1.960171	-1.607051
ε_{4t}	-6.165074	-2.692358	-1.960171	-1.607051
ε_{5t}	-4.314411	-2.717511	-1.964418	-1.605603
ε_{6t}	-4.444279	-2.717511	-1.964418	-1.605603

检验结果表明，残差序列 $\varepsilon_{1t} \sim \varepsilon_{6t}$ 和 t 统计量都小于 1% 显著水平的临界值，说明至少可以在 99% 的置信水平下拒绝原假设，$\varepsilon_{1t} \sim \varepsilon_{6t}$ 为零阶单整序列，是平稳残差序列。即说明本书建立的 6 个回归模型是合理的、可行的，这为下节系统动力学模型中变量间微分方程的建立提供了依据。

三　建立流率基本入树

（1）变量的确定（见表3-8）

（2）建立流位流率系

本书构建系统动力学模型旨在揭示商品经营与资本经营之间的互动关系及其对企业价值创造的影响机理。根据本节第一部分商品经营利润、资

表 3 - 8   商品经营与资本经营互动关系及其对价值创造影响 SD 模型的变量

序号	变量名	说 明	单位	备注
1	GMP	商品经营利润	元	流位
2	COG	资本经营收益	元	流位
3	CA	资本增值	元	流位
4	GMPV	商品经营利润变化量	元	流率
5	COGV	资本经营收益变化量	元	流率
6	CAV	资本增值变化量	元	流率
7	S	主营业务收入	元	辅助变量
8	II	投资收益	元	辅助变量
9	OCF	经营活动现金净流量	元	辅助变量
10	FCF	筹资活动现金净流量	元	辅助变量
11	ICI	投资活动现金流入量	元	辅助变量
12	ICO	投资活动现金流出量	元	辅助变量
13	GMI	商品经营投资	元	辅助变量
14	COI	资本经营投资	元	辅助变量
15	SR	主营业务收入增长率	无	辅助变量
16	SPR	主营业务收入利润率	无	辅助变量
17	IIR	投资收益增长率	无	辅助变量
18	NBRE	营业外收支净额	元	辅助变量
19	AI	资产减值损失	元	辅助变量
20	FC	财务费用	元	辅助变量
21	OCC	资本机会成本	元	辅助变量
22	NA	净资产	元	辅助变量
23	ACPR	行业平均资本利润率	无	辅助变量
24	TAX	所得税率	无	辅助变量
25	RCI	收回投资现金流入量	元	辅助变量
26	OICI	其他与投资有关的现金流入量	元	辅助变量
27	OBP	其他业务利润	元	辅助变量
28	OBP1	其他业务利润(注)	元	辅助变量
29	IR	贷款利率	无	辅助变量
30	CGIR	资本经营投资与商品经营投资比例	无	辅助变量
31	LOOK UP	表函数	无	辅助变量
32	IRRF	贷款利率调控因子	无	调控变量
33	CGIRRF	资本经营投资与商品经营投资比例调控因子	无	调控变量

注：由于系统动力学仿真计算时，变量之间有前后顺序，而建模时用到"其他业务利润"的两个地方存在计算上的时间差，所以设置了两个变量名。

本经营收益和资本增值之间因果关系的分析，本书 SD 模型结构的流位流率系由以下三组流位、流率对构成：［商品经营利润 GMP（t）、商品经营利润变化量 GMPV（t）］，［资本经营收益 COG（t）、资本经营收益变化量 COGV（t）］，［资本增值 CA（t）、资本增值变化量 CAV（t）］。由于各变量都是在有效时间内时间 t 的函数，因此，为了简化表达式，省去字母 t，以下如果无特别说明皆为时间 t 的函数。

（3）建立三棵流率基本入树

流位流率系中每组流位流率都对应着一棵以流率为根，流位变量和其他流率变量直接或通过辅助变量影响流率变量的流率基本入树，因此商品经营与资本经营的互动关系及其对价值创造影响 SD 模型的结构由以下三棵流率基本入树构成。

1）商品经营利润变化量 GMPV（t）基本入树（见图 3 - 2）

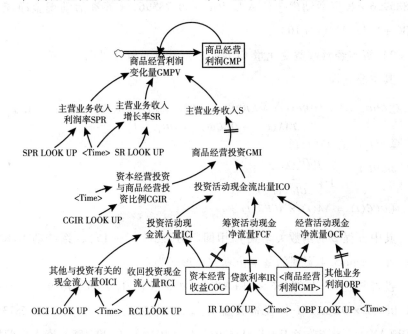

图 3 - 2　GMPV 基本入树

其主要方程：

①$GMPV(t) = S(t) \times [1 + SR(t)] \times SPR(t) - GMP(t-1)$
②$S(t) = f_1[GMI(t)]$

③$GMI(t) = \dfrac{ICO(t)}{1 + CGIR(t)}$

④$ICO(t) = f_2[ICI(t), FCF(t), OCF(t)]$

其中方程②的函数关系式 f_1 用回归方程式（3-14），系统动力学仿真软件 Vensim5.4 实现的基本仿真方程形式为：

主营业务收入 S = 1.24275 × DELAY1I［主营业务收入 S，1，6.97125（e+11）］-0.180085 × DELAY1I［主营业务收入 S，2，8.03162（e+11）］+1.09496 × 商品经营投资 GMI-1.4708 × DELAY1（商品经营投资 GMI，1）+3.50207（e+10）

方程④的函数关系式 f_2 用回归方程式（3-13），系统动力学仿真软件 Vensim5.4 实现的基本仿真方程形式为：

投资活动现金流出量 ICO = 0.615969 × 经营活动现金净流量 OCF + 0.885926 × 投资活动现金流入量 ICI + 0.783962 × 筹资活动现金净流量 FCF +1.45192（e+10）

2）资本经营收益变化量 COGV（t）基本入树（见图3-3）

其主要方程：

①$COGV(t) = \{OBP1(t) + NBRE(t) + II(t) \times [1 + IIR(t)] - FC(t) - AI(t)\} \times [1 - TAX(t)] - OCC(t) - COG(t-1)$

②$II(t) = f_3[COI(t)]$

③$COI(t) = \dfrac{ICO(t)}{1 + \dfrac{1}{CGIR(t)}}$

④$OCC(t) = NA(t) \times ACPR(t)$

其中方程②的函数关系式 f_3 用回归方程式（3-15），系统动力学仿真软件 Vensim5.4 实现的基本仿真方程形式为：

投资收益 II = 1.07456 × DELAY1I［投资收益 II，1，3.24699（e+9）］-1.08752 × DELAY1I［投资收益 II，2，1.27822（e+10）］+0.687316 × DELAY1I［投资收益 II，3，1.42932（e+10）］+0.207158 × 资本经营投资 COI-0.102705 × DELAY1（资本经营投资 COI，1）

3）资本增值变化量 CAV（t）基本入树（见图3-4）

其主要方程：

①$CAV(t) = GMPV(t) + COGV(t)$

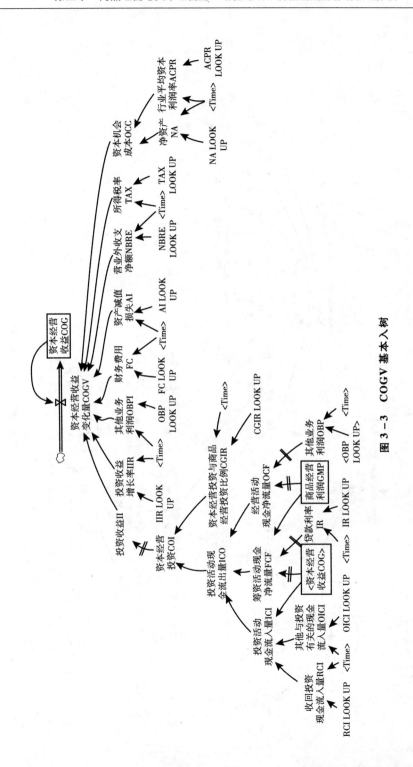

图 3-3 COGV 基本入树

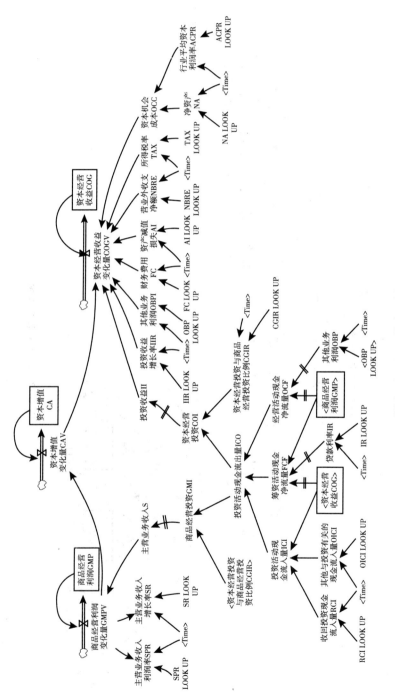

图 3 - 4 CAV 基本入树

②$ICI(t) = f_4[RCI(t), OICI(t), COG(t)]$

③$FCF(t) = f_5[GMP(t), COG(t), IR(t)]$

④$OCF(t) = f_6[GMP(t), OBP(t)]$

其中方程②的函数关系式 f_4 用回归方程式（3-12），系统动力学仿真软件 Vensim5.4 实现的基本仿真方程形式为：

投资活动现金流入量 ICI = -0.306424 × 资本经营收益 COG + 1.16966 × 收回投资现金流入量 RCI + 1.06247 × 其他与投资有关的现金流入量 OICI

方程③的函数关系式 f_5 用回归方程式（3-11），系统动力学仿真软件 Vensim5.4 实现的基本仿真方程形式为：

筹资活动现金净流量 FCF = 0.612363 × 商品经营利润 GMP - 2.55802 × 资本经营收益 COG + 0.889606 × DELAY1（资本经营收益 COG，1）+ 1.03603 × DELAY1（资本经营收益 COG，3）+ 1.96687（e+12）× 贷款利率 IR - 1.28013（e+13）× DELAY1（贷款利率 IR，1）- 5.57809（e+10）

方程④的函数关系式 f_6 用回归方程式（3-10），系统动力学仿真软件 Vensim5.4 实现的基本仿真方程形式为：

经营活动现金净流量 OCF = 0.651262 × 商品经营利润 GMP + 1.28007 × DELAY1（商品经营利润 GMP，3）- 1.5576 × 其他业务利润 OBP + 0.888403 × DELAY1（其他业务利润 OBP，2）

四　系统动力学流程图

从商品经营利润变化量 GMPV（t）入树，资本经营收益变化量 COGV（t）入树和资本增值变化量 CAV（t）入树，形成了商品经营、资本经营与价值创造系统的流位流率系｛［商品经营利润 GMP（t）、商品经营利润变化量 GMPV（t）］，［资本经营收益 COG（t）、资本经营收益变化量 COGV（t）］，　［资本增值 CA（t）、资本增值变化量 CAV（t）］｝。将这三棵流率基本入树用 Vensim5.4 软件经相关嵌入运算可得到商品经营与资本经营互动关系及其对价值创造影响的 SD 模型流图（见图 3-5）。

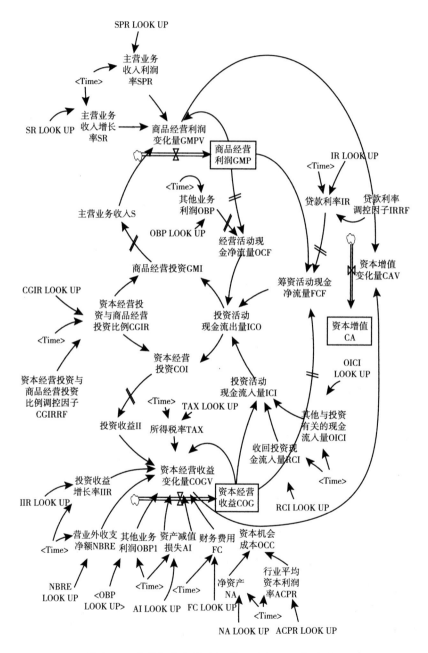

图 3－5 商品经营与资本经营互动关系及其对价值
创造影响的 SD 模型流图

第五节　商品经营与资本经营互动关系及其
对价值创造影响的 SD 仿真分析

一　初始值与表函数的确定

本书是对 253 家样本制造企业 2006～2010 年的财务数据（每半年一期，总共 10 期）进行系统仿真。理由主要有以下三个：①考虑到前面建立回归模型时变量间的滞后影响造成的数据观测期数减少；②企业一般是以 5 年为周期制定战略管理计划的，在每个 5 年计划中企业经营战略管理的原则、目标、思想、策略等都有一定的稳定性，因此以 5 年作为一个周期对企业的经营活动进行考察，有利于对商品经营活动和资本经营活动的互动性进行分析；③我国的国民经济计划每五年制定一次，主要是对全国重大建设项目、生产力分布和国民经济重要比例关系等作出规划，国家的宏观经济政策会对企业经营行为产生重要影响，2006～2010 年正是我国"十一五规划"期间，这期间外部宏观经济政策相对比较稳定，有助于对企业经营行为进行分析。

流位"商品经营利润 GMP（t）""资本经营收益 COG（t）"和"资本增值 CA（t）"的初始值分别取 2006 年上半年的数据 33532109067.23 元、－7457021093.64 元和 26075087973.59 元（见表 3－6）。流图中各表函数的 LOOK UP 数据，除了主营业务收入增长率（SR）和投资收益增长率（IIR）外，分别使用对应序列年份的实际数据（见表 3－6）。由于总所得税率是以各企业盈亏相互抵减后的利润总额和交退相互冲减后的所得税费用总额来计算的，算出的所得税率会偏小，导致按总所得税率计算的相关指标与各企业加总的指标相比会偏大。为了消除按总所得税率计算指标产生的误差，本书对主营业务收入增长率和投资收益增长率在实际数据的基础上进行了一些修正（见表 3－9）。由于本书建立系统动力学模型的目的不在于预测，而是为了验证商品经营与资本经营之间的互动关系，这样处理不仅可以提高模型的精确度，更有利于实现分析的意图，达到建模的目的。

表 3 - 9　主营业务收入增长率与投资收益增长率的表函数

时　间 （年 - 月 - 日）	主营业务收入增长率表函数 （SR LOOK UP）	投资收益增长率表函数 （IIR LOOK UP）
2001 - 12 - 31	0.0025	- 0.2310
2002 - 06 - 30	0.1394	- 0.0603
2002 - 12 - 31	0.1189	- 0.0621
2003 - 06 - 30	0.1515	1.0182
2003 - 12 - 31	0.1441	- 0.2157
2004 - 06 - 30	0.1701	0.4435
2004 - 12 - 31	0.1290	- 1.0136
2005 - 06 - 30	0.1489	- 31.0737
2005 - 12 - 31	0.0514	0.1107
2006 - 06 - 30	- 3.8890	- 0.9393
2006 - 12 - 31	- 1.8170	- 0.8310
2007 - 06 - 30	- 1.3360	- 0.9753
2007 - 12 - 31	- 1.3710	- 0.9765
2008 - 06 - 30	- 1.1690	- 0.9536
2008 - 12 - 31	- 1.0880	- 0.7448
2009 - 06 - 30	- 1.1150	- 1.0230
2009 - 12 - 31	- 1.1210	- 0.9656
2010 - 06 - 30	- 1.1170	- 0.9251
2010 - 12 - 31	- 1.1170	- 0.9251

二　SD 模型流图的基本方程

本章第四节中对影响商品经营与资本经营互动关系的关键变量进行了定量分析，应用 Eviews7.0 软件计算了回归方程［见方程式（3 - 10）~式(3 - 15)］，在 Vensim 软件中用这些回归方程建立了关键变量之间的基本仿真方程，运用系统动力学仿真软件 Vensim5.4 实现了商品经营与资本经营互动关系及其对价值创造影响的 SD 模型流图在计算机中的运行。

以下为商品经营与资本经营互动关系及其对价值创造影响的 SD 模

型流图的主要系统动力学方程式（按表 3 - 8 所给的变量顺序排序）：

（1）商品经营利润 GMP ＝ INTEG（商品经营利润变化量 GMPV，33532109067.23）

（2）资本经营收益 COG ＝ INTEG（资本经营收益变化量 COGV，－7457021093.64）

（3）资本增值 CA ＝ INTEG（资本增值变化量 CAV，26075087973.59）

（4）商品经营利润变化量 GMPV ＝ 主营业务收入 S ×（1 ＋ 主营业务收入增长率 SR）× 主营业务收入利润率 SPR － 商品经营利润 GMP

（5）资本经营收益变化量 COGV ＝［其他业务利润 OBP1 ＋ 营业外收支净额 NBRE ＋ 投资收益 II ×（1 ＋ 投资收益增长率 IIR）－ 财务费用 FC － 资产减值损失 AI］×（1 － 所得税率 TAX）－ 资本机会成本 OCC － 资本经营收益 COG

（6）资本增值变化量 CAV ＝ 商品经营利润变化量 GMPV ＋ 资本经营收益变化量 COGV

（7）主营业务收入 S ＝ 1.24275 × DELAY1I［主营业务收入 S，1，6.97125（e ＋ 11）］－ 0.180085 × DELAY1I［主营业务收入 S，2，8.03162（e ＋ 11）］＋ 1.09496 × 商品经营投资 GMI － 1.4708 × DELAY1（商品经营投资 GMI，1）＋ 3.50207（e ＋ 10）

（8）投资收益 II ＝ 1.07456 × DELAY1I［投资收益 II，1，3.24699（e ＋ 9）］－ 1.08752 × DELAY1I［投资收益 II，2，1.27822（e ＋ 10）］＋ 0.687316 × DELAY1I［投资收益 II，3，1.42932（e ＋ 10）］＋ 0.207158 × 资本经营投资 COI － 0.102705 × DELAY1（资本经营投资 COI，1）

（9）经营活动现金净流量 OCF ＝ 0.651262 × 商品经营利润 GMP ＋ 1.28007 × DELAY1（商品经营利润 GMP，3）－ 1.5576 × 其他业务利润 OBP ＋ 0.888403 × DELAY1（其他业务利润 OBP，2）

（10）筹资活动现金净流量 FCF ＝ 0.612363 × 商品经营利润 GMP － 2.55802 × 资本经营收益 COG ＋ 0.889606 × DELAY1（资本经营收益 COG，1）＋ 1.03603 × DELAY1（资本经营收益 COG，3）＋ 1.96687（e ＋ 12）× 贷款利率 IR － 1.28013（e ＋ 12）× DELAY1（贷款

利率 IR，1）－5.57809（e＋10）

（11）投资活动现金流入量 ICI ＝－0.306424×资本经营收益 COG＋1.16966×收回投资现金流入量 RCI＋1.06247×其他与投资有关的现金流入量 OICI

（12）投资活动现金流出量 ICO ＝0.615969×经营活动现金净流量 OCF＋0.885926×投资活动现金流入量 ICI＋0.783962×筹资活动现金净流量 FCF＋1.45192（e＋10）

（13）商品经营投资 GMI ＝投资活动现金流出量 ICO／（1＋资本经营投资与商品经营投资比例 CGIR）

（14）资本经营投资 COI ＝ IF THEN ELSE［资本经营投资与商品经营投资比例 CGIR≤1（e－5），0，1］×投资活动现金流出量 ICO／（1＋1/资本经营投资与商品经营投资比例 CGIR）

［说明：为了防止资本经营投资为 0 时，由于资本经营投资与商品经营投资比例为 0，其倒数会为无穷大值，出现数据计算不合理现象，我们采用了逻辑函数中的选择函数 IF THEN ELSE（C，T，F）］

（15）主营业务收入增长率 SR ＝ SR LOOK UP（Time＋1）

（16）主营业务收入利润率 SPR ＝ SPR LOOK UP（Time＋1）

（17）投资收益增长率 IIR ＝ IIR LOOK UP（Time＋1）

（18）营业外收支净额 NBRE ＝ NBRE LOOK UP（Time＋1）

（19）资产减值损失 AI ＝ AI LOOK UP（Time＋1）

（20）财务费用 FC ＝ FC LOOK UP（Time＋1）

（21）资本机会成本 OCC ＝ 净资产 NA×行业平均资本利润率 ACPR

（22）净资产 NA ＝ NA LOOK UP（Time＋1）

（23）行业平均资本利润率 ACPR ＝ ACPR LOOK UP（Time＋1）

（24）所得税率 TAX ＝ TAX LOOK UP（Time＋1）

（25）收回投资现金流入量 RCI ＝ RCI LOOK UP（Time）

（26）其他与投资有关的现金流入量 OICI ＝ OICI LOOK UP（Time）

（27）其他业务利润 OBP ＝ OBP LOOK UP（Time）

（28）其他业务利润 OBP1 ＝ OBP LOOK UP（Time＋1）

（29）贷款利率 IR = IF THEN ELSE（Time≤19，1，0）×IR LOOK UP（Time）×贷款利率调控因子 IRRF

（30）资本经营投资与商品经营投资比例 CGIR = IF THEN ELSE（Time≤19，1，0）×CGIR LOOK UP（Time）×资本经营投资与商品经营投资比例调控因子 CGIRRF

（31）贷款利率调控因子 IRRF = C（C 为常数）

（32）资本经营投资与商品经营投资比例调控因子 CGIRRF = C（C 为常数）

三　模型检验

模型的有效性和合理性是系统动力学模型构建两个非常重要的问题。它们反映的是模型行为与系统行为的一致性程度。为了检验商品经营与资本经营互动关系及其对价值创造影响 SD 模型的有效性和合理性，本书选取了 2006～2010 年（半年为一期）10 期的商品经营利润、资本经营收益、资本增值的真实数据来验证模型的拟合度。具体数据见表 3-10、表 3-11、表 3-12。

表 3-10　商品经营利润预测相对误差

时　间 （年-月-日）	商品经营利润 实际值（十亿元）	商品经营利润 预测值（十亿元）	残差值 （十亿元）	相对误差（%）
2006-06-30	33.532	33.530	-0.002	-0.01
2006-12-31	43.000	43.000	0.000	0.00
2007-06-30	52.303	52.300	-0.003	-0.01
2007-12-31	51.822	51.820	-0.002	0.00
2008-06-30	65.608	65.610	0.002	0.00
2008-12-31	24.213	24.210	-0.003	-0.01
2009-06-30	35.268	35.270	0.002	0.01
2009-12-31	57.228	57.230	0.002	0.00
2010-06-30	78.500	78.500	0.000	0.00
2010-12-31	72.584	72.580	-0.004	-0.01

表 3 – 11　资本经营收益预测相对误差

时　间 （年 – 月 – 日）	资本经营收益 实际值（十亿元）	资本经营收益 预测值（十亿元）	残差值 （十亿元）	相对误差（%）
2006 – 06 – 30	– 7.457	– 7.457	0.000	0.00
2006 – 12 – 31	– 9.491	– 9.490	0.001	– 0.01
2007 – 06 – 30	– 6.370	– 6.369	0.001	– 0.02
2007 – 12 – 31	– 9.067	– 9.066	0.001	– 0.01
2008 – 06 – 30	– 8.244	– 8.244	0.000	0.00
2008 – 12 – 31	– 21.350	– 21.340	0.010	– 0.05
2009 – 06 – 30	– 2.906	– 2.906	0.000	– 0.01
2009 – 12 – 31	– 5.310	– 5.310	0.000	0.01
2010 – 06 – 30	– 13.513	– 13.510	0.003	– 0.02
2010 – 12 – 31	– 10.762	– 10.760	0.002	– 0.02

表 3 – 12　资本增值预测相对误差

时　间 （年 – 月 – 日）	资本增值实际值 （十亿元）	资本增值预测值 （十亿元）	残差值 （十亿元）	相对误差（%）
2006 – 06 – 30	26.075	26.070	– 0.005	– 0.02
2006 – 12 – 31	33.509	33.500	– 0.009	– 0.03
2007 – 06 – 30	45.933	45.930	– 0.003	– 0.01
2007 – 12 – 31	42.756	42.750	– 0.006	– 0.01
2008 – 06 – 30	57.364	57.370	0.006	0.01
2008 – 12 – 31	2.863	2.863	0.000	– 0.01
2009 – 06 – 30	32.361	32.370	0.009	0.03
2009 – 12 – 31	51.918	51.920	0.002	0.00
2010 – 06 – 30	64.987	64.990	0.003	0.00
2010 – 12 – 31	61.822	61.820	– 0.002	0.00

从表 3 – 10、表 3 – 11、表 3 – 12 中可以看到，商品经营利润、资本经营收益和资本增值的仿真结果与实际值的相对误差率比较小，最大的也仅有 – 0.05%。这说明所构建的商品经营与资本经营互动关系及其对价值创造影响的系统动力学仿真模型对 253 家制造企业 2006 ~ 2010 年经营活动的实际拟合程度非常高，能为后面分析商品经营与资本经营的互动性、揭示它们的互动性对企业价值创造的影响机理提供有效的分析模型。

四　商品经营与资本经营的互动性分析

为了分析商品经营与资本经营之间的互动性，本书从微观企业经营行为和宏观经济政策两个角度考虑影响因素，在商品经营与资本经营互动关系及其对价值创造影响 SD 模型流图（图 3-5）中加了资本经营投资与商品经营投资比例调控因子（变量符号为：CGIRRF）和贷款利率调控因子（变量符号为：IRRF）。

（1）调控资本经营投资与商品经营投资的比例

企业在日常经营活动中存在着商品经营投资与资本经营投资的偏好：一些企业决策层偏好商品经营投资，如：扩建厂房、更新设备、研发技术等；一些决策层偏好资本经营投资，如：购买金融产品、并购重组、投资子公司及其他营业单位等。而企业资源是有限的，在有限资源条件的约束下，商品经营投资与资本经营投资之间必然会相互影响，从而影响企业主营业务收入和投资收益的高低，进而导致商品经营利润和资本经营收益的上升或下降。此处在 SD 模型流图（图 3-5）中加入资本经营投资与商品经营投资比例调控因子（CGIRRF）以实现对资本经营投资和商品经营投资比例的控制。分别对 CGIRRF 取 0.1、1、10 三个值来观察企业商品经营利润和资本经营收益的变化情况（见表 3-13 和图 3-6、图 3-7）。CGIRRF = 1 表示制造企业各期仍采用现行投资政策，资本经营投资与商品经营投资比例不变，模型运行结果所得商品经营利润与资本经营收益即是 2006~2010 年的实际数值；CGIRRF = 0.1 是在各期现行投资政策基础上将商品经营投资扩大 10 倍，即表示制造企业各期投资在现行投资政策的基础上偏向于商品经营投资，与现行投资政策相比更多资金流向商品经营；CGIRRF = 10 是在各期现行投资政策基础上将资本经营投资扩大 10 倍，即表示制造企业各期投资在现行投资政策的基础上偏向于资本经营投资，与现行投资政策相比更多资金流向资本经营。

1）商品经营利润分析

在图 3-6 中，首先分析一下，制造企业在现行投资政策下（CGIRRF = 1）的商品经营利润仿真曲线，即商品经营利润的实际值，可以看出制造企业的商品经营利润在 2006~2008 年上半年期间一直稳中有升，但在 2008

表 3 - 13　在 CGIRRF 不同调控下商品经营利润和资本经营收益的仿真结果

时 间 (年 - 月 - 日)	商品经营利润(十亿元)			资本经营收益(十亿元)		
	CGIRRF =0.1	CGIRRF = 1	CGIRRF = 10	CGIRRF = 0.1	CGIRRF = 1	CGIRRF = 10
2006 - 06 - 30	33.53	33.53	33.53	- 7.46	- 7.46	- 7.46
2006 - 12 - 31	74.53	43.00	- 63.87	- 11.79	- 9.49	- 1.67
2007 - 06 - 30	64.01	52.30	- 0.02	- 20.90	- 6.37	36.95
2007 - 12 - 31	45.49	51.82	19.23	- 14.81	- 9.07	- 0.62
2008 - 06 - 30	72.56	65.61	19.25	- 14.26	- 8.24	3.54
2008 - 12 - 31	27.82	24.21	7.50	- 36.28	- 21.34	4.56
2009 - 06 - 30	44.31	35.27	10.03	- 27.60	- 2.91	39.51
2009 - 12 - 31	69.58	57.23	16.70	- 1.02	- 5.31	- 11.52
2010 - 06 - 30	99.33	78.50	21.72	- 19.39	- 13.51	- 2.84
2010 - 12 - 31	91.88	72.58	20.05	- 25.03	- 10.76	14.50

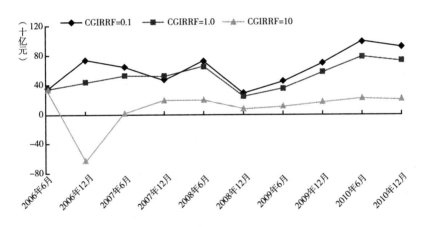

图 3 - 6　在 CGIRRF 不同调控下商品经营利润趋势

年下半年由于美国次贷危机的影响迅速下滑,之后在国家相关政策的扶持下又逐步回升。当 CGIRRF = 0.1 时,即制造企业在现行投资政策的基础上将商品经营投资扩大 10 倍,可以看到,开始商品经营利润明显上升,后来有所下降,整体与现行投资政策取得的商品经营利润相比有提高,但幅度不是特别大,这是因为少了资本经营这个"车轮",商品经营也很难跑得快。当 CGIRRF = 10 时,即制造企业在现行投资政策基础上将资本经营投资扩大 10 倍,由于偏向资本经营投资,商品经营投资出现萎缩,商品经营利润显著下降。

2）资本经营收益分析

在图 3 - 7 中，首先分析制造企业在现行投资政策下（CGIRRF = 1）的资本经营收益仿真曲线，即资本经营收益的实际值。从图中可以看出，制造企业整体资本经营收益较低，2006 ~ 2010 年期间一直为负值（注：像珠海格力、上海汽车、上海复星等一些绩效好的企业资本经营收益都大于零，只是 253 家制造企业数据综合后为负值），尤其是在 2008 年下半年随着我国股市暴跌也跌入谷底，之后在金融危机蔓延、市场需求下降的外部环境压力下，产业内并购重组加快，资金少、技术落后、管理能力差、抗风险能力低的中小制造企业被迅速淘汰，产业资源向大企业集聚，在整合期内资本经营收益出现波动，有升有降。

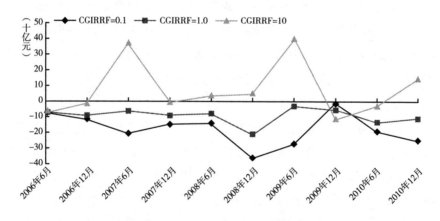

图 3 - 7　在 CGIRRF 不同调控下资本经营收益趋势

当 CGIRRF = 0.1 时，即制造企业在现行投资政策基础上将商品经营投资扩大 10 倍，从图中可以看出，资本经营收益前期明显下降，虽然后来由于商品经营利润增加带回的较多现金流在一定程度上可以弥补资本经营的资金缺口，使资本经营收益有所回升，但由于投资政策倾向商品经营，最终资本经营收益仍然下滑。

当 CGIRRF = 10 时，即制造企业在现行投资政策基础上将资本经营投资扩大 10 倍，从图中可以看到，资本经营收益比现行政策取得的资本经营收益明显要高，但有较大波动，不是一直处于增长状态，这是因为商品经营是资本经营的前提和基础，离开了商品经营，资本运营势必成为无源之水、无本之木，无法长期持续地增长下去。

3）商品经营与资本经营的相互作用机理

结合图 3-6 和图 3-7 看，商品经营与资本经营的互动性主要体现在两方面。

一方面，企业如果长期偏向资本经营投资（CGIRRF = 10），会对商品经营产生不利影响，使商品经营投资萎缩，产品生产规模无法进一步扩大，技术设备无法进一步更新，竞争力得不到提升，导致商品经营利润下降；虽然对资本经营是有利的，可以使得资本经营收益增加，但是由于没有商品经营的支持，资本经营收益将无法可持续增长。

另一方面，当企业长期偏向商品经营投资（CGIRRF = 0.1）时，虽然商品经营利润增加带回的较多现金流可以在一定程度上弥补资本经营的资金缺口，对资本经营有一时的促进作用，但仍会阻碍资本经营的发展；虽然对于商品经营是有利的，可以促使商品经营利润上升，但是由于少了资本经营这个"车轮"，商品经营很难快速增长。

（2）调控贷款利率

利率是运用资金这一资源的交易价格，对于企业投融资来说有着非常重要的影响，它不仅会影响企业的融资成本，而且会影响企业的投资收益率。利率具有沟通金融市场与实物市场、连接宏观经济与微观经济的中介功能。国家经常会通过调节利率来发挥其"经济杠杆"作用，影响社会资金供求，达到协调整个社会经济活动的目的。而利率变动必然会影响到企业的投融资活动，利率上升或下降，一方面会导致企业资金成本上升或下降，影响企业融资活动；另一方面会引起金融市场上金融产品价格的变化，从而影响企业投资活动。所以本文在 SD 模型流图（见图 3-5）中加入贷款利率调控因子（IRRF）以实现对贷款利率的控制。分别对 IRRF 取0.5、1、2 三个值来观察企业商品经营利润和资本经营收益的变化情况（见表 3-14 和图 3-8、图 3-9）。IRRF = 1 表示各期国家利率政策不变，模型运行结果所得的商品经营利润与资本经营收益即是制造企业2006 ~ 2010 年的实际数值；IRRF = 0.5 表示各期国家一年期人民币银行贷款基准利率比实际有所下降，只有实际贷款利率的一半，是相对宽松的货币政策；IRRF = 2 表示各期国家一年期人民币银行贷款基准利率比实际有所上升，是实际贷款利率的两倍，是相对紧缩的货币政策。

表 3 - 14 在 IRRF 不同调控下商品经营利润和资本经营收益的仿真结果

时 间 (年 - 月 - 日)	商品经营利润(十亿元)			资本经营收益(十亿元)		
	IRRF = 0.5	IRRF = 1	IRRF = 2	IRRF = 0.5	IRRF = 1	IRRF = 2
2006 - 06 - 30	33.53	33.53	33.53	-7.46	-7.46	-7.46
2006 - 12 - 31	-44.81	43.00	218.63	-10.78	-9.49	-6.91
2007 - 06 - 30	7.80	52.30	141.32	-14.87	-6.37	10.64
2007 - 12 - 31	17.61	51.82	120.24	-12.47	-9.07	-2.25
2008 - 06 - 30	21.87	65.61	153.09	-11.76	-8.24	-1.19
2008 - 12 - 31	9.72	24.21	53.19	-30.14	-21.34	-3.75
2009 - 06 - 30	15.26	35.27	75.30	-17.07	-2.91	25.42
2009 - 12 - 31	24.38	57.23	122.93	-2.81	-5.31	-10.30
2010 - 06 - 30	33.99	78.50	167.54	-17.01	-13.51	-6.52
2010 - 12 - 31	31.31	72.58	155.13	-19.07	-10.76	5.87

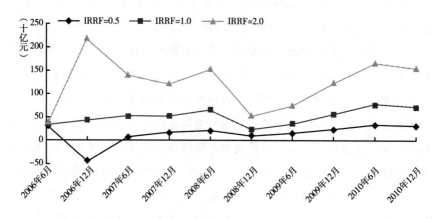

图 3 - 8 在 IRRF 不同调控下商品经营利润趋势图

1）商品经营利润分析

在分析利率变动对商品经营利润的影响之前，首先要分析一下利率与实体经济之间的关系。凯恩斯（Keynesian）认为，实物投资的效益体现为"资本的边际效率"（Marginal Efficiency of Capital），投资成本为利率水平。资本边际效率递减的性质决定了利率水平必须相应下调，才能保证实

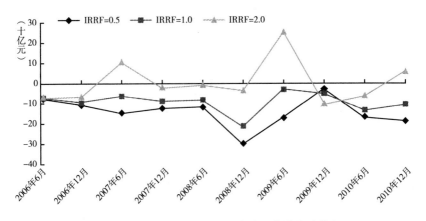

图 3 - 9   在 IRRF 不同调控下资本经营收益趋势图

物投资的利润，否则会出现投资需求不足进而导致经济衰退。因此，为了促进经济增长，政府必须采取以降低利率为主的货币政策才能达到扩张需求、刺激产出增加之目的。而不少组织机构和学者的研究表明利率变化与经济波动高度正相关，如：世界银行（1990）对发展中国家的研究发现，1965～1985 年的经济增长率与实际利率水平呈正相关关系；国际货币基金组织专家兰伊（Lanyi）和萨拉卡格鲁（R. Samcoglu）（1983）对发展中国家的利率政策进行研究时发现，实际利率与经济增长率之间存在着很高的正相关关系，即实际利率高的国家，经济增长率也高。这些研究表面上看与凯恩斯观点有差异，实际上各国央行运用利率干预经济沿用的就是凯恩斯的理论，当经济处于扩张期时，为防止经济出现过热与缓解通货膨胀的压力，各国央行一般会提高利率，使经济保持平稳的增长；而当经济步入衰退时，央行往往会降低利率，刺激经济的增长，以达到扩张经济的目的。所以，利率变化与经济波动有高度的正相关关系，即经济处于增长期，利率会随之上升；而经济步入衰退期，利率也处于下降周期之中。原因是经济处于扩张期时，企业开始活跃，获利能力提高，为了获取更多的利润，企业开始扩大生产规模，就业率上升，资金需要量大，导致资金的价格——利率上升，这种活动会出现反复循环，直到经济增长停滞，开始步入衰退，企业为了避免损失开始削减生产，失业率上升，资金需要下降，利率自然回落。

在图 3 - 8 中，IRRF = 1 时，表示各期贷款利率不变，模型运行结果所得的商品经营利润即是制造企业 2006～2010 年的实际数值，这已在前面进行了趋势分析，这里不再重述。

根据前面表 3-6 的数据，可以计算出制造企业筹资活动现金净流量与贷款利率之间呈正相关关系（相关系数为 r = 0.64，t = 3.5139，P = 0.0025），这说明贷款利率上升时，市场经济状况比较好、处于扩张期，制造企业的商品经营活动比较活跃，对资金需求量加大，随着筹资活动现金净流量增加，更多资金流向商品经营投资，推动商品经营利润上升；而贷款利率下降时，外部宏观经济形势不佳，制造企业的商品经营活动放缓，对资金需求量降低，筹资活动现金净流量的减少会抑制商品经营投资，从而导致商品经营利润下降。这就很好解释了图 3-8 中，为什么 IRRF = 2（即各期贷款利率是实际贷款利率的两倍）时，在相对紧缩的货币政策下，制造企业的商品经营利润会上升；而 IRRF = 0.5（即各期贷款利率只有实际贷款利率的一半）时，在相对宽松的货币政策下，制造企业的商品经营利润会下降。

2）资本经营收益分析

同样，在分析利率变动对资本经营收益的影响之前，首先要分析一下利率与股票价格之间的关系，因为在企业资本经营投资中股票投资占的比重比较大。关于利率变动对股价的影响已经有不少学者作了研究，但由于考察时间段和方法不同，得出了不同的结论。其中主要有以下几种观点：①一种观点认为利率与股价之间呈负相关关系，这与传统经济学理论一致。认为当利率上升时，资金成本提高及资金供应量减少会抑制股票投资，导致股票价格下降，反之，利率下调时，资金成本下降和资金供应量加大会促进股票投资，导致股票价格上升。②一种观点认为利率与股价之间呈正相关关系，与传统经济学理论相悖。理由是股票价格不仅受到宏观经济的影响，而且会受投资者心理因素的影响，当经济步入扩张期时，投资者信心就会明显增强，对收益的预期会很高，表现为风险喜好，愿意投入更多资金进入股市，这时虽然利率上升，固定利率的储蓄或债券也不具备吸引力，此时投资者追求的是投机收益，2006 年和 2007 年我国股市猛涨就属于这种情况。而如果经济步入衰退期，企业盈利转坏，对资金需求下降，利率开始回落，投资者信心受到打击，对盈利预期的下降就会导致投资者开始抛售股票,大多数人表现为风险厌恶,这时即使利率下降,也很难树立投资者的信心,金融危机时股价猛跌就是很好的例证。③一种观点认为利率与股票价格短期内关系不明显,中长期呈负相关,理由是利率调整对股市趋势的影响存在滞后期。本书制造企业在不同利率政策下资本收益的变动趋势正好验证了第三种观点。

在图3-9中,IRRF=1表示各期贷款利率不变,模型运行结果所得的资本经营收益即是制造企业2006~2010年的实际数值,这已在前面进行了趋势分析,这里不再重述。

从图3-9可以看出,利率在调整初期,对股市的影响不大,这时对股票价格起决定作用的因素是外部经济形势。如果利率下调(IRRF=0.5),则说明市场经济不佳,企业盈利下降,投资者会动摇信心、抛售股票,股价下降,再加上利率下调会导致债券收益率也下降,资本经营收益会下降;如果利率上调(IRRF=2),则说明市场经济进入扩张期,企业盈利上升,投资者信心增强,大量资金进入股市使股价上升,再加上利率上调会导致债券收益率也提高,所以资本经营收益也会上升。但是随着时间的延续,利率的"经济杠杆作用"会逐渐体现出来。如2009年下半年,利率下调(IRRF=0.5)引起的资金成本下降和资金供应量加大会促使企业筹措更多资金去扩大生产经营规模,造成企业盈利增加,再加上储蓄获利能力降低会使一部分资金回流到股市,导致股票价格上升,因此资本经营收益会上升;利率上调(IRRF=2)导致的资金成本提高和资金供应量减少则会使企业削减生产规模,企业盈利下降,再加上部分资金会从股市流向储蓄和债券,导致股票价格下降,所以资本经营收益会下降。可见利率调整对股市影响存在滞后期,不过这种杠杆作用维持的时间不长,对股市影响有限。

3)商品经营与资本经营的相互作用机理

结合图3-8和图3-9看,商品经营与资本经营的互动性主要体现在两方面。

一方面,当利率调整时,商品经营与资本经营筹资活动之间的互动。当利率上升时,市场经济状况比较好,处于扩张期,企业会通过筹资活动筹集更多资金来满足商品经营发展的需要,从而促进商品经营利润提升;当利率下降时,外部宏观经济形势不佳,进入衰退期,商品经营活动放缓，甚至削减，对资金的需求量降低，引起筹资活动现金净流量下降，筹资活动现金净流量的减少又会进一步抑制商品经营投资，从而导致商品经营利润下降。

另一方面，当利率调整时，商品经营与资本经营投资活动之间的互动。实际上，这里存在一个作用力的相互传导机制，在经济周期的不同时期，商品经营投资与资本经营投资会有不一样的表现：活跃、过热、减缓、衰退，商品经营投资与资本经营投资的过热和衰退会迫使各国央行调整利率来调控经济，利率的变化反过来又会影响企业的商品经营投资和资本经营投资，进而影响企业的商品经营利润和资本经营收益。当然在商品经营和资本经营与利率相互作用的同时，它们两者之间也在不断地相互作用着。下面通过两个方面来分析它们之间的相互作用机制：①当经济处于扩张期时，旺盛的社会需求刺激了商品经营投资扩大，商品经营利润的增加又增强了投资者信心，大量资金进入股市使得股价上升，企业这时会通过加大资本经营投资来提高资本经营收益。不过为防止经济出现过热与缓解通货膨胀的压力，各国央行在此期间一般会提高利率，使经济保持平稳增长，利率的提高又会导致企业资金供应量减少和资金成本上升，从而抑制企业生产规模的扩大并导致企业商品经营利润下降，投资者信心受到打击，再加上部分资金会从股市流向储蓄和债券，股票价格下降，企业资本经营投资减少、资本经营收益下降，资本经营收益的下降会使回流的资金减少，在一定程度上抑制商品经营的发展；②而当经济步入衰退期时，需求的不足和企业经营业绩的恶化会导致商品经营投资萎缩，商品经营利润下降会动摇投资者信心，投资者会抛售股票引起股价下跌，企业则会通过减少资本经营投资来减少损失。当然为了防止经济的进一步下滑，各国央行在此期间往往会通过降低利率来刺激经济增长，利率的下降会导致资金供应量加大和资金成本下降，从而诱使企业筹措更多资金去扩大生产经营规模，商品经营投资的加大会促进企业商品经营利润回升，投资者信心增强，再加上部分资金从储蓄、债券领域回流到股市中来，引起股票价格上升，企业资本经营投资增加，资本经营收益提高，资本经营收益的提高又会带回更多的资金，进一步促进商品经营的发展。

五 商品经营与资本经营的互动性对企业价值创造的影响分析

通过前面的分析，可以看到企业商品经营与资本经营之间存在着互动性，两者相互促进、相互影响。因为资本增值等于商品经营利润与资本经营收益之和，所以两者之间的互动必然会对资本增值产生影响，即影响企业的价值创造。为了揭示商品经营与资本经营的互动性对价值创造的影响机理，下面分别在利率下降、不变、上升三种外部宏观环境下，考察资本经营投资与商品经营投资比例的变化究竟会对价值创造产生什么影响（见表 3 - 15 和图 3 - 10、图 3 - 11、图 3 - 12）。因为利率属于企业外部的宏观经济环境因素，对于企业来说是不可控的，企业只能适应它，而商品经营投资和资本经营投资对于企业来说是可控的、可调节的。

表 3 - 15 不同调控下资本增值的仿真结果

单位：十亿元

时 间 （年 - 月）	利率下降（IRRF = 0.5）			利率不变（IRRF = 1）			利率上升（IRRF = 2）		
	CGIRRF = 0.1	CGIRRF = 1	CGIRRF = 10	CGIRRF = 0.1	CGIRRF = 1	CGIRRF = 10	CGIRRF = 0.1	CGIRRF = 1	CGIRRF = 10
2006 - 06	26.08	26.08	26.08	26.08	26.08	26.08	26.08	26.08	26.08
2006 - 12	- 40.80	- 55.60	- 105.74	62.73	33.51	- 65.54	269.81	211.73	14.85
2007 - 06	- 7.57	- 7.08	- 14.62	43.10	45.93	36.93	144.45	151.97	140.04
2007 - 12	- 0.77	5.14	- 7.32	30.67	42.76	18.61	93.57	117.98	70.49
2008 - 06	10.85	10.10	- 7.968	58.30	57.36	22.79	153.19	151.89	84.32
2008 - 12	- 25.97	- 20.42	- 16.1	- 8.46	2.86	12.05	26.55	49.44	68.37
2009 - 06	- 9.85	- 1.81	7.176	16.71	32.36	49.55	69.82	100.72	134.31
2009 - 12	29.89	21.56	- 1.884	68.56	51.92	5.17	145.89	112.63	19.29
2010 - 06	24.65	16.97	- 6.537	79.93	64.99	18.88	190.50	161.02	69.71
2010 - 12	14.74	12.23	- 1.468	66.85	61.82	34.55	171.06	161.00	106.60

从图 3 - 10 中可以看出，当各期利率不变时，如果各期投资在现行政策上偏向商品经营投资（CGIRRF = 0.1），短期内在商品经营利润增加的带动下，企业价值会上升，但由于缺少资本经营的助力，商品经营得不到快速发展，再加上商品经营投资对商品经营利润的实现存在滞后期，中间有个阶段企业价值有所下降，从长远来看虽然对资本增值有促进作用，但

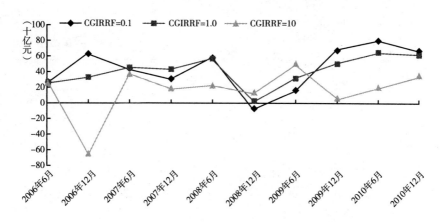

图 3 – 10　利率不变时不同 CGIRRF 调控下的资本增值趋势

可持续发展乏力（在最后有下降趋势）。如果各期投资在现行政策上偏向资本经营（CGIRRF = 10），由于投资成本的加大和资本经营投资效益产生的滞后性，在初期企业资本增值会减少，后来逐渐增加，特别是 2009 年上半年资本经营收益的提高会带动资本增值大幅度上升。然而商品经营是资本经营的"本"，离开了商品经营，资本运营势必成为无源之水、无本之木，无法长期持续地增长下去。因为长期偏向资本经营的投资政策必然会导致商品经营投资萎缩，企业生产规模的局限和技术设备的落后会使企业产品的市场竞争力下降，进而引起商品经营利润下降，资金回流的减少也必然会约束资本经营投资，所以离开商品经营的资本经营收益无法持久增长，企业价值也不可能持续增长。因此，从图 3 – 10 中可以看到，偏向资本经营投资的资本增值曲线到后期会下降，比现行投资政策（CGIRRF = 1）下的资本增值低很多。

将图 3 – 11 与图 3 – 10 比较，可以看出，当各期利率下降时，不同投资政策下的资本增值比利率不变时整体下降，最高没有超过 300 亿元，最低竟有 – 1057.4 亿元。原因在于：利率下降意味着经济正处在衰退期，市场需求疲软，商品经营绩效不佳，股市低迷，资本经营收益不高。

由于利率下降会带来资金供应量加大和资金成本下降的好处，所以从图 3 – 11 中还可以看到，如果这时偏向商品经营投资（CGIRRF = 0.1），会促进商品经营利润增加和资本增值，但由于市场不景气，增长幅度没有

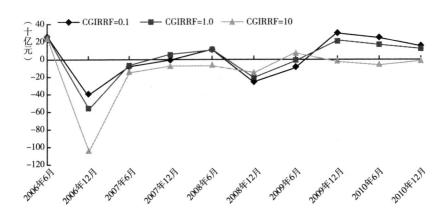

图 3－11　利率下降时不同 CGIRRF 调控下的资本增值趋势

利率政策不变时那么显著；如果偏向资本经营投资（CGIRRF = 10），企业价值前期快速下降，由 260.8 亿元迅速降到 - 1057.4 亿元，下降幅度达到 505.6%，比利率政策不变时的 351.4% 快很多，说明在市场不景气、股市低迷的外部环境下，没有商品经营的支持，偏向资本经营投资必须冒很大风险，巨大的投资成本和资本经营投资效益的滞后性容易使企业陷入财务危机，后期由于利率下降带来的资金成本降低的好处以及资本经营投资效益的慢慢显现，资本增值会回升且波动趋缓。

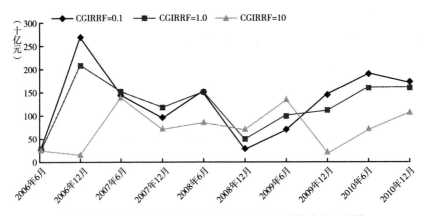

图 3－12　利率上升时不同 CGIRRF 调控下的资本增值趋势

将图 3 - 12 与图 3 - 10 比较，并结合表 3 - 15 的数据，可以看出，当各期利率上升时，不同投资政策下的资本增值比利率不变时整体上升，最少不低于 140 亿元，最高达到了 2698.1 亿元。原因在于：利率上升意味着经济正处在扩张期，市场需求旺盛，商品经营业绩良好，股市上涨，资本经营收益较高。如果各期采用偏向商品经营投资的政策（CGIRRF = 0.1），虽然资本增值曲线与各期利率不变时趋势大体一致，但资本增值得更快，平均增长速度达到了 125.18%，比利率没变时的平均增长速度 7.68% 高了 117.5 个百分点。因为利率上升意味着经济处在扩张期，市场需求旺盛，产品销售量增加，商品经营投资加大，有利于促进商品经营利润的迅速提升，不过由于缺少资本经营的助力，中间一段时间资本增值出现了波动下降，否则资本会增值得更快。如果采用偏向资本经营投资（CGIRRF = 10）的政策，资本增值曲线在期初下降幅度减小，原因是在经济扩张期，经济形势比较好，投资者信心比较足，较多资金流向股市，股票价格上涨，这时偏向资本经营的投资会在早期给企业带来较多的资本经营收益，促进资本增值，但是随着时间的延续，利率上升带来的资金成本上升和资金供应量减少的负面影响就会逐渐显现出来，股市的投机性使得投资风险加大，这时如果仍偏向资本经营投资，会造成商品经营根基不牢，无法有力支持，企业价值不仅不能可持续增长，甚至还会下降。

综上所述，商品经营与资本经营的互动性对企业价值创造的影响机理主要体现在：商品经营与资本经营在企业经营中缺一不可，它们相互促进、相互影响，离开资本经营，商品经营利润和企业价值无法实现快速增长，可持续发展乏力，离开商品经营，资本经营就成了无本之木、无源之水，企业价值不可能实现可持续增长，过于偏向任何一方的投资政策都会影响企业价值的可持续创造，只有"双轮驱动"，协调发展，才能实现企业价值的可持续增长。根据模型仿真分析可知在不同的外部宏观环境下，企业在商品经营与资本经营上采取不同的投资政策会对资本增值产生不同的影响，即会影响企业价值创造。因此，企业在协调商品经营与资本经营的关系时主要面临着两个任务：①在企业资源有限的情况下，必须对商品经营和资本经营进行合理的资源配置，使两者能协调配合、相互促进；②当外部环境发生变化时，必须根据条件的改变及时调整商品经营与资本经营策略，从而实现在不同时期的不同环境下商品经营与资本经营的良性互动、协调发展。只有完成了这两个任务，才可能实现企业价值的可持续增长。

第六节　本章小结

国内外不少学者理论结合实务，论证了企业价值创造关键在于资本增值的观点（从财务角度）。本章正是基于这一观点，并结合商品经营与资本经营创造价值的方式和途径的不同，定义了商品经营与资本经营的边界，确定了商品经营利润与资本经营收益的计算公式，为定量研究商品经营与资本经营的关系奠定了基础。因为只有存在互动关系才有协调的必要，所以为了验证商品经营与资本经营的互动性，并揭示其对价值创造的影响机理，本章主要研究思路和结论如下。

首先，对我国2001年以前沪、深上市的9大制造行业企业按50%的比例随机抽样，获得了253家制造业上市公司的面板数据，运用Granger因果检验和相关分析验证了商品经营与资本经营之间存在着互动关系，而且这种互动关系是通过一些相关因素传导实现的。

其次，根据现金流路径、价值创造来源以及实证结果，构建了适用于整个制造业企业的商品经营与资本经营互动因果关系图，并应用回归建模和流率基本入树的方法，构建了商品经营与资本经营的互动关系及其对价值创造进行影响的系统动力学模型。

最后，运用Vensim5.4进行了系统动力学仿真分析，通过模型检验验证了模型的有效性和合理性，并从微观和宏观两个角度设计了资本经营投资与商品经营投资比例、贷款利率两个调控变量因子进行模拟仿真，通过调节调控变量剖析了商品经营与资本经营之间的互动关系和作用机理，揭示了商品经营与资本经营的互动性对企业价值创造的影响机理，阐明了商品经营与资本经营协调发展是企业持续创造价值的必要条件。

最终结论是企业必须在不同时期的不同环境下，协调好商品经营与资本经营的关系，使两者能够良性互动、协调发展，只有这样才可能实现企业价值的可持续增长。

第四章 制造企业商品经营与资本经营协调度对价值创造的影响分析

第一节 协调性界定及评价方法

一 协调性界定

协调是指两个或两个以上的事物相互配合，共同由小到大，由简单到复杂，由低级到高级的过程。王维国（2000）在《协调发展的理论与方法研究》一书中，将"协调"定义为："为实现系统总体演进的目标，各子系统或元素之间相互协作、相互配合、相互促进而形成的一种良性循环态势。"同时王维国对于如何理解"协调"的概念作了几点论述，主要包括：①协调以实现系统总体的演进目标为目的；②协调以各有关现象或事物为因素；③协调以各有关现象或事物之间的关系为条件；④协调关系的具体表现为数量规模相互适应、发展速度相互配合、数量比例关系合理、工作进度相互促进、各种活动相互协作，从而形成相互统一的力量；⑤协调是动态的，需要根据系统发展实际情况，随时调控与修订，以保证系统总体目标的实现。

因此，本书对商品经营与资本经营协调性的界定是，为了实现价值创造的总体目标，商品经营与资本经营两个子系统及构成要素间具有合作、互补、同步等多种关联关系，并利用这些关联的积极关系使系统呈现出协调结构和状态以及两个子系统间的良性循环，从而达到一种良好的稳定状态，促进彼此的共同发展。

进行协调性评价时，应注意两点：①协调的动态性。协调性可分为静态和动态两种，静态协调发展是一种无时间变量的协调发展，它要求总体发展在任何时候都应该保持协调发展状态，当某一阶段发展出现不协调，就认为是不正常。动态协调发展反映的是两个子系统互相弥合的过程，它承认并允许两者暂时的发展不平衡性，认为这种不平衡只是暂时的，会逐渐过渡到平衡，是一种坚持平衡发展与非平衡发展相结合的战略（赵凌晨，2007）。②系统不同发展水平下的协调性。协调发展体现在系统进化的潜力、生机和较强的适应性，有时虽然系统的水平较低，但各子系统之间关系和谐、相互推进、配合默契，系统的生命力就会旺盛，就有可能促进两者的快速发展；有时虽然系统的水平较高，但各子系统之间不协调，相互不配合或配合不好，系统就有可能停滞不前甚至衰退，阻碍两者的发展。

一般认为，系统之间或系统组成要素之间在发展演化过程中彼此和谐一致的程度称为协调度（孟庆松，2000）。"协调性"是复合系统的一种内在的性质，而"协调度"则是协调性的外在表现，系统的协调性是通过"协调度"来测知的。

二　常用协调性评价方法

协调性评价常用的方法有相关系数法、DEA 评价法、平均方式的量化统计分析法、主成分投影法和协调指数法。

（1）相关系数法

该方法认为协调发展指标应是无量纲的相对指标，即相关系数，一般来说，相关系数越大就表明协调性越好，相关系数越小就表明协调性越差。这个方法的缺点是：它关注的是两个系统之间是否有一种稳定的联系，如果有稳定的联系，便是协调的，否则便是不协调的，但在实际中，一些指标之间虽然存在稳定的比例关系，但不能说二者就是协调的。

（2）DEA 评价法

此方法首先分别对两个子系统建立指标，把其中一个子系统作为投入，而另一个子系统作为产出，之后再反过来。然后用 DEA 分别评价两个子系统之间的相互促进作用是否有效，有效则协调，无效则不协调。DEA 评价必须是从投入产出的角度分别对两个系统建立评价体系，然后用指标体系法合并在一起，评价体系的建立本身不能体现二者的协调。

（3）平均方式的量化统计分析法

该方法的具体步骤是：选取代表性的描述指标；根据指标体系中各类指标和各单项指标在各分类及整体中的重要程度，分别确定其权数；采用加权算术平均公式计算；根据公式计算的数值越大越协调。这种方法的缺点是无法给出两个系统是否协调的量化判断。

（4）主成分投影法

它是一种多指标综合评价的方法，该方法在对各项评价指标完成无量纲化和适当的加权处理后，通过正交变换将原有的指标转换成彼此正交的综合指标，由此可以解决指标间的信息重叠问题，比较各指标投影值大小，投影值越大，系统协调性越好。

（5）协调指数法

王维国（1995）认为，协调是一个内涵明确而外延不明确的模糊概念，可以应用模糊集合论的概念对它进行研究。在模糊数学中，表示论域中某一元素 X 隶属于模糊集 A 的程度的指标是隶属度，它是一个 [0，1] 闭区间上的实数；而隶属度的变化规律又是通过隶属函数加以反映的，因此可以建立协调系数指标，表示在给定数值下系统隶属于模糊集的协调程度。这种定义协调系数的方法得到了广泛的应用与推广。

本章将主成分分析法和协调指数法结合起来进行协调性分析。首先，用主成分分析法评价商品经营与资本经营两个子系统的发展水平，然后用协调指数法测定商品经营与资本经营两个子系统之间的协调度。

采用主成分分析法的理由是：一个企业的商品经营与资本经营是否协调，仅从表面特征上还不足以反映，还需要设计一定的指标，根据指标数据之间的关系，从深层次的内在机理上来判断其协调性。但指标多了问题就会复杂化，而主成分分析法可以很好地解决多指标的综合评价问题。它不仅可以起到降维的作用，将具有错综复杂关系的变量综合为少数几个核心因子，而且可以消除评价指标间的相关影响，避免指标间的重复信息对综合评价值的影响；再有，它是用成分和指标包含信息量的权数计算综合评价值，比人为确定权数更能客观地反映样本间的现实关系。

采用协调指数法的理由是：协调指数法不仅可以得出协调性的具体分值，对协调性做量化判断，而且可以综合考虑系统各因素的作用，便于纵向和横向比较评判，其结果直观易懂，便于直接分析。

三   商品经营与资本经营协调性评价方法

从整体上评价商品经营系统与资本经营系统发展之间的协调性分两步进行：第一，测定商品经营子系统和资本经营子系统的"发展水平"；第二，求解两个子系统"发展水平"之间的"协调度"。

（1）商品经营与资本经营综合发展水平的测定

本书是采用主成分分析法来评价商品经营系统与资本经营系统的综合发展水平的。具体步骤如下：

第一步，将原始数据标准化。因为指标的量纲不同，所以在计算之前先消除量纲的影响，将原始数据标准化。即：

$$y_{ij} = \frac{x_{ij} - \overline{x_j}}{\sigma_j} \qquad (4-1)$$

其中：

$$\overline{x_j} = \frac{1}{p} \sum_{i=1}^{p} x_{ij} \qquad (4-2)$$

$$\sigma_j = \sqrt{\frac{1}{p} \sum_{i=1}^{p} (x_{ij} - \overline{x_j})^2} \qquad (4-3)$$

根据公式（4-1），可以得到我国制造业九大行业（根据证监会的行业分类标准划分）商品经营与资本经营系统的标准化数据。

第二步，建立变量的相关系数矩阵。根据标准化数据，分别构造九大制造行业商品经营和资本经营系统的相关系数矩阵。

$$R = (r_{ij})_{p \times p}$$

其中：

$$r_{ij} = \frac{s_{ij}}{\sqrt{s_{ii}}\sqrt{s_{jj}}}(i,j = 1,2,3,\cdots,n, n \text{ 为数据指标个数}) \tag{4-4}$$

第三步，计算相关系数矩阵的特征值和特征向量。假设特征值存在：$\lambda_1 \geq \lambda_2 \geq \cdots \geq \lambda_p > 0$，则特征值向量为：$\alpha_i = (\alpha_{1i}, \alpha_{2i}, \cdots, \alpha_{pi})^T$，第 k 个主成分的贡献率为 $p_k = \dfrac{\lambda_k}{\sum\limits_{i=1}^{n} \lambda_i}$，如果前 k 个主成分累积贡献率达到 85%，即可利用前 k 个主成分来描述原样本所包含的信息量。由此，可以得到商品经营与资本经营系统相关系数矩阵的特征值、特征向量及相应各分量的方差贡献率。

第四步，计算主成分。

$$F_i = \alpha_{1i}X_1 + \alpha_{2i}X_2 + \cdots + \alpha_{pi}X_p \qquad i = 1,2,\cdots,p \tag{4-5}$$

第五步，计算综合发展水平值。由前 k 个主分量 F_i 及其对应的方差贡献率 P_i，可以得到商品经营、资本经营系统的综合发展水平值为：

$$F = \sum_{i=1}^{n} F_i \cdot P_i \tag{4-6}$$

（2）商品经营与资本经营协调度的计算

本书运用商品经营系统和资本经营系统综合发展水平值，计算商品经营系统和资本经营系统之间的静态协调度和动态协调度。静态协调度反映两个系统在某一时点的协调性，动态协调度反映两个系统在时间序列上协调性的变动趋势。

①商品经营与资本经营静态协调性指数模型构建

从整体上评价商品经营与资本经营系统在某一时点的协调性，即在对系统之间的"发展水平"进行静态协调性评价建模时，在借鉴相关研究成果的基础上（陈长杰等，2004；Chen，2002；赵生龙，2007），本书运用的是基于主成分分析（PCA）与回归分析（RA）相结合的综合评价方法。具体分析步骤是：

第一，运用主成分分析法测定商品经营系统与资本经营系统的综合发展水平指数。

第二，通过一定的数学模型（或算法）对两个子系统的综合发展水平值进行回归拟合，找到子系统间最佳的拟合方程。

第三，将某子系统综合发展指数代入最佳拟合方程，分别求得对方子系统对该综合发展指数所需要的最佳适应值（协调值）。

根据文献（王维国，2000）的研究成果可知，我们必须设立一个数值来表示某一状态与其协调状态之间的关系，它应是一个［0，1］闭区间上的一个实数，我们称这个指标为协调适应度（赵生龙，2007）（或协调适应指数，见图4－1）。

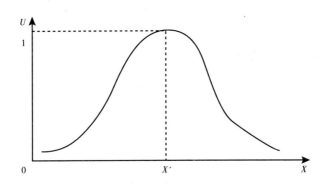

图4－1　协调适应指数曲线

设复合系统由系统 i 和系统 j 组成，则系统间协调适应指数含义为：

$$u(i/j) = \exp\left[-\frac{(x_i - x_i')^2}{s^2}\right] \qquad (4-7)$$

式中：

$u(i/j)$ 表示 i 系统对 j 系统协调发展的适应度；

x_i 表示 i 系统综合发展水平的实际值；

x_i' 为与 j 系统实际值 x_j 相协调的 i 系统综合发展水平适应值，即 j 系统对 i 系统需要的最佳综合发展指数；

s^2 表示 i 系统综合发展指数的均方差。

从公式（4－7）和图4－1可得出协调指数具有以下性质。

I. 实际值 x 越接近协调值 x'，协调适应指数 U 越大，协调程度越高；

Ⅱ．实际值 x 与协调值 x' 离差越大，协调适应指数 U 越小，协调程度越低；

Ⅲ．实际值 x 与协调值 x' 离差为零（两者相等时），协调适应指数 U 为 1，完全协调；

Ⅳ．实际值 x 与协调值 x' 离差趋于无穷大时，协调适应指数 U 趋于 0，完全不协调。

第四，通过建立量化模型，将两个子系统的协调值"合成"一个整体性的综合评价值（协调指数），通过协调指数来判断两子系统之间"发展"的"协调"程度。由于研究目的和方法不同，对协调指数的求解可能存在多种路径。本书认为，商品经营与资本经营之间的协调性应是对子系统之间状态进行比较的一个相对概念。因此，借鉴了其他文献的研究成果（赵生龙，2007），通过公式（4－8）来计算复合系统内部子系统之间的"协调度"。

计算公式为：

$$U(i,j) = \frac{\min\{u(i/j),u(j/i)\}}{\max\{u(i/j),u(j/i)\}} \qquad (4-8)$$

式中，U（i，j）为商品经营、资本经营系统综合发展协调性指数，即静态协调度；u（i/j）为商品经营系统对资本经营系统协调发展的适应度；u（j/i）为资本经营系统对商品经营系统协调发展的适应度。

②商品经营与资本经营动态协调性指数模型构建

在取得不同时点静态协调度的基础上，为了揭示各时点静态协调度的连续变动趋势，计算反映两系统相互协调发展程度的动态协调度（李艳、曾珍香，2003）：

$$U_d(t) = \frac{1}{T}\sum_{i=o}^{T-1} U_s(t-i),0 < U_d(t) \leqslant 1 \qquad (4-9)$$

其中，U_s（$t-T+1$），U_s（$t-T+2$），$\cdots$，U_s（$t-1$），U_s（t）为系统在各个时刻的静态协调度。设 $t_2 > t_1$（任意两不同时刻），若 U_d（t_2）$\geqslant$ U_d（t_1），则表明复合系统一直处于协调发展的轨迹上。

因此，本书评价商品经营与资本经营协调性的基本思路如图 4－2 所示。

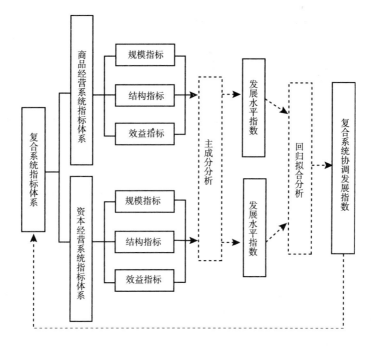

图 4 - 2　商品经营与资本经营协调性评价基本思路

第二节　商品经营与资本经营协调性
综合评价指标体系

　　根据商品经营与资本经营协调性评价的基本思路，协调性评价的指标体系实际上由商品经营系统和资本经营系统综合发展水平指标体系两部分组成。包含了单项指标选取、子系统综合发展水平指标体系形成与协调性评价指标体系构架三个步骤。

一　指标选取的原则

　　正确选取指标是建立指标体系的前提。在选取评估指标时，应遵循以下原则。

　　（1）价值创造原则

　　即指标必须能从某一个侧面反映对企业价值创造的作用，因为实现价值创造是商品经营与资本经营协调的总体目标。

（2）科学性原则

即所选用的每一个指标都应具有确定的、科学的深刻内涵，能客观、真实地反映商品经营和资本经营某一方面的发展状况，能揭示商品经营与资本经营在某一方面的客观规律和特殊属性。

（3）全面性原则

即指标具有较强的综合性，既能简化指标体系，又能全面集中地反映商品经营与资本经营各个方面的特征和状况，使最终形成的指标体系能勾勒出评价对象的整体面貌。

（4）代表性原则

有时涉及某一方面的指标很多，不可能选取所有的指标，必须选择主要的具有代表性的指标，通过它们不仅能提取被评价对象的主要信息，还要能避免指标的交叉与重复，以减少信息的冗余度。

（5）可比性原则

即评价指标应具有区域间、时间上的可比性。具体有三个方面的要求：一是服务于长时间序列的对比研究，不但能满足对历史和现实评价的需要，还应对未来的发展研究具有支撑作用；二是满足不同空间对比研究的需要，即通过不同区域间的对比，能够判断某一区域的协调发展水平所处的位置；三是指标应尽可能地选用国际或国内通用的指标，使其具有权威性。

（6）可操作性原则

即指标所涉及的数据比较容易得到和计算。指标数据的获得、计算或换算，必须立足于现有的数据库、统计年鉴或文献资料，这样便于有效地进行定量分析和评估。

二 单项指标选取

所谓子系统综合发展水平是指：商品经营系统和资本经营系统各自的综合发展成就、发展水平，由子系统的规模、结构和功能共同构成的综合能力和状态。根据"协调性"的定义，协调关系应具体表现为各子系统之间或子系统的内部各要素之间数量规模相互适应、发展速度相互配合、数量比例关系合理、工作进度相互促进、各种活动相互协作，从而形成相互统一的力量。而且系统规模的增加、结构的合理、效益的提高对于企业价值创造有积极的促进作用。因此，复合系统协调性综合评价指标应包含三部分内容：①反映子系统发展规模（或强度）的指标；②反映子系统发展结构（或层次）的指标；③反映子系统发展水平（或功能）的指标。建立这样的指标体系旨在通过要素的规模、结构和功能的信息来反映商品经营与资本经营的综合发展水平。

（1）商品经营子系统

商品经营是通过销售商品或提供劳务，实现利润最大化，进而实现资本增值的。因此，反映商品经营规模、结构、效益（效率）的主要指标如下。

第一类：反映规模的指标

——主营业务收入。是企业销售商品、提供劳务实现的收入，是企业商品价值得以实现、资金得以回流的关键，是企业创造利润的源泉。

——商品经营投资。是指企业为商品经营购建固定资产、无形资产等所流出的现金流量，反映企业对商品经营的投资规模和扩大再生产能力的强弱。

——固定资产。是指企业进行商品经营活动所拥有的固定资产净额，扣除了累计折旧和减值准备，反映企业的生产规模和生产能力。

——商品经营利润。企业通过销售商品、提供劳务所实现的利润。

第二类：反映结构的指标

——主营业务成本率。主营业务成本是企业为销售商品、提供劳务而发生的实际成本，主营业务成本占收入的比重反映了企业控制商品生产成本的能力，所占比重越低，控制能力越好，主营业务盈利能力越强。

——管理费用率。管理费用是企业组织和管理生产经营所发生的费用，管理费用占主营业务收入的比重反映了企业控制管理费用的能力。

——销售费用率。销售费用是企业销售商品、提供劳务过程中发生的各种费用，销售费用占主营业务收入的比重反映了企业控制销售费用的能力。

——主营业务利润率。是商品经营利润占主营业务收入的比重，是反映企业销售获利能力的重要指标。

第三类：反映效益（效率）的指标

——主营业务收入增长率。是反映企业销售增长速度、评价企业发展状况和成长能力的重要指标；是衡量企业商品经营状况和市场占有能力、预测企业经营业务拓展趋势的重要标志。

——应收账款周转率。反映企业应收账款变现速度的快慢及管理效率的高低。比率越高说明应收账款回收速度越快，商品经营资金回流越快。

——存货周转率。反映企业存货的变现能力，以及企业采购、储存、生产、销售各环节管理工作状况的好坏。比率越高说明存货周转越快，销售能力越强，存货占用的营运资金越少。

——固定资产周转率。是主营业务收入与固定资产之比，反映了每一元的固定资产所产生的收入，体现了固定资产的利用效率。

（2）资本经营子系统

资本经营是通过对资本及其运动进行运筹，提高资本运营效率和效益，进而实现资本增值的。因此，反映资本经营规模、结构、效益（效率）的主要指标如下。

第一类：反映规模的指标

——总资产。反映企业债权人和所有者投入的资本总规模。

——净资产。即所有者权益，反映企业所有者投入的资本规模。

——资本经营投资。是企业为了进行金融投资和产权投资所流出的现金流量，反映企业对资本经营的投资规模和参与资本市场运作能力的强弱。

——长期投资。是指企业不准备在一年内（含一年）变现的各种股权性和债权性的投资。由于新旧准则会计科目的变动（中华人民共和国财政部，2001；2006），这里长期投资包括了"可供出售金融资产""持有至到期投资""长期股权投资""长期债权投资"（2007年前使用）。反映企业进行长期债权和股权投资所达到的规模。

——资本经营收益。是企业通过产权的流动和重组，提高资本运营效率和效益，而实现的资本增值。

第二类：反映结构的指标

——产权比率。是负债总额与所有者权益的比率，是企业财务结构稳定与否的重要标志，反映了企业所有者权益对债权人权益的保障程度。

——长期资本负债率。是非流动负债占长期资本的比重，反映企业的长期资本结构，比率越高说明偿债能力越弱，财务风险越大。

——投资收益。投资收益是企业对外投资产生的收益（或损失），是资本经营收益的重要组成部分，投资收益越高说明企业资本经营投资的效果越好。

——财务费用。是企业为举债筹集资金所发生的筹集费和资金占用费，是资本经营收益的重要抵减项，指标越低，说明为举债所付出的资金成本代价越小。

第三类：反映效益（效率）的指标

——资本积累率。反映了企业所有者权益在当年的变动水平，是企业发展强盛的标志，是企业扩大再生产的源泉，是评价企业发展潜力的重要指标。

——净资产收益率。反映所有者投入企业的自有资本获取净收益的能力。

——总资产周转率。是主营业务收入除以平均总资产，反映了企业全部资产的利用效率。比率越高，说明总资产的使用效率越高。

三 指标体系构架

根据指标选取的原则和本书研究的目标，此处构建了商品经营与资本经营协调性综合评价指标体系（见表4-1）。

表4-1 基于多维的商品经营与资本经营协调性综合评价指标体系

复合系统	子系统	一级指标	二级指标	单位
评价指标体系	商品经营子系统	规模性指标	主营业务收入	元
			商品经营投资	元
			固定资产	元
			商品经营利润	元
		结构性指标	主营业务成本率	无
			管理费用率	无
			销售费用率	无
			主营业务利润率	无
		效益性指标	主营业务收入增长率	无
			应收账款周转率	无
			存货周转率	无
			固定资产周转率	无
	资本经营子系统	规模性指标	总资产	元
			净资产	元
			资本经营投资	元
			长期投资	元
			资本经营收益	元
		结构性指标	产权比率	无
			长期资本负债率	无
			投资收益	元
			财务费用	元
		效益性指标	资本积累率	无
			净资产收益率	无
			总资产周转率	无

该指标体系在构架上有以下特点。

第一，商品经营系统与资本经营系统相对独立，各子系统内部分别由规模（强度）性指标、结构性指标和效益（效率）性指标组成，可以满足对子系统综合发展水平的评价。

第二，"商品经营—资本经营"复合系统评价指标体系构成一个统一的整体，能够反映复合系统的整体性能，又可以满足对子系统发展协调性的评价。

第三节　制造企业商品经营与资本经营协调度的计算分析

在制造企业商品经营与资本经营协调性的评价中，沿用本书前文选取的样本（见表 3 – 2 和附录 A），抽取了制造业 9 个行业共 253 家上市公司作为样本。选取 2001 ~ 2010 年财务报表的半年报和年报数据（来源于国泰安 CSMAR 数据库和证监会指定的信息披露网站巨潮资讯网），通过计算整理得到指标体系所需的全部数据（见附录 B）。对于数据的计算整理，需要说明的有三点：①为统一指标口径，保证计算分析结果的有效性，对于 2007 年实施新会计准则后，会计报表有变动的项目，我们是通过查阅每家上市公司年报和半年报计算得到的；②为了提高数据计量分析结果的准确度，以半年为一期，利润表和现金流量表项目的年末数据是以全年数据减去上半年数据或通过相关计算后得到的；③为了便于进行主成分分析，我们将抽取的样本公司组成一个整体，看成一个大的制造企业，评价分析我国制造企业整体的商品经营与资本经营协调性。由于每个制造行业的经营特点和绩效有所不同，有必要深入分析各类制造业企业商品经营与资本经营的协调性，所以在分行业分析时又分别将每个制造行业的样本公司组成一个整体。下面运用 SPSS18.0 软件对制造企业数据进行了处理分析。

一　制造企业商品经营与资本经营的总协调度计算

（1）商品经营与资本经营系统综合发展指数测定

子系统综合发展水平测定属于多指标综合评价问题。通过分别建立指标体系，构建反映两个系统综合发展水平的数学模型，将多个评价指标值"合成"为一个整体性的综合评价值，可反映各子系统的"发展"水平。

①商品经营系统综合发展指数测定

第一步，计算方差贡献率。

从表4-2可以看出，前三个因子的累积方差贡献率达到88.385%（>85%），已基本包含全部指标所反映的信息，因此可以确定提取前3个因子作为主成分。其中F_1所解释的信息占总信息的61.407%，F_2占18.949%，F_3占8.029%。

表4-2　制造企业商品经营系统的方差贡献率

成分	初始特征值			提取平方和载入		
	合 计	方差的 %	累积 %	合 计	方差的 %	累积 %
1	7.369	61.407	61.407	7.369	61.407	61.407
2	2.274	18.949	80.356	2.274	18.949	80.356
3	0.963	8.029	88.385	0.963	8.029	88.385
4	0.825	6.872	95.258			
5	0.319	2.655	97.913			
6	0.079	0.662	98.574			
7	0.066	0.549	99.124			
8	0.048	0.400	99.523			
9	0.039	0.328	99.851			
10	0.011	0.088	99.939			
11	0.005	0.044	99.983			
12	0.002	0.017	100.000			

第二步，计算主分量。

根据因子得分系数表4-3，可以写出商品经营系统的主分量：

$F_1 = 0.128X_1 + 0.129X_2 + 0.125X_3 + 0.117X_4 + 0.116X_5 - 0.051X_6 - 0.085X_7 - 0.069X_8 + 0.015X_9 + 0.13X_{10} + 0.11X_{11} + 0.126X_{12}$

$F_2 = 0.002X_1 - 0.091X_2 - 0.042X_3 + 0.169X_4 - 0.161X_5 + 0.108X_6 + 0.006X_7 + 0.362X_8 + 0.410X_9 + 0.014X_{10} + 0.228X_{11} + 0.112X_{12}$

$F_3 = 0.302X_1 + 0.104X_2 + 0.374X_3 + 0.217X_4 - 0.111X_5 + 0.365X_6 + 0.733X_7 - 0.14X_8 + 0.036X_9 - 0.067X_{10} - 0.068X_{11} - 0.191X_{12}$

表 4 - 3　制造企业商品经营系统成分得分系数矩阵

	成分		
	1	2	3
主营业务收入	0.128	0.002	0.302
商品经营投资	0.129	- 0.091	0.104
固定资产	0.125	- 0.042	0.374
商品经营利润	0.117	0.169	0.217
主营业务成本率	0.116	- 0.161	- 0.111
管理费用率	- 0.051	0.108	0.365
销售费用率	- 0.085	0.006	0.733
主营业务利润率	- 0.069	0.362	- 0.140
主营业务收入增长率	0.015	0.410	0.036
应收账款周转率	0.130	0.014	- 0.067
存货周转率	0.110	0.228	- 0.068
固定资产周转率	0.126	0.112	- 0.191

第三步，计算综合发展指数。

根据公式（4 - 6），可以得到制造企业商品经营系统的综合发展指数 F_g ［具体计算见公式（4 - 10），计算结果见表 4 - 4］。其中，为了有利于进行不同子系统之间的比较分析，对商品经营系统中各主成分的权重进行了归一化处理，即各主成分的权重是各主成分的方差贡献率占所有主成分累计方差贡献率之和的比重。

表 4 - 4　制造企业商品经营系统综合发展指数

时间	F_g	时间	F_g
2001 年上半年	—•	2006 年上半年	- 0.0792
2001 年下半年	- 1.2776	2006 年下半年	0.3538
2002 年上半年	- 1.0187	2007 年上半年	0.4546
2002 年下半年	- 0.8785	2007 年下半年	0.7261
2003 年上半年	- 0.5984	2008 年上半年	0.8662
2003 年下半年	- 0.5302	2008 年下半年	- 0.0197

时间	F_g	时间	F_g
2004 年上半年	− 0.3325	2009 年上半年	− 0.2425
2004 年下半年	− 0.2740	2009 年下半年	1.0374
2005 年上半年	− 0.1459	2010 年上半年	1.1197
2005 年下半年	− 0.2944	2010 年下半年	1.1336

注：＊我国上市公司于 2001 年 1 月 1 日实行《企业会计制度》。实行企业会计制度前后的财务报表差异较大。为了保证数据分析的可靠性，本书从 2001 年开始选取数据，这样在计算一些指标（如增长率等）时，2001 年上半年就会出现缺失值。因此，关于综合发展指数、协调适应度、协调度的计算，都只获得了从 2001 年下半年至 2010 年下半年共 19 期的数据。以下同理。

$$F = \frac{61.407\%}{88.385\%} \cdot F_1 + \frac{18.949\%}{88.385\%} \cdot F_2 + \frac{8.029\%}{88.385\%} \cdot F_3 \qquad (4-10)$$

②资本经营系统综合发展指数测定

第一步，计算方差贡献率。

从表 4-5 可以看出，前三个因子的累积方差贡献率达到 91.598%（ >85% ），已基本包含全部指标所反映的信息，因此可以确定提取前 3 个因子作为主成分。

表 4 - 5　制造企业资本经营系统的方差贡献率

成分	初始特征值			提取平方和载入		
	合计	方差的 %	累积 %	合计	方差的 %	累积 %
1	8.185	68.208	68.208	8.185	68.208	68.208
2	1.848	15.402	83.610	1.848	15.402	83.610
3	0.959	7.989	91.598	0.959	7.989	91.598
4	0.421	3.507	95.105			
5	0.293	2.445	97.550			
6	0.123	1.027	98.577			
7	0.103	0.860	99.437			
8	0.038	0.319	99.755			
9	0.016	0.132	99.887			
10	0.009	0.079	99.966			
11	0.004	0.034	100.000			
12	3.939E − 5	0.000	100.000			

第二步，计算主分量。

表 4 - 6 制造企业资本经营系统成分得分系数矩阵

	成分		
	1	2	3
总资产	0.120	-0.056	0.092
净资产	0.120	-0.050	0.076
资本经营投资	0.100	-0.033	0.241
长期投资	0.118	-0.049	0.177
资本经营收益	-0.072	0.167	0.731
产权比率	0.119	-0.033	-0.040
长期资本负债率	0.115	-0.116	0.091
投资收益	0.113	0.019	0.302
财务费用	0.113	-0.161	-0.141
资本积累率	0.054	0.412	-0.015
净资产收益率	0.050	0.460	0.089
总资产周转率	0.077	0.286	-0.525

资本经营系统主分量的计算，方法同上。

第三步，计算综合发展指数。

同理，可以计算出制造企业资本经营系统的综合发展指数 F_c。

表 4 - 7 制造企业资本经营系统综合发展指数

时间	F_c	时间	F_c
2001 年上半年	—	2006 年上半年	-0.3682
2001 年下半年	-1.0056	2006 年下半年	0.1418
2002 年上半年	-0.9094	2007 年上半年	0.5613
2002 年下半年	-0.9611	2007 年下半年	0.7971
2003 年上半年	-0.6719	2008 年上半年	0.7914
2003 年下半年	-0.6061	2008 年下半年	-0.1064
2004 年上半年	-0.4073	2009 年上半年	0.4162
2004 年下半年	-0.5597	2009 年下半年	1.0921
2005 年上半年	-0.1411	2010 年上半年	0.9522
2005 年下半年	-0.5189	2010 年下半年	1.5038

　　由商品经营系统和资本经营系统的综合发展指数，可得到反映商品经营与资本经营系统综合发展水平变化趋势的综合发展指数曲线关系图（图 4 - 3）。

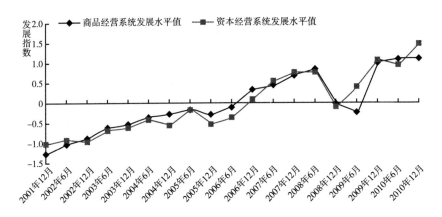

图 4 - 3　制造企业商品经营与资本经营系统综合发展指数对比

　　从图 4 - 3 可以看出：制造企业商品经营系统和资本经营系统的综合发展水平总体都呈上升趋势，而且两者的发展变化趋势大致相同。由于受美国次贷危机和我国股市暴跌的影响，在 2008 年下半年和 2009 年上半年，无论是商品经营还是资本经营都迅速下滑，直到 2009 年下半年在国家"拉动内需"政策的带动下商品经营才逐渐恢复，同时金融危机带来的竞争压力加速了我国制造企业的整合，资金实力薄弱、技术水平落后、管理能力差、抗风险能力低的中小企业被迅速淘汰，产业资源向大企业集聚的程度加深，促进了资本经营规模的扩大和水平的提高。

　　（2）商品经营与资本经营系统协调适应度（最佳发展指数）计算

　　①商品经营系统协调适应度计算

　　为了定量计算以描述制造企业商品经营、资本经营系统的协调发展状况，这里分别以 GC、CC 代表制造企业商品经营系统和资本经营系统的综合发展水平（注：因为证监会对我国制造业的行业分类代码分别为：C 代表制造企业；$C0$ 代表食品、饮料制造业；$C1$ 代表纺织、服装、皮毛制造业；$C2$ 代表木材、家具制造业；$C3$ 代表造纸、印刷制造业；$C4$ 代表石油、化学、塑胶、塑料制造业；$C5$ 代表电子制造业；$C6$ 代表金属、非金属制造业；$C7$ 代表机械、设备、仪表制造业；$C8$ 代表医药、生物制品制造业。所以下面同理，分别在各行业的代码前加 G 和 C 来表示各行业商品经营系统和资本经营系统的综合发展水平），并把 GC 做因变量，CC 做自变量。用 SPSS18.0 软件做以下几种形式的回归拟合（见表 4 - 8）。

表 4 - 8　模型汇总和参数估计值

方程	模型汇总					参数估计值			
	R^2	F	df1	df2	Sig.	常数	b1	b2	b3
线性	0.906	163.380	1	17	0.000	$4.655E-16$	0.908		
二次	0.915	85.744	2	16	0.000	0.077	0.949	-0.138	
三次	0.919	56.427	3	15	0.000	0.097	0.844	-0.209	0.118

得到的三种函数 F 检验的相伴概率 Sig. 值为 0.000 ［$<\alpha$（0.05）］，说明得到的回归方程显著（注：①R^2 是指拟合优度的判定系数，在这里主要反映实际值与所要求的最佳值之间的差距，R^2 越大说明实际值与所要求的最佳值之间的距离越小、协调适应度越大，R^2 越小说明实际值与所要求的最佳值之间的距离越大、协调适应度越小；②由于综合发展水平值中有负数，所以无法进行其他函数，如倒数曲线、对数曲线、幂函数曲线、指数函数曲线、增长型曲线、复合曲线以及 S 形曲线等的拟合）。

通过回归拟合的结果可以看出，三次曲线的拟合效果最好。因此，选择三次曲线函数作为最佳拟合曲线［见公式（4 - 11）］，将表 4 - 7 制造企业资本经营系统的综合发展指数代入最佳拟合方程，即可得到资本经营系统对商品经营系统协调发展要求的最佳综合发展指数 F_g'（见表 4 - 9）。

$$GC = 0.097 + 0.844CC - 0.209CC^2 + 0.118CC^3 \qquad (4 - 11)$$

②资本经营系统协调适应度计算

以 CC 做因变量，GC 做自变量，用 SPSS18.0 软件做以下几种形式的回归拟合（见表 4 - 10）。

表 4 - 9　制造企业商品经营系统协调发展的最佳综合发展指数

时间	$F_g{}'$	F_g	时间	$F_g{}'$	F_g
2001 年上半年	—	—	2006 年上半年	- 0.2478	- 0.0792
2001 年下半年	- 1.0834	- 1.2776	2006 年下半年	0.2131	0.3538
2002 年上半年	- 0.9324	- 1.0187	2007 年上半年	0.5260	0.4546
2002 年下半年	- 1.0122	- 0.8785	2007 年下半年	0.6968	0.7261
2003 年上半年	- 0.6002	- 0.5984	2008 年上半年	0.6926	0.8662
2003 年下半年	- 0.5176	- 0.5302	2008 年下半年	0.0049	- 0.0197
2004 年上半年	- 0.2893	- 0.3325	2009 年上半年	0.4208	- 0.2425
2004 年下半年	- 0.4615	- 0.2740	2009 年下半年	0.9230	1.0374
2005 年上半年	- 0.0264	- 0.1459	2010 年上半年	0.8130	1.1197
2005 年下半年	- 0.4137	- 0.2944	2010 年下半年	1.2942	1.1336

表 4 - 10　模型汇总和参数估计值

方程	模型汇总					参数估计值			
	R^2	F	df1	df2	Sig.	常数	b1	b2	b3
线性	0.906	163.380	1	17	0.000	- 4.546E - 16	0.998		
二次	0.916	87.533	2	16	0.000	- 0.077	0.984	0.152	
三次	0.917	55.042	3	15	0.000	- 0.069	1.041	0.141	- 0.055

　　得到的三种函数 F 检验的相伴概率 Sig. 值为 0.000 < α（0.05），说明得到的回归方程显著。其中，三次曲线的拟合效果最佳。因此，选择三次函数作为最佳拟合曲线（见公式（4 - 12）），将表 4 - 4 制造企业商品经营系统的综合发展指数代入最佳拟合方程，即可得到商品经营系统对资本经营系统协调发展要求的最佳综合发展指数 $F_c{}'$（见表 4 - 11）。

$$CC = - 0.069 + 1.041 GC + 0.141 GC^2 - 0.055 GC^3 \qquad (4 - 12)$$

　　（3）商品经营与资本经营协调度计算

　　由公式（4 - 8）和公式（4 - 9）可以计算得到制造企业商品经营、资本经营系统综合发展静态协调度和动态协调度（见表 4 - 12），以及相应的静态和动态协调度图（图 4 - 4）。

表 4 – 11　制造企业资本经营系统协调发展的最佳综合发展指数

时间	$F_c{}'$	F_c	时间	$F_c{}'$	F_c
2001 年上半年	—	—	2006 年上半年	– 0.1509	– 0.3682
2001 年下半年	– 1.0550	– 1.0056	2006 年下半年	0.3142	0.1418
2002 年上半年	– 0.9256	– 0.9094	2007 年上半年	0.4280	0.5613
2002 年下半年	– 0.8379	– 0.9611	2007 年下半年	0.7401	0.7971
2003 年上半年	– 0.6300	– 0.6719	2008 年上半年	0.9029	0.7914
2003 年下半年	– 0.5735	– 0.6061	2008 年下半年	– 0.0898	– 0.1064
2004 年上半年	– 0.3979	– 0.4073	2009 年上半年	– 0.3127	0.4162
2004 年下半年	– 0.3428	– 0.5597	2009 年下半年	1.1016	1.0921
2005 年上半年	– 0.2180	– 0.1411	2010 年上半年	1.1967	0.9522
2005 年下半年	– 0.3622	– 0.5189	2010 年下半年	1.2127	1.5038

表 4 – 12　制造企业商品经营与资本经营的协调度

时间	静态协调度	动态协调度	时间	静态协调度	动态协调度
2001 年上半年	—	—	2006 年上半年	0.9733	0.9835
2001 年下半年	0.9360	0.9360	2006 年下半年	0.9866	0.9838
2002 年上半年	0.9867	0.9613	2007 年上半年	0.9796	0.9834
2002 年下半年	0.9925	0.9717	2007 年下半年	0.9961	0.9844
2003 年上半年	0.9970	0.9780	2008 年上半年	0.9655	0.9831
2003 年下半年	0.9985	0.9821	2008 年下半年	0.9993	0.9842
2004 年上半年	0.9967	0.9846	2009 年上半年	0.9227	0.9803
2004 年下半年	0.9859	0.9848	2009 年下半年	0.9761	0.9801
2005 年上半年	0.9836	0.9846	2010 年上半年	0.9287	0.9772
2005 年下半年	0.9850	0.9846	2010 年下半年	0.9089	0.9736

　　从图 4 – 4 中可以看到，制造企业的静态协调度虽然有所波动，特别是 2009 年上半年和 2010 年下半年波动幅度相对较大，但都一直保持在 0.92 以上，处于协调状态。而且动态协调度一直比较平稳，除了 2001 年以外都在 0.96 以上。说明制造企业商品经营与资本经营的整体协调状况比较好。

　　本章在前面已经指出，进行协调性评价时，应注意两点：①注意协调的动态性。因为在协调的过程中，当外部条件发生变化时，旧的协调状态会被打破，不可避免地会出现两个子系统发展速度不一致所造成的暂时不协调或协调程度的降低，但是这种暂时的不协调可能会对以后的进一步协调和两者的持续、快速健康发展起推动和促进作用。尤其对于商品经营和

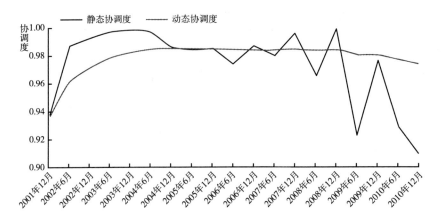

图 4 - 4　制造企业商品经营与资本经营的协调度

资本经营系统的协调性分析，更要注重协调的动态性，因为它们不同于其他一些系统，如创新系统、人力资源系统等，它们的发展一般比较稳定，而商品经营和资本经营由于受到外部宏观环境（如：经济周期、通货膨胀、经济政策、金融市场上证券的价格、商品市场上原材料和商品的价格等）和内部行为因素（如：领导者偏好风险的程度、认识能力、信息处理能力、对经济对象变化规律的把握能力等）的影响，发展水平可能波动比较大，会出现时高时低的现象，导致两个子系统之间的协调性也会出现时好时坏的状况。②注意系统不同发展水平下的协调性。低水平下的系统，如果各子系统之间关系和谐、相互推进、配合默契，系统的生命力就会旺盛，促进两者的快速发展，而高水平下的系统，如果各子系统之间不协调，相互不配合或配合不好，系统就会停滞不前甚至衰退，阻碍两者的发展。因此，后面对于制造企业以及每个制造行业企业商品经营与资本经营协调性的评价都从这两个方面来分析。

　　根据对协调度的定义，商品经营与资本经营的协调度取值在 [0，1] 之间。本书将协调度划分为五个等级区间（见表 4 - 13），并且将综合发展指数分为低等（$F \leqslant 0$）、中低等（$0 < F \leqslant 0.3$）、中等（$0.3 < F \leqslant 0.8$）、中高等（$0.8 < F \leqslant 1$）、高等（$F > 1$）几个等级。这样就可以得到 2001 年下半年至 2010 年下半年制造企业商品经营与资本经营的协调度等级（见表 4 - 14）。

表 4–13 协调度、协调等级与预警信号的对应关系

评价结果	0.00～0.50	0.50～0.60	0.60～0.75	0.75～0.85	0.85～1.00
协调等级	危机	不协调	基本协调	较协调	协调

表 4–14 制造企业 2001～2010 年商品经营与资本经营的协调性评价

时间	商品经营系统综合发展指数	资本经营系统综合发展指数	静态协调度	协调等级
2001 年上半年	—	—	—	—
2001 年下半年	– 1.2776	– 1.0056	0.9360	协调,两个系统处于低水平
2002 年上半年	– 1.0187	– 0.9094	0.9867	协调,两个系统处于低水平
2002 年下半年	– 0.8785	– 0.9611	0.9925	协调,两个系统处于低水平
2003 年上半年	– 0.5984	– 0.6719	0.9970	协调,两个系统处于低水平
2003 年下半年	– 0.5302	– 0.6061	0.9985	协调,两个系统处于低水平
2004 年上半年	– 0.3325	– 0.4073	0.9967	协调,两个系统处于低水平
2004 年下半年	– 0.2740	– 0.5597	0.9859	协调,两个系统处于低水平
2005 年上半年	– 0.1459	– 0.1411	0.9836	协调,两个系统处于低水平
2005 年下半年	– 0.2944	– 0.5189	0.9850	协调,两个系统处于低水平
2006 年上半年	– 0.0792	– 0.3682	0.9733	协调,两个系统处于低水平
2006 年下半年	0.3538	0.1418	0.9866	协调,商品经营处于中等水平,资本经营处于中低等水平
2007 年上半年	0.4546	0.5613	0.9796	协调,两个系统处于中等水平
2007 年下半年	0.7261	0.7971	0.9961	协调,两个系统处于中等水平
2008 年上半年	0.8662	0.7914	0.9655	协调,商品经营处于中高等水平,资本经营处于中等水平
2008 年下半年	– 0.0197	– 0.1064	0.9993	协调,两个系统处于低水平
2009 年上半年	– 0.2425	0.4162	0.9227	协调,商品经营处于低水平,资本经营处于中等水平
2009 年下半年	1.0374	1.0921	0.9761	协调,两个系统处于高等水平
2010 年上半年	1.1197	0.9522	0.9287	协调,商品经营处于高水平,资本经营处于中高等水平
2010 年下半年	1.1336	1.5038	0.9089	协调,两个系统处于高等水平

对于制造企业商品经营与资本经营协调性的评价总结如下。

①制造企业的静态协调度虽然有所波动,但动态协调度一直比较平稳,基本在 0.96 以上,商品经营与资本经营两个子系统的协调状况比较好,说明我国制造企业一直处于稳定的发展状态。

②在 2001～2006 年上半年，虽然制造企业商品经营与资本经营的发展都处于低水平，但由于两个子系统之间比较协调，促进了两者的发展，发展水平逐渐提高到中等水平。即使是在 2008 年下半年和 2009 年上半年商品经营与资本经营陷入低谷时，两个子系统仍保持着良好的协调状态。因此，在两个子系统的相互促进和密切配合下，它们又迅速恢复到高水平发展状态，整个行业发展态势良好。

二　食品、饮料制造企业商品经营与资本经营协调度计算

（1）商品经营与资本经营系统综合发展指数测定

与上同理，可以计算出食品、饮料制造企业商品经营系统和资本经营系统的综合发展指数 F_g 和 F_c（见表 4 - 15）。

表 4 - 15　食品、饮料制造企业商品经营系统和资本经营系统综合发展指数

时间	F_g	F_c	时间	F_g	F_c
2001 年上半年	—	—	2006 年上半年	- 0.1791	- 0.2767
2001 年下半年	- 0.5706	- 1.0075	2006 年下半年	0.0771	- 0.3482
2002 年上半年	- 0.9881	- 0.9465	2007 年上半年	0.0375	0.2295
2002 年下半年	- 0.5602	- 0.8452	2007 年下半年	0.5199	0.1555
2003 年上半年	- 0.7121	- 0.5092	2008 年上半年	0.5473	0.4227
2003 年下半年	- 0.6668	- 0.4639	2008 年下半年	0.7261	- 0.1074
2004 年上半年	- 0.6129	- 0.0985	2009 年上半年	0.4592	0.9580
2004 年下半年	- 0.4973	- 0.1277	2009 年下半年	0.8816	0.9949
2005 年上半年	- 0.4882	- 0.3473	2010 年上半年	0.8340	1.3154
2005 年下半年	- 0.2859	- 0.4947	2010 年下半年	1.4785	1.4967

由商品经营系统和资本经营系统的综合发展指数，可得到反映商品经营与资本经营系统综合发展水平变化趋势的综合发展指数曲线关系图（见图 4 - 5）。

从图 4 - 5 可以看出：

第一，食品、饮料制造企业商品经营系统和资本经营系统的综合发展水平总体都呈迅速上升趋势，不过商品经营系统的发展比较稳定，而资本经营系统的发展则表现出较大的波动性。

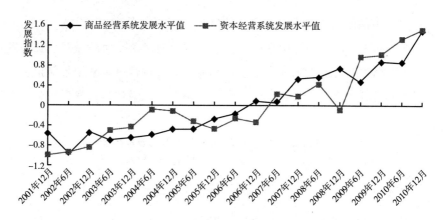

图 4 - 5　食品、饮料制造企业商品经营与资本经营系统综合发展指数对比

第二，商品经营的稳定增长与食品、饮料的行业特点有关，食品、饮料行业是增长相对稳定的行业，相比周期性行业和一般制造业，其盈利增速波动性较小，持续成长的时间更长。

第三，资本经营发展的波动性大主要是由于受外部宏观经济因素的影响。①随着国家几次降息，2003 年我国股市开始慢慢回暖，企业的投资活动逐渐增加，使得食品饮料行业在 2003 ~ 2005 年上半年，资本经营系统发展水平高于商品经营系统；②2005 年下半年和 2006 年股权分置改革方案的出台及实施，给股市带来了一定影响，投资风险加大，所以这段时间食品饮料制造企业资本经营系统的发展水平不如商品经营系统；③2007 年底和 2008 年资本经营系统发展水平低于商品经营系统，主要是受中国宏观经济政策利率连续上调和印花税上调等因素的影响，还有美国次贷危机的拖累，中国股市整体下滑；④2009 ~ 2010 年之所以资本经营系统发展水平高于商品经营，是因为这两年食品饮料行业的投资金额大幅度上升，披露的投资案例金额创历史纪录，分别达到 14.9569 亿美元和 13.6865 亿美元。① 主要原因有两点：一是继次贷危机之后，世界经济处于萎靡发展期，各类行业抗经济危机的能力有限，相比而言，食品行业抗经济危机和通胀的韧性较大，投资风险相对较小；二是随着中国消费者可支配收入的不断增加，食品作为主要的消费领域之一，会带来相对稍高的投资回报。

① 数据来源：清科数据库 http：//zdb. pedaily. cn/invlist. aspx，2011 年 7 月。

（2）商品经营与资本经营系统协调适应度（最佳发展指数）计算

与上同理，以 $GC0$、$CC0$ 代表食品、饮料制造企业商品经营系统和资本经营系统的综合发展水平，对它们相互做回归拟合后，利用最佳拟合曲线可算出商品经营系统与资本经营系统协调发展的最佳综合发展指数。

表 4-16 食品、饮料制造企业商品经营与资本经营系统
协调发展的最佳综合发展指数

时间	$F_g{}'$	$F_c{}'$	时间	$F_g{}'$	$F_c{}'$
2001 年上半年	—		2006 年上半年	-0.2246	-0.2155
2001 年下半年	-0.8179	-0.5262	2006 年下半年	-0.2827	0.0099
2002 年上半年	-0.7683	-0.8124	2007 年上半年	0.1863	-0.0261
2002 年下半年	-0.6861	-0.5185	2007 年下半年	0.1262	0.4408
2003 年上半年	-0.4133	-0.6284	2008 年上半年	0.3431	0.4692
2003 年下半年	-0.3766	-0.5963	2008 年下半年	-0.0872	0.6593
2004 年上半年	-0.0799	-0.5573	2009 年上半年	0.7777	0.3786
2004 年下半年	-0.1036	-0.4711	2009 年下半年	0.8076	0.8316
2005 年上半年	-0.2819	-0.4642	2010 年上半年	1.0678	0.7782
2005 年下半年	-0.4016	-0.3043	2010 年下半年	1.2150	1.5528

（3）商品经营与资本经营协调度计算

由公式（4-8）和公式（4-9）可以计算得到食品、饮料制造企业商品经营、资本经营系统综合发展静态协调度和动态协调度（见表 4-17），以及相应的静态和动态协调度图（见图 4-6）。

表 4-17 食品、饮料制造企业商品经营与资本经营的协调度

时间	静态协调度	动态协调度	时间	静态协调度	动态协调度
2001 年上半年	—	—	2006 年上半年	0.9965	0.8475
2001 年下半年	0.6628	0.6628	2006 年下半年	0.9545	0.8572
2002 年上半年	0.9111	0.7870	2007 年上半年	0.9031	0.8611
2002 年下半年	0.7986	0.7908	2007 年下半年	0.7877	0.8554
2003 年上半年	0.8024	0.7937	2008 年上半年	0.8921	0.8580
2003 年下半年	0.8209	0.7992	2008 年下半年	0.6640	0.8451
2004 年上半年	0.7543	0.7917	2009 年上半年	0.5718	0.8280
2004 年下半年	0.8642	0.8020	2009 年下半年	0.9494	0.8352
2005 年上半年	0.9162	0.8163	2010 年上半年	0.5632	0.8201
2005 年下半年	0.9480	0.8310	2010 年下半年	0.8258	0.8204

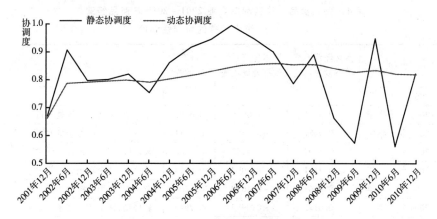

图 4 - 6　食品、饮料制造企业商品经营与资本经营的协调度

从图 4 - 6 中可以看到，食品、饮料制造企业的静态协调度虽然有所波动，特别是在 2009 年和 2010 年波动较大，有不利情况出现，但动态协调度一直比较平稳，基本在 0.8 以上，比较协调。

根据协调性的五个等级区间（见表 4 - 13），可以得到 2001 年下半年至 2010 年下半年食品、饮料制造企业商品经营与资本经营的协调度等级（见表 4 - 18）。

对于食品、饮料制造企业商品经营与资本经营协调性的评价总结如下。

①食品、饮料制造企业的静态协调度虽然有所波动，但动态协调度一直比较平稳，基本在 0.8 以上，商品经营与资本经营两个子系统比较协调，说明我国食品、饮料制造企业由于其抗经济危机和通胀韧性较大的行业特点，一直处于稳定的发展状态。

②2001 ～ 2007 年，虽然食品、饮料制造企业商品经营与资本经营的发展都处于低等水平或中低等水平，但两个子系统之间的协调，促进了两者的发展，发展水平逐渐提高。2008 年后协调度有所波动，特别是 2009 年上半年和 2010 年上半年由于资本经营的发展速度远远超过了商品经营，暂时出现了不协调状况，但都及时地调整了回来，促进了商品经营发展水平的迅速提高，到 2010 年下半年商品经营与资本经营已经达到高水平上的协调，整个行业发展态势良好。

表 4 – 18　食品、饮料制造企业 2001 ~ 2010 年商品经营与
资本经营的协调性评价

时间	商品经营系统综合发展指数	资本经营系统综合发展指数	静态协调度	协调等级
2001 年上半年	—	—	—	—
2001 年下半年	– 0.5706	– 1.0075	0.6628	基本协调,两个系统处于低水平
2002 年上半年	– 0.9881	– 0.9465	0.9111	协调,两个系统处于低水平
2002 年下半年	– 0.5602	– 0.8452	0.7986	较协调,两个系统处于低水平
2003 年上半年	– 0.7121	– 0.5092	0.8024	较协调,两个系统处于低水平
2003 年下半年	– 0.6668	– 0.4639	0.8209	较协调,两个系统处于低水平
2004 年上半年	– 0.6129	– 0.0985	0.7543	较协调,两个系统处于低水平
2004 年下半年	– 0.4973	– 0.1277	0.8642	协调,两个系统处于低水平
2005 年上半年	– 0.4882	– 0.3473	0.9162	协调,两个系统处于低水平
2005 年下半年	– 0.2859	– 0.4947	0.9480	协调,两个系统处于低水平
2006 年上半年	– 0.1791	– 0.2767	0.9965	协调,两个系统处于低水平
2006 年下半年	0.0771	– 0.3482	0.9545	协调,商品经营处于中低等水平,资本经营处于低等水平
2007 年上半年	0.0375	0.2295	0.9031	协调,两个系统处于中低等水平
2007 年下半年	0.5199	0.1555	0.7877	较协调,商品经营处于中等水平,资本经营处于中低等水平
2008 年上半年	0.5473	0.4227	0.8921	协调,两个系统处于中等水平
2008 年下半年	0.7261	– 0.1074	0.6640	基本协调,商品经营处于中等水平,资本经营处于低等水平
2009 年上半年	0.4592	0.9580	0.5718	不协调,商品经营处于中等水平,资本经营处于中高等水平
2009 年下半年	0.8816	0.9949	0.9494	协调,两个系统处于中高等水平
2010 年上半年	0.8340	1.3154	0.5632	不协调,商品经营处于中高等水平,资本经营处于高等水平
2010 年下半年	1.4785	1.4967	0.8258	较协调,两个系统处于高等水平

三　纺织、服装、皮毛制造企业商品经营与资本经营协调度计算

（1）商品经营与资本经营系统综合发展指数测定

与上同理,可以计算出纺织、服装、皮毛制造企业商品经营系统和资本经营系统的综合发展指数 F_g 和 F_c（见表 4 – 19）。

表 4 - 19 纺织、服装、皮毛制造企业商品经营系统和资本经营
系统的综合发展指数

时间	F_g	F_c	时间	F_g	F_c
2001 年上半年	—	—	2006 年上半年	- 0.4089	- 0.5148
2001 年下半年	- 0.3918	- 0.8334	2006 年下半年	0.1077	- 0.4032
2002 年上半年	- 0.4804	- 0.6200	2007 年上半年	- 0.1187	0.9109
2002 年下半年	0.0154	- 0.8007	2007 年下半年	0.3759	1.3158
2003 年上半年	- 0.6656	- 0.5305	2008 年上半年	0.7666	0.6637
2003 年下半年	- 0.2574	- 0.6329	2008 年下半年	0.1072	- 0.2894
2004 年上半年	- 0.7412	- 0.4813	2009 年上半年	- 0.1003	0.7119
2004 年下半年	- 0.0667	- 0.4251	2009 年下半年	0.9394	0.9231
2005 年上半年	- 0.6337	- 0.6018	2010 年上半年	0.3315	0.3700
2005 年下半年	- 0.2559	- 0.5602	2010 年下半年	1.4770	1.7978

由商品经营系统和资本经营系统的综合发展指数，可得到反映商品经营与资本经营系统综合发展水平变化趋势的综合发展指数曲线关系图（见图 4 - 7）。

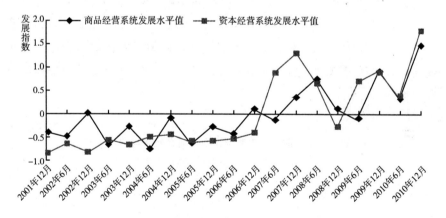

图 4 - 7 纺织、服装、皮毛制造企业商品经营与资本
经营系统综合发展指数对比

从图 4 - 7 可以看出：

第一，纺织、服装、皮毛制造企业商品经营系统和资本经营系统的综合发展水平总体都呈上升趋势，不过商品经营系统的发展一直处于波动状态，而资本经营系统发展前期平稳、后期波动较大。

第二，纺织、服装、皮毛制造企业商品经营系统发展的波动性，一方面是受季节因素的影响，一般下半年的绩效比上半年要好；另一方面，由于纺织品是我国的大宗出口商品，受次贷危机的影响，国外购买能力下降，再加上人民币兑美元升值加速、原材料成本上升等因素的影响，商品经营的发展水平在 2008 年下半年迅速下滑，直到 2009 年下半年在国家"拉动内需"的政策下才逐渐恢复。根据国家统计局的统计数据，2009 年 1 ~ 11 月，国内服装类消费累计增长 25.8%，明显超过全国消费品零售总额 15.3% 的增速。

第三，纺织、服装、皮毛制造企业资本经营系统开始一直发展比较平稳，2007 年受我国股市"牛市"的带动，资本经营发展水平迅速上升，2008 年随着股市的下滑也逐渐进入低谷。2009 年，由于国际市场需求下降，一批抗风险能力低的中小服装企业被迅速淘汰，产业资源向大企业集聚的程度加深，有限的外销订单也进一步向优势企业集结，服装行业的产业集中度不断提高，促进了其资本经营规模的扩大和水平的提高。

（2）商品经营与资本经营系统协调适应度（最佳发展指数）计算

与上同理，以 $GC1$、$CC1$ 代表纺织、服装、皮毛制造企业商品经营系统和资本经营系统的综合发展水平，对它们相互做回归拟合后，利用最佳拟合曲线可算出商品经营系统与资本经营系统协调发展的最佳综合发展指数。

表 4 - 20　纺织、服装、皮毛制造企业商品经营与资本经营系统
协调发展的最佳综合发展指数

时间	$F_g{}'$	$F_c{}'$	时间	$F_g{}'$	$F_c{}'$
2001 年上半年	—	—	2006 年上半年	- 0.2642	- 0.4647
2001 年下半年	- 0.4709	- 0.4520	2006 年下半年	- 0.2052	0.0472
2002 年上半年	- 0.3255	- 0.5138	2007 年上半年	0.4028	- 0.2062
2002 年下半年	- 0.4465	- 0.0605	2007 年下半年	0.7286	0.3853
2003 年上半年	- 0.2729	- 0.6090	2008 年上半年	0.2590	0.9049
2003 年下半年	- 0.3335	- 0.3407	2008 年下半年	- 0.1504	0.0466
2004 年上半年	- 0.2459	- 0.6333	2009 年上半年	0.2845	- 0.1871
2004 年下半年	- 0.2163	- 0.1515	2009 年下半年	0.4108	1.1284
2005 年上半年	- 0.3144	- 0.5962	2010 年上半年	0.1223	0.3275
2005 年下半年	- 0.2899	- 0.3393	2010 年下半年	1.3276	1.7145

（3）商品经营与资本经营协调度计算

由公式（4-8）和公式（4-9）可以计算得到纺织、服装、皮毛制造企业商品经营、资本经营系统综合发展静态协调度和动态协调度（见表4-21），以及相应的静态和动态协调度图（见图4-8）。

表4-21　纺织、服装、皮毛制造企业商品经营与资本经营的协调度

时间	静态协调度	动态协调度	时间	静态协调度	动态协调度
2001 年上半年	—	—	2006 年上半年	0.9309	0.7685
2001 年下半年	0.7527	0.7527	2006 年下半年	0.9337	0.7836
2002 年上半年	0.9377	0.8452	2007 年上半年	0.1949	0.7345
2002 年下半年	0.6890	0.7931	2007 年下半年	0.2540	0.6975
2003 年上半年	0.5750	0.7386	2008 年上半年	0.4387	0.6791
2003 年下半年	0.8530	0.7615	2008 年下半年	0.9947	0.7001
2004 年上半年	0.4264	0.7056	2009 年上半年	0.3129	0.6759
2004 年下半年	0.9270	0.7373	2009 年下半年	0.3917	0.6592
2005 年上半年	0.6877	0.7311	2010 年上半年	0.8547	0.6700
2005 年下半年	0.9060	0.7505	2010 年下半年	0.9349	0.6840

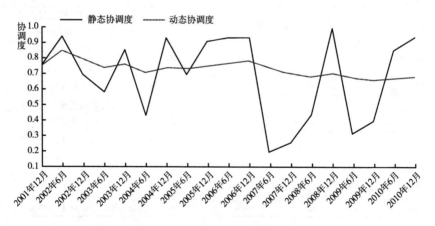

图4-8　纺织、服装、皮毛制造企业商品经营与资本经营的协调度

从图4-8中可以看出，纺织、服装、皮毛制造企业商品经营与资本经营的静态协调度波动很大，动态协调度还算平稳，但有所下降。

根据协调性的五个等级区间（见表4-13），可以得到2001年下半年

至 2010 年下半年纺织、服装、皮毛制造企业商品经营与资本经营协调度
等级（见表 4 - 22）。

表 4 - 22　纺织、服装、皮毛制造企业 2001 ~ 2010 年商品经营
与资本经营的协调性评价

时间	商品经营系统综合发展指数	资本经营系统综合发展指数	静态协调度	协调等级
2001 年上半年	—	—	—	
2001 年下半年	- 0. 3918	- 0. 8334	0. 7527	较协调，两个系统处于低水平
2002 年上半年	- 0. 4804	- 0. 6200	0. 9377	协调，两个系统处于低水平
2002 年下半年	0. 0154	- 0. 8007	0. 6890	基本协调，商品经营处于中低水平，资本经营系统处于低等水平
2003 年上半年	- 0. 6656	- 0. 5305	0. 5750	不协调，两个系统处于低水平
2003 年下半年	- 0. 2574	- 0. 6329	0. 8530	协调，两个系统处于低水平
2004 年上半年	- 0. 7412	- 0. 4813	0. 4264	危机，两个系统处于低水平
2004 年下半年	- 0. 0667	- 0. 4251	0. 9270	危机，两个系统处于低水平
2005 年上半年	- 0. 6337	- 0. 6018	0. 6877	基本协调，两个系统处于低水平
2005 年下半年	- 0. 2559	- 0. 5602	0. 9060	协调，两个系统处于低水平
2006 年上半年	- 0. 4089	- 0. 5148	0. 9309	协调，两个系统处于低水平
2006 年下半年	0. 1077	- 0. 4032	0. 9337	协调，商品经营处于中低等水平，资本经营处于低等水平
2007 年上半年	- 0. 1187	0. 9109	0. 1949	危机，商品经营处于低等水平，资本经营处于中高等水平
2007 年下半年	0. 3759	1. 3158	0. 2540	危机，商品经营处于中等水平，资本经营处于高等水平
2008 年上半年	0. 7666	0. 6637	0. 4387	危机，两个系统处于中等水平
2008 年下半年	0. 1072	- 0. 2894	0. 9947	协调，商品经营处于中低等水平，资本经营处于低等水平
2009 年上半年	- 0. 1003	0. 7119	0. 3129	危机，商品经营处于低等水平，资本经营处于中等水平
2009 年下半年	0. 9394	0. 9231	0. 3917	危机，两个系统处于中高等水平
2010 年上半年	0. 3315	0. 3700	0. 8547	协调，两个系统处于中等水平
2010 年下半年	1. 4770	1. 7978	0. 9349	协调，两个系统处于高等水平

对于纺织、服装、皮毛制造企业商品经营与资本经营协调性的评价总
结如下。

①纺织、服装、皮毛制造企业商品经营与资本经营的静态协调度波动
很大，2007 年的危机是在当时股市"牛市"的金融市场状况下，资本经

营的发展水平显著高于商品经营的发展水平所致，而 2009 年的危机是由于次贷危机、原材料成本上升等因素的影响，商品经营的发展水平有所下降，而产业集中度的提高和落后产能的淘汰又促进了资本经营的发展，导致两者之间出现了极不协调的态势。动态协调度虽然还算平稳，但有所下降，应该引起足够重视。

②在 2006 年以前，虽然商品经营与资本经营都处于低等水平，不过两个子系统之间还比较协调，促进了两个子系统发展水平的逐步提高。2007 年开始由于受到外部环境因素的影响，两个系统之间的发展出现了不协调状态，资本经营的发展超过商品经营的发展，不过资本经营的快速发展，促进了产业结构的调整和产业集中度的提高，最终带动了商品经营的发展，使得 2010 年两者又达到了协调状态。这不仅表明国家拉动内需的一些政策措施对纺织、服装、皮毛制造企业商品经营的发展起到了一定的促进作用，而且说明系统存在自组织性，当协调状态被外部条件打破后，系统能够根据外部条件的变化进行自我调整，由无序走向有序，由不协调走向协调。

四　木材、家具制造企业商品经营与资本经营协调度计算

（1）商品经营与资本经营系统综合发展指数测定

与上同理，可以计算出木材、家具制造企业商品经营系统和资本经营系统的综合发展指数 F_g 和 F_c（见表 4 - 23，图 4 - 9）。

表 4 - 23　木材、家具制造企业商品经营系统与资本经营系统综合发展指数

时间	F_g	F_c	时间	F_g	F_c
2001 年上半年	—	—	2006 年上半年	- 0.2004	- 0.0587
2001 年下半年	- 1.1078	- 0.7399	2006 年下半年	0.4398	0.3477
2002 年上半年	- 1.1416	- 0.8936	2007 年上半年	0.0890	0.2141
2002 年下半年	- 0.3370	- 0.6104	2007 年下半年	0.7307	0.7343
2003 年上半年	- 0.3970	- 0.5729	2008 年上半年	0.0199	0.3208
2003 年下半年	0.0323	- 0.6070	2008 年下半年	0.5882	0.3944
2004 年上半年	- 0.4532	- 0.5692	2009 年上半年	- 0.0764	0.3454
2004 年下半年	- 0.2317	- 0.0975	2009 年下半年	1.1791	1.1341
2005 年上半年	- 0.4940	- 0.4678	2010 年上半年	0.1939	0.8915
2005 年下半年	0.5274	- 0.6476	2010 年下半年	0.6389	0.8824

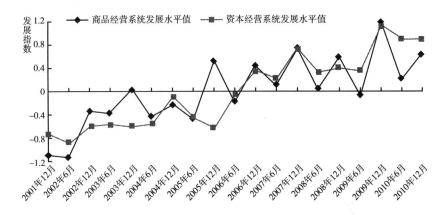

图 4 - 9 木材、家具制造企业商品经营与资本经营系统综合发展指数对比

从图 4 - 9 可以看出：

第一，木材、家具制造企业商品经营系统和资本经营系统的综合发展水平总体都呈上升趋势，其中资本经营系统发展水平上升的速度更快。

第二，对于木材、家具制造来说，一般秋冬是销售旺季，所以受季节性因素的影响，木材、家具制造企业的商品经营绩效一般下半年比上半年好。我国木材、家具制造企业在 2007 年之前商品经营发展还不错，逐渐形成珠江三角洲、长江三角洲、环渤海、东北、西部五大家具产业区。但在 2007 年以后由于金融危机国外购买力下降、材料和人工成本上升、通货膨胀威胁、楼市走低等因素的影响，商品经营发展一般。同时，行业准入门槛低，增长速度过快，设计研发人员短缺，原创力不足，创新不足，产品抄袭严重等严重制约了中国家具行业商品经营的发展。

第三，木材、家具制造企业的资本经营从 2006 年开始发展比较迅速，这与 2006 年和 2007 年我国股市的猛涨有关。不过随着 2008 年股市的下滑，资本经营绩效也有所下滑，直到 2009 年底才得以回升，原因是随着金融危机进一步席卷美欧，中国出口企业和众多世界级的品牌家具企业把中国市场看成了度过危机的希望之所。在国际品牌入侵和一线品牌升级的双重挤压下，我国家具行业加速了"洗牌整合"，不能适应新的竞争规则的小品牌正在逐步被淘汰出局，家具行业的资本经营得到了发展。

（2）商品经营与资本经营系统协调适应度（最佳发展指数）计算

与上同理，以 $GC2$、$CC2$ 代表木材、家具制造企业商品经营系统和资本经营系统的综合发展水平，对它们相互做回归拟合后，利用最佳拟合曲线可算出商品经营系统与资本经营系统协调发展的最佳综合发展指数（见表4-24）。

表4-24　木材、家具制造企业商品经营与资本经营系统
协调发展的最佳综合发展指数

时间	F_g'	F_c'	时间	F_g'	F_c'
2001 年上半年	—	—	2006 年上半年	0.0461	-0.1913
2001 年下半年	-0.6021	-0.8549	2006 年下半年	0.1611	0.3551
2002 年上半年	-0.9457	-0.8771	2007 年上半年	0.1199	0.0477
2002 年下半年	-0.3841	-0.2995	2007 年下半年	0.4181	0.6248
2003 年上半年	-0.3317	-0.3461	2008 年上半年	0.1517	-0.0106
2003 年下半年	-0.3792	-0.0002	2008 年下半年	0.1792	0.4910
2004 年上半年	-0.3267	-0.3893	2009 年上半年	0.1603	-0.0906
2004 年下半年	0.0327	-0.2164	2009 年下半年	1.1142	1.0667
2005 年上半年	-0.2073	-0.4203	2010 年上半年	0.6242	0.1376
2005 年下半年	-0.4406	0.4350	2010 年下半年	0.6101	0.5383

（3）商品经营与资本经营协调度计算

由公式（4-8）和公式（4-9）可以计算得到木材、家具制造企业商品经营、资本经营系统综合发展静态协调度和动态协调度（见表4-25），以及相应的静态和动态协调度图（图4-10）。

表4-25　木材、家具制造企业商品经营与资本经营的协调度

时间	静态协调度	动态协调度	时间	静态协调度	动态协调度
2001 年上半年	—	—	2006 年上半年	0.8575	0.7666
2001 年下半年	0.4370	0.4370	2006 年下半年	0.7686	0.7668
2002 年上半年	0.8786	0.6578	2007 年上半年	0.9238	0.7799
2002 年下半年	0.7554	0.6903	2007 年下半年	0.7441	0.7771
2003 年上半年	0.8704	0.7354	2008 年上半年	0.7647	0.7762
2003 年下半年	0.5928	0.7068	2008 年下半年	0.5830	0.7633
2004 年上半年	0.9587	0.7488	2009 年上半年	0.6865	0.7585
2004 年下半年	0.8227	0.7594	2009 年下半年	0.9993	0.7727
2005 年上半年	0.7618	0.7597	2010 年上半年	0.3445	0.7489
2005 年下半年	0.7311	0.7565	2010 年下半年	0.7047	0.7466

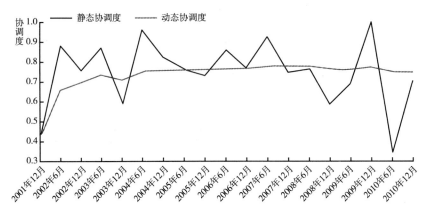

图 4 - 10　木材、家具制造企业商品经营与资本经营的协调度

从图 4 - 10 中可以看出，木材、家具制造企业虽然商品经营与资本经营的静态协调度有波动，尤其在 2007 年后波动较大，但动态协调度一直比较平稳，保持在 0. 75 左右。

根据协调性的五个等级区间（见表 4 - 13），可以得到 2001 年下半年至 2010 年下半年木材、家具制造企业商品经营与资本经营协调度等级（见表 4 - 26）。

表 4 - 26　木材、家具制造企业 2001 ~ 2010 年商品经营与资本经营的协调性评价

时间	商品经营系统 综合发展指数	资本经营系统 综合发展指数	静态 协调度	协调 等级
2001 年上半年	—	—	—	
2001 年下半年	- 1. 1078	- 0. 7399	0. 4370	危机，两个系统处于低水平
2002 年上半年	- 1. 1416	- 0. 8936	0. 8786	协调，两个系统处于低水平
2002 年下半年	- 0. 3370	- 0. 6104	0. 7554	较协调，两个系统处于低水平
2003 年上半年	- 0. 3970	- 0. 5729	0. 8704	协调，两个系统处于低水平
2003 年下半年	0. 0323	- 0. 6070	0. 5928	不协调，商品经营处于中低等 水平，资本经营处于低水平
2004 年上半年	- 0. 4532	- 0. 5692	0. 9587	协调，两个系统处于低水平
2004 年下半年	- 0. 2317	- 0. 0975	0. 8227	较协调，两个系统处于低水平
2005 年上半年	- 0. 4940	- 0. 4678	0. 7618	较协调，两个系统处于低水平
2005 年下半年	0. 5274	- 0. 6476	0. 7311	基本协调，商品经营处于中等 水平，资本经营处于低水平

时间	商品经营系统综合发展指数	资本经营系统综合发展指数	静态协调度	协调等级
2006 年上半年	- 0. 2004	- 0. 0587	0. 8575	协调,两个系统处于低水平
2006 年下半年	0. 4398	0. 3477	0. 7686	较协调,两个系统处于中等水平
2007 年上半年	0. 0890	0. 2141	0. 9238	协调,两个系统处于中低等水平
2007 年下半年	0. 7307	0. 7343	0. 7441	基本协调,两个系统处于中水平
2008 年上半年	0. 0199	0. 3208	0. 7647	较协调,商品经营处于中低等水平,资本经营处于中等水平
2008 年下半年	0. 5882	0. 3944	0. 5830	不协调,两个系统处于中等水平
2009 年上半年	- 0. 0764	0. 3454	0. 6865	基本协调,商品经营处于低等水平,资本经营处于中等水平
2009 年下半年	1. 1791	1. 1341	0. 9993	协调,两个系统处于高等水平
2010 年上半年	0. 1939	0. 8915	0. 3445	危机,商品经营处于中低等水平,资本经营处于中高等水平
2010 年下半年	0. 6389	0. 8824	0. 7047	基本协调,商品经营处于中等水平,资本经营处于中高等水平

对于木材、家具制造企业商品经营与资本经营协调性的评价总结如下。

①木材、家具制造企业商品经营与资本经营的静态协调度一直在波动,而且前期和后期的波动都较大,这与我国木材、家具制造业的发展状况有关。我国木材、家具制造业的行业集中度非常低,有 90% 以上都是民营中小企业;缺乏设计能力,只能生产标准化的家具产品,产品同质化程度较高;产品大多属于中低档产品,加工技术较低。这些都使商品经营市场竞争非常激烈,而资本经营在 2004 年前发展过慢,速度低于商品经营的发展速度,在 2008 年之后又快于商品经营发展,这就出现了前期和后期两者之间的不协调。不过,系统存在自组织性,能够根据外部条件的变化自动调整其自身的结构或参数,所以从动态协调度来看,木材、家具制造企业的商品经营与资本经营还一直保持着比较协调的状态。

②木材、家具制造企业商品经营与资本经营的发展呈现出阶段性:首先,2001 年两个系统都处于低水平而且不协调;其次,2002 年两个系统进入了低水平发展下的协调,两者的密切配合促进了各自的发展;然后,商品经营发展较快,进入中等水平,而资本经营仍然处于低等水平,两者

之间的协调被打破；接着，商品经营的发展带动资本经营的发展，两个系统进入中等水平下的协调；后来，在外部环境的影响下，资本经营的发展超过了商品经营的发展，两者之间又出现了不协调；最后，在系统的自我调整下，两个系统又回到中等水平下的协调。

五　造纸、印刷制造企业商品经营与资本经营协调度计算

（1）商品经营与资本经营系统综合发展指数测定

与上同理，可以计算出造纸、印刷制造企业商品经营系统与资本经营系统的综合发展指数 F_g 和 F_c。（见表 4 - 27，图 4 - 11）。

表 4 - 27　造纸、印刷制造企业商品经营系统与资本经营系统综合发展指数

时间	F_g	F_c	时间	F_g	F_c
2001 年上半年	—	—	2006 年上半年	- 0.0422	0.3721
2001 年下半年	- 1.3354	- 1.2409	2006 年下半年	- 0.1649	0.2997
2002 年上半年	- 0.6913	- 0.7645	2007 年上半年	0.3819	0.4934
2002 年下半年	- 0.0936	- 0.3969	2007 年下半年	0.8153	0.3000
2003 年上半年	- 0.7931	- 0.3218	2008 年上半年	0.9205	0.6215
2003 年下半年	- 0.2250	- 0.2315	2008 年下半年	- 0.0106	- 0.2216
2004 年上半年	- 0.3466	- 0.2653	2009 年上半年	- 0.4180	- 0.1410
2004 年下半年	0.1245	0.0599	2009 年下半年	0.7128	1.0137
2005 年上半年	- 0.2400	- 0.0257	2010 年上半年	0.4008	- 0.0031
2005 年下半年	- 0.1016	0.1567	2010 年下半年	1.1066	0.2954

从图 4 - 11 可以看出：

第一，造纸、印刷制造企业商品经营系统和资本经营系统的综合发展水平虽然都有波动，但总体都呈缓慢上升趋势，其中商品经营系统的发展比资本经营系统的发展波动大。

第二，造纸、印刷业是一个与国民经济发展正相关性很强的行业。随着我国经济持续高速增长，人均消费水平不断提高，纸类消费需求也迅速增长，我国已成为世界造纸工业生产、消费和贸易大国，生产量和消费量2006 年均居世界第二位，2007 年达到世界第一。所以，我国造纸、印刷制造企业的商品经营 2007 年前虽然有波动，但一直发展得还比较稳定。

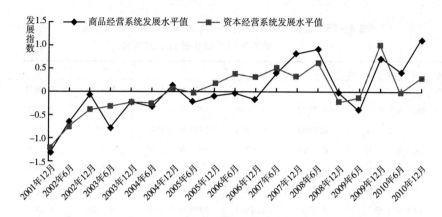

**图 4-11　造纸、印刷制造企业商品经营与资本经营系统
综合发展指数对比**

随着国内造纸企业实力的提升，2007 年我国由纸品净进口国成为净出口国，商品经营绩效出现了较快增长，但是 2008 年下半年由于我国经济放缓和各种纸品价格下降，商品经营绩效又迅速下滑，直到 2009 年下半年才得以恢复。

第三，造纸、印刷业是我国的传统行业，2008 年上半年前资本经营一直保持着稳定增长。但造纸业也是"高耗能、高污染"的双高行业，在国家节能减排的强制要求下，2008 年 8 月 1 日实施了《制浆造纸工业水污染物排放标准》，造纸业进入了实质性的行业调整阶段，大量落后产能被淘汰，"大鱼吃小鱼，快鱼吃慢鱼"的规律已经出现，企业面临着严峻的考验，资本经营发展进入了整合波动期。

（2）商品经营与资本经营系统协调适应度（最佳发展指数）计算

与上同理，以 $GC3$、$CC3$ 代表造纸、印刷制造企业商品经营系统和资本经营系统的综合发展水平，对它们相互做回归拟合后，利用最佳拟合曲线可算出商品经营系统与资本经营系统协调发展的最佳综合发展指数（见表 4-28）。

（3）商品经营与资本经营协调度计算

由公式（4-8）和公式（4-9）可以得到造纸、印刷制造企业商品经营、资本经营系统综合发展静态协调度和动态协调度（见表 4-29），以及相应的静态和动态协调度图（图 4-12）。

表 4 - 28　造纸、印刷制造企业商品经营与资本经营系统
协调发展的最佳综合发展指数

时间	$F_g{}'$	$F_c{}'$	时间	$F_g{}'$	$F_c{}'$
2001 年上半年	—	—	2006 年上半年	0.4215	0.0671
2001 年下半年	- 1.2772	- 1.1808	2006 年下半年	0.3532	- 0.0337
2002 年上半年	- 0.8509	- 0.5300	2007 年上半年	0.5263	0.3468
2002 年下半年	- 0.4316	0.0258	2007 年下半年	0.3535	0.4864
2003 年上半年	- 0.3423	- 0.6331	2008 年上半年	0.6217	0.4924
2003 年下半年	- 0.2349	- 0.0855	2008 年下半年	- 0.2232	0.0918
2004 年上半年	- 0.2750	- 0.1951	2009 年上半年	- 0.1280	- 0.2619
2004 年下半年	0.1023	0.1910	2009 年下半年	0.7905	0.4693
2005 年上半年	0.0058	- 0.0988	2010 年上半年	0.0316	0.3564
2005 年下半年	0.2076	0.0193	2010 年下半年	0.3490	0.4727

表 4 - 29　造纸、印刷制造企业商品经营与资本经营的协调度

时间	静态协调度	动态协调度	时间	静态协调度	动态协调度
2001 年上半年	—	—	2006 年上半年	0.7627	0.8461
2001 年下半年	0.9938	0.9938	2006 年下半年	0.6959	0.8324
2002 年上半年	0.8331	0.9135	2007 年上半年	0.9660	0.8436
2002 年下半年	0.6145	0.8138	2007 年下半年	0.5773	0.8231
2003 年上半年	0.8089	0.8126	2008 年上半年	0.8027	0.8216
2003 年下半年	0.9015	0.8304	2008 年下半年	0.7209	0.8149
2004 年上半年	0.9933	0.8575	2009 年上半年	0.8087	0.8145
2004 年下半年	0.9211	0.8666	2009 年下半年	0.2402	0.7807
2005 年上半年	0.8372	0.8629	2010 年上半年	0.8428	0.7842
2005 年下半年	0.7946	0.8553	2010 年下半年	0.1684	0.7518

　　从图 4 - 12 可以看出，造纸、印刷制造企业的静态协调度波动较大，尤其是 2008 年后波动幅度较大，而动态协调度虽然还比较平稳，但有缓慢下降的趋势，应引起关注。

　　根据协调性的五个等级区间（见表 4 - 13），可以得到 2001 年下半年至 2010 年下半年造纸、印刷制造企业商品经营与资本经营协调度等级（见表 4 - 30）。

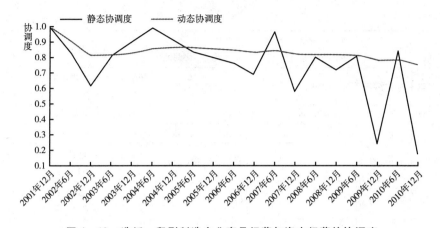

图 4 – 12　造纸、印刷制造企业商品经营与资本经营的协调度

表 4 – 30　造纸、印刷制造企业 2001 ~ 2010 年商品经营与
资本经营的协调性评价

时间	商品经营系统综合发展指数	资本经营系统综合发展指数	静态协调度	协调等级
2001 年上半年	—	—	—	—
2001 年下半年	– 1.3354	– 1.2409	0.9938	协调,两个系统处于低水平
2002 年上半年	– 0.6913	– 0.7645	0.8331	较协调,两个系统处于低水平
2002 年下半年	– 0.0936	– 0.3969	0.6145	基本协调,两个系统处于低水平
2003 年上半年	– 0.7931	– 0.3218	0.8089	较协调,两个系统处于低水平
2003 年下半年	– 0.2250	– 0.2315	0.9015	协调,两个系统处于低水平
2004 年上半年	– 0.3466	– 0.2653	0.9933	协调,两个系统处于低水平
2004 年下半年	0.1245	0.0599	0.9211	协调,两个系统处于中低等水平
2005 年上半年	– 0.2400	– 0.0257	0.8372	较协调,两个系统处于低水平
2005 年下半年	– 0.1016	0.1567	0.7946	较协调,商品经营处于低水平,资本经营处于中低等水平
2006 年上半年	– 0.0422	0.3721	0.7627	较协调,商品经营处于低水平,资本经营处于中等水平
2006 年下半年	– 0.1649	0.2997	0.6959	基本协调,商品经营处于低水平,资本经营处于中低等水平
2007 年上半年	0.3819	0.4934	0.9660	协调,两个系统处于中等水平
2007 年下半年	0.8153	0.3000	0.5773	不协调,商品经营处于中高等水平,资本经营处于中低等水平

续表

时间	商品经营系统综合发展指数	资本经营系统综合发展指数	静态协调度	协调等级
2008 年上半年	0.9205	0.6215	0.8027	较协调,商品经营处于中高等水平,资本经营处于中等水平
2008 年下半年	− 0.0106	− 0.2216	0.7209	基本协调,两个系统处于低水平
2009 年上半年	− 0.4180	− 0.1410	0.8087	较协调,两个系统处于低水平
2009 年下半年	0.7128	1.0137	0.2402	危机,商品经营处于中等水平,资本经营处于高等水平
2010 年上半年	0.4008	− 0.0031	0.8428	较协调,商品经营处于中等水平,资本经营处于低等水平
2010 年下半年	1.1066	0.2954	0.1684	危机,商品经营处于高等水平,资本经营处于中低等水平

对于造纸、印刷制造企业商品经营与资本经营协调性的评价总结如下。

①造纸、印刷制造企业商品经营与资本经营的静态协调度波动较大,特别是 2009 年末和 2010 年末甚至出现了危机状况,这是由于 2008 年在国家一系列节能减排宏观调控新政出台后,造纸、印刷业进入了行业调整阶段,大量落后产能被淘汰,运作不规范的小企业被关停,行业格局和竞争形势都在发生变化,资本经营进入了整合期,波动幅度较大,与商品经营发展的不协调就凸显出来。从动态协调度来看,虽然还比较平稳,但 2008 年后在资本经营波动的影响下,有缓慢下降的趋势,所以造纸、印刷行业必须加快整合步伐,通过产业集中度的提高,提高议价能力、升级技术装备、调节过剩产能,尽快让资本经营与商品经营之间协调配合起来。

②造纸、印刷制造企业在 2007 年上半年之前,商品经营和资本经营虽然处于低水平或中低等水平,但都还保持着基本协调的状态,促进了两个系统的逐步发展。但到了 2007 年下半年,由于商品经营绩效的迅速提高,超过资本经营的发展水平,两者出现了不协调的状况。不过随着资本经营的配合,两者又很快恢复到比较协调的状态。可是 2008 年后,资本经营由于进入整合波动期,发展水平时高时低,与商品经营的发展也时而较协调、时而出现危机。

六　石油、化学、塑胶、塑料制造企业商品经营与资本经营协调度计算

（1）商品经营与资本经营系统综合发展指数测定

与上同理，可以计算出石油、化学、塑胶、塑料制造企业商品经营系统与资本经营系统的综合发展指数 F_g 和 F_c（见表 4 - 31，图 4 - 13）。

表 4 - 31　石油、化学、塑胶、塑料制造企业商品经营系统与资本经营系统综合发展指数

时间	F_g	F_c	时间	F_g	F_c
2001 年上半年	—	—	2006 年上半年	0.0679	- 0.0953
2001 年下半年	- 1.1830	- 1.1677	2006 年下半年	0.3800	0.2591
2002 年上半年	- 1.0359	- 0.9880	2007 年上半年	0.6129	0.6156
2002 年下半年	- 0.6573	- 0.9324	2007 年下半年	0.5092	1.0030
2003 年上半年	- 0.5273	- 0.6997	2008 年上半年	0.9993	0.7427
2003 年下半年	- 0.5853	- 0.6025	2008 年下半年	- 0.7278	- 0.1305
2004 年上半年	- 0.0327	- 0.4173	2009 年上半年	- 0.0847	0.3045
2004 年下半年	0.2936	- 0.0635	2009 年下半年	0.2446	0.5298
2005 年上半年	0.1525	- 0.2193	2010 年上半年	0.8946	0.8680
2005 年下半年	- 0.1683	- 0.2753	2010 年下半年	0.8475	1.2688

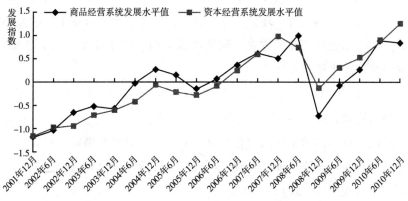

图 4 - 13　石油、化学、塑胶、塑料制造企业商品经营与资本经营系统综合发展指数对比

从图 4 - 13 可以看出：

第一，石油、化学、塑胶、塑料制造企业商品经营系统和资本经营系

统的综合发展水平总体发展趋势大体一致，在 2008 年之前都在迅速上升，但 2008 年底却出现大幅度下滑，之后又快速上升。

第二，石油化工行业是我国国民经济的支柱性行业，2001～2008年国内经济的高速发展，拉动了石化产品需求的迅速增长，石油化工行业的商品经营虽然有波动，但总体呈现快速增长趋势。不过，由于我国原油资源不足，大量原油依赖进口，石油化工行业的产业链很长，商品经营绩效受国际原油价格波动的影响较大。2004 年原油价格的上涨使得商品经营绩效出现了一个小高潮。2008 年国际原油价格出现了过山车式的巨幅波动，先是前 7 个月持续冲高到 147 美元/桶，后 5 个月又暴跌到 35 美元/桶左右，油价的下滑和需求的瞬间萎缩使很多石化企业遭受致命打击，因此，2008 年石油化工企业的商品经营绩效也经历了过山车式的变化——上半年激增和下半年迅速下降。2009 年国家石化产业调整振兴规划出台，加大了对化肥、农药、炼油、乙烯等产业的扶持力度，同时在国民经济发展的带动下，石化行业商品经营绩效逐渐回升。

第三，石油化工行业的资本经营 2001～2008 年一直稳定而快速增长，特别是 2007 年我国股市猛涨将资本经营发展带到了历史最高点。但 2008 年受金融危机蔓延和我国股市暴跌的影响，资本经营发展滑入低谷。2009 年后，在宏观环境低迷、环保节能受到重视、外资大举进军中国的大环境下，石油化工业转变发展方式、调整产业结构、产业升级步伐明显加快，资本经营发展水平逐步回升。

（2）商品经营与资本经营系统协调适应度（最佳发展指数）计算

与上同理，以 GC4、CC4 代表石油、化学、塑胶、塑料制造企业商品经营系统和资本经营系统的综合发展水平，对它们相互做回归拟合后，利用最佳拟合曲线可算出商品经营系统与资本经营系统协调发展的最佳综合发展指数（见表 4－32）。

（3）商品经营与资本经营协调度计算

由公式（4－8）和公式（4－9）可以计算得到石油、化学、塑胶、塑料制造企业商品经营、资本经营系统综合发展静态协调度和动态协调度（见表 4－33），以及相应的静态和动态协调度图（见图 4－14）。

表 4 - 32　石油、化学、塑胶、塑料制造企业商品经营与资本经营
系统协调发展最佳综合发展指数

时间	$F_g{}'$	$F_c{}'$	时间	$F_g{}'$	$F_c{}'$
2001 年上半年	—	—	2006 年上半年	- 0. 0038	0. 0264
2001 年下半年	- 1. 1137	- 1. 0861	2006 年下半年	0. 2820	0. 3561
2002 年上半年	- 0. 9020	- 0. 9726	2007 年上半年	0. 5288	0. 6158
2002 年下半年	- 0. 8386	- 0. 6594	2007 年下半年	0. 7508	0. 4988
2003 年上半年	- 0. 5840	- 0. 5448	2008 年上半年	0. 6069	1. 0723
2003 年下半年	- 0. 4827	- 0. 5963	2008 年下半年	- 0. 0344	- 0. 7200
2004 年上半年	- 0. 2983	- 0. 0755	2009 年上半年	0. 3156	- 0. 1273
2004 年下半年	0. 0235	0. 2628	2009 年下半年	0. 4731	0. 2106
2005 年上半年	- 0. 1133	0. 1137	2010 年上半年	0. 6789	0. 9455
2005 年下半年	- 0. 1643	- 0. 2093	2010 年下半年	0. 8753	0. 8892

表 4 - 33　石油、化学、塑胶、塑料制造企业商品经营与资本经营的协调度

时间	静态协调度	动态协调度	时间	静态协调度	动态协调度
2001 年上半年	—	—	2006 年上半年	0. 9785	0. 9555
2001 年下半年	0. 9976	0. 9976	2006 年下半年	0. 9951	0. 9591
2002 年上半年	0. 9490	0. 9733	2007 年上半年	0. 9793	0. 9608
2002 年下半年	0. 9150	0. 9538	2007 年下半年	0. 6301	0. 9354
2003 年上半年	0. 9508	0. 9531	2008 年上半年	0. 8319	0. 9280
2003 年下半年	0. 9695	0. 9564	2008 年下半年	0. 5744	0. 9044
2004 年上半年	0. 9203	0. 9504	2009 年上半年	0. 9914	0. 9098
2004 年下半年	0. 9513	0. 9505	2009 年下半年	0. 9048	0. 9096
2005 年上半年	0. 9343	0. 9485	2010 年上半年	0. 8846	0. 9082
2005 年下半年	0. 9892	0. 9530	2010 年下半年	0. 6995	0. 8972

　　从图 4 - 14 可以看出，石油、化学、塑胶、塑料制造企业商品经营与资本经营的静态协调度在 2001～2007 年一直处于协调状态，2007 年后出现较大波动，而动态协调度虽然有所下降，但基本保持在 0. 9 以上。

　　根据协调性的五个等级区间（见表 4 - 13），可以得到 2001 年下半年至 2010 年下半年石油、化学、塑胶、塑料制造企业商品经营与资本经营的协调度等级（见表 4 - 34）。

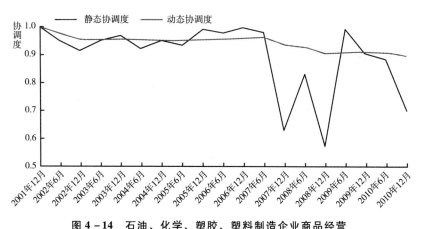

图 4 - 14　石油、化学、塑胶、塑料制造企业商品经营
与资本经营的协调度

表 4 - 34　石油、化学、塑胶、塑料制造企业 2001 ~ 2010 年
商品经营与资本经营协调性评价

时间	商品经营系统综合发展指数	资本经营系统综合发展指数	静态协调度	协调等级
2001 年上半年	—	—	—	—
2001 年下半年	- 1. 1830	- 1. 1677	0. 9976	协调,两个系统处于低水平
2002 年上半年	- 1. 0359	- 0. 9880	0. 9490	协调,两个系统处于低水平
2002 年下半年	- 0. 6573	- 0. 9324	0. 9150	协调,两个系统处于低水平
2003 年上半年	- 0. 5273	- 0. 6997	0. 9508	协调,两个系统处于低水平
2003 年下半年	- 0. 5853	- 0. 6025	0. 9695	协调,两个系统处于低水平
2004 年上半年	- 0. 0327	- 0. 4173	0. 9203	协调,两个系统处于低水平
2004 年下半年	0. 2936	- 0. 0635	0. 9513	协调,商品经营处于中低等水平,资本经营处于低水平
2005 年上半年	0. 1525	- 0. 2193	0. 9343	协调,商品经营处于中低等水平,资本经营处于低水平
2005 年下半年	- 0. 1683	- 0. 2753	0. 9892	协调,两系统处于低水平
2006 年上半年	0. 0679	- 0. 0953	0. 9785	协调,商品经营处于中低等水平,资本经营处于低水平
2006 年下半年	0. 3800	0. 2591	0. 9951	协调,商品经营处于中等水平,资本经营处于中低等水平
2007 年上半年	0. 6129	0. 6156	0. 9793	协调,两个系统处于中等水平
2007 年下半年	0. 5092	1. 0030	0. 6301	基本协调,商品经营处于中等水平,资本经营处于高等水平

续表

时间	商品经营系统综合发展指数	资本经营系统综合发展指数	静态协调度	协调等级
2008 年上半年	0.9993	0.7427	0.8319	较协调,商品经营处于中高等水平,资本经营处于中等水平
2008 年下半年	− 0.7278	− 0.1305	0.5744	不协调,两个系统处于低水平
2009 年上半年	− 0.0847	0.3045	0.9914	协调,商品经营处于低水平,资本经营处于中等水平
2009 年下半年	0.2446	0.5298	0.9048	协调,商品经营处于中低等水平,资本经营处于中等水平
2010 年上半年	0.8946	0.8680	0.8846	协调,两个系统处于中高等水平
2010 年下半年	0.8475	1.2688	0.6995	基本协调,商品经营处于中高等水平,资本经营处于高等水平

对于石油、化学、塑胶、塑料制造企业商品经营与资本经营协调性的评价总结如下。

①石油化工行业在我国经济高速发展的带动下，2001～2007年一直呈稳定协调的发展状态。之所以静态协调度出现两个协调状态不好的时段，原因主要有两个：一是由于2007年我国股市的暴涨，资本经营系统发展速度超过商品经营系统的发展速度；二是由于2008年下半年原油价格暴跌，以及金融危机蔓延使得市场需求疲软，石油化工业商品经营绩效迅速下滑，低于资本经营所要求的水平。从动态协调度来看，虽然后期受外部经济、市场波动的影响，整体有所下降，但协调度仍能基本保持在0.9以上，总体发展状态良好。

②2001～2007年上半年，石油、化学、塑胶、塑料制造企业的商品经营系统与资本经营系统虽然处于低水平或中低等水平，但一直保持着协调状态，这促进了两个系统发展水平的逐步提高，进入中等水平。但2008年下半年受金融危机、原油价格下降等宏观因素的影响，两个系统的发展下滑到低水平，出现了不协调状况。2009年后在两个系统的自我调整、协调配合、相互促进下，以及国家相关政策的扶持下，石油、化学、塑胶、塑料制造企业的商品经营与资本经营走出低谷，在中高等水平下达到了协调。

七 电子制造企业商品经营与资本经营协调度计算

（1）商品经营与资本经营系统综合发展指数测定

与上同理，可以计算出电子制造企业商品经营系统与资本经营系统的综合发展指数 F_g 和 F_c（见表 4 - 35，图 4 - 15）。

表 4 - 35　电子制造企业商品经营系统与资本经营系统综合发展指数

时间	F_g	F_c	时间	F_g	F_c
2001 年上半年	—	—	2006 年上半年	- 0.3516	0.0337
2001 年下半年	- 0.6293	- 0.8183	2006 年下半年	0.4524	0.4629
2002 年上半年	- 0.5130	- 0.7446	2007 年上半年	- 0.2765	0.2902
2002 年下半年	- 0.5417	- 0.6474	2007 年下半年	0.6742	0.4075
2003 年上半年	- 0.6424	- 0.6157	2008 年上半年	0.0088	0.2783
2003 年下半年	- 0.0374	- 0.3239	2008 年下半年	0.5744	0.0923
2004 年上半年	- 0.9759	- 0.4357	2009 年上半年	0.0984	0.7069
2004 年下半年	- 0.2053	- 1.1500	2009 年下半年	1.4273	1.0864
2005 年上半年	- 0.4683	- 0.2818	2010 年上半年	0.2417	0.7605
2005 年下半年	0.0833	- 0.2039	2010 年下半年	1.0810	1.1025

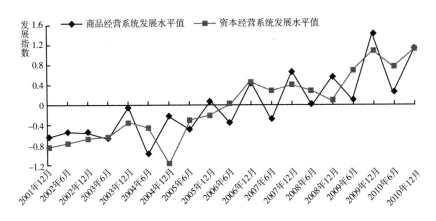

图 4 - 15　电子制造企业商品经营与资本经营系统综合发展指数对比

从图 4 - 15 可以看出：

第一，电子制造企业商品经营系统和资本经营系统的综合发展水平总体都呈上升趋势，而商品经营系统的发展存在季节性波动，资本经营系统的发展相对较平稳。

第二，电子信息产业是我国国民经济战略性、基础性、先导性支柱产业，互联网和移动通信的发展促进了电子制造企业商品经营的长足进步。电子产品是我国出口的主要产品，受欧美国家需求的季节性影响，电子制造企业商品经营发展也呈季节性波动，往往下半年比上半年好。2008年虽然次贷危机对电子产品出口带来了一定的负面影响，但由于我国电子产品在欧美市场的价格竞争优势和国家一系列政策的扶持，商品经营发展虽不如2007年，但没有出现太大波动。

第三，电子制造企业的资本经营总体呈稳定增长的趋势，2004年之所以下滑可能是由投资收益下降、利率调高导致的资金成本迅速上升所致，2008年下滑主要是受我国股市下滑的影响。

（2）商品经营与资本经营系统协调适应度（最佳发展指数）计算

与上同理，以$GC5$、$CC5$代表电子制造企业商品经营系统和资本经营系统的综合发展水平，对它们相互做回归拟合后，利用最佳拟合曲线可算出商品经营系统与资本经营系统协调发展的最佳综合发展指数（见表4-36）。

表4-36　电子制造企业商品经营与资本经营系统协调发展的最佳综合发展指数

时间	$F_g{}'$	$F_c{}'$	时间	$F_g{}'$	$F_c{}'$
2001年上半年	—	—	2006年上半年	-0.1423	-0.3494
2001年下半年	-0.4968	-0.5390	2006年下半年	0.2884	0.4439
2002年上半年	-0.5001	-0.4691	2007年上半年	0.1002	-0.2862
2002年下半年	-0.4933	-0.4877	2007年下半年	0.2261	0.6580
2003年上半年	-0.4885	-0.5459	2008年上半年	0.0879	-0.0151
2003年下半年	-0.3875	-0.0615	2008年下半年	-0.0912	0.5646
2004年上半年	-0.4378	-0.6431	2009年上半年	0.5807	0.0767
2004年下半年	-0.3845	-0.2226	2009年下半年	1.0765	1.0671
2005年上半年	-0.3651	-0.4383	2010年上半年	0.6483	0.2261
2005年下半年	-0.3189	0.0611	2010年下半年	1.0980	0.9605

（3）商品经营与资本经营协调度计算

由公式（4-8）和（4-9）可以计算得到电子制造企业商品经营、

资本经营系统综合发展静态和动态协调度（见表4-37），以及相应的协调度图（见图4-16）。

表4-37　电子制造企业商品经营与资本经营的协调度

时间	静态协调度	动态协调度	时间	静态协调度	动态协调度
2001 年上半年	—	—	2006 年上半年	0.7557	0.7308
2001 年下半年	0.8457	0.8457	2006 年下半年	0.9162	0.7476
2002 年上半年	0.8034	0.8245	2007 年上半年	0.6106	0.7362
2002 年下半年	0.9362	0.8618	2007 年下半年	0.6192	0.7272
2003 年上半年	0.9382	0.8809	2008 年上半年	0.7959	0.7321
2003 年下半年	0.8151	0.8677	2008 年下半年	0.4433	0.7129
2004 年上半年	0.4367	0.7959	2009 年上半年	0.6823	0.7110
2004 年下半年	0.0925	0.6954	2009 年下半年	0.6677	0.7084
2005 年上半年	0.9648	0.7291	2010 年上半年	0.7548	0.7110
2005 年下半年	0.7195	0.7280	2010 年下半年	0.9443	0.7233

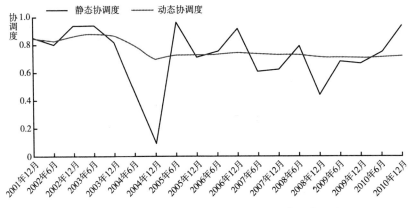

图4-16　电子制造企业商品经营与资本经营的协调度

从图4-16中可以看出，电子制造企业商品经营与资本经营的静态协调度存在波动，尤其是在2004年波动较大，而动态协调度平稳中有所下降。

根据协调性的五个等级区间（见表4-13），可以得到2001年下半年至2010年下半年电子制造企业商品经营与资本经营协调度等级（见表4-38）。

表 4 – 38　电子制造企业 2001～2010 年商品经营与资本经营的协调性评价

时间	商品经营系统综合发展指数	资本经营系统综合发展指数	静态协调度	协调等级
2001 年上半年	—	—	—	—
2001 年下半年	– 0.6293	– 0.8183	0.8457	较协调,两个系统处于低水平
2002 年上半年	– 0.5130	– 0.7446	0.8034	较协调,两个系统处于低水平
2002 年下半年	– 0.5417	– 0.6474	0.9362	协调,两个系统处于低水平
2003 年上半年	– 0.6424	– 0.6157	0.9382	协调,两个系统处于低水平
2003 年下半年	– 0.0374	– 0.3239	0.8151	较协调,两个系统处于低水平
2004 年上半年	– 0.9759	– 0.4357	0.4367	危机,两个系统处于低水平
2004 年下半年	– 0.2053	– 1.1500	0.0925	危机,两个系统处于低水平
2005 年上半年	– 0.4683	– 0.2818	0.9648	协调,两个系统处于低水平
2005 年下半年	0.0833	– 0.2039	0.7195	基本协调,商品经营处于中低水平,资本经营处于低水平
2006 年上半年	– 0.3516	0.0337	0.7557	较协调,商品经营处于低水平,资本经营处于中低等水平
2006 年下半年	0.4524	0.4629	0.9162	协调,两个系统处于中等水平
2007 年上半年	– 0.2765	0.2902	0.6106	基本协调,商品经营处于低水平,资本经营处于中低等水平
2007 年下半年	0.6742	0.4075	0.6192	基本协调,两个系统处于中等水平
2008 年上半年	0.0088	0.2783	0.7959	较协调,两个系统处于中低等水平
2008 年下半年	0.5744	0.0923	0.4433	危机,商品经营处于中等水平,资本经营处于中低等水平
2009 年上半年	0.0984	0.7069	0.6823	基本协调,商品经营处于中低水平,资本经营处于中等水平
2009 年下半年	1.4273	1.0864	0.6677	基本协调,两个系统处于高等水平
2010 年上半年	0.2417	0.7605	0.7548	较协调,商品经营处于中低等水平,资本经营处于中等水平
2010 年下半年	1.0810	1.1025	0.9443	协调,两个系统处于高等水平

对于电子制造企业商品经营与资本经营协调性的评价总结如下。

①从静态协调度来看,电子制造企业的商品经营与资本经营在 2001～2010 年,主要在 2004 年和 2008 年出现过危机,其他时间段都处于基本协调以上的状态。2004 年的危机是商品经营与资本经营发展的步调不协调所致,而 2008 年则是受外部宏观经济因素影响资本经营发展下滑所致。从动态协调度来看,总体比较平稳,静态上的一时不协调都能

及时调整回来。

②在信息技术迅速发展的带动下，我国电子制造企业一直呈良好发展势头。虽然2004年和2008年出现过危机，但在系统的自我调节下，都能及时恢复到协调状态。商品经营系统与资本经营系统在各种发展水平下都能找到协调状态，密切配合，相互支持，促进两个系统的发展水平不断提高。不过，由于我国电子制造企业大部分产能处于产业价值链中低端，核心基础产品绝大部分依赖进口，跨国公司几乎垄断了所有的高端市场，本土企业集中度低，缺乏国际竞争力。要实现商品经营与资本经营的更好发展，电子制造企业必须在资本经营上通过推进企业并购重组实现产业转型升级，在商品经营上通过加大研发提高自主创新力，抓住低碳发展的新机遇，加速发展绿色信息技术。2010年下半年两个系统在高水平上的协调发展，说明我国电子制造企业有着良好的发展前景。

八 金属、非金属制造企业商品经营与资本经营协调度计算

（1）商品经营与资本经营系统综合发展指数测定

与上同理，可以计算出金属、非金属制造企业商品经营系统与资本经营系统的综合发展指数 F_g 和 F_c（见表4-39，图4-17）。

表4-39 金属、非金属制造企业商品经营系统与资本经营系统综合发展指数

时间	F_g	F_c	时间	F_g	F_c
2001年上半年	—	—	2006年上半年	-0.0642	-0.2638
2001年下半年	-1.2661	-0.9931	2006年下半年	0.5058	0.0856
2002年上半年	-1.0505	-0.9832	2007年上半年	0.5763	0.4593
2002年下半年	-1.0127	-0.9291	2007年下半年	0.7869	0.7075
2003年上半年	-0.6772	-0.8214	2008年上半年	1.0786	0.7362
2003年下半年	-0.5474	-0.6978	2008年下半年	0.2419	0.6018
2004年上半年	-0.0238	-0.3744	2009年上半年	-0.5280	0.4756
2004年下半年	0.0189	-0.5508	2009年下半年	0.7642	0.7778
2005年上半年	0.1748	0.3608	2010年上半年	0.6033	0.7891
2005年下半年	-0.1312	-0.5011	2010年下半年	0.5505	1.1208

从图 4 - 17 可以看出：

第一，金属、非金属制造企业商品经营系统和资本经营系统的综合发展水平总体都呈上升趋势，不过资本经营系统的发展水平比较稳定，而商品经营系统的发展水平在 2008～2009 年出现过较大波动。2003～2008 年上半年，商品经营系统的发展水平总体高于资本经营系统，2008 年下半年～2010 年商品经营系统的发展水平低于资本经营系统，而且呈现扩大的趋势。

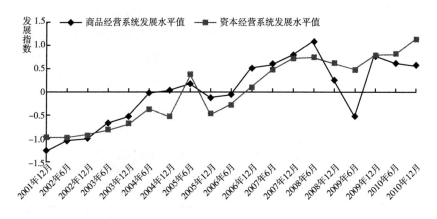

图 4 - 17　金属、非金属制造企业商品经营与资本
经营系统综合发展指数对比

第二，在我国金属、非金属业中钢铁企业规模最大，而钢铁行业原料依赖进口、产品大宗出口的特点使其商品经营绩效很大程度上受到国际铁矿石价格和国外市场需求的影响。从图中我们可以看到，金属、非金属行业商品经营绩效在 2008 年上半年猛增而下半年又迅速下滑，主要原因就是受到钢铁业发展波动的影响。2008 年上半年，钢铁市场似乎尚未受到金融危机的冲击，中国钢铁企业接受了世界铁矿石巨头大幅涨价的要求，然而随着金融危机的影响逐步向实体经济蔓延，进入 7 月以后，钢铁市场行情如坐过山车般急剧下滑，到 11 月，钢铁价格降幅高达 40% 左右。随着国际市场钢材需求的萎缩，中国钢铁出口量迅速回落，高价的原材料和市场需求的大幅萎缩导致中国钢铁企业大面积亏损。2008 年 11 月，71 家大中型钢铁企业中，亏损企业达到 48 家，亏损额超过 140 亿元（《中国证券报》，2008）。2009 年上半年由于要进一步消化高价原材料，再加上

金融危机影响下国外需求的疲软，商品经营绩效滑至低谷，下半年在国家应对金融危机相关政策（如：《钢铁产业调整和振兴规划》等）的扶持下，商品经营才开始复苏。

第三，金属、非金属业资本经营发展在 2005 年的波动，主要原因是国家为了规范金属、非金属业的发展和节能减排，对钢铁、电解铝、水泥等行业相继出台了相关产业政策，推进了金属、非金属行业的并购重组和产业集中度的提高。

（2）商品经营与资本经营系统协调适应度（最佳发展指数）计算

与上同理，以 $GC6$、$CC6$ 代表金属、非金属制造企业商品经营系统和资本经营系统的综合发展水平，对它们相互做回归拟合后，利用最佳拟合曲线可算出商品经营系统与资本经营系统协调发展的最佳综合发展指数（见表 4 - 40）。

表 4 - 40　金属、非金属制造企业商品经营与资本经营
系统协调发展的最佳综合发展指数

时间	$F_g{}'$	$F_c{}'$	时间	$F_g{}'$	$F_c{}'$
2001 年上半年	—	—	2006 年上半年	0.0727	- 0.0932
2001 年下半年	- 1.1420	- 0.9628	2006 年下半年	0.2741	0.4931
2002 年上半年	- 1.1149	- 0.9083	2007 年上半年	0.3976	0.5570
2002 年下半年	- 0.9724	- 0.8924	2007 年下半年	0.4962	0.7271
2003 年上半年	- 0.7194	- 0.6826	2008 年上半年	0.5109	0.8938
2003 年下半年	- 0.4746	- 0.5743	2008 年下半年	0.4491	0.2317
2004 年上半年	- 0.0279	- 0.0501	2009 年上半年	0.4030	- 0.5570
2004 年下半年	- 0.2400	- 0.0045	2009 年下半年	0.5337	0.7105
2005 年上半年	0.3665	0.1614	2010 年上半年	0.5403	0.5807
2005 年下半年	- 0.1732	- 0.1642	2010 年下半年	0.8203	0.5340

（3）商品经营与资本经营协调度计算

由公式（4-8）和公式（4-9）可以计算得到金属、非金属制造企业商品经营、资本经营系统综合发展静态协调度和动态协调度（见表 4 - 41），以及相应的静态和动态协调度图（图 4 - 18）。

从图 4 - 18 中可知，金属、非金属制造企业商品经营系统与资本经营系统的静态协调度波动很大，而动态协调度虽都保持在 0.8 以上，但呈现出下降趋势。

表 4 - 41　金属、非金属制造企业商品经营与资本经营的协调度

时间	静态协调度	动态协调度	时间	静态协调度	动态协调度
2001 年上半年	—	—	2006 年上半年	0.9749	0.8933
2001 年下半年	0.9629	0.9629	2006 年下半年	0.7531	0.8806
2002 年上半年	0.9965	0.9797	2007 年上半年	0.9429	0.8858
2002 年下半年	0.9992	0.9862	2007 年下半年	0.8032	0.8794
2003 年上半年	0.9565	0.9788	2008 年上半年	0.4602	0.8495
2003 年下半年	0.9753	0.9781	2008 年下半年	0.7886	0.8454
2004 年上半年	0.7649	0.9426	2009 年上半年	0.6308	0.8320
2004 年下半年	0.5563	0.8874	2009 年下半年	0.8808	0.8349
2005 年上半年	0.9943	0.9007	2010 年上半年	0.9044	0.8387
2005 年下半年	0.7522	0.8842	2010 年下半年	0.5025	0.8210

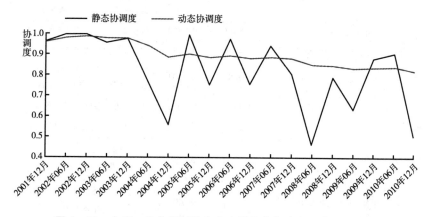

图 4 - 18　金属、非金属制造企业商品经营与资本经营的协调度

根据协调性的五个等级区间（见表 4 - 13），可得到 2001 年下半年至 2010 年下半年金属、非金属制造企业商品经营与资本经营协调度等级（见表 4 - 42）。

对于金属、非金属制造企业商品经营与资本经营协调性的评价总结如下。

①从静态协调度来看，商品经营与资本经营的不协调和危机，出现在 2004 年下半年、2008 年上半年和 2010 年下半年，这与我国金属、非金属行业的发展状况是相符的。2004 年的钢铁等一些金属、非金属行业的投资热，让国家认识到金属、非金属行业无序竞争的严峻性和给商品经营带

表 4 - 42　金属、非金属制造企业 2001 ~ 2010 年商品
经营与资本经营的协调性评价

时间	商品经营系统综合发展指数	资本经营系统综合发展指数	静态协调度	协调等级
2001 年上半年	—	—	—	
2001 年下半年	- 1.2661	- 0.9931	0.9629	协调,两个系统处于低水平
2002 年上半年	- 1.0505	- 0.9832	0.9965	协调,两个系统处于低水平
2002 年下半年	- 1.0127	- 0.9291	0.9992	协调,两个系统处于低水平
2003 年上半年	- 0.6772	- 0.8214	0.9565	协调,两个系统处于低水平
2003 年下半年	- 0.5474	- 0.6978	0.9753	协调,两个系统处于低水平
2004 年上半年	- 0.0238	- 0.3744	0.7649	较协调,两个系统处于低水平
2004 年下半年	0.0189	- 0.5508	0.5563	不协调,商品经营处于中低水平,资本经营处于低水平
2005 年上半年	0.1748	0.3608	0.9943	协调,商品经营处于中低水平,资本经营处于中等水平
2005 年下半年	- 0.1312	- 0.5011	0.7522	较协调,两个系统处于低水平
2006 年上半年	- 0.0642	- 0.2638	0.9749	协调,两个系统处于低水平
2006 年下半年	0.5058	0.0856	0.7531	较协调,商品经营处于中等水平,资本经营处于中低等水平
2007 年上半年	0.5763	0.4593	0.9429	协调,两个系统处于中等水平
2007 年下半年	0.7869	0.7075	0.8032	较协调,两个系统处于中等水平
2008 年上半年	1.0786	0.7362	0.4602	危机,商品经营处于高等水平,资本经营处于中等水平
2008 年下半年	0.2419	0.6018	0.7886	较协调,商品经营处于中低等水平,资本经营处于中等水平
2009 年上半年	- 0.5280	0.4756	0.6308	基本协调,商品经营处于低水平,资本经营处于中等水平
2009 年下半年	0.7642	0.7778	0.8808	协调,两个系统处于中等水平
2010 年上半年	0.6033	0.7891	0.9044	协调,两个系统处于中等水平
2010 年下半年	0.5505	1.1208	0.5025	不协调,商品经营处于中等水平,资本经营处于高水平

来的严重危害,相继出台了一些限制整顿措施,规范了金属、非金属行业的发展,使商品经营与资本经营又恢复到协调状态。2008 年上半年,由于钢铁行业原材料价格的暴涨及金融危机向实体经济蔓延,危机已经显

现，导致 2008 年下半年和 2009 年上半年商品经营绩效迅速下滑。2010 年下半年，上有房地产调控的打压，下有高价铁矿石的追击，中途还经历了为完成节能减排目标"限电限产"的风暴，再加上出口退税的取消和人民币升值对钢材出口的抑制，钢铁业举步维艰，商品经营与资本经营的不协调也凸显出来。从动态协调度来看，商品经营与资本经营的协调度虽有所下降，但一直保持在 0.8 以上，这是因为金属、非金属业中有许多产业关系到国民经济的发展，属于国家着力控制的"两高一资"行业，国家一直在通过政策的宏观调控，促进这些行业并购重组、产业转型升级、低碳可持续发展，所以商品经营与资本经营总体动态协调状况良好。之所以有下降趋势，是因为后期在外部经济环境的影响下，商品经营的发展低于资本经营发展的要求。

②在 2008 年以前，金属、非金属制造企业的商品经营与资本经营虽然 2004 年下半年经历过不协调，但也及时调整了回来，基本保持着较协调的状态，促使两个系统的发展逐步由低水平走向中等水平。2008 年以后，由于金属、非金属行业兼并重组的速度加快，产业结构不断优化，产业集中度不断提高，资本经营稳步发展，由中等水平走向高水平，但是受外部经济环境、国家政策的影响，商品经营极不稳定。虽然 2008 年上半年商品经营系统发展到高水平，但与资本经营系统发展的极不协调使它无法维持高水平状态，迅速下滑到 2009 年上半年的低水平，后来在与资本经营协调配合后，才恢复到中等水平。不过从 2010 年下半年的协调状况看，商品经营系统发展仍达不到资本经营系统发展的要求，而且差距呈现出拉大趋势，所以金属、非金属行业面临着严峻考验。

九 机械、设备、仪表制造企业商品经营与资本经营协调度计算

（1）商品经营与资本经营系统综合发展指数测定

与上同理，可以计算出机械、设备、仪表制造企业商品经营系统与资本经营系统的综合发展指数 F_g 和 F_c（见表 4 - 43，图 4 - 19）。

表 4-43　机械、设备、仪表制造企业商品经营系统与
资本经营系统综合发展指数

时间	F_g	F_c	时间	F_g	F_c
2001 年上半年	—	—	2006 年上半年	-0.2377	-0.4257
2001 年下半年	-0.9076	-0.7968	2006 年下半年	-0.2466	-0.2143
2002 年上半年	-0.5188	-0.8323	2007 年上半年	0.1721	0.5772
2002 年下半年	-0.7708	-0.7192	2007 年下半年	0.2440	0.6345
2003 年上半年	-0.2966	-0.5956	2008 年上半年	0.4710	0.8437
2003 年下半年	-0.4330	-0.6058	2008 年下半年	-0.1730	-0.1607
2004 年上半年	-0.1264	-0.3832	2009 年上半年	0.4900	0.4682
2004 年下半年	-0.6699	-0.6942	2009 年下半年	0.7739	1.3071
2005 年上半年	-0.3528	-0.6005	2010 年上半年	1.6853	1.1493
2005 年下半年	-0.7066	-0.5266	2010 年下半年	1.6034	1.5749

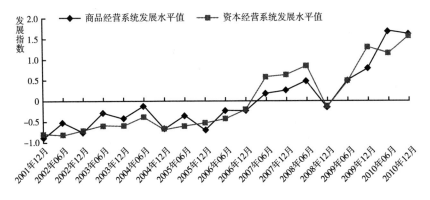

图 4-19　机械、设备、仪表制造企业商品经营与资本经营
系统综合发展指数对比

由图 4-19 可知：

第一，机械、设备、仪表制造企业商品经营系统和资本经营系统的综合发展水平总体都呈上升趋势，2007 年前上升速度比较缓慢，从 2007 年开始快速上升，不过在 2008 年下半年遇到了波折。

第二，我国国民经济的结构调整和产业升级使市场对机械装备工业形成较大需求。因为各行业的产品结构调整、生产工艺的改进、装备设备的技术改造、自动化和大型化成套设备的开发使用等都需要机械设备工业提供先进、现代化的生产装备，所以机械、设备、仪表制造企业的商品经营

保持着稳定的增长态势。由于春节前后是机械设备销售旺季，很多企业在这个时间段扩大生产规模，加大固定资产投资，增添新设备或更换现有设备，所以机械、设备、仪表制造企业商品经营的发展呈现明显的季节性变动，上半年的绩效比下半年好。2008 年商品经营下滑是在金融危机蔓延到实体经济后，国内外对机械、设备、仪表市场需求下降所致。2009 年之所以能快速恢复，是因为我国政府为了应对金融危机，在 2009 年与 2010 年两年实施了投资总额达 4 万亿元人民币的经济刺激方案，用于基础设施、公共交通、生态环境建设、灾后建设和民生工程等，拉动了内需，扩大了市场对机械、设备、仪表的需求。

第三，机械、设备、仪表制造企业资本经营的发展在 2007 年出现高峰是由于 2007 年我国股市的暴涨，2008 年随着我国股市暴跌也下滑到波谷。2009 年后国家宏观货币政策放宽，利率下调，促进了企业投融资活动，资本经营的发展水平得到有效提升。

（2）商品经营与资本经营系统协调适应度（最佳发展指数）计算

与上同理，以 $GC7$、$CC7$ 代表机械、设备、仪表制造企业商品经营系统和资本经营系统的综合发展水平，对它们相互做回归拟合后，利用最佳拟合曲线可算出商品经营系统与资本经营系统协调发展的最佳综合发展指数（见表 4 - 44）。

表 4 - 44　机械、设备、仪表制造企业商品经营与资本经营系统协调发展的最佳综合发展指数

时间	$F_g{}'$	$F_c{}'$	时间	$F_g{}'$	$F_c{}'$
2001 年上半年	—	—	2006 年上半年	- 0.3438	- 0.3641
2001 年下半年	- 0.6861	- 0.7074	2006 年下半年	- 0.1831	- 0.3760
2002 年上半年	- 0.7244	- 0.6629	2007 年上半年	0.3822	0.2947
2002 年下半年	- 0.6063	- 0.7513	2007 年下半年	0.4296	0.4221
2003 年上半年	- 0.4888	- 0.4406	2008 年上半年	0.6202	0.8198
2003 年下半年	- 0.4981	- 0.5908	2008 年下半年	- 0.1448	- 0.2731
2004 年上半年	- 0.3100	- 0.2037	2009 年上半年	0.2965	0.8518
2004 年下半年	- 0.5816	- 0.7401	2009 年下半年	1.1786	1.2829
2005 年上半年	- 0.4932	- 0.5073	2010 年上半年	0.9632	1.2818
2005 年下半年	- 0.4279	- 0.7482	2010 年下半年	1.6179	1.4123

（3）商品经营与资本经营协调度计算

由公式（4－8）和公式（4－9）可以计算得到机械、设备、仪表制造企业商品经营、资本经营系统综合发展静态协调度和动态协调度（见表4－45），以及相应的静态和动态协调度图（见图4－20）。

表4－45　机械、设备、仪表制造企业商品经营与资本经营的协调度

时间	静态协调度	动态协调度	时间	静态协调度	动态协调度
2001 年上半年	—	—	2006 年上半年	0.9816	0.9608
2001 年下半年	0.9062	0.9062	2006 年下半年	0.9574	0.9605
2002 年上半年	0.9601	0.9332	2007 年上半年	0.9432	0.9590
2002 年下半年	0.9406	0.9357	2007 年下半年	0.9892	0.9614
2003 年上半年	0.9631	0.9425	2008 年上半年	0.9504	0.9606
2003 年下半年	0.9906	0.9521	2008 年下半年	0.9766	0.9617
2004 年上半年	0.9865	0.9579	2009 年上半年	0.8103	0.9522
2004 年下半年	0.9862	0.9619	2009 年下半年	0.6830	0.9364
2005 年上半年	0.9719	0.9632	2010 年上半年	0.3065	0.9014
2005 年下半年	0.9212	0.9585	2010 年下半年	0.9484	0.9038

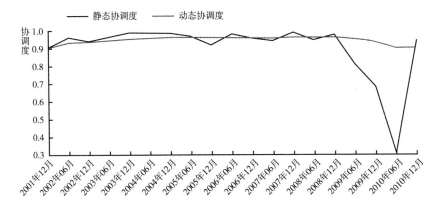

图4－20　机械、设备、仪表制造企业商品经营与资本经营的协调度

从图4－20可以看出，机械、设备、仪表制造企业商品经营与资本经营的静态协调度2009年前一直保持着协调状态，但从2009年开始迅速下滑，到2010年上半年陷入危机，在系统的自我调节下下半年又恢复到协调状态。而动态协调度一直维持着平稳的状态，协调度在0.9以上。

根据协调性的五个等级区间（见表4－13），可得2001年下半年至

2010 年下半年机械、设备、仪表制造企业商品经营与资本经营协调度等级（见表 4 - 46）。

表 4 - 46 机械、设备、仪表制造企业 2001 ~ 2010 年商品
经营与资本经营的协调性评价

时间	商品经营系统综合发展指数	资本经营系统综合发展指数	静态协调度	协调等级
2001 年上半年	—	—	—	
2001 年下半年	- 0.9076	- 0.7968	0.9062	协调,两个系统处于低水平
2002 年上半年	- 0.5188	- 0.8323	0.9601	协调,两个系统处于低水平
2002 年下半年	- 0.7708	- 0.7192	0.9406	协调,两个系统处于低水平
2003 年上半年	- 0.2966	- 0.5956	0.9631	协调,两个系统处于低水平
2003 年下半年	- 0.4330	- 0.6058	0.9906	协调,两个系统处于低水平
2004 年上半年	- 0.1264	- 0.3832	0.9865	协调,两个系统处于低水平
2004 年下半年	- 0.6699	- 0.6942	0.9862	协调,两个系统处于低水平
2005 年上半年	- 0.3528	- 0.6005	0.9719	协调,两个系统处于低水平
2005 年下半年	- 0.7066	- 0.5266	0.9212	协调,两个系统处于低水平
2006 年上半年	- 0.2377	- 0.4257	0.9816	协调,两个系统处于低水平
2006 年下半年	- 0.2466	- 0.2143	0.9574	协调,两个系统处于低水平
2007 年上半年	0.1721	0.5772	0.9432	协调,商品经营处于中低等水平,资本经营处于中等水平
2007 年下半年	0.2440	0.6345	0.9892	协调,商品经营处于中低等水平,资本经营处于中等水平
2008 年上半年	0.4710	0.8437	0.9504	协调,商品经营处于中等水平,资本经营处于中高等水平
2008 年下半年	- 0.1730	- 0.1607	0.9766	协调,两个系统处于低水平
2009 年上半年	0.4900	0.4682	0.8103	较协调,两个系统处于中等水平
2009 年下半年	0.7739	1.3071	0.6830	基本协调,商品经营处于中等水平,资本经营处于高水平
2010 年上半年	1.6853	1.1493	0.3065	危机,两个系统处于高水平
2010 年下半年	1.6034	1.5749	0.9484	协调,两个系统处于高水平

对于机械、设备、仪表制造企业商品经营与资本经营协调性的评价总结如下。

①从静态协调度来看，机械、设备、仪表制造企业商品经营与资本经营在 2009 年前一直保持着协调状态，即使是在 2007 年和 2008 年股市暴涨、暴跌，以及金融危机蔓延的不利环境下，两者仍然保持着良好的协调状态，促进了两个系统的发展。但从 2009 年开始，静态协调度出现下滑，2010 年上半年陷入危机，虽然 2009 年后在国家宏观政策的刺激下商品经

营与资本经营的发展水平得到迅速提升，发展达到高水平，但两个系统的发展步调很不一致，2009 年下半年资本经营发展快于商品经营，2010 年上半年资本经营的发展又慢于商品经营。不过，在系统的自我调节下，2010 年下半年两个系统恢复到协调状态。而从动态协调度来看，商品经营与资本经营一直维持着平稳的协调状态，协调度一直在 0.9 以上，说明我国机械、设备、仪表制造企业的商品经营与资本经营的协调状态良好，行业具有良好的发展潜力和前景。经济结构升级和技术进步是促进我国机械设备制造业长期稳定发展的根本因素。

②2009 年以前，虽然机械、设备、仪表制造企业的商品经营和资本经营发展水平并不高，但两者相互配合、密切协调，促进了两个系统的平稳发展，从低水平发展到中高水平。但 2009 年下半年达到高水平以后，两者由于发展步调的不一致，协调程度出现下降。不过这种暂时的不协调是系统协调过程中不可避免的，它对商品经营与资本经营在 2010 年下半年的进一步协调起了促进作用，推动了两者持续、快速、健康的发展。

十　医药、生物制品制造企业商品经营与资本经营协调度计算

（1）商品经营与资本经营系统综合发展指数测定

与上同理，可以计算出医药、生物制品制造企业商品经营系统与资本经营系统的综合发展指数 F_g 和 F_c（见表 4 - 47，图 4 - 21）。

表 4 - 47　医药、生物制品制造企业商品经营系统与资本经营
系统综合发展指数

时间	F_g	F_c	时间	F_g	F_c
2001 年上半年	—	—	2006 年上半年	0.1261	- 0.1288
2001 年下半年	- 1.2857	- 0.9548	2006 年下半年	- 0.0003	- 0.0668
2002 年上半年	- 0.7546	- 0.5127	2007 年上半年	0.5007	0.6756
2002 年下半年	- 0.8833	- 0.9360	2007 年下半年	0.3663	1.1818
2003 年上半年	- 0.3873	- 0.3063	2008 年上半年	0.7835	0.4400
2003 年下半年	- 0.6378	- 0.5663	2008 年下半年	- 0.0317	0.5188
2004 年上半年	- 0.1639	- 0.4851	2009 年上半年	0.7192	0.3972
2004 年下半年	- 0.7297	- 0.8172	2009 年下半年	0.7486	1.3572
2005 年上半年	0.0085	- 0.2793	2010 年上半年	1.0169	0.4406
2005 年下半年	- 0.1168	- 0.3605	2010 年下半年	0.7215	0.4025

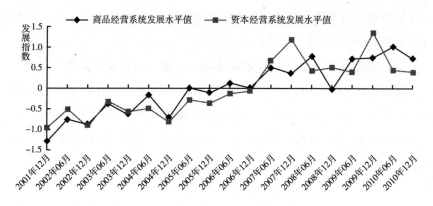

图 4 - 21　医药、生物制品制造企业商品经营与资本经营系统综合发展指数对比

从图 4 - 21 可以看出：

第一，医药、生物制品制造企业商品经营系统和资本经营系统的综合发展水平总体都呈上升趋势，两个系统在 2001～2006 年发展比较稳定，但 2007 年后波动较大，尤其是资本经营。

第二，我国生物医药潜在市场庞大，生物遗传资源丰富，生物医药起点高，人才、技术储备充足，生物技术已经被列入我国中长期科技发展规划。在国家产业政策（特别是国家"863"高技术计划）的大力支持下，我国医药、生物制品制造企业的商品经营一直在高速发展。之所以商品经营发展表现出明显的季节性，主要原因可能是春节是保健品的销售旺季，因此商品经营绩效上半年好于下半年。2008 年商品经营绩效下滑，主要还是受金融危机的波及，欧美客户因资金紧张减少或冻结了部分订单，国际需求下降。2009 年国家出台了拉动内需的政策，医药卫生体制改革也逐步深化，农村和城市社区终端崛起，基本药物目录确立，国内医药和医疗需求大幅提高，商品经营绩效迅速回升。

第三，医药、生物制品制造企业资本经营的发展在 2007 年后波动较大，2007 年由于股市暴涨，资本经营发展水平迅速上升，2008 年随着股市暴跌，资本经营也迅速下滑。金融危机导致我国医药企业大洗牌，特别是 2008 年 12 月 9 日银监会出台了《商业银行并购贷款风险管理指引》，为并购扩张的企业提供了融资渠道，掀起了并购浪潮。国家宏观货币政策的放松和利率的下调，促进了医药、生物制造企业的投融资活动，资本经营发展在 2009 年出现了繁荣的景象。

（2）商品经营与资本经营系统协调适应度（最佳发展指数）计算

同理，以 GC8、CC8 代表医药、生物制品制造企业商品经营系统和资本经营系统的综合发展水平，对它们相互做回归拟合后，利用最佳拟合曲线可算出商品经营系统与资本经营系统协调发展的最佳综合发展指数（见表 4 - 48）。

表 4 - 48　医药、生物制品制造企业商品经营与资本经营
系统协调发展的最佳综合发展指数

时间	F_g'	F_c'	时间	F_g'	F_c'
2001 年上半年	—	—	2006 年上半年	0.0708	0.2332
2001 年下半年	- 1.1079	- 0.8560	2006 年下半年	0.1394	0.0756
2002 年上半年	- 0.4220	- 0.8110	2007 年上半年	0.6617	0.5872
2002 年下半年	- 1.0767	- 0.8907	2007 年下半年	0.6315	0.4860
2003 年上半年	- 0.1433	- 0.4305	2008 年上半年	0.5614	0.6634
2003 年下半年	- 0.4992	- 0.7106	2008 年下半年	0.6023	0.0349
2004 年上半年	- 0.3831	- 0.1398	2009 年上半年	0.5362	0.6651
2004 年下半年	- 0.8833	- 0.7917	2009 年下半年	0.5335	0.6658
2005 年上半年	- 0.1091	0.0869	2010 年上半年	0.5618	0.5442
2005 年下半年	- 0.2135	- 0.0772	2010 年下半年	0.5394	0.6652

（3）商品经营与资本经营协调度计算

由公式（4 - 8）和公式（4 - 9）可以计算得到医药、生物制品制造企业商品经营、资本经营系统综合发展静态协调度和动态协调度（见表 4 - 49），以及相应的静态和动态协调度图（见图 4 - 22）。

从图 4 - 22 中可以看出，医药、生物制品制造企业商品经营与资本经营的静态协调度 2007 年前比较稳定，但 2007 年后波动较大。动态协调度呈现出逐渐下降的趋势。

根据协调性的五个等级区间（见表 4 - 13），可得到 2001 年下半年至 2010 年下半年医药、生物制品制造企业商品经营与资本经营协调度等级（见表 4 - 50）。

表 4 - 49　医药、生物制品制造企业商品经营与资本经营的协调度

时间	静态协调度	动态协调度	时间	静态协调度	动态协调度
2001 年上半年	—	—	2006 年上半年	0.6865	0.8604
2001 年下半年	0.9389	0.9389	2006 年下半年	0.9969	0.8728
2002 年上半年	0.9426	0.9408	2007 年上半年	0.9491	0.8792
2002 年下半年	0.9026	0.9281	2007 年下半年	0.2956	0.8343
2003 年上半年	0.8804	0.9161	2008 年上半年	0.9963	0.8459
2003 年下半年	0.9944	0.9318	2008 年下半年	0.6205	0.8308
2004 年上半年	0.8096	0.9114	2009 年上半年	0.8925	0.8347
2004 年下半年	0.9357	0.9149	2009 年下半年	0.2806	0.8021
2005 年上半年	0.7018	0.8883	2010 年上半年	0.5661	0.7890
2005 年下半年	0.8115	0.8797	2010 年下半年	0.8987	0.7948

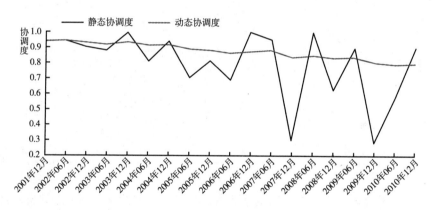

图 4 - 22　医药、生物制品制造企业商品经营与资本经营的协调度

表 4 - 50　医药、生物制品制造企业 2001 ~ 2010 年商品经营与
资本经营的协调性评价

时间	商品经营系统综合发展指数	资本经营系统综合发展指数	静态协调度	协调等级
2001 年上半年	—	—	—	—
2001 年下半年	- 1.2857	- 0.9548	0.9389	协调,两个系统处于低水平
2002 年上半年	- 0.7546	- 0.5127	0.9426	协调,两个系统处于低水平
2002 年下半年	- 0.8833	- 0.9360	0.9026	协调,两个系统处于低水平
2003 年上半年	- 0.3873	- 0.3063	0.8804	协调,两个系统处于低水平
2003 年下半年	- 0.6378	- 0.5663	0.9944	协调,两个系统处于低水平

时间	商品经营系统综合发展指数	资本经营系统综合发展指数	静态协调度	协调等级
2004 年上半年	-0.1639	-0.4851	0.8096	较协调,两个系统处于低水平
2004 年下半年	-0.7297	-0.8172	0.9357	协调,两个系统处于低水平
2005 年上半年	0.0085	-0.2793	0.7018	基本协调,商品经营处于中低水平,资本经营处于低水平
2005 年下半年	-0.1168	-0.3605	0.8115	较协调,两个系统处于低水平
2006 年上半年	0.1261	-0.1288	0.6865	基本协调,商品经营处于中低水平,资本经营处于低水平
2006 年下半年	-0.0003	-0.0668	0.9969	协调,两个系统处于低水平
2007 年上半年	0.5007	0.6756	0.9491	协调,两个系统处于中等水平
2007 年下半年	0.3663	1.1818	0.2956	危机,商品经营处于中等水平,资本经营处于高水平
2008 年上半年	0.7835	0.4400	0.9963	协调,两个系统处于中等水平
2008 年下半年	-0.0317	0.5188	0.6205	基本协调,商品经营处于低水平,资本经营处于中等水平
2009 年上半年	0.7192	0.3972	0.8925	协调,两个系统处于中等水平
2009 年下半年	0.7486	1.3572	0.2806	危机,商品经营处于中等水平,资本经营处于高水平
2010 年上半年	1.0169	0.4406	0.5661	不协调,商品经营处于高水平,资本经营处于中等水平
2010 年下半年	0.7215	0.4025	0.8987	协调,两个系统处于中等水平

对于医药、生物制品制造企业商品经营与资本经营协调性的评价总结如下。

①从静态协调度来看,医药、生物制品制造企业商品经营与资本经营的发展,在2007年前虽然有波动,但都保持着基本协调等级以上的协调关系。2007年以后,受外部宏观经济、政策因素的影响,协调度出现较大波动,尤其是2007年下半年和2009年下半年协调关系陷入危机状态。这两次危机都是由资本经营发展水平明显超过商品经营发展水平所致。从动态协调度来看,商品经营与资本经营的协调程度在逐步下降。这说明我国医药、生物制品制造企业在高速发展的背后还存在隐患,创新能力弱、产业链不完善等问题制约着生物医药产业的健康发展。虽然我国生物资源丰富,在原料药、天然药物、中药等领域具有比较优势,同时拥有大批生

物与医药人才，具有研发成本低的优势，但原创性医药产品少，仿制多。创新能力缺乏制约了我国医药工业向高技术、高附加值的下游加工领域的延伸。

②2001 年至 2007 年上半年，医药、生物制品制造企业的商品经营与资本经营的发展虽然处于低水平，但两者保持着基本协调等级以上的协调关系，促进了两个系统的发展由低水平提高到中等水平。但在发展到中等水平后，由于两个系统发展步调的不一致，协调关系出现了两次危机。不过在系统的自我调节下，每次协调关系被打破后，都能及时恢复。

第四节　制造企业商品经营与资本经营协调度对价值创造的影响

一　面板数据的平稳性检验

因为静态协调度反映的只是系统一时的协调状态，当外部条件发生变化时，它很容易被打破。可是协调具有动态性，这种暂时的不协调可能会对系统以后的进一步协调以及持续、快速健康发展起推动和促进作用。动态协调度更能真实反映出子系统间长期的协调关系和对价值创造产生的实际影响力，所以本节分析的是制造企业商品经营与资本经营动态协调度对其价值创造的影响。因为面板数据能够更好地度量和识别一些时间序列模型和截面模型所不能识别的因素影响，所以本节对 9 个制造行业企业"动态协调度（DX）"和"资本增值（CA）"的面板数据进行了基于 VAR 模型的 Granger 因果检验和脉冲响应函数分析。为了避免伪回归，在对数据建立 VAR 模型进行因果检验之前，我们首先对面板数据进行了单位根检验。由于在前文中已经检验并证明了样本制造企业"资本增值"的平稳性，下面只需检验动态协调度的平稳性。检验结果如下。

由表 4-51 可知，LLC 检验、Fisher-ADF 检验和 Fisher-PP 检验的检验概率均小于 0.05，均拒绝了商品经营与资本经营动态协调度面板数据存在单位根的假设，即制造企业的动态协调度序列是平稳的。

表 4 - 51　制造企业商品经营与资本经营动态协调度的单位根检验结果

检验方法	统计量	检验概率
Levin, Lin & Chu t*	- 2. 52664	0. 0058
ADF - Fisher Chi - square	31. 8813	0. 0227
PP - Fisher Chi - square	44. 3709	0. 0005

二　Granger 因果检验

Granger 因果检验是利用变量关系发挥作用的时间差和滞后效应,根据经济变量各自的前期指标相互在解释影响对方指标中的显著程度,来判断因果关系的存在性和方向性。方法的相关内容已在前文分析过,这里不再重述。下面利用 Eviews7.0 建立 VAR 模型,运用 Granger 因果检验方法检验制造企业商品经营与资本经营动态协调度(DX)和资本增值(CA)之间的因果关系。根据 FPE、AIC、SC、HQ 准则,可以判断滞后阶数为1,检验结果如表 4 - 52。

表 4 - 52　制造企业商品经营、资本经营动态协调度和
资本增值的格兰杰因果检验结果

原假设	滞后期	F 统计量	检验概率
资本增值不是动态协调度原因	1	0. 75536	0. 3861
动态协调度不是资本增值原因		4. 69028	0. 0318

由表 4 - 52 可知,在 5% 的显著性水平下,制造企业商品经营与资本经营的动态协调度是其资本增值的 Grange 原因,而资本增值不是商品经营与资本经营动态协调度的 Grange 原因。因此,本书认为制造企业的商品经营与资本经营的动态协调度会对其资本增值(即价值创造)产生重要影响。至于产生什么影响,下面通过脉冲响应函数来分析。

三　脉冲响应函数分析

脉冲响应函数用于衡量随机扰动项的一个标准差冲击对内生变量当前和未来取值的影响,提供系统受冲击所产生响应的正负方向、调整时滞、

稳定过程等信息。因此，由 VAR 模型，基于脉冲响应函数式，可以得到制造企业资本增值对商品经营与资本经营动态协调度冲击的动态响应路径。下面利用 Eviews7.0 建立 VAR 模型，进行脉冲响应分析。

第一步，确定最大滞后阶数，检验结果如表 4 - 53。

表 4 - 53　滞后阶数判断结果

滞后阶数	LogL	LR	FPE	AIC	SC	HQ
0	- 3064. 601	NA	1. 84e + 17	45. 43113	45. 47417	45. 44862
1	- 2818. 469	481. 3250	5. 10e + 15 *	41. 84399 *	41. 97311 *	41. 89646 *
2	- 2815. 932	4. 887264	5. 21e + 15	41. 86565	42. 08086	41. 95311
3	- 2815. 133	1. 514724	5. 47e + 15	41. 91308	42. 21437	42. 03551
4	- 2809. 330	10. 83229 *	5. 32e + 15	41. 88637	42. 27374	42. 04378

在表 4 - 53 中给出了 0 ~ 4 阶 VAR 模型的 LR、FPE、AIC、SC 和 HQ 值，并以 " * " 标记出依据相应准则选择出来的滞后阶数。可以看出，有超过一半的准则（包括 FPE、AIC、SC、HQ 准则）选出来的滞后阶数为 1 阶。由于数据是以半年作为一期，滞后 1 阶观测期较短，所以为了能更好地观察企业资本增值受商品经营与资本经营动态协调度的影响情况，本文将 VAR 模型的滞后阶数定为 2 阶，当然前提条件是模型必须通过平稳性检验。

第二步，建立 VAR 模型。

利用 Eviews7.0 建立 VAR 模型，得到方程如下：

$$CA_{it} = 6.27e^9 DX_{i,t-1} + 3.79e^8 DX_{i,t-2} + 0.6378 CA_{i,t-1} \qquad (4-11)$$
$$+ 0.2163 CA_{i,t-2} - 4.7e^9$$

$$DX_{it} = 1.0461 DX_{i,t-1} - 0.0919 DX_{i,t-2} + 1.66e^{-13} CA_{i,t-1} \qquad (4-12)$$
$$- 1.23e^{-13} CA_{i,t-2} + 0.0338$$

其中，CA_{it} 表示第 i 类制造业在时间 t 的资本增值；DX_{it} 表示第 i 类制造业在时间 t 的商品经营与资本经营的动态协调度。

第三步，进行 VAR 模型的平稳性检验，检验结果如图 4 - 23，由于无特征根在单位圆外，表明 VAR 模型是平稳的，因此，可以进行脉冲响应函数分析。

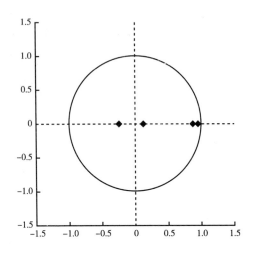

图 4 - 23　VAR 平稳性检验结果

第四步，进行脉冲响应函数分析。在图 4 - 24 中，横坐标表示冲击作用的追溯期数（以半年为一期），纵坐标表示因变量（单位：元），曲线表示因变量对扰动项一个标准差冲击的响应程度。

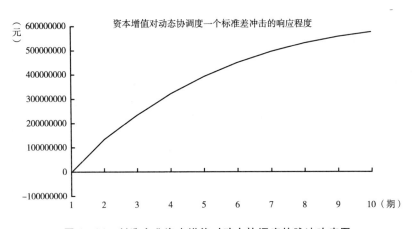

图 4 - 24　制造企业资本增值对动态协调度的脉冲响应图

由图 4 - 24 可知，当本期给制造企业商品经营与资本经营的动态协调度一个正的冲击，制造企业的资本增值会呈现一个持久的、迅速增长的正响应。这表明制造企业商品经营与资本经营动态协调度的提高对资本增值具有长期的、显著的正效应，即说明制造企业加强商品经营与资本经营的协调对促进其价值创造具有重大作用。

　　这个研究结果不仅符合企业的实际经营情况，而且证明了本书的观点。商品经营与资本经营两者之间存在着相互促进、相互影响的关系，如果协调得好，就会促进资本迅速增值；如果协调不好，就有可能导致企业利润下降、资本减值，甚至陷入财务危机和破产倒闭的严重后果。商品经营是企业实现资本保值与增值的基本途径，是资本经营的前提和基础，离开商品经营，资本经营将成为无本之木、无源之水，暂时的繁荣也只能是泡沫；反过来，资本经营通过对生产要素的有效配置，能够扩大企业市场份额，产生规模效益，拓宽经营领域，降低经营风险，使商品经营产生量的迅速膨胀和质的根本飞跃，但如果资本经营变成了纯粹的"资本游戏"，就会使商品经营的资源分散，透支主业发展资金，破坏核心竞争力，阻碍商品经营的发展。因此，商品经营与资本经营在企业经营中缺一不可。如果把企业比作一部车子，商品经营与资本经营就好比车子的左右两个轮子，只有"双轮驱动"，车子才能快速前进。商品经营与资本经营必须协调发展，形成良性循环，才能实现企业价值的可持续增长。

第五节　本章小结

　　本章首先界定了商品经营与资本经营的协调性，并详细介绍了评价方法。其次，基于价值创造与协调性特征，构建了商品经营与资本经营协调性综合评价指标体系，其中包括商品经营系统指标体系和资本经营系统指标体系，各子系统指标体系分别又由规模（强度）性指标、结构性指标和效益（效率）性指标组成，以满足对子系统综合发展水平的评价。再次，以我国制造业9个行业共253家上市公司作为样本，选取2001～2010年共20期数据（半年为一期），运用SPSS18.0软件，通过主成分分析测算出我国各类制造业企业商品经营与资本经营系统的综合发展指数，通过回归拟合计算出各类制造业企业商品经营与资本经营系统的最佳发展指数，再运用协调指数法计算出整个制造业企业及其各分行业企业商品经营与资本经营的协调度，包括静态协调度和动态协调度，评价分析了我国制造业企业及其各分行业企业商品经营与资本经营系统的综合发展状况和系统之间的协调性。最后，运用 Eviews7.0 建立 VAR 模型，对 9 个制造行业企业的面板数据进行了格兰杰因果检验和脉冲响应函数分析，考察了商品经营与资本经营的动态协调度对企业价值创造的影响。结论是制造企业商品经营与资本经营动态协调度的提高对资本增值（即价值创造）具有长期的、显著的正效应，因此，制造企业应加强商品经营与资本经营的协调以促进其资本价值可持续增长。

实现价值创造是商品经营与资本经营协调的总体目标，商品经营系统与资本经营系统各自规模的增加、结构的合理、效益的提高都能对企业价值创造起到一定的促进作用，但两个子系统之间数量规模是否相互适应、发展速度是否相互配合、数量比例关系是否合理、工作进度是否相互促进、各种活动是否相互协作等都直接关系到企业价值能否可持续增长。因此，本章基于价值创造构建指标体系，计算商品经营与资本经营协调度，并研究其对价值创造的影响，实际上就是进行商品经营与资本经营价值协调的研究。

第五章　商品经营与资本经营对价值创造的杠杆效应及风险协调研究

经济学中的杠杆分为宏观经济杠杆和微观经济杠杆，本书是指微观经济杠杆。企业的微观经济杠杆是企业资产结构、成本结构、财务结构以及资本结构等资源结构在企业的经营过程中对企业收益流产生影响的直接体现，它是衡量企业风险的重要指标。一般而言，杠杆值过低意味着未能充分发挥企业的潜在盈利能力；杠杆值过高则意味着企业正面临高风险。因此，微观经济杠杆是企业管理决策者控制风险的一个重要工具。经营杠杆和财务杠杆是财务学界普遍承认和实务界广泛应用的两个微观经济杠杆。本书在借鉴这两个杠杆设计思路的基础上，根据商品经营和资本经营创造价值的特点和杠杆效应，结合我国会计实务，设计了商品经营杠杆系数和资本经营杠杆系数两个衡量经营风险的指标。目的是通过对商品经营风险与资本经营风险程度的定量分析，了解企业商品经营风险与资本经营风险的高低，协调运用商品经营杠杆和资本经营杠杆，将两者的总风险控制在允许的限度内，实现两者风险的协调。

第一节　商品经营对价值创造的杠杆效应分析

一　商品经营杠杆系数的计量方法

（1）商品经营杠杆的定义

商品经营杠杆是指当固定成本存在时，产销量（销售收入）的变动对商品经营利润变动产生的杠杆作用。在企业生产经营中，由于固定成本的存在，当有关产品的其他因素保持不变时，产销量增加会降低单位产品的固定成本，从而提高单位产品利润，使商品经营利润的增长率大于产销量的增长率；反之，产销量减少，会使单位产品的固定成本上升，从而降低单位产品的利润，使商品经营利润下降率大于产销量的下降率。这就给企业带来了经营利益和经营风险。

（2）商品经营杠杆系数的计算

商品经营杠杆的作用程度用商品经营杠杆系数（DGML）表示，它是商品经营利润变动率与销售量（销售收入）变动率的比值。计算公式如下：

$$商品经营杠杆系数(DGML) = \frac{商品经营利润变动率}{销售量（额）变动率} = \frac{\Delta GMP/GMP}{\Delta Q/Q} \qquad (5-1)$$

或者：

$$商品经营杠杆系数(DGML) = \frac{\Delta GMP/GMP}{\Delta S/S} \qquad (5-2)$$

其中，GMP 为基期商品经营利润，ΔGMP 为商品经营利润变动额；Q 为基期销售量，ΔQ 为销售量变动数；S 为基期销售收入，ΔS 为销售收入变动额。值得说明的是：这里的销售收入是指"主营业务收入"，不包括"其他业务收入"。因为按照我国会计准则，"其他业务收入"是指出租资产、销售材料、用材料进行非货币性交换或债务重组等活动产生的收入（支出），与产品销售无关。

（3）商品经营杠杆作用

要分析商品经营的杠杆作用，需要对公式（5-1）和公式（5-2）进行简化。

假设：除了销售量，有关产品的其他因素都保持不变。

$$\because GMP = (S - C - F)(1 - T) = [Q(P - V) - F](1 - T)$$
$$\therefore \Delta GMP = \Delta Q(P - V)(1 - T) \qquad (5-3)$$
$$DGML = \frac{\Delta GMP/GMP}{\Delta Q/Q} = \frac{Q(P - V)}{Q(P - V) - F}$$

$$或\ DGML = \frac{S - C}{S - C - F} \qquad (5-4)$$

式中：

C——主营业务成本、主营业务税金及附加、销售费用、管理费用中的变动成本部分，即随业务量变动而正比例变动的变动成本；

F——主营业务成本、主营业务税金及附加、销售费用、管理费用中的固定成本部分，即业务量变动时保持固定不变的固定成本；

P——销售单价；

V——单位变动成本；

T——所得税率。

从公式（5-3）看，商品经营杠杆系数的简化计算公式与经营杠杆系数（*DOL*）很类似，但实际上变动成本和固定成本涵盖的范围不同。因为经营杠杆系数是息税前利润变动率除以销售量（额）变动率，息税前利润是指没有扣除利息和所得税前的利润，等于销售收入扣掉所有的经营成本后的利润，也就是说经营杠杆系数中的变动成本和固定成本涵盖了所有的经营成本。而商品经营杠杆系数中的变动成本和固定成本是指与产品生产或劳务提供有关的经营成本，只包括主营业务成本、主营业务税金及附加、销售费用和管理费用。

在实际工作中，公式（5-3）可用于计算单一产品的商品经营杠杆系数；公式（5-4）除了用于单一产品外，还可以用于计算多种产品的商品经营杠杆系数。根据化简后的公式（5-3）和公式（5-4）可以看出，由于实务中企业的固定成本不可能为零，在企业商品经营盈利的前提下，商品经营杠杆系数会是一个大于1的数。说明如果销售量（额）上升，商品经营利润会以更快的速度上升，带来经营杠杆利益；如果销售量（额）下降，商品经营利润会以更快的速度下降，带来经营风险。商品经营杠杆系数越大，表明商品经营杠杆的作用越大，商品经营风险也就越大。因为商品经营利润就是企业通过销售商品或提供劳务所创造的价值，这就证明了商品经营会对价值创造产生杠杆效应。

当然，当企业商品经营亏损时，商品经营杠杆系数会出现负值，这时商品经营杠杆系数的绝对值越大，说明商品经营利润受销售反作用的影响越大，商品经营风险越大。特别是当商品经营接近盈亏平衡点时，商品经营杠杆系数的绝对值可能会趋于无穷大，说明此时销售的稍微变动就会带来商品经营利润的巨大变动，企业可能瞬间由盈利转为亏损或由亏损转为盈利，商品经营盈利的不稳定性很大，商品经营风险极大。

值得注意的是：与财务理论中的经营杠杆系数一样，商品经营杠杆系数的简化公式（5-3）和公式（5-4）也是在除销售量外有关产品的其他因素都保持不变的假设前提下化简的，也就是说，如果产品销售单价、单位变动成本、固定成本或所得税率发生了变动，就得不到简化公式（5-3）和公式（5-4）。实务中，由于市场需求、原材料价格、企业规模、政策等因素的变动会引起销售价格、成本水平等发生变动，所以在多因素变动下根据企业实际数据计算的商品经营杠杆系数有可能是小于1的数。这是不是说商品经营杠杆系数就没有利用价值了呢？回答："当然不是。"因为商品经营杠杆反映的是销售额（量）的变动对商品经营利润变动产生的影响，商品经营杠杆系数越大，说明商品经营利润受销售的影响越大，商品经营风险越大，这个结论是肯定成立的。本书将公式化简是为了证明商品经营对价值创造存在杠杆作用，认识到这种杠杆作用在企业风险管理中的利用价值，为进一步深入分析影响杠杆作用的因素提供便利，以揭示出企业降低商品经营风险的有效途径。财务理论中的经营杠杆系数（DOL），之所以现在能得到理论界的普遍承认和实务界的广泛应用，就是很好的例证。经济研究中，在建模分析问题时，我们必须把一些问题简单化，过分纠结于复杂的细节，往往会很难把握住问题的实质，揭示不出事物内在的规律。

二 制造企业商品经营杠杆系数的测算

为了保证数据分析的前后一致性，本章仍然采用同前两章一样的样本（见表3-2和附录A）。根据证监会的行业分类标准，将制造业分成了九大行业，以我国2001年以前在沪市和深市上市的502家制造企业作为总体，按50%的比例随机抽取样本，共抽取253家上市公司作为样本（由于木材、家具制造企业的样本太少，为了能更准确地反映整个行业的经营情况，在不影响计量分析的前提下，对该行业增加了两家在2001年初上市的公司作为样本）。选取2001～2010年财务报表的半年报和年报数据（来源于国泰安CSMAR数据库和证监会指定的信息披露网站巨潮资讯网），通过计算整理得到所需的全部数据（见附录B）。本章将每个制造行业抽取的样本公司组成一个整体，把它们看成是一个大的制造业企业，从中观的角度计算各类制造业企业的商品经营杠杆系数、资本经营杠杆系数和总杠杆系数，评价各类制造业企业商品经营与资本经营的风险协调状况。关于数据的说明，第三章已阐述过，这里不再重述。

上节分析的商品经营杠杆系数的简化公式是有假设前提的，而且考虑到现在大多数企业都是多品种生产企业，所以本文在测算制造企业商品经营杠杆系数时，采用的是原始公式（5-2）。计算结果如表5-1，由于数据从2001年上半年开始选取，所以计算杠杆系数时，2001年上半年无法得到结果，是缺失值。从表5-1中可以看到，各类制造业企业的商品经营杠杆系数有大于1的数，也有小于1的数，有些甚至小于0，这是由实务中多因素变动导致的。

① $DGML > 1$，说明企业很好地发挥了商品经营杠杆作用，给企业创造价值带来了杠杆利益，系数越大，商品经营杠杆的作用程度越大，商品经营风险也越大；

② $0 < DGML < 1$，说明虽然企业的商品经营给商品经营利润带来的是正效应，会促进企业价值的创造，但商品经营的杠杆作用没有发挥出来，商品经营利润的变动幅度小于销售收入的变动幅度；

③ $DGML < 0$，说明企业的商品经营状况不好，销售收入与商品经营利润出现了反方向变动，即销售收入在上升，商品经营利润却在下降，表明企业在进行商品经营时，相关成本费用控制效果不佳，商品经营的盈利能力在下降。

三　影响商品经营风险的因素分析

由于商品经营杠杆系数越大，表明商品经营利润受销售的影响越大，商品经营风险越大，所以可以根据商品经营杠杆系数的影响因素来分析影响商品经营风险的因素。为了便于分析，将商品经营杠杆系数公式（5-3）变换为如下形式：

$$DGML = \frac{Q(P-V)}{Q(P-V)-F} = \frac{1}{1 - \dfrac{F}{Q(P-V)}} \qquad (5-5)$$

从公式（5-5）中可以看出，影响商品经营杠杆系数的因素主要是

表5-1　制造企业2001~2010年商品经营杠杆系数

时间 (年-月-日)	食品、饮料	纺织、服装、皮毛	木材、家具	造纸、印刷	石油、化学、塑胶、塑料	电子	金属、非金属	机械、设备、仪表	医药、生物制品	制造业所有样本企业
2001-06-30	—	—	—	—	—	—	—	—	—	—
2001-12-31	5.9242	-1.4025	1.8859	6.5099	-5.4971	-17.8611	5.8172	8.0783	-10.5386	-104.1142
2002-06-30	0.7907	-5.5962	2.8167	2.3325	10.6366	-11.7916	1.7810	1.6792	2.3147	2.7962
2002-12-31	-9.8359	-0.4181	-2.4945	1.6418	0.6343	-4.2392	1.8248	-4.3023	-3.8817	0.4421
2003-06-30	3.8421	-1.0446	-62.3007	-1.5956	0.7727	11.0413	1.5865	2.4223	1.5692	2.0802
2003-12-31	-0.9065	0.4129	-11.4272	-0.3790	1.2960	0.6287	1.0507	-0.8666	69.3822	0.2485
2004-06-30	6.8050	-0.1039	27.2062	1.1163	2.8643	0.6878	0.8915	1.5052	5.3343	1.8124
2004-12-31	-1.2466	0.3743	6.1545	-0.4300	1.7279	-47.5370	0.7166	4.3005	12.3225	-0.6087
2005-06-30	4.0221	-0.2233	30.2336	1.6727	0.0362	46.4186	1.1052	0.8906	11.4576	2.4924
2005-12-31	-2.0624	-0.3030	-5.6850	-0.2047	-10.0894	1.0360	-4.8055	4.8476	11.0453	-6.3919
2006-06-30	5.0000	-2.3060	-39.0005	2.4914	6.3152	-62.2052	2.7670	2.4791	2.9706	3.2632
2006-12-31	-1.9080	-0.5106	0.7737	-3.8074	0.5519	0.8643	2.5518	-0.0890	-31.0720	1.4858
2007-06-30	3.8754	-7.3518	-2.3061	3.9267	13.7809	0.2730	0.4662	0.8818	4.3682	1.4225
2007-12-31	-0.3132	0.3956	1.0957	1.1542	-2.1119	1.4541	-0.2880	2.7451	0.4952	-0.0679
2008-06-30	4.1517	-37.3056	0.2584	100.7911	1.2977	3.0218	1.6150	1.0833	12.5465	1.8727
2008-12-31	8.2354	-5.8516	-0.0333	3.3949	10.4251	-17.5037	5.3546	1.7373	3.0993	5.2004
2009-06-30	14.1175	-0.2696	1.0345	4.9385	15.9213	4.8350	2.4663	2.7650	2.3693	-4.8050
2009-12-31	-2.7446	2.6315	0.4675	3.6767	-1.0596	5.3524	10.6936	0.9505	1.2781	2.1211
2010-06-30	2.3015	5.1168	0.8649	11.6593	3.6612	184.1693	1.4579	2.1771	1.3032	1.8936
2010-12-31	-2.0278	0.8884	1.0153	-0.7381	-0.3921	0.4192	-1.3457	-0.1636	-46.4898	-0.6485

销售量、销售单价、单位变动成本和固定成本，销售量和销售单价与商品经营杠杆系数是反方向变动，单位变动成本和固定成本与商品经营杠杆系数是同方向变动。因此，影响商品经营风险的因素主要是：

①产品需求。在其他因素不变的条件下，销售量越大，商品经营杠杆系数越小，商品经营风险越小。市场对企业产品的需求稳定，则企业的经营风险小；反之，经营风险大。因此，企业可以充分利用现有生产能力，扩大销售量，来达到降低商品经营风险的目的。

②调整产品价格的能力。在其他因素不变的条件下，销售单价越高，商品经营杠杆系数越小，商品经营风险越小。不过企业是否有调整产品价格的能力主要看企业所处商品市场的竞争状况，以及企业在行业中的竞争地位。所以，如果企业具有较强的调整价格的能力，在成本上升的情况下，可以通过适当调高价格来降低商品经营风险。

③单位变动成本。在其他因素不变的条件下，单位变动成本的上升会导致商品经营杠杆系数上升，商品经营风险加大。所以企业应在研发上下功夫，通过不断改进技术工艺水平来降低单位产品的原材料成本、人工成本等变动成本，从而达到降低商品经营风险的目的。

④固定成本的比重。在其他因素不变的条件下，固定成本的上升会导致商品经营杠杆系数上升，商品经营风险加大。这就解释了为什么固定成本比重比较大的现代化制造企业商品经营风险会比较大，如果销售量上升，企业的规模效应得以发挥，商品经营利润会以极快的速度上升，带来超额利润；但如果销售量下降，商品经营利润会以极快的速度下降，规模效应不仅发挥不出来，还会带来巨额的亏损。所以企业要降低经营风险，就必须合理地确定资产结构和成本结构，尽可能消除不良的、闲置的固定资产，减少固定成本费用。

第二节　资本经营对价值创造的杠杆效应分析

一　资本经营杠杆系数的计算方法

（1）资本经营杠杆的定义

资本经营杠杆是指当固定性融资成本存在时，商品经营利润变动对资本增值变动产生的杠杆作用。在企业经营中，由于固定性融资成本的存在，当其他因素保持不变时，商品经营利润的增加会使单位利润所负担的固定性融资成本相对减少，从而单位利润所创造的价值就会相应增加，资本增值的增长率将大于商品经营利润的增长率；反之，商品经营利润的减少会使单位利润所负担的固定性融资成本相对增加，从而单位利润所创造的价值就会相应下降，资本增值的下降率将大于商品经营利润的下降率。这就给企业带来了经营利益和资本经营风险。

（2）资本经营杠杆系数的计算

资本经营杠杆的作用程度用资本经营杠杆系数（DCOL）表示，它是资本增值变动率与商品经营利润变动率的比值。计算公式如下：

$$资本经营杠杆系数（DCOL）= \frac{资本增值变动率}{商品经营利润变动率} = \frac{\Delta CA / CA}{\Delta GMP / GMP} \quad (5-6)$$

其中，CA 为基期资本增值，ΔCA 为资本增值的变动额；GMP 为基期商品经营利润，ΔGMP 为商品经营利润的变动额。值得说明的是：按照第三章第一节中的定义，资本增值是指净利润扣除股权资本成本后的余额，反映的是企业应用债权人和股东投入的资金所创造的净增加值。

（3）资本经营杠杆作用

要分析资本经营的杠杆作用，我们需要对公式（5-6）进行简化。

假设：除了销售量，其他有关因素都保持不变。

$$
\begin{aligned}
& \because CA = [Q(P-V) - F + N - I](1-T) - OCC \\
& \therefore \Delta CA = \Delta Q(P-V)(1-T) \\
& 又 \because GMP = [Q(P-V) - F](1-T) \\
& \Delta GMP = \Delta Q(P-V)(1-T) \\
& \therefore DCOL = \frac{\Delta CA / CA}{\Delta GMP / GMP} = \frac{Q(P-V) - F}{Q(P-V) - F + N - I - \dfrac{OCC}{1-T}}
\end{aligned}
\quad (5-7)
$$

式中：

N——没有扣除融资成本和所得税前的资本经营净收益，结合我国会计实务，主要包括其他业务利润、资产减值损失、公允价值变动损益、投资净收益和营业外收支净额。为了方便公式计算和理解，这里就用一个字母代表。这部分净收益的多少主要取决于企业资本经营活动的效益高低，与企业产销量之间没有直接关系。因此，为了有利于公式化简，更好地揭示资本经营的杠杆作用，本书假设在相关范围内，它保持固定不变。

I——债务融资成本，即利息。在一定利润范围内，它保持固定不变。

OCC——股权资本成本，包括优先股资本成本和普通股资本成本。其中，优先股资本成本就是优先股股利，在相关范围内，它是固定不变的；而普通股资本成本会随着普通股股东所要求投资回报率的变化而变化。同样，为了便于分析，本书假设在相关范围内，它保持固定不变。

根据化简后的公式（5－7）可以看出，由于实务中企业的资本成本不可能为零（即使企业不举债，没有债务利息，也会存在股权资本成本），在企业盈利的前提下，资本经营杠杆系数会是一个大于 1 的数。说明如果商品经营利润上升，资本增值将以更快的速度上升，带来经营杠杆利益；如果商品经营利润下降，资本增值将以更快的速度下降，带来经营风险。资本经营杠杆系数越大，表明资本经营杠杆作用越大，资本经营风险也就越大。同样，当未扣融资成本和所得税前的资本经营净收益不为零时，它也会产生杠杆效应，不过与资本成本不同的是，它不一定存在，可以为零。因此，本书定义资本经营杠杆时，是指由于固定性融资成本存在而产生的资本增值变动率大于商品经营利润变动率的现象。由于资本成本、投资收益等都是企业在进行投融资等资本经营活动时产生的，因此，可以说资本经营会对企业价值创造产生杠杆效应。

当然，当企业亏损时，资本经营杠杆系数会出现负值，这时资本经营杠杆系数的绝对值越大，说明资本增值受商品经营利润反作用的影响越大，资本经营风险越大。而且与前面的商品经营杠杆系数一样，为了更好地揭示资本经营对价值创造的杠杆作用，深入分析影响资本经营杠杆作用的因素，资本经营杠杆系数的简化公式（5－7）也是在除销售量外其他有关因素都保持不变的假设前提下化简的。因此，实务中，在市场利率、行业风险、投资收益等多种因素变动的影响下，资本经营杠杆系数有可能是小于 1 的数。

二　制造企业资本经营杠杆系数的测算

考虑到资本经营杠杆系数的简化公式（5－7）是有假设前提的，所以我们在测算制造企业资本经营杠杆系数时，采用的是原始公式（5-6）。计算结果如表 5-2。从表 5-2 中可以看到，各类制造业企业的资本经营杠杆系数有大于 1 的数，也有小于 1 的数，有些甚至小于 0，这是由实务中多种因素变动导致的。

① $DCOL > 1$，说明企业很好地发挥了资本经营杠杆的作用，给企业创造价值带来了杠杆利益，系数越大，资本经营杠杆的作用程度越大，资本经营风险也越大；

② $0 < DCOL < 1$，说明虽然企业资本经营给资本增值带来的是正效应，会促进企业价值的创造，但资本经营的杠杆作用没有发挥出来，资本增值的变动幅度小于商品经营利润的变动幅度；

③ $DCOL < 0$，说明企业的经营状况不好，商品经营利润与资本增值出现了反方向变动，即商品经营利润在上升，资本增值却在下降，表明企业资本经营效益不好，投融资等资本经营活动带来的是净损失而不是净收益，资本经营创造价值的能力在下降。

三 影响资本经营风险的因素分析

由于资本经营杠杆系数越大，表明资本增值受商品经营利润的影响越大，资本经营风险越大，所以可以根据资本经营杠杆系数的影响因素来分析影响资本经营风险的因素。为了便于分析，将资本经营杠杆系数公式（5-7）变换为以下形式：

$$DCOL = \frac{Q(P-V) - F}{Q(P-V) - F + N - I - \dfrac{OCC}{1-T}} = \frac{GMP}{GMP + N - I - \dfrac{OCC}{1-T}} \quad (5-8)$$

从公式（5-8）中可以看出，影响资本经营杠杆系数的因素主要是商品经营利润、未扣融资成本和所得税前的资本经营净收益、固定性融资成本，商品经营利润、未扣融资成本和所得税前的资本经营净收益与资本经营杠杆系数是反方向变动，固定性融资成本与资本经营杠杆系数是同方向变动。因此，影响资本经营风险的因素主要是：

①商品经营的盈利水平。在其他因素不变的条件下，商品经营利润越大，资本经营杠杆系数越小，资本经营风险越小。这与实际是相符的，企

表 5 - 2　制造企业 2001～2010 年资本经营杠杆系数

时间 （年-月-日）	食品、饮料	纺织、服装、皮毛	木材、家具	造纸、印刷	石油、化学、塑胶、塑料	电子	金属、非金属	机械、设备、仪表	医药、生物制品	制造企业所有样本企业
2001 - 06 - 30	—	—	—	—	—	—	—	—	—	—
2001 - 12 - 31	0.6570	0.8205	1.2448	0.5905	0.5087	0.9278	0.9703	-0.4528	0.4533	0.3823
2002 - 06 - 30	0.6438	0.7396	1.0694	0.6234	0.5373	1.1750	0.4103	-0.4564	0.4059	0.2378
2002 - 12 - 31	0.7027	0.7811	0.5170	0.6998	0.6634	1.1808	1.3679	-1.4611	0.8194	3.3237
2003 - 06 - 30	0.6768	0.7931	-0.0395	1.3859	1.2343	0.6261	1.1394	0.2612	1.2523	0.7640
2003 - 12 - 31	-0.4119	0.1653	-0.2421	0.5986	1.0244	-2.9983	0.7625	0.9250	0.7544	0.4707
2004 - 06 - 30	0.5511	1.7784	0.4993	0.0580	0.7366	-11.3684	1.2167	1.2150	0.5086	1.0115
2004 - 12 - 31	0.3262	2.9668	-37.9360	1.7453	1.2411	1.8581	1.0624	1.2823	1.3323	1.6666
2005 - 06 - 30	0.4761	-7.3548	2.0684	2.6202	19.9141	1.0393	1.0245	0.8118	3.0100	1.1369
2005 - 12 - 31	0.7046	-2.4343	4.1107	-2.0466	0.6613	0.1392	1.0354	-0.4097	0.8161	0.7588
2006 - 06 - 30	0.8376	0.2370	0.4994	-0.3069	0.3853	3.7915	0.6138	0.2687	0.9251	0.5887
2006 - 12 - 31	0.5829	0.9666	-0.8262	1.3831	4.7436	0.5443	0.9882	2.8341	-0.1061	1.0097
2007 - 06 - 30	0.9676	3.5450	12.8465	1.1032	0.4765	7.4542	2.5082	2.6681	1.5614	1.7137
2007 - 12 - 31	2.2590	0.0849	2.4439	0.8997	1.3856	-0.2369	3.7677	0.5651	16.4989	7.5203
2008 - 06 - 30	1.1064	0.5236	9.2434	2.0946	3.0168	1.7860	1.9986	0.8480	-0.2149	1.2844
2008 - 12 - 31	0.9438	1.8395	4.2027	1.3582	0.7239	0.1832	2.0162	2.3786	-0.0458	1.5058
2009 - 06 - 30	0.9339	57.7015	0.5670	-0.5236	2.2752	-2.1221	1.9871	4.0255	0.5587	22.5657
2009 - 12 - 31	1.4254	0.5905	8.8395	3.4229	1.3135	0.1493	0.9304	2.3152	4.7001	0.9705
2010 - 06 - 30	1.2313	1.6823	2.9683	7.1165	0.7148	-4.0789	1.3926	0.5824	-1.3339	0.6772
2010 - 12 - 31	0.8628	2.5429	-1.1302	0.7780	3.3216	1.4453	0.9919	-0.5364	0.5984	0.6462

业商品经营的盈利能力越强，抵抗投融资等资本经营风险的能力就越强。因此，企业可以通过提高商品经营的盈利水平来降低资本经营风险。

②未扣融资成本和所得税前的资本经营净收益。在其他因素不变的条件下，未扣融资成本和所得税前的资本经营净收益越高，资本经营杠杆系数越小，资本经营风险越小。因此，企业可以通过提高投资收益水平、优化资产配置、盘活闲置资产等举措，来提高资本运营效率和效益，降低资本经营风险。

③固定性融资成本。在其他因素不变的条件下，固定性融资成本上升，资本经营杠杆系数也将上升，资本经营风险加大。这里的固定性融资成本包括债务融资成本和股权融资成本，它的高低主要取决于企业资本结构的合理性，因为资本结构的不合理必然会导致其中某种资本成本上升，资本经营风险加大。本书设计的资本经营杠杆系数与传统财务理论中财务杠杆系数的主要区别之一就是：将普通股资本成本也看作固定性融资成本，因为只有扣除了所有资本成本（包括债务资本成本和股权资本成本）以后的经济增加值才是企业创造的价值。因此，企业可以通过合理安排资本结构、适度负债，降低综合资本成本，从而降低资本经营风险。

第三节　总杠杆系数的计算及合理值域的确定

一　商品经营与资本经营总杠杆系数的计算方法

（1）总杠杆的定义

从以上分析可知，商品经营杠杆是考察销售收入（主营业务收入）变化对商品经营利润的影响程度，而资本经营杠杆是考察商品经营利润变化对资本增值的影响程度。如果直接考察销售收入（主营业务收入）变化对资本增值的影响程度，即考察了两种杠杆的共同作用，本书把这两种杠杆的连锁作用称为总杠杆作用。

（2）总杠杆系数的计算

总杠杆的作用程度用总杠杆系数（DTL）表示，它是资本增值变动率与销售收入（主营业务收入）变动率的比值。计算公式如下：

$$总杠杆系数(DTL) = \frac{资本增值变动率}{销售收入变动率} = \frac{\Delta CA/CA}{\Delta S/S} \qquad (5-9)$$

依据商品经营杠杆系数与资本经营杠杆系数的定义表达式，总杠杆系数可以进一步表示为商品经营杠杆系数和资本经营杠杆系数的乘积 [见公式（5-10）]，反映了企业商品经营风险与资本经营风险的组合效果。

$$DTL = DGML \cdot DCOL \qquad (5-10)$$

总杠杆系数使公司管理层在一定的成本结构与融资结构下，当销售收入变化时，能够对资本增值的影响程度作出判断，即能够估计出销售收入变动对资本增值造成的影响。

（3）总杠杆在风险协调控制中的应用（见图 5-1）

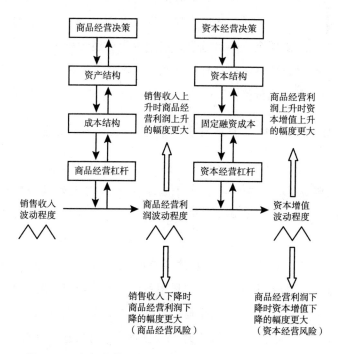

图 5-1　企业决策、杠杆、风险在收益流中的相互影响

从图 5-1 中可以看出：由于杠杆的存在，销售收入的波动会导致商品经营利润和资本增值发生更大幅度的波动，增加企业的经营风险。商品经营杠杆和资本经营杠杆都有正负双向性作用：用得好，会带来杠杆利益，放大销售、经营的成绩，使企业价值高速增长；用得不好，则会加剧商品经营风险和资本经营风险，使企业价值迅速下降。所以，企业必须协调利用好商品经营杠杆和资本经营杠杆，在控制风险的基础上，尽可能获得更多杠杆利益。

从公式（5-10）可以看到，总杠杆系数反映了企业总风险程度，受商品经营风险和资本经营风险的影响。它为企业管理层协调控制商品经营风险与资本经营风险提供了一个非常有用的工具，可以让企业在控制总杠杆系数的基础上对商品经营杠杆和资本经营杠杆进行不同组合，从而达到协调控制风险的目的。为达到控制总风险而提高总收益的目的，企业在进行商品经营决策和资本经营决策时，必须充分考虑商品经营杠杆与资本经营杠杆之间的相互关系，协调好两者的作用。当企业商品经营杠杆系数较高，商品经营风险较大时，只能在较低程度上利用资本经营杠杆，否则经营总风险太大容易使企业陷入危机；当企业商品经营杠杆系数较低，商品经营风险较小时，可以在较高程度上利用资本经营杠杆，以获得更高的杠杆利益，创造更多的价值。

二　制造企业商品经营与资本经营总杠杆系数的测算

我们采用公式（5-9）测算制造企业商品经营与资本经营的总杠杆系数，计算结果如表5-3。由于实务中多种因素变动的影响，各类制造业企业的总杠杆系数有大于1的数，也有小于1的数和小于0的数。

① $DTL > 1$，说明企业较好发挥了总杠杆作用，给企业创造价值带来了杠杆利益，系数越大，总杠杆的作用程度越大，经营风险越大；

② $0 < DTL < 1$，说明虽然企业的商品经营和资本经营给资本增值带来的是正效应，会促进企业价值的创造，但商品经营杠杆与资本经营杠杆没有协调好，总杠杆作用没有发挥出来，资本增值的变动幅度小于销售收入的变动幅度；

③ $DTL < 0$，说明企业创造价值的能力下降，销售收入与资本增值出现了反方向变动，即销售收入在上升，资本增值却在下降，表明企业商品

表 5 - 3　制造企业 2001~2010 年总杠杆系数

时间 (年-月-日)	食品、饮料	纺织、服装、皮毛	木材、家具	造纸、印刷	石油、化学、塑胶、塑料	电子	金属、非金属	机械、设备、仪表	医药、生物制品	制造业所有样本企业
2001-06-30	—	—	—	—	—	—	—	—	—	—
2001-12-31	3.8923	-1.1507	2.3476	3.8444	-2.7966	-16.5719	5.6446	-3.6577	-4.7768	-39.8077
2002-06-30	0.5090	-4.1389	3.0123	1.4541	5.7149	-13.8556	0.7307	-0.7665	0.9395	0.6650
2002-12-31	-6.9114	-0.3266	-1.2896	1.1490	0.4207	-5.0056	2.4961	6.2861	-3.1808	1.4693
2003-06-30	2.6003	-0.8285	2.4593	-2.2114	0.9538	6.9127	1.8076	0.6327	1.9651	1.5893
2003-12-31	0.3734	0.0682	2.7662	-0.2269	1.3276	-1.8851	0.8011	-0.8016	52.3414	0.1170
2004-06-30	3.7503	-0.1847	13.5838	0.0647	2.1097	-7.8191	1.0846	1.8288	2.7132	1.8332
2004-12-31	-0.4066	1.1105	-233.4788	-0.7504	2.1446	-88.3306	0.7613	5.5146	16.4178	-1.0145
2005-06-30	1.9150	1.6424	62.5341	4.3827	0.7214	48.2415	1.1323	0.7230	34.4873	2.8337
2005-12-31	-1.4531	0.7375	-23.3692	0.4190	-6.6722	0.1442	-4.9756	-1.9860	9.0140	-4.8502
2006-06-30	4.1880	-0.5464	-19.4778	-0.7647	2.4335	-235.8522	1.6982	0.6662	2.7482	1.9210
2006-12-31	-1.1122	-0.4936	-0.6392	-5.2660	2.6178	0.4705	2.5215	-0.2521	3.2963	1.5003
2007-06-30	3.7500	-26.0622	-29.6255	4.3320	6.5666	2.0350	1.1693	2.3526	6.8205	2.4377
2007-12-31	-0.7075	0.0336	2.6779	1.0385	-2.9263	-0.3445	-1.0850	1.5512	8.1698	-0.5106
2008-06-30	4.5934	-19.5318	2.3881	211.1161	3.9148	5.3969	3.2277	0.9186	-2.6959	2.4053
2008-12-31	7.7729	-10.7644	-0.1399	4.6108	7.5471	-3.2063	10.7959	4.1323	-0.1419	7.8307
2009-06-30	13.1844	-15.5554	0.5865	-2.5856	36.2243	-10.2602	4.9008	11.1303	1.3238	-108.4293
2009-12-31	-3.9121	1.5538	4.1327	12.5849	-1.3919	0.7993	9.9497	2.2005	6.0070	2.0586
2010-06-30	2.8339	8.6079	2.5674	82.9727	2.6171	-751.2169	2.0304	1.2679	-1.7384	1.2823
2010-12-31	-1.7495	2.2591	-1.1475	-0.5743	-1.3023	0.6058	-1.3349	0.0877	-27.8183	-0.4191

经营或资本经营的效益不好，使两者的总杠杆作用不仅没有发挥出来，反而还导致了企业价值的下降。

三　总杠杆系数合理值域的确定

由于总杠杆系数反映了企业商品经营与资本经营的总风险程度，过高过低都说明商品经营杠杆与资本经营杠杆没有协调好。如果总杠杆系数过高，表明企业经营风险很大，很容易陷入危机；如果总杠杆系数过低，表明企业没有很好地利用商品经营杠杆和资本经营杠杆，发挥它们的杠杆作用，创造更多价值。因此，有必要为企业的总杠杆系数确定一个合理值域，来反映企业协调商品经营杠杆与资本经营杠杆控制风险、创造价值的能力。

为了让确定的合理值域更可靠、更合理，本章首先利用主成分分析法进行业绩评价，将评价得分大于零的公司归为样本组，然后利用数理统计学中的区间估计方法对该样本组进行分析，即利用样本数据对总体均值作区间估计，从而确定各类制造业企业总杠杆系数的合理值域（龚茂全，2007）。如果总杠杆系数在这个区间内，则意味着它与总体均值偏离的概率较小，可以认为是合理的；反之，认为不合理。如果总杠杆值高于合理值域的上限，说明商品经营杠杆与资本经营杠杆没有协调好，杠杆过度利用，导致经营风险很大；如果总杠杆系数低于合理值域的下限，同样说明商品经营杠杆与资本经营杠杆没有协调好，杠杆作用没有发挥出来，商品经营与资本经营创造价值的能力不强。

利用主成分分析法评价经营业绩在前面第四章第一节已做过论述，此处不再重述。而区间估计方法是利用样本的标准差替代总体标准差，即构造一个新的统计量 $t = \dfrac{\bar{X} - \mu}{S / \sqrt{n-1}}$，它服从自由度为 $n-1$ 的 T 分布，其中 S 是样本的标准差。给出检验水平 α，通过下列公式可以估测出行业的总杠杆系数合理值域。

$$\bar{X} - \frac{S}{\sqrt{n-1}} \cdot t_\alpha < DTL < \bar{X} + \frac{S}{\sqrt{n-1}} \cdot t_\alpha$$

　　本书运用 SPSS18.0 统计软件测算总杠杆系数合理值域的具体步骤如下。

　　（1）运用主成分分析法评价各类制造业企业商品经营与资本经营的业绩。采用表 4 - 1 中的综合评价指标体系评价 2001～2010 年各类制造业企业商品经营与资本经营的综合发展水平，运用主成分分析法分别对制造业九大行业各自所有样本企业（见附录 A）2001 年下半年至 2010 年下半年共 19 期的经营水平进行打分排序，具体方法步骤已在第四章中做过论述，这里不再重述。与第四章不同的是：第四章是分别对各类制造业企业在不同时间点上进行打分（即分析的是时间序列），而这里是分别对各类制造业的每一个样本企业在同一个时点上进行打分排序（即分析的是截面数据）。

　　（2）选择样本。是指在各类制造业企业抽取的样本（见附录 A）中，再筛选符合要求的确定总杠杆系数合理值域的样本。筛选依据：①商品经营与资本经营综合发展水平的评分值大于 0 的企业；②剔除总杠杆系数绝对值异常大的企业，总杠杆系数绝对值很大，说明企业的经营风险很大，不应该包含在样本里，否则会影响值域的合理性。由于是分别对 2001 年下半年至 2010 年下半年（共 19 期）的制造业九大行业的企业进行样本筛选，总共有 171 期的数据，样本企业很多，筛选结果占的篇幅比较大，为了保证正文的清晰脉络，样本筛选结果没有在正文中陈述，而是在附录 C 中列表反映。

　　（3）进行区间估计。主要采用 95% 的置信度对制造业各行业的样本企业进行区间估计，其中木材家具行业和造纸印刷行业的样本比较少，为了提高值域的可靠性，这两个行业采用了 90% 的置信度进行区间估计。

　　（4）合理值域的确定。把区间估计得到的值域作为总杠杆系数的合理值域，但如果值域的下限小于 1，则以 1 作为合理值域的下限。因为总杠杆系数小于 1 说明企业商品经营与资本经营的杠杆作用没有得到有效发挥，不是合理现象。各类制造业企业总杠杆系数合理值域的确定结果见表 5 - 4。

表5-4　制造企业总杠杆系数的合理值域

时间 (年-月-日)	食品、饮料		纺织、服装、皮毛		木材、家具		造纸、印刷		石油、化学、塑胶、塑料	
	上限	下限	上限	下限	上限	下限	上限	下限	上限	下限
2001-06-30	—	—	—	—	—	—	—	—	—	—
2001-12-31	8.4981	1.2503	5.2762	1.0780	11.3899	1.00	7.6638	3.2700	7.6773	2.2871
2002-06-30	5.7389	1.1764	5.5774	1.2405	5.3623	1.00	8.4753	1.0000	8.4672	1.0677
2002-12-31	6.5387	1.3279	4.9575	1.1262	15.6661	1.00	2.8158	1.1092	8.3679	1.3860
2003-06-30	6.4317	1.1414	5.6556	1.0745	4.2593	1.00	5.4254	1.0000	8.1880	1.3849
2003-12-31	2.9982	1.1715	4.7207	1.0186	11.6976	1.00	2.4167	1.0000	8.0640	1.6367
2004-06-30	7.8301	1.0140	5.4277	1.0380	8.8196	1.00	6.2919	1.0000	7.6603	1.9054
2004-12-31	6.0389	1.2317	7.2876	1.0541	13.9214	1.00	2.1335	1.0000	4.6734	1.3274
2005-06-30	5.9561	1.1545	4.7801	1.0763	14.3352	1.00	8.1104	1.0000	6.8523	1.9200
2005-12-31	5.3276	1.0089	3.5522	1.1611	14.6419	1.00	6.6548	1.6588	6.8025	2.0259
2006-06-30	5.5576	1.2711	3.7236	1.4153	7.4109	1.00	5.3333	1.6623	8.3062	1.0399
2006-12-31	5.4106	1.2572	3.2957	1.0822	13.3272	1.00	8.8663	1.0000	6.6490	1.6593
2007-06-30	7.4070	2.4715	9.4461	2.5649	12.2587	1.00	14.3558	1.0000	7.4580	1.9895
2007-12-31	9.1547	1.9340	8.4160	1.1636	5.4515	1.00	17.4300	1.0000	8.1072	1.1494
2008-06-30	14.7281	1.0258	11.2295	1.3732	16.9682	1.00	21.2662	1.0000	6.3760	1.7969
2008-12-31	9.3859	1.0252	11.5697	2.7630	2.1064	1.00	10.7954	1.0000	7.3954	1.7555
2009-06-30	6.8848	1.5662	8.2002	1.0213	3.0859	1.00	4.4170	1.9856	8.7935	3.3770
2009-12-31	6.2560	1.5905	6.1685	1.2291	4.7103	1.00	13.8694	1.0000	5.6953	1.7227
2010-06-30	4.4185	1.2857	8.9406	1.1456	5.2700	1.00	11.3003	1.0000	8.2931	1.8721
2010-12-31	5.9325	1.0540	4.3990	1.1413	13.0555	1.00	12.7784	1.0000	10.5784	3.7569

续表

时间 (年-月-日)	电子		金属、非金属		机械、设备、仪表		医药、生物制品		制造企业(包括所有行业)	
	上限	下限	上限	下限	上限	下限	上限	下限	上限	下限
2001-06-30	—	—	—	—						
2001-12-31	6.9677	2.1332	8.2107	1.7293	8.5186	2.2381	4.5921	1.7262	3.4345	5.4713
2002-06-30	10.3766	1.0000	13.0804	1.5745	6.6607	1.0640	6.7675	1.4383	2.6385	5.3566
2002-12-31	10.7941	2.4629	9.9389	1.0155	10.4931	1.6062	7.2269	1.6693	3.6233	6.3458
2003-06-30	11.0598	2.8345	2.8665	1.1551	6.3491	1.0137	4.5526	1.4286	2.7114	4.5294
2003-12-31	12.8979	2.8708	3.8256	2.0541	6.6382	2.4351	7.2190	2.0650	3.0978	4.8580
2004-06-30	7.3583	1.4729	3.0459	1.0430	7.6877	1.7599	6.8880	1.4537	3.0281	4.9193
2004-12-31	4.8642	1.0000	12.3602	1.3247	6.5146	2.0931	8.4336	1.5864	3.2487	5.3258
2005-06-30	4.3939	1.3371	3.6736	1.0859	3.4853	1.0268	7.2467	1.4389	2.4003	4.0149
2005-12-31	5.0160	1.3004	6.0145	3.2681	8.1458	2.5103	7.9407	1.3488	3.0571	5.0975
2006-06-30	8.5406	1.0000	7.8415	2.3264	5.5431	1.2237	12.7029	1.1877	2.9367	5.3032
2006-12-31	2.7276	1.0000	4.4329	1.3110	8.2781	2.8490	9.2249	1.1521	3.2401	5.1560
2007-06-30	7.6374	1.9859	10.1325	1.1131	6.7531	2.2407	10.6847	1.2768	4.0497	6.0712
2007-12-31	12.3343	1.0000	8.0482	1.1064	4.0517	1.3335	9.6237	1.6919	2.9723	5.8460
2008-06-30	12.3924	1.0000	12.8821	1.8028	6.7741	2.4106	9.6480	1.6833	3.9858	6.8331
2008-12-31	10.1296	2.8988	16.7098	5.3088	10.8068	3.2214	10.2571	2.3356	4.8422	7.7314
2009-06-30	8.7596	3.2424	10.0799	1.4942	8.7345	2.1373	9.2433	1.2757	4.0527	6.2835
2009-12-31	10.3686	1.4944	7.0145	1.4352	7.0719	2.0470	6.3099	1.0307	2.9100	4.8628
2010-06-30	11.4722	1.0000	4.9358	1.8335	5.9289	1.1788	9.9401	2.8065	3.0931	5.0748
2010-12-31	8.1290	1.6303	11.0542	1.1098	9.3910	1.0483	6.9843	1.0321	3.3516	6.1268

第四节　制造企业商品经营与资本经营的
风险协调分析

一　制造企业商品经营风险比较分析

为了比较分析各类制造企业的商品经营风险大小，本书对各类制造企业 2001 年下半年至 2010 年下半年的商品经营杠杆系数进行了描述性统计（见表 5 - 5）。商品经营杠杆系数在第一节中以样本企业为代表已计算出来（见表 5 - 1）。

表 5 - 5　制造企业商品经营杠杆系数的描述统计量
（分类行业按标准差由大到小排序）

行　　业	N	全距	极小值	极大值	均值	标准差
电子	19	246. 37	- 62. 21	184. 17	5. 2139	48. 6805
造纸、印刷	19	104. 6	- 3. 81	100. 79	7. 2711	22. 8949
医药、生物制品	19	115. 87	- 46. 49	69. 38	2. 625	21. 8345
木材、家具	19	92. 53	- 62. 3	30. 23	- 2. 6021	19. 9399
纺织、服装、皮毛	19	42. 42	- 37. 31	5. 12	- 2. 7825	8. 8431
石油、化学、塑胶、塑料	19	26. 01	- 10. 09	15. 92	2. 6722	6. 3964
食品、饮料	19	23. 95	- 9. 84	14. 12	2. 0011	5. 1925
金属、非金属	19	15. 5	- 4. 81	10. 69	1. 8793	3. 0966
机械、设备、仪表	19	12. 38	- 4. 3	8. 08	1. 7432	2. 4999
整个制造行业	19	109. 31	- 104. 11	5. 20	- 4. 7108	24. 2192

从表 5 - 5 中的标准差可以看出，制造企业的商品经营风险大小可以分成三个等级，商品经营风险较高（标准差 >10）的有电子业、造纸印刷业、医药生物制品业和木材家具业，商品经营风险中等（3.5 < 标准差≤10）的有纺织服装皮毛业、石油化学塑胶塑料业、食品饮料业，商品经营风险较小（标准差≤3.5）的有金属非金属业、机械设备仪表业。把所有行业综合在一起后，可以看到制造企业整体商品经营风险较高，标准差为 24.2192，全距有 109.31，商品经营杠杆系数的离散程度和波动幅

度很大。

（1）电子业、造纸印刷业、医药生物制品业和木材家具业商品经营杠杆系数的标准差和全距较大，说明它们商品经营杠杆系数的离散程度和波动范围较大，在制造业中它们的商品经营风险较高。

①电子行业商品经营杠杆系数的标准差和全距是所有行业中最大的，最大值达到了184.17，而最小值竟有 − 62.21，说明电子行业商品经营杠杆系数的离散程度和波动幅度最大，商品经营风险很高。电子行业商品经营风险高的主要原因：一是电子制造企业是高技术型企业，机械设备自动化水平及工艺技术要求高，固定资产、无形资产等长期性资产的规模和比重很大，这些资产价值转移（折旧费、摊销额等）所形成的固定成本就很高，导致商品经营杠杆的作用很显著。二是由于信息技术的高速发展，电子产品的生命周期很短，更新换代很快，产品的市场需求和市场价格波动很大，需求和价格的不稳定导致了商品经营风险很大。三是我国电子信息产业主要处于产业链的低端，企业规模小且分散，产业集中度不高，竞争力不强，在激烈的市场竞争中，调整产品价格的能力弱，所以防范商品经营风险的能力不强。

②造纸印刷业商品经营杠杆系数的均值在所有制造行业中最大，为7.2711。造纸印刷业商品经营风险较高的主要原因是：在国家节能减排的强制要求下，淘汰落后产能、更新技术设备工艺加大了企业固定资产和无形资产的投入，固定成本的比重上升，而且纸浆进口价格的不断上涨增加了企业的原料成本，加上劳动力、运输等成本的不断提高，造纸印刷企业的商品经营风险在不断加大。

③医药生物制品业商品经营风险较高的主要原因是：医药生物制品业是技术和资金密集型产业，需要高技术和高投入，环保的要求又使环保成本增高，企业固定成本比重增大；原油价格的剧烈波动导致化学制药行业原材料成本不稳定，中药材价格大幅度涨价导致中药行业原材料成本迅猛上升；发改委对药品价格的不断调整以及挂网招标改革使药品价格持续走低，并且药品出厂价格指数为周期性变化，当原材料供不应求时，价格就上涨，价格上涨后就会出现原材料的大量生产，进而导致产量过剩，价格下降，药品价格极不稳定。

④木材家具业商品经营风险较高的主要原因是：国内外木材资源收紧导致板材涨价，成本上升；楼市忽热忽冷、金融危机的出现，使市场需求极不稳定；国内家具产品大多属于中低档产品，标准化、同质化，加工技术较低，产品市场竞争非常激烈。从表5-5中还可以看到木材家具业的商品经营杠杆系数均值为负值（-2.6021），可见我国木材家具业整体商品经营情况不佳。

（2）纺织服装皮毛业、石油化学塑胶塑料业、食品饮料业的商品经营杠杆系数标准差和全距处于中等水平，说明它们商品经营杠杆系数的离散程度和波动范围属于中等，有一定程度的商品经营风险。

①纺织服装皮毛业商品经营风险处于中等水平的原因是：虽然纺织服装皮毛业受到原材料价格上涨、通货膨胀、经济环境不确定等因素的影响，商品经营存在较大风险，但纺织行业是吸纳就业人口最多的劳动密集型产业，固定成本占的比重相对比较小，使商品经营杠杆的作用下降。不过纺织服装皮毛业商品经营杠杆系数的均值为负值（-2.7825），说明我国纺织服装皮毛业整体商品经营情况并不好。

②石油化学塑胶塑料业商品经营风险处于中等水平的原因是：石油化工行业是我国国民经济的支柱性产业，与我国经济发展的关联度很高，一直受到国家有关政策的扶持，虽然国际原油价格的波动会对其成本造成较大影响，但在我国经济平稳发展和相关政策积极扶持的情况下市场需求基本上很旺盛，而且有些石油化工企业调整产品价格的能力很强，可以通过调整产品价格来降低成本上升带来的商品经营风险。

③食品饮料业商品经营风险处于中等水平的原因是：由于食品饮料业固定成本占的比重相对较少，商品经营杠杆作用较小，虽然原材料价格上涨、通货膨胀等因素会使变动成本上升，但"民以食为天"，食品饮料消费是人们生活的必要开支，尤其中国消费者可支配收入的不断增加为食品饮料业创造了一个潜在的巨大市场，人们对食品价格的敏感性下降，企业可以通过提高产品价格来降低商品经营风险，所以食品饮料业是抗经济危机和通胀韧性较大的行业。

（3）金属非金属业、机械设备仪表业的商品经营杠杆系数标准差和全距相对较小，说明它们商品经营杠杆系数的离散程度和波动范围较小，商品经营风险较低。

①金属非金属业商品经营风险较低的原因是：金属、非金属业中有许多产业关系到国民经济的发展，甚至有些是战略性产业，属于国家着力控制的资源性行业，国家一直在通过政策的宏观调控来扶持、规范、调整这些产业，使这些产业能健康、稳定地发展，所以有些金属非金属业虽然也会受原材料价格波动等因素的影响，但在中国经济稳定发展的形势下，商品经营总体风险比较小。

②机械设备仪表业的商品经营杠杆系数在所有制造业中是波动最小的，标准差只有 2.49994。机械设备仪表业商品经营风险较低的原因是：我国国民经济的结构调整和产业升级使市场对机械、设备、仪表业形成了较大需求。各行业产品结构的调整、生产工艺的改进、设备的技术改造、自动化和大型化成套设备的开发使用等都需要机械设备仪表业提供先进、现代化的生产装备，还有基础设施、公共交通、生态环境等工程建设项目也需要大型的机械设备。随着我国国民经济的持续高速增长，市场对先进机械设备仪表的需求还将持续增长，这有效降低了机械设备仪表制造企业的商品经营风险。

二　制造企业资本经营风险比较分析

为了比较分析各类制造业企业的资本经营风险大小，我们对各类制造业企业 2001 年下半年至 2010 年下半年的资本经营杠杆系数进行了描述性统计（见表 5 - 6）。资本经营杠杆系数在第二节中以样本企业为代表已计算出来（见表 5 - 2）。

根据表 5 - 6 中的标准差可以看出，制造企业的资本经营风险大小可以分成三个等级，资本经营风险较高（标准差 > 10）的有纺织服装皮毛业和木材家具业，资本经营风险中等（3.5 < 标准差 ≤ 10）的有石油化学塑胶塑料业、医药生物制品业、电子业，资本经营风险较低（标准差 ≤ 3.5）的有造纸印刷业、机械设备仪表业、金属非金属业和食品饮料业。把所有行业综合在一起后，可以看到制造企业整体资本经营风险处于中等，标准差为 5.11575，全距有 22.33。

表5-6 制造企业资本经营杠杆系数的描述统计量

(分类行业按标准差由大到小排序)

行业	N	全距	极小值	极大值	均值	标准差
纺织、服装、皮毛	19	65.06	-7.35	57.7	3.5773	13.30758
木材、家具	19	50.78	-37.94	12.85	0.5761	10.0578
石油、化学、塑胶、塑料	19	19.53	0.39	19.91	2.362	4.40655
医药、生物制品	19	17.83	-1.33	16.5	1.7102	3.79674
电子	19	18.82	-11.37	7.45	0.0787	3.67772
造纸、印刷	19	9.16	-2.05	7.12	1.2421	1.85292
机械、设备、仪表	19	5.49	-1.46	4.03	0.9297	1.39657
金属、非金属	19	3.36	0.41	3.77	1.3781	0.78682
食品、饮料	19	2.67	-0.41	2.26	0.8146	0.51927
整个制造行业	19	22.33	0.24	22.57	2.5387	5.11575

(1) 纺织服装皮毛业和木材家具业的资本经营杠杆系数标准差和全距在所有制造行业中处于最高水平,说明它们资本经营杠杆系数的离散程度和波动范围较大,资本经营风险较高。

①纺织服装皮毛业资本经营风险较高的原因是:中国99%的纺织企业为中小企业,且绝大部分是民营企业,负债率较高,企业的信用、融资能力和扩张能力均较弱;金融机构普遍认为纺织服装是产能过剩的传统行业,有些银行甚至把其列入夕阳产业,针对纺织服装行业的信贷,银行一直从严控制,贷款规模压缩、贷款利率提高、贷款到期不转贷。纺织企业在难以从银行得到贷款的情况下,只有通过其他融资渠道筹集资金来维持经营,导致融资成本远高于银行贷款成本,资本经营杠杆作用加大。

②木材家具业资本经营风险较高的原因是:我国木材、家具制造业的行业集中度非常低,有90%以上都是民营中小企业,企业规模小,投融资能力弱;家具企业对流动资金需求量大,从原材料进口,经木材自然风干等一系列环节,到最后成品出口,有的占用资金长达三四年的时间(如:高档家具),资金紧张一直是制约家具企业发展的瓶颈问题;不少家具生产企业重制造、轻设计,同质化严重,差异化程度低,不注重品牌建设,影响了投资者的投资信心。

（2）造纸印刷业、机械设备仪表业、金属非金属业和食品饮料业的资本经营杠杆系数标准差和全距在所有制造行业中处于较低水平，说明它们资本经营杠杆系数的离散程度和波动范围较小，资本经营风险较低。其中，金属非金属业和食品饮料业的资本经营风险最小，资本经营杠杆系数标准差都小于1。

①金属非金属业资本经营风险低的主要原因有：金属、非金属业中有许多产业关系到国民经济的发展，是战略性产业，属于国家着力控制的资源性行业，很多企业是国有控股，规模大、投融资能力强；早些年金属非金属行业投资热导致的无序竞争，让国家认识到其严重危害性，相继出台了一些限制整顿措施，规范了金属非金属行业的发展，推进了金属非金属制造企业的并购重组，提高了产业集中度，企业投融资能力增强，资本经营收益增加；国家政策的扶持和商品经营风险低使金属非金属业能比较容易地取得银行贷款和投资者信任，有利于优化资本结构，降低固定性融资成本，从而降低资本经营的杠杆作用。

②食品饮料业资本经营风险低的主要原因是：食品饮料业是商品经营风险较低的行业，巨大的消费市场使中国的食品饮料行业成为一个充满激情和希望的产业，有很多竞争实力非常强的品牌企业，如：酒类的茅台、五粮液，奶制品的蒙牛、伊利等，这些企业的投融能力都很强，是投资者普遍看好的抗经济危机和通货膨胀能力较强的低风险行业，比较容易筹措到负债和股权资金，有利于优化资本结构，并且很多实力强的企业都通过并购重组，延伸了产业链，调整了产品结构，提高了资本经营收益，这些都可以降低资本经营风险。

三　制造企业商品经营与资本经营风险协调分析

（1）食品、饮料制造企业商品经营与资本经营的风险协调分析

结合图5－2和表5－1、表5－2、表5－3、附录B的数据，可以得到以下结论。

①食品、饮料制造企业的总杠杆系数分布比较集中，在（－6.9114，13.1844）之间波动，大于合理值域上限的点只有2009年上半年一期。这是因为食品、饮料业的商品经营风险中等，而资本经营风险比较低，所以

总体来说经营风险较低，即使在创造价值能力下降、总杠杆系数为负值时，绝对值也只有6.9114。

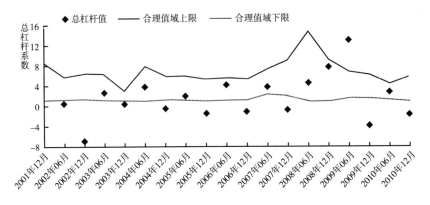

图5-2 食品、饮料制造企业总杠杆系数的分布

②食品、饮料制造企业商品经营风险与资本经营风险的协调状况一般。在2001年下半年至2010年下半年的19期中只有9期总杠杆系数在合理值域范围内，有9期总杠杆系数低于合理值域下限，其中甚至有7期小于0，不过波动幅度不是太大。说明食品、饮料制造企业的商品经营与资本经营发挥了一定程度的杠杆作用，但不是特别充分。

③商品经营杠杆系数的波动是总杠杆系数波动的主要原因，总杠杆系数有7期为负值，主要原因是商品经营盈利能力下降，成本费用的上升幅度超过了收入的上升幅度，导致商品经营利润下降、商品经营杠杆系数为负值。

（2）纺织、服装、皮毛制造企业商品经营与资本经营的风险协调分析

结合图5-3和表5-1、表5-2、表5-3、附录B的数据，可以得到以下结论。

①纺织、服装、皮毛制造企业总杠杆系数的分布比较分散，在（-26.0622,8.6079）之间波动。这是因为纺织、服装、皮毛制造企业不仅商品经营风险处于中等水平，而且资本经营风险较高，总杠杆系数的最小值竟然达到-26.0622，所以总体来说经营风险比较高。

②纺织、服装、皮毛制造企业商品经营风险与资本经营风险的协调状况很差。在2001年下半年至2010年下半年的19期中只有5期总杠杆系

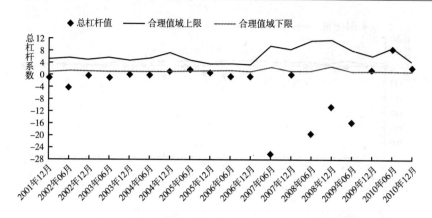

图5-3　纺织、服装、皮毛制造企业总杠杆系数的分布

数在合理值域范围内，有14期总杠杆系数低于合理值域下限，其中甚至有11期小于0。说明纺织、服装、皮毛制造企业商品经营与资本经营的杠杆作用发挥得不理想。

③商品经营的季节性和资本经营杠杆系数的波动是风险协调状况很差的主要原因。之所以总杠杆系数有11期负值，根据数据考察（见附录B）：一方面是由于纺织、服装、皮毛制造企业商品经营的季节性使其主营业务收入与商品经营利润变动的方向出现不一致，上半年主营业收入下降，商品经营利润却上升，下半年主营业收入上升，商品经营利润却下降；另一方面是由于资本经营杠杆系数的波动较大，最大值达到57.70149，最小值为-7.35476。

（3）木材、家具制造企业商品经营与资本经营的风险协调分析

结合图5-4和表5-1、表5-2、表5-3、附录B的数据，可以得到以下结论。

①木材、家具制造企业总杠杆系数的分布很分散，在（-233.4788，62.5341）之间波动。这是因为木材、家具制造企业的商品经营风险和资本经营风险都很高，总杠杆系数的最小值竟然达到-233.4788，所以总体来说经营风险很高。

②木材、家具制造企业商品经营风险与资本经营风险的协调状况较差。在2001年下半年至2010年下半年的19期中只有8期总杠杆系数在合理值域范围内，有2期总杠杆系数高于合理值域上限，有9期总杠杆系

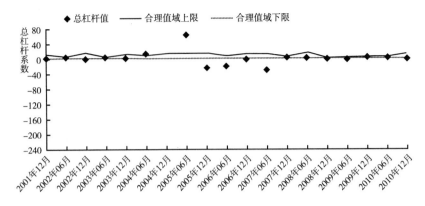

图 5 - 4　木材、家具制造企业总杠杆系数的分布

数低于合理值域下限，其中甚至有 8 期小于 0。说明木材、家具制造企业的商品经营与资本经营杠杆作用不仅没有得到有效发挥，而且创造价值的整体能力比较差。

③商品经营和资本经营的绩效不佳及波动较大是风险协调状况较差的主要原因。之所以总杠杆系数有 8 期负值，一方面是由于商品经营的盈利能力不强，成本费用控制不好，商品经营利润下降，商品经营杠杆系数有 7 期小于 0，而且波动幅度很大（ - 62.3077，30.2336）；另一方面是由于资本经营创造价值的能力不强，资本经营杠杆系数有 5 期小于 0，而且波动幅度也很大（ - 37.936，12.8465）。因此，在商品经营杠杆与资本经营杠杆的连锁传导反应下，木材家具制造企业有 13 期资本增值额在下降、萎缩，持续创造价值的能力很弱。

（4）造纸、印刷制造企业商品经营与资本经营的风险协调分析

结合图 5 - 5 和表 5 - 1、表 5 - 2、表 5 - 3、附录 B 的数据，可以得到以下结论。

①造纸、印刷制造企业的总杠杆系数，如果排除 2008 年上半年（211.1161）和 2010 年上半年（82.9727）的两个异常点，分布还算比较集中，在（ - 5.266，12.5849）之间波动。虽然造纸、印刷制造企业的资本经营风险不高，但商品经营风险却很高，总杠杆系数的两个异常点也是由商品经营杠杆系数异常所致，所以总体来说经营风险比较高。

②造纸、印刷制造企业商品经营风险与资本经营风险的协调状况较

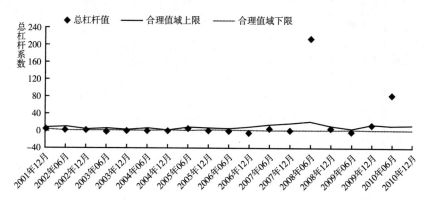

图5-5 造纸、印刷制造企业总杠杆系数的分布

差。在2001年下半年至2010年下半年的19期中只有8期总杠杆系数在合理值域范围内,有2期总杠杆系数高于合理值域上限,有9期总杠杆系数低于合理值域下限,其中甚至有7期小于0。说明造纸、印刷制造企业的商品经营与资本经营杠杆作用没有得到有效发挥。

③商品经营绩效的不佳和剧烈波动是风险协调状况较差的主要原因。之所以总杠杆系数有7期为负值,还有两期异常高,分别为82.9727和211.1161,原因就是商品经营的盈利能力不强,有9期商品经营利润下降,商品经营杠杆系数有6期小于0,而且波动幅度很大(-3.8074,100.7911)。商品经营盈利能力弱影响了企业的价值创造,有8期资本增值额在下降、萎缩。

(5)石油、化学、塑胶、塑料制造企业商品经营与资本经营风险协调分析

结合图5-6和表5-1、表5-2、表5-3、附录B的数据,可以得到以下结论。

①石油、化学、塑胶、塑料制造企业的总杠杆系数,如果排除2009年上半年的异常点36.2243,分布比较集中,在(-6.6722,7.5471)之间波动。石油、化学、塑胶、塑料制造企业的商品经营风险和资本经营风险都处于中等水平,所以总体来说经营风险处于中等水平。

②石油、化学、塑胶、塑料制造企业商品经营风险与资本经营风险的协调状况一般。在2001年下半年至2010年下半年的19期中有9期总杠杆系数

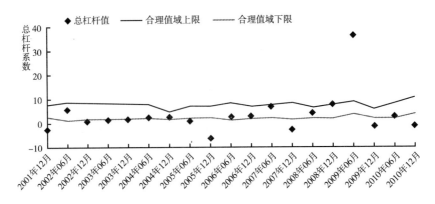

图 5-6　石油、化学、塑胶、塑料制造企业总杠杆系数的分布

在合理值域范围内，有 2 期总杠杆系数高于合理值域上限，有 8 期总杠杆系数低于合理值域下限，其中有 5 期小于 0。说明石油、化学、塑胶、塑料制造企业的商品经营与资本经营发挥了一定程度的杠杆作用，但不是特别充分。

③某些时期商品经营绩效波动下浮是总杠杆系数出现负值的主要原因。有 5 期主营业务收入在上升，而商品经营利润却在下降，商品经营利润的下降又导致了资本增值的下降。不过，总体来说，石油、化学、塑胶、塑料制造企业持续创造价值的能力较强。

（6）电子制造企业商品经营与资本经营的风险协调分析

结合图 5-7 和表 5-1、表 5-2、表 5-3、附录 B 的数据，可以得到以下结论。

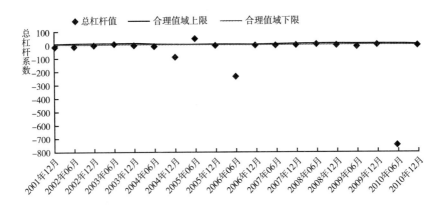

图 5-7　电子制造企业总杠杆系数的分布

①电子制造企业总杠杆系数的分布很分散，在（－751.2169，48.2415）之间波动。虽然电子制造企业的资本经营风险处于中等水平，但商品经营风险很高，总杠杆系数最低竟有－751.2169，是制造业所有行业中最低的，所以总的来说经营风险很高。

②电子制造企业商品经营风险与资本经营风险的协调状况很差。在2001年下半年至2010年下半年的19期中只有3期总杠杆系数在合理值域范围内，有16期总杠杆系数低于合理值域下限，其中有11期小于0。说明电子制造企业商品经营与资本经营的杠杆作用发挥得很不理想。

③商品经营和资本经营绩效不佳，以及商品经营状况的剧烈波动是风险协调状况很差的主要原因。之所以总杠杆系数有11期为负值，一方面是由于商品经营绩效不佳，多次市场销售份额下降，再加上盈利能力不强，导致商品经营利润有10期在下降，而且波动幅度很大；另一方面是由于资本经营创造价值的能力不强，资本经营杠杆系数有5期小于0。因此，在商品经营杠杆与资本经营杠杆的连锁传导作用下，电子制造企业有11期资本增值额在下降、萎缩。说明高风险严重影响着电子制造企业持续创造价值的能力。

（7）金属、非金属制造企业商品经营与资本经营的风险协调分析

结合图5－8和表5－1、表5－2、表5－3、附录B的数据，可以得到以下结论。

①金属、非金属制造企业的总杠杆系数分布比较集中，在（－4.9756，

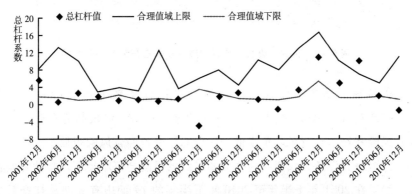

图5－8 金属、非金属制造企业总杠杆系数的分布

10.7959）之间波动。因为金属、非金属制造企业的商品经营风险和资本经营风险都很低，所以总的来说经营风险很低。

②金属、非金属制造企业商品经营风险与资本经营风险的协调状况比较好。在 2001 年下半年至 2010 年下半年的 19 期中有 12 期总杠杆系数在合理值域范围内，有 1 期总杠杆系数高于合理值域上限，有 6 期总杠杆系数低于合理值域下限，其中只有 3 期小于 0，而且波动幅度很小。说明金属、非金属制造企业的商品经营与资本经营发挥了较好的杠杆作用。

③个别时期商品经营盈利能力下降是总杠杆系数出现负值的主要原因。有 3 期主营业务收入在上升，而商品经营利润却在下降，商品经营利润的下降又引起了资本增值的下降，最终导致总杠杆系数为负。不过，总体来说，金属、非金属制造企业持续创造价值的能力较强。

（8）机械、设备、仪表制造企业商品经营与资本经营的风险协调分析

结合图 5 - 9 和表 5 - 1、表 5 - 2、表 5 - 3、附录 B 的数据，可以得到以下结论。

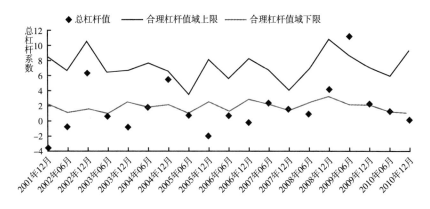

图 5 - 9　机械、设备、仪表制造企业总杠杆系数的分布图

①机械、设备、仪表制造企业的总杠杆系数分布比较集中，在（- 3.6577, 11.1303）之间波动。因为机械、设备、仪表制造企业的商品经营风险和资本经营风险都很低，所以总体来说经营风险很低。

②机械、设备、仪表制造企业商品经营风险与资本经营风险的协调状况一般。在 2001 年下半年至 2010 年下半年的 19 期中有 8 期总杠杆系数在合理值域范围内，有 1 期总杠杆系数高于合理值域上限，有 10 期总杠

杆系数低于合理值域下限，其中只有 5 期小于 0，而且波动幅度很小。说明机械、设备、仪表制造企业的商品经营与资本经营发挥了一定程度的杠杆作用，但不是特别充分。

③某些时期商品经营绩效不佳是总杠杆系数出现负值的主要原因。有 4 期主营业务收入在上升，而商品经营利润却在下降，商品经营利润下降引起的资本增值下降，最终导致总杠杆系数为负。总体来说，机械、设备、仪表制造企业经营风险低，持续创造价值的能力较强。

（9）医药、生物制品制造企业商品经营与资本经营的风险协调分析

结合图 5 – 10 和表 5 – 1、表 5 – 2、表 5 – 3、附录 B 的数据可以得到以下结论。

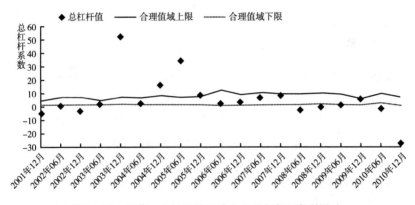

图 5 – 10　医药、生物制品制造企业总杠杆系数的分布

①医药、生物制品制造企业的总杠杆系数分布比较分散，在（– 27.8183，52.3414）之间波动。因为医药、生物制品制造企业的资本经营风险虽然处于中等水平，但商品经营风险较高，所以总的来说经营风险较高。

②医药、生物制品制造企业商品经营风险与资本经营风险的协调状况一般。在 2001 年下半年至 2010 年下半年的 19 期中有 8 期总杠杆系数在合理值域范围内，有 4 期总杠杆系数高于合理值域上限，有 7 期总杠杆系数低于合理值域下限，其中有 6 期小于 0。说明医药、生物制品制造企业的商品经营与资本经营的杠杆作用得到了发挥，甚至有 4 期杠杆作用太大，带来了较高的经营风险。

③商品经营杠杆系数的波动是总杠杆系数波动的主要原因，商品经营杠杆系数的波动幅度较大（－46.49，69.38），导致总杠杆系数有 4 期高于合理值域上限，有 7 期低于合理值域下限。说明商品经营风险对于医药、生物制品制造企业的价值创造有着重要影响。

（10）制造企业（包括所有行业）商品经营与资本经营的风险协调分析

结合图 5－11 和表 5－1、表 5－2、表 5－3、附录 B 的数据可以得到以下结论。

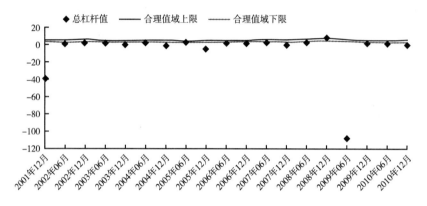

图 5－11　制造企业总杠杆系数的分布

①制造企业的总杠杆系数，如果排除 2001 年下半年和 2009 年上半年的两个异常点 －39.8077 和 －108.4293，分布比较集中，在（－4.8502，7.8307）之间波动。制造企业整体商品经营风险比较高、资本经营风险处于中等水平，所以总体来说经营风险较高。

②制造企业商品经营风险与资本经营风险的协调状况不理想。在 2001 年下半年至 2010 年下半年的 19 期中只有 1 期总杠杆系数在合理值域范围内，有 1 期总杠杆系数高于合理值域上限，有 17 期总杠杆系数低于合理值域下限，其中有 6 期小于 0。说明制造企业商品经营与资本经营的杠杆作用没有得到有效发挥。

③商品经营杠杆系数绩效波动下滑是总杠杆系数出现负值的主要原因。商品经营杠杆系数的波动幅度较大（－104.1142，5.2004），有 5 期主营业务收入在上升，而商品经营利润却在下降，从而导致资本增值下降。说明商品经营风险对于制造企业的价值创造有着重要影响。这也

证明了商品经营是企业实现资本保值与增值的基本途径，是企业经营的根本。

第五节　本章小结

本章根据商品经营和资本经营创造价值的特点和杠杆效应，结合我国会计实务，设计了商品经营杠杆系数和资本经营杠杆系数两个衡量经营风险的指标，并分析了两者的影响因素。通过计算商品经营杠杆系数和资本经营杠杆系数，评价分析了制造业企业及其各分行业企业商品经营风险与资本经营风险的大小。电子业、造纸印刷业、医药生物制品业和木材家具业商品经营风险较高，纺织服装皮毛业和木材家具业资本经营风险较高。制造企业整体商品经营风险较高、资本经营风险处于中等水平。通过测算总杠杆系数，并运用区间估计法确定总杠杆系数的合理值域，分析了制造业企业及其各分行业企业商品经营风险与资本经营风险的协调状况。结论是：风险协调比较好的是金属非金属制造企业；风险协调状况一般的是食品饮料制造企业、石油化学塑胶塑料制造企业、机械设备仪表制造企业、医药生物制品制造企业；风险协调较差的是造纸印刷制造企业和木材家具制造企业；风险协调很差的是纺织服装皮毛制造企业和电子制造企业；制造企业整体商品经营与资本经营的杠杆作用没有得到有效发挥。

第六章　宏观经济因素对制造企业
商品经营与资本经营
协调性的影响分析

　　企业微观经营必然会受到宏观经济因素变动的影响，为了揭示宏观经济因素对制造企业商品经营与资本经营协调性（包括价值协调和风险协调两个方面）的影响规律，本章基于 VAR 模型和 SVAR 模型，通过脉冲响应函数和方差分解，分析了经济波动、货币政策、行业景气度对制造业企业及其各分行业企业商品经营与资本经营协调度以及杠杆效应的影响。

第一节　经济波动对商品经营与资本经营
协调性的影响

一　经济波动对商品经营与资本经营协调度的影响

　　反映经济波动的指标有很多，本书选择了代表性比较强的宏观经济一致指数、股票综合指数和居民消费价格指数（见表 6 - 1）。

　　①宏观经济一致指数，来源于国家统计局的统计数据，反映了经济的基本走势，由工业生产、就业、社会需求（投资、消费、外贸）、社会收入（国家税收、企业利润、居民收入）4 个方面合成。由于指标变动轨迹在时间上和波动起伏上与经济波动轨迹基本一致，所以称作一致指数。本书用宏观经济一致指数来反映中国实体经济的发展变动情况。

②股票综合指数，本书是以成交量为权数对上证综合指数和深圳综合指数进行加权得到的，相关数据来源于国泰安数据库。本书用股票综合指数反映中国股市及虚拟经济的发展变动情况。

③居民消费价格指数，来源于国家统计局的统计数据，是根据与居民生活有关的产品及劳务价格统计出来的物价变动指标，是国际通用衡量一个国家通货膨胀水平的基础数据。

由于商品经营与资本经营静态协调度反映了商品经营系统与资本经营系统发展水平在某一时点的协调性，更能清楚揭示宏观经济因素变动对商品经营与资本经营即时协调状况的直接影响，所以本书在分析宏观经济因素变动对制造企业商品经营与资本经营协调度的影响时，采用的是静态协调度。

表 6 - 1 反映经济波动的指标数据

时 间 （年 - 月）	宏观经济一致指数 （YZ）	股票综合指数* （GZ）	居民消费价格指数 （JMX）
2001 - 06	95.8	667.647	101.1
2001 - 12	95.25	1200.549	100.7
2002 - 06	97.2	1360.498	99.2
2002 - 12	99.09	989.473	99.2
2003 - 06	99.46	1074.108	100.6
2003 - 12	101.03	1130.645	101.2
2004 - 06	101.86	973.3401	103.6
2004 - 12	100.53	884.3122	103.9
2005 - 06	100.63	751.4845	102.3
2005 - 12	101.04	837.0857	101.8
2006 - 06	101.64	1206.073	101.3
2006 - 12	101.3	2059.421	101.5
2007 - 06	102.48	2897.915	103.2
2007 - 12	103.1	4086.209	104.8
2008 - 06	103.4	2083.669	107.9
2008 - 12	97.6	1350.25	105.9
2009 - 06	95.9	2298.237	98.9
2009 - 12	102.1	2620.579	99.3
2010 - 06	102.6	1807.038	102.6
2010 - 12	102.8	2256.33	103.3

* 股票综合指数是指月底最后一个交易日的收盘指数，是通过对上证综合指数和深圳综合指数加权平均计算得到。

下面利用 Eviews7.0 建立 VAR 模型进行脉冲响应函数分析和方差分解时，分别用 CJ、$C0J$、$C1J$、$C2J$、$C3J$、$C4J$、$C5J$、$C6J$、$C7J$、$C8J$ 表示制造业（包括所有行业）、食品饮料业、纺织服装皮毛业、木材家具业、造纸印刷业、石油化学塑胶塑料业、电子业、金属非金属业、机械设备仪表业、医药生物制品业企业的商品经营与资本经营静态协调度（见表 4 - 12、表 4 - 17、表 4 - 21、表 4 - 25、表 4 - 29、表 4 - 33、表 4 - 37、表 4 - 41、表 4 - 45、表 4 - 49），用 $LnYZ$ 表示宏观经济一致指数的对数，用 $LnGZ$ 表示股票综合指数的对数，用 $LnJMX$ 表示居民消费价格指数的对数。

（1）方法介绍

第一步，建立各类制造业企业商品经营与资本经营静态协调度（$C0J$、$C1J$、$C2J$、$C3J$、$C4J$、$C5J$、$C6J$、$C7J$、$C8J$、CJ）与宏观经济一致指数对数（$LnYZ$）、股票综合指数对数（$LnGZ$）、居民消费价格指数对数（$LnJMX$）的 VAR 模型。

第二步，确定滞后阶数。根据 LR、FPE、AIC、SC、HQ 准则，判定 VAR 模型的滞后阶数。

第三步，进行 VAR 模型的平稳性检验。如果无特征根在单位圆外，表明 VAR 模型是平稳的，可以进行脉冲响应函数分析和方差分解。

第四步，脉冲响应函数分析。基于脉冲响应函数式，可以得到制造企业商品经营与资本经营静态协调度对各指标冲击的动态响应路径。

第五步，进行方差分解。分析各指标冲击对各类制造业企业商品经营与资本经营静态协调度的贡献率。

由于制造业行业比较多，影响因素也比较多，如果都分别将建模过程、确定滞后阶数、检验过程表述出来，占的篇幅太大，所以我们省略了第一步、第二步、第三步的具体表述，主要进行第四步脉冲响应函数和第五步方差分解的分析。而且为了便于比较分析，寻找规律，我们将不同制造行业企业商品经营与资本经营静态协调度的响应函数与方差分解放在一起进行比较分析。

需要说明的是：本章所有 VAR 模型都通过了平稳性检验，这通过图形的收敛性可以得到证明，为了精练文章，在此特作说明，后面不再重述。

（2）宏观经济一致指数对制造企业商品经营与资本经营静态协调度

的影响

　　从图 6-1 可以看出，给宏观经济一致指数一个正的冲击，除了电子

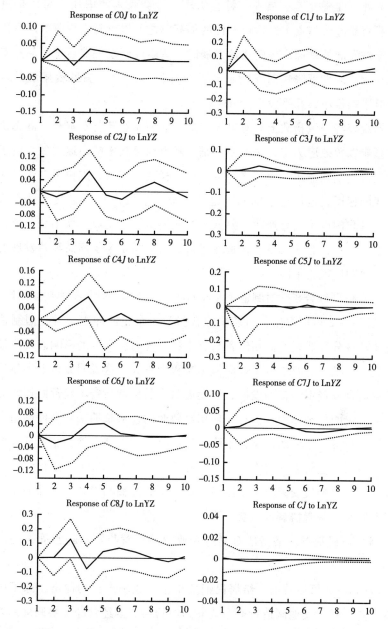

**图 6-1　宏观经济一致指数冲击引起制造企业商品经营与资本
经营静态协调度的响应函数**

制造企业，对其他制造行业企业商品经营与资本经营静态协调度的影响主要是正效应，即使有时波动出现负效应，影响程度都不大。这说明实体经济的发展（工业生产、就业、社会需求、社会收入的增加）可以促进制造企业商品经营与资本经营协调性的提高，之所以有时出现负效应是因为实体经济发展推动商品经营快速发展时，资本经营发展滞后于商品经营发展会导致协调性下降。对于制造企业整体协调度的影响虽然显示是负效应，但影响很小，几乎没有。

宏观经济一致指数上升对电子制造企业商品经营与资本经营静态协调度的影响以负效应为主，主要原因是：随着信息技术的高速发展，电子产品的生命周期在缩短，而实体经济发展、社会需求增长加快了电子产品更新换代的速度，这样也就加大了电子产业无形资产和固定资产投资的风险，而且我国电子信息产业主要处于产业链低端，企业规模小且分散，产业集中度不高，竞争力不强，资本经营的发展满足不了商品经营发展的需要时，协调度就会下降。

（3）股票综合指数对制造企业商品经营与资本经营静态协调度的影响

从图6-2可以看出，给股票综合指数一个正的冲击，对我国制造业企业及其各分行业企业商品经营与资本经营静态协调度的影响表现为显著的负效应，虽然有时也有正效应但影响程度不大。这说明股市上涨虽然会促进制造企业资本经营的发展，短期内对商品经营与资本经营协调性的提高起到一定的促进作用，但这个作用是暂时的，从长期来看会使制造企业商品经营与资本经营的协调性下降。原因是股市上涨会增加企业证券投资收益，吸引企业将更多资金用于资本经营投资、投到股市，这样有可能会导致商品经营的发展因资金供给不足而萎缩，当商品经营发展滞后于资本经营发展时，两者协调度就会下降。

（4）居民消费价格指数对制造企业商品经营与资本经营静态协调度的影响

从图6-3可以看出，给居民消费价格指数一个正的冲击，除了电子制造企业，对于其他制造行业企业商品经营与资本经营静态协调度的影响主要是正效应，虽然有时有负效应，但影响程度不大。这说明消费价格指数上涨有利于制造企业商品经营与资本经营协调性的提高，原因主要有两

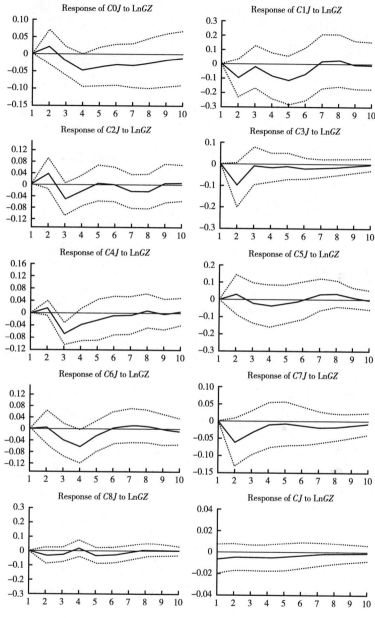

图 6 - 2 股票综合指数冲击引起制造企业商品经营与资本
经营静态协调度的响应函数

方面：一方面，原材料价格、人工成本、运输成本等上涨，虽然短期内会给商品经营带来不利的影响，使商品经营与资本经营的协调性下降，但在

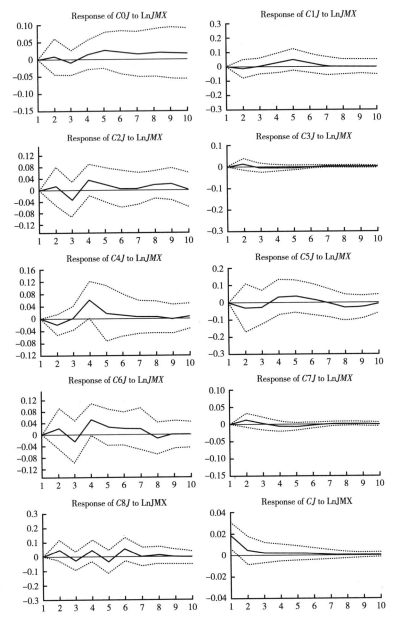

图 6 - 3　居民消费价格指数冲击引起制造企业商品经营与
资本经营静态协调度的响应函数

物价上涨的压力下企业可以通过直接提高产品价格、调整产品结构、改进技术工艺、内部挖潜控制费用等手段来对抗通胀，这些都有利于企业经营管理水平的提高，促进企业商品经营的发展；另一方面，居民消费价格指数上涨说明市场需求比较旺盛，有利于扩大企业销售量和销售收入，提高商品经营利润，吸引更多资金投入，促进企业资本经营的发展，提高商品经营与资本经营的协调度。从整个制造企业的脉冲响应函数来看，受居民消费价格指数冲击的影响也显示是正效应。

居民消费价格指数上升对电子制造企业商品经营与资本经营静态协调度的影响既有正效应也有负效应，且负效应较明显，主要原因是：一方面，随着科学技术的迅猛发展，电子产品的生命周期缩短，再加上市场竞争激烈，产品上市后价格下降的速度很快，居民消费价格指数上升会增加高端产品的销售收入，但对于提高中、低端产品的销售收入作用并不大，反而会使中低端产品的利润空间相对缩小；另一方面，物价上涨会引起原材料、人工成本、运输成本的增加，这些会给商品经营带来不利的影响，使商品经营与资本经营的协调性下降，但成本压力也可以促使企业改进技术工艺、挖掘潜力、提高管理水平，有利于商品经营的发展，提高商品经营与资本经营的协调度。

（5）经济波动对制造企业商品经营与资本经营静态协调度的影响

从图 6 - 4 可知，经济波动时，影响制造企业商品经营与资本经营静态协调度的主要经济因素会因行业不同而有所不同。就三个因素相比较而言，商品经营与资本经营静态协调度受宏观经济一致指数冲击影响较大的是与国民经济发展关联度很高的石油化学塑胶塑料制造企业和金属非金属制造企业；受股票综合指数影响较大的是食品饮料制造企业和医药生物制品制造企业；受居民消费价格指数影响大的是与居民消费密切相关的纺织服装皮毛制造企业、木材家具制造企业、造纸印刷制造企业、电子制造企业和机械设备仪表制造企业（不仅含家电生产，还为其他生产消费品的行业提供机械、设备、仪器）。从制造企业整体来看，协调度受居民消费价格指数的影响最大（累积贡献率在34%左右），受宏观经济一致指数的影响最小（累积贡献率不到1.4%，几乎没有影响）。

石油化学塑胶塑料制造企业和金属非金属制造企业商品经营与资本经营静态协调度受宏观经济一致指数影响大而受居民消费价格指数影响小的主要原因是：石油化工行业是我国国民经济支柱性产业，与我国经济发展

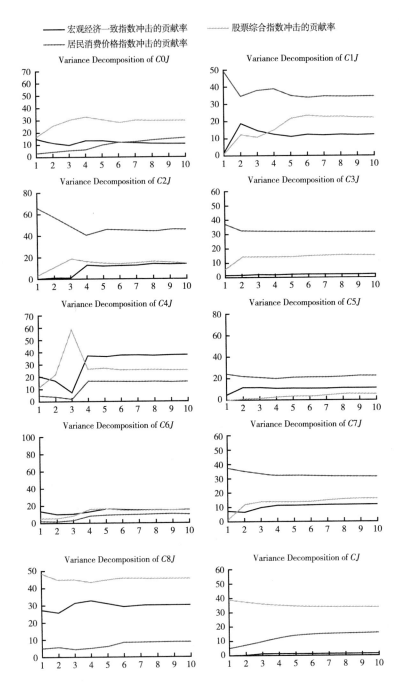

图 6－4 经济因素冲击对制造企业商品经营与资本经营
静态协调度的贡献率

的关联度很高，它的发展主要取决于国民经济的发展速度；同时有些石油
化工企业调整产品价格的能力很强，可以通过调整产品价格来缓解成本压
力，所以物价变动对它的影响不是很大。金属非金属制造企业不仅生产很
多产业必需的生产资料，与国民经济密切相关，而且很多产品甚至是战略
性物资，属于国家着力控制的资源性行业。

食品饮料制造企业和医药生物制品制造企业的商品经营与资本经营静
态协调度受居民消费价格指数和宏观经济一致指数影响相对较小的原因
是：食品饮料和医药是人们的生活必需品，对价格不敏感，需求价格弹性
小，与实体经济的关联度不大。因此，三个因素比较，股票综合指数的影
响反而显得比较大。

纺织服装皮毛制造企业、木材家具制造企业、造纸印刷制造企业、电
子制造企业、机械设备仪表制造企业商品经营与资本经营静态协调度受居
民消费价格指数影响相对比较大的主要原因是：这些制造企业都与居民消
费密切相关，既有生活日常用品，也有高档消费品，需求价格弹性比较
大，比如：服装、家具、电脑、家电等产品就经常通过降价来促销，以提
高市场占有率和销售收入。

不过从影响程度（累积贡献率＞20%）来看，影响制造企业商品经
营与资本经营静态协调度的主要经济因素又会有所差别（见表6－2）。像
医药生物制品制造企业，宏观经济一致指数虽然在三个因素中不是影响其
商品经营与资本经营协调性最大的因素，但由于它冲击的累积贡献率
29.93%＞20%，所以我们认为它也是影响医药生物制品制造企业商品经
营与资本经营协调性的主要因素。

表6－2　经济因素冲击对各类制造业企业商品经营与资本经营
静态协调度的贡献率排序

排序	宏观经济一致指数		股票综合指数		居民消费价格指数	
	行业	累积贡献率（%）	行业	累积贡献率（%）	行业	累积贡献率（%）
1	石油化学塑胶塑料	37.70	医药生物制品	45.39	木材家具	45.61
2	医药生物制品	29.93	食品饮料	29.43	纺织服装皮毛	34.30
3	金属非金属	14.74	石油化学塑胶塑料	25.28	造纸印刷	31.55
4	木材家具	14.12	纺织服装皮毛	21.94	机械设备仪表	31.20

续表

排序	宏观经济一致指数		股票综合指数		居民消费价格指数	
	行业	累积贡献率(%)	行业	累积贡献率(%)	行业	累积贡献率(%)
5	纺织服装皮毛	12.15	机械设备仪表	15.91	电子	22.42
6	机械设备仪表	11.48	造纸印刷	15.79	石油化学塑胶塑料	15.97
7	电子	10.94	木材家具	14.92	食品饮料	15.61
8	食品饮料	10.67	金属非金属	14.46	金属非金属	9.84
9	造纸印刷	2.25	电子	5.45	医药生物制品	8.53

二 经济波动对商品经营与资本经营杠杆效应的影响

建立 VAR 模型进行脉冲响应函数分析和方差分解时，为了便于行业区分和简单好理解，结合制造行业代码分别用 CG、$C0G$、$C1G$、$C2G$、$C3G$、$C4G$、$C5G$、$C6G$、$C7G$、$C8G$ 表示制造业（包括所有行业）、食品饮料业、纺织服装皮毛业、木材家具业、造纸印刷业、石油化学塑胶塑料业、电子业、金属非金属业、机械设备仪表业、医药生物制品业企业的商品经营杠杆系数（具体数据见表 5 - 1），分别用 CC、$C0C$、$C1C$、$C2C$、$C3C$、$C4C$、$C5C$、$C6C$、$C7C$、$C8C$ 表示相应制造行业企业的资本经营杠杆系数（具体数据见表 5 - 2），分别用 CT、$C0T$、$C1T$、$C2T$、$C3T$、$C4T$、$C5T$、$C6T$、$C7T$、$C8T$ 表示相应制造行业企业的总杠杆系数（具体数据见表 5 - 3）。考虑到企业商品经营杠杆系数主要会受到实体经济发展和物价变动的影响，而资本经营杠杆系数主要会受到股价变动的影响，所以建立 VAR 模型进行分析时，主要分析宏观经济一致指数和居民消费价格指数对商品经营杠杆系数的影响，及股票综合指数对资本经营杠杆系数的影响。

（1）经济波动对商品经营杠杆系数的影响

利用 Eviews7.0 建立 VAR 模型，进行脉冲响应函数分析。

从图 6 - 5 中可看出，给宏观经济一致指数一个正的冲击，对各制造行业企业商品经营杠杆系数的影响呈现波动状。这是因为：一方面，实体经济的发展，工业生产总值、就业、社会需求、社会收入的增加必然会扩大企业销售量，销售量的增加会降低商品经营杠杆系数，降低商品经营风

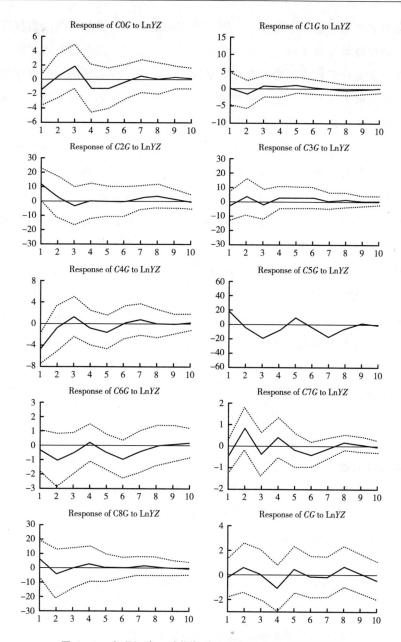

图 6 - 5 宏观经济一致指数冲击引起制造企业商品经营
杠杆系数的响应函数

险；另一方面，销售量的增加又会促使企业扩建厂房、增加机器设备，甚至企业为了提高产品竞争力、争夺更多的市场份额会加大研发成本，这些都会加大企业固定成本的投入，固定成本的上升又会提高商品经营杠杆系数，增加商品经营风险。因此，实体经济发展良好、社会需求增加时，制造企业商品经营杠杆系数的变化会呈现波形变化。在一定的生产规模范围内，固定成本不变时，随着销售量的增加，经营杠杆系数会下降，可当业务量超过企业的生产能力后，随着企业固定成本投入的加大，经营杠杆系数会上升，当企业形成新生产规模，固定成本不变后，随着销售量的增加，经营杠杆系数又会下降，循环往复，呈现出波形变动。

从图6-5中还可以看到，除了木材家具制造企业、造纸印刷制造企业和医药生物制品制造企业，其他类制造业企业的商品经营杠杆系数在宏观经济一致指数的冲击下负效应比较显著，这说明实体经济的发展、社会需求的增加，对降低制造企业商品经营风险有明显的促进作用。之所以宏观经济一致指数的冲击对木材家具制造企业、造纸印刷制造企业和医药生物制品制造企业商品经营杠杆系数的正效应更显著，可能是由于以下几点原因：①木材家具制造企业的生产周期比较长，特别是高档的实木家具，市场需求量的增加不能很快带动销售量的迅速增长，商品经营杠杆系数下降不明显。而且由于我国木材家具制造企业的规模普遍比较小，订单的增加一旦超过企业生产能力，就会促使企业扩大生产规模，而固定成本的增加会导致商品经营杠杆系数迅速上升。②造纸印刷制造企业是高能耗、高污染企业，随着实体经济的发展，国家对这些企业的环保要求也会越来越高。而环保成本的增加必然会增加固定成本，导致商品经营杠杆系数上升。所以，对于造纸印刷制造企业，销售量增加带来的商品经营杠杆系数下降的好处表现得不是特别明显。③医药生物制品制造企业是高技术企业，产品的研发成本投入比较大，研发周期也比较长，随着实体经济的发展、市场需求的增加，市场竞争也会日趋激烈，企业必须加大研发投入以提高产品的市场竞争力，这必然导致商品经营杠杆系数上升。因此宏观经济一致指数对医药生物制品制造企业的商品经营杠杆系数有负效应，但不是特别明显。

从图6-6可以看出，给居民消费价格指数一个正的冲击，除了医药、生物制品制造企业，对其他类制造业企业商品经营杠杆系数的影响都有正有负。从整个制造企业的脉冲响应函数来看，也呈现正负效应的波动。这

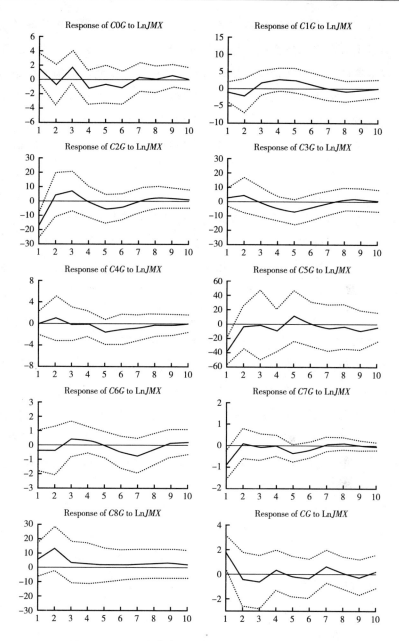

图 6-6　居民消费价格指数冲击引起制造企业商品经营杠杆系数的响应函数

是因为：一方面，消费价格指数上涨会提高产品售价，根据商品经营杠杆系数计算公式，会降低商品经营杠杆系数，降低商品经营风险；但另一方面，物价上涨又会推高原材料价格、人工成本等变动成本，导致商品经营杠杆系数上升，商品经营风险加大。所以究竟是正效应还是负效应，要看哪方面的影响大。而消费价格指数的冲击对医药、生物制品制造企业商品经营杠杆系数的影响都是正效应，可能是因为发改委对药品价格的不断调整以及挂网招标改革使药品价格持续走低，虽然居民消费价格涨了，但药品的出厂价却涨不起来，销售价不涨而原材料价格上涨，就会导致商品经营杠杆系数上升。

从图6-6中还可以看到，除了纺织服装皮毛制造企业、医药生物制品制造企业，其他类制造业企业的商品经营杠杆系数在居民消费价格指数的冲击下负效应相对比较显著，这说明居民消费价格的上涨，对降低制造企业商品经营风险有明显的促进作用，它可以缓解成本上涨的压力，维持企业的简单再生产。居民消费价格指数的冲击对纺织服装皮毛制造企业商品经营杠杆系数有负效应，但不是特别明显，原因可能是：从棉花价格到布料价格再到成衣价格，生产链原材料的价格具有传递性以及传递的滞后性，棉花价格的上涨会推动整个纺织、服装、皮毛制造业产品价格的上涨。高档名牌产品企业可以通过提高价格来缓解成本上涨的压力，但低档产品在我国纺织服装业过快发展、内部竞争恶化的状况下，产品价格反而会下滑，无法完全抵消原料价格、能源价格、劳动力成本上涨带来的负面影响，所以居民消费价格指数上涨对降低纺织服装皮毛制造企业商品经营杠杆系数的作用不是很明显。

（2）经济波动对资本经营杠杆系数的影响

建立制造企业资本经营杠杆系数（$C0C$、$C1C$、$C2C$、$C3C$、$C4C$、$C5C$、$C6C$、$C7C$、$C8C$、CC）与股票综合指数对数（LnGZ）的 VAR 模型，在通过模型平稳性检验之后，进行脉冲响应函数分析。进行脉冲响应函数分析的所有 VAR 模型都通过了平稳性检验，这从图形的收敛性可得到证明。

从图6-7中可以看到，给股票综合指数一个正的冲击，对各类制造业企业资本经营杠杆系数的影响主要是正效应，像对食品饮料制造企业、木材家具制造企业、金属非金属制造企业、机械设备仪表制造企业、医药生物制品制造企业几乎都是正效应，对其他类制造业企业虽然有时会有负

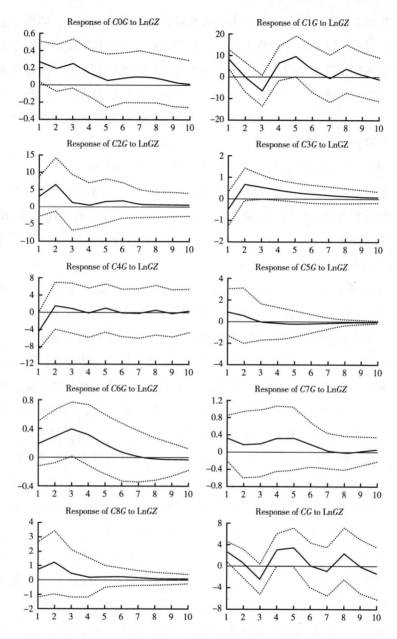

图 6 - 7　股票综合指数冲击引起制造企业资本经营
杠杆系数的响应函数

效应，但影响程度都不大。从整个制造企业来看，正效应也非常显著。这说明股市走强、股价上涨会加大制造企业资本经营的风险。虽然股市走强、股价上涨会增加企业的资本经营收益，但不确定性较大，如果企业资本运作得好，资本经营收益上升，资本经营杠杆系数会下降；如果企业资本运作不佳，资本经营收益下降，资本经营杠杆系数会上升。而且股市走强、股价上涨还会推高投资者的预期，造成股东权益资本成本上升，如果政府为了抑制股市泡沫，调高利率，还会导致债务资本成本上升，这些因素都会使资本经营杠杆系数上升，资本经营风险加大。

（3）经济波动对商品经营与资本经营总杠杆系数的影响

为了了解经济波动时，哪个经济因素对制造企业商品经营与资本经营总杠杆系数的影响比较大，更易导致总风险上升，我们通过建立 VAR 模型对各类制造业企业商品经营与资本经营的总杠杆系数进行了方差分解（见图 6-8）。

根据图 6-8 可知，经济波动时，影响制造企业商品经营与资本经营总杠杆系数的主要经济因素会因行业不同而有所不同。就三个因素相比较而言，受宏观经济一致指数冲击影响较大的是食品饮料制造企业、纺织服装皮毛制造企业、石油化学塑胶塑料制造企业、电子制造企业，受股票综合指数冲击影响较大的是造纸印刷制造企业、金属非金属制造企业、机械设备仪表制造企业、木材家具制造企业，受居民消费价格指数冲击影响较大的是医药生物制品制造企业。食品饮料、纺织服装皮毛、石油化学塑胶塑料、电子制造企业商品经营与资本经营总杠杆系数受宏观经济一致指数影响较大的原因是：食品饮料制造企业的需求价格弹性比较小，虽然与实体经济的关联度不是很大，但当实体经济繁荣时，市场需求扩大、销售收入增加会诱使企业将更多资金投向固定资产以扩大规模，固定成本增加会使商品经营杠杆作用加大；我国大多数纺织服装皮毛制造企业规模比较小，实体经济发展会增加销售，吸引更多资金流向该行业，行业竞争加剧，资本经营风险加大；石油化学塑胶塑料制造企业与国民经济发展的关联度很高，所以商品经营杠杆受实体经济影响较大；电子制造企业产品生命周期比较短，实体经济发展、社会需求增长会加快电子产品更新换代的速度，促使电子制造企业加大无形资产和固定资产投资，导致商品经营杠杆上升。

观察图 6-8，可知从影响程度（累积贡献率 > 20%）来看，影响制

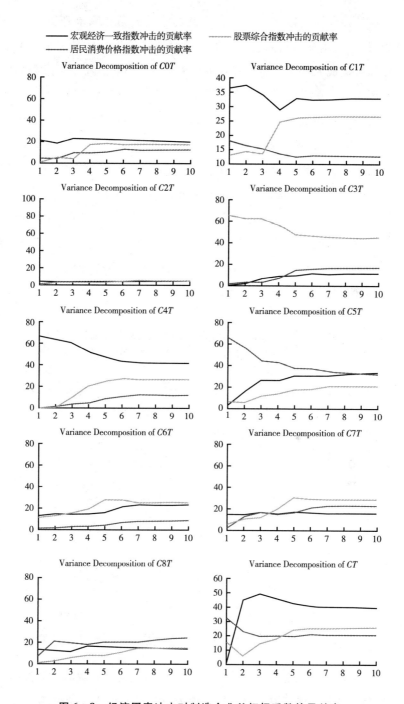

图 6 - 8 经济因素冲击对制造企业总杠杆系数的贡献率

造企业商品经营与资本经营总杠杆系数的主要经济因素有所差别（见表
6-3）。例如：木材家具制造企业虽然居民消费价格指数是三个因素中对
其总杠杆影响最大的，但累积方差贡献率却只有 5% 左右，所以影响作用
并不是很大。累积贡献率越大，说明制造企业商品经营与资本经营总风险
受该因素的影响越大。从整个制造企业总杠杆系数的方差分解数据（见
图 6-8 中 CT 的方差分解图）来看，三个因素的累积贡献率都超过了
20%，宏观经济一致指数累积贡献率为 39.62%，股票综合指数累积贡献
率为 26.01%，居民消费价格指数累积贡献率为 20.59%。说明这三个因
素对制造企业经营总风险的影响都很大，只是由于各类制造业企业经营特
点不同，所以影响有所差别。宏观经济一致指数对石油化学塑胶塑料制造
企业经营风险影响最大，股票综合指数对造纸印刷制造企业经营风险影响
最大，居民消费价格指数对电子制造企业经营风险影响最大。

表 6-3　经济因素冲击对各类制造业企业商品经营与
资本经营总杠杆系数的贡献率排序

单位：%

排序	宏观经济一致指数		股票综合指数		居民消费价格指数	
	行业	累积贡献率	行业	累积贡献率	行业	累积贡献率
1	石油化学塑胶塑料	41.76	造纸印刷	45.25	电子	31.98
2	电子	33.43	机械设备仪表	28.40	医药生物制品	24.03
3	纺织服装皮毛	32.74	石油化学塑胶塑料	26.64	机械设备仪表	22.61
4	金属非金属	23.01	纺织服装皮毛	26.54	造纸印刷	16.43
5	食品饮料	20.21	金属非金属	25.16	纺织服装皮毛	12.73
6	机械设备仪表	15.44	电子	21.21	石油化学塑胶塑料	12.38
7	医药生物制品	14.40	食品饮料	16.93	食品饮料	12.36
8	造纸印刷	11.54	医药生物制品	14.73	金属非金属	8.42
9	木材家具	4.50	木材家具	5.56	木材家具	5.04

三　经济波动对商品经营与资本经营协调性的影响规律

（1）经济波动对制造企业商品经营与资本经营协调度的影响规律
①实体经济发展可以促进制造企业商品经营与资本经营协调度的提高
因为实体经济的发展意味着工业生产总值的增加、就业的增加、社会

需求（投资、消费、外贸）的增加和社会收入（国家税收、企业利润、居民收入）的增加，这些都会推动制造企业商品经营的发展，商品经营收益的提高不仅会为企业资本经营提供更充裕的资金，而且会吸引更多社会资金流向制造企业，从而促进企业资本经营的发展，两者之间的协调度会因此得以提高。

②股市上涨会使制造企业商品经营与资本经营的协调度下降

股市上涨虽然会促进制造企业资本经营的发展，短期内对商品经营与资本经营协调度的提高起到一定的促进作用，但这个作用是暂时的，从长期来看会使制造企业商品经营与资本经营的协调度下降。原因是股市上涨会增加企业资本经营收益，而且速度比较快，吸引企业将更多资金用于资本经营投资，投到股市。资本经营的过度投资会导致商品经营的发展因资金供给不足而萎缩，当商品经营发展滞后于资本经营时，两者的协调度就会下降。

③居民消费价格指数上升有利于制造企业商品经营与资本经营协调度提高

因为在社会需求比较稳定时，居民消费价格的上涨可以提高制造企业的销售收入，实现制造企业的扩大再生产，促进制造企业商品经营和资本经营协调度的提高。虽然物价上涨也会导致原材料、人工成本、运输成本的上升，但这些不利因素企业可以通过直接提价、调整产品结构、内部挖潜控制费用等手段来克服，从长远来看有助于企业提高经营管理水平。

④经济波动时，制造企业商品经营与资本经营协调度的变动呈现波动状

这种现象从另一个侧面证明了系统的协调具有动态性和自组织性。

协调具有动态性。在协调的过程中，当外部条件发生变化时，旧的协调状态会被打破，不可避免地会出现两个子系统发展速度不一致所造成的暂时不协调或协调程度降低，但是这种暂时的不协调可能会对以后的进一步协调和两者持续、快速健康发展起推动和促进作用，两者的协调度又会提高。

协调具有自组织性。商品经营系统和资本经营系统都既是信息系统，又是反馈系统，因而具有系统识别、最优控制、自动控制以及自适应、自学习、自组织等功能。所以，当客观条件和外部环境发生变化，导致系统

或其子系统功能下降、效率降低时,系统或其子系统能够根据外部条件的变化自动调整其自身的结构或参数,以恢复自身原有的功能和效率。

⑤不同制造行业企业商品经营与资本经营协调度的主要经济影响因素不同

根据对 9 个制造行业企业商品经营与资本经营静态协调度的方差分解,可以发现不同制造行业企业商品经营与资本经营协调性的主要经济影响因素不同。依据方差分解结果(如图 6-4)可以总结得到表 6-4。

表 6-4　各类制造业企业商品经营与资本经营协调度的主要经济影响因素

	宏观经济一致指数	股票综合指数	居民消费价格指数
从三个因素相比较来看受影响大的制造企业	石油、化学、塑胶、塑料金属、非金属	食品、饮料医药、生物制品	纺织、服装、皮毛木材、家具造纸、印刷电子机械、设备、仪表
从影响程度大小(累积贡献率 > 20%)来看受影响大的制造企业	石油、化学、塑胶、塑料医药、生物制品	食品、饮料纺织、服装、皮毛石油、化学、塑胶、塑料医药、生物制品	纺织、服装、皮毛木材、家具造纸、印刷电子机械、设备、仪表

主要原因已在前面分析过,因此,经济波动时,制造企业要协调商品经营与资本经营,就须根据主要影响因素不同而采取不同的应对措施。

(2)经济波动对商品经营与资本经营杠杆效应的影响规律

①实体经济发展对制造企业商品经营杠杆系数的影响呈现波动状

实体经济的发展,工业生产总值、就业、社会需求、社会收入的增加必然会扩大企业销售量,在一定的生产规模范围内,固定成本不变时,销售量的增加会降低商品经营杠杆系数,降低商品经营风险。可当业务量超过企业的生产能力后,销售量的增加又会促使企业扩建厂房、增加机器设备和研发成本,随着企业固定成本投入的加大,商品经营杠杆系数会上升,当企业形成新生产规模,固定成本不变后,随着销售量的增加,商品经营杠杆系数又会下降。如此往复,呈现出波形变动。

②居民消费价格上涨对制造企业商品经营杠杆系数既有正效应也有负效应,总体而言负效应更显著

　　一方面，消费价格指数上涨会提高产品售价，降低商品经营杠杆系数，降低商品经营风险；但另一方面，物价上涨又会推高原材料价格、人工成本等变动成本，导致商品经营杠杆系数上升，商品经营风险加大。所以究竟是正效应还是负效应，要看哪方面的影响大。从数据分析结果来看，负效应更大，即居民消费价格指数上涨对降低制造企业商品经营杠杆系数和商品经营风险有促进作用，它可以缓解企业的成本压力，使企业维持简单再生产或实现扩大再生产。

　　③股市走强会加大制造企业资本经营风险

　　虽然股市走强、股价上涨会增加企业的资本经营收益，但不确定性较大。如果企业资本运作得好，资本经营收益上升，资本经营杠杆系数和资本经营风险会下降；如果企业资本运作不佳，资本经营收益下降，资本经营杠杆系数和资本经营风险会上升。而且在股市走强、股价上涨的情况下，所有者的预期报酬率会上升，造成股权资本成本上升，并且政府有时为了抑制股市泡沫，还会调高利率，导致债务资本成本上升。资本成本上升会使资本经营杠杆系数上升，资本经营风险加大。

　　④不同制造行业企业商品经营与资本经营总杠杆系数的主要经济影响因素不同

　　根据方差分解（图6-8），可以发现不同制造行业企业商品经营与资本经营总杠杆系数的主要经济影响因素不同（见表6-5）。

表6-5　各类制造业企业商品经营与资本经营总杠杆系数的主要经济影响因素

	宏观经济一致指数	股票综合指数	居民消费价格指数
从三个因素相比较来看受影响大的制造企业	食品、饮料 纺织、服装、皮毛 石油、化学、塑胶、塑料 电子	造纸、印刷 金属、非金属 机械、设备、仪表 木材、家具	医药、生物制品
从影响程度大小（累积贡献率＞20%）来看受影响大的制造企业	食品、饮料 纺织、服装、皮毛 石油、化学、塑胶、塑料 电子 金属、非金属	纺织、服装、皮毛 造纸、印刷 石油、化学、塑胶、塑料 电子 金属、非金属 机械、设备、仪表	电子 机械、设备、仪表 医药、生物制品

从表 6 - 5 中可以看出，从不同角度来看，结果有较大差异。因为有些经济因素虽然在三个因素中是主要影响因素，但累积贡献率达不到20%，所以对制造企业商品经营与资本经营总杠杆系数的影响程度不是特别大；有些经济因素虽然在三个因素中不是主要影响因素，但累积贡献率超过了20%，所以对制造企业商品经营与资本经营总杠杆系数的影响程度还是比较大的。因此，经济波动时，各类制造业企业可以根据影响自身商品经营与资本经营总杠杆系数的主要经济因素及其影响程度，采取相应对策协调控制企业经营的总风险。

第二节 货币政策对商品经营与资本经营协调性的影响

一 货币政策对商品经营与资本经营协调度的影响

本书选择金融机构人民币一年期贷款基准利率和人民币对美元汇率来反映国家的货币政策（见表 6 - 6）。因为利率和汇率是国家货币政策的重要组成部分，对国家宏观经济发展起着决定性作用：①利率政策是政府货币政策实施的主要手段之一，中国人民银行根据货币政策实施的需要，适时运用利率工具，对利率水平和利率结构进行调整，进而影响社会资金供求状况，实现货币政策的既定目标。②汇率政策是指政府为达到一定的目的，通过金融法令的颁布、政策的规定或措施的推行，把本国货币和外国货币比价确定或控制在适度的水平而采取的政策手段，政府可以通过汇率变动影响国际贸易，平衡国际收支。

表 6 - 6　反映货币政策变动的指标数据

时 间 （年 - 月 - 日）	一年期贷款基准利率	人民币对美元汇率
2001 - 06 - 30	5.85	8.277
2001 - 12 - 31	5.85	8.2766
2002 - 06 - 30	5.31	8.2771
2002 - 12 - 31	5.31	8.2773

续表

时 间 （年 – 月 – 日）	一年期贷款基准利率	人民币对美元汇率
2003 – 06 – 30	5.31	8.2774
2003 – 12 – 31	5.31	8.2767
2004 – 06 – 30	5.31	8.2766
2004 – 12 – 31	5.58	8.2765
2005 – 06 – 30	5.58	8.2765
2005 – 12 – 31	5.58	8.0709
2006 – 06 – 30	5.85	7.9956
2006 – 12 – 31	6.12	7.8087
2007 – 06 – 30	6.57	7.6155
2007 – 12 – 31	7.47	7.3046
2008 – 06 – 30	7.47	6.8591
2008 – 12 – 31	5.31	6.8346
2009 – 06 – 30	5.31	6.8319
2009 – 12 – 31	5.31	6.8282
2010 – 06 – 30	5.31	6.7909
2010 – 12 – 31	5.81	6.6227

注：人民币对美元汇率是指月底最后一个交易日的数据。

下面建立 VAR 模型进行脉冲响应函数分析和方差分解时，用 IR 表示金融机构人民币一年期贷款基准利率，用 ER 表示人民币对美元汇率。由于一年期贷款利率（IR）和人民币对美元汇率（ER）是非平稳序列，所以在建立 VAR 模型之前，首先对它们进行了差分，得到利率和汇率的差分序列 ΔIR 和 ΔER，然后将各行业制造企业商品经营与资本经营的静态协调度与 ΔIR、ΔER 建立 VAR 模型，模型通过平稳检验后，再进行脉冲响应函数分析和方差分解。

（1）利率变动对制造企业商品经营与资本经营协调度的影响

利用 Eviews7.0 建立各类制造业企业商品经营与资本经营静态协调度（$C0J$、$C1J$、$C2J$、$C3J$、$C4J$、$C5J$、$C6J$、$C7J$、$C8J$、CJ）与贷款利率差分序列（ΔIR）的 VAR 模型，在通过模型平稳性检验之后，进行脉冲响应函数分析（见图 6 – 9）。

从图 6 – 9 中可以看出，给利率一个正的冲击，对各类制造业企业的商品经营与资本经营静态协调度既有正的影响，也有负的影响。这是因为：一方

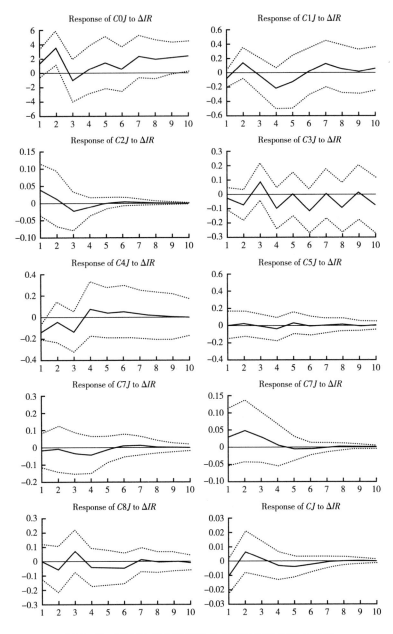

图 6 - 9　利率冲击引起制造企业商品经营与资本经营
静态协调度的响应函数

面，利率的提高，不仅会加大制造企业的融资成本，引导人们将闲余的现款
存到银行，导致证券市场的资金流动性减少，股价下降，资本经营收益减少，

而且会抑制社会需求，影响企业商品经营绩效，从而商品经营与资本经营的协调度下降；而另一方面，利率提高可以抑制制造企业的盲目投资扩张，尤其会给优势企业进一步扩大融资带来新机遇，在货币政策紧缩时，银行在减少劣势企业贷款的同时，必然会加大对优势企业投放贷款的力度，这样优势企业可以以扩张规模带来的效益弥补由加息带来的成本支出，这样又可以使制造企业商品经营与资本经营的协调性提高。所以，利率的上升对制造企业商品经营与资本经营静态协调度既有正的影响，也有负的影响。

从图 6-9 中还可以看到，除了电子制造企业和机械设备仪表制造企业，其他类制造业企业商品经营与资本经营静态协调度受利率上升冲击的负效应更显著。从整个制造企业的脉冲响应函数来看，也是负效应显著。电子制造企业商品经营与资本经营的协调度受利率影响比较小，原因可能是电子制造企业是高技术型企业，无形资产占的比重比较大，这类企业经营风险大，难以取得贷款，所以负债率偏低，债务少，受利率的影响也就小。机械设备仪表制造企业商品经营与资本经营静态协调度受利率上升冲击的正效应比负效应大，原因可能是我国机械设备、仪表制造企业的发展态势大多比较良好，实力比较强，规模比较大，所以利率上升给他们带来的负效应不大，反而会促使企业优化资源配置、挖掘潜力、提高资金使用效益。

（2）汇率变动对制造企业商品经营与资本经营协调度的影响

建立静态协调度与汇率差分序列（ΔER）的 VAR 模型。

从图 6-10 可以看出，给汇率一个正的冲击，对各类制造业企业商品经营与资本经营静态协调度既有正的影响，也有负的影响，但是从长期看正效应更显著。从整个制造企业的脉冲响应函数来看，也是显著的正效应。这是因为：一方面，汇率上升、人民币升值对企业引进技术、设备，进口原材料、元器件是有利的，特别是在国际石油、矿产品等资源性产品价格不断上涨的情况下，可以降低企业进口成本；而另一方面，对出口企业以及生产国外同类产品的企业来说，人民币升值会带来更大的竞争压力，短期内可能会给一些竞争力较弱的企业的经营带来较大困难，从长期来看，有利于促使企业转变经营机制，增强自主创新能力，加快外贸增长方式转变和结构调整。

（3）影响制造企业商品经营与资本经营协调度的主要货币政策

从图 6-11 中可以看出，就利率和汇率两个因素比较而言，木材家具

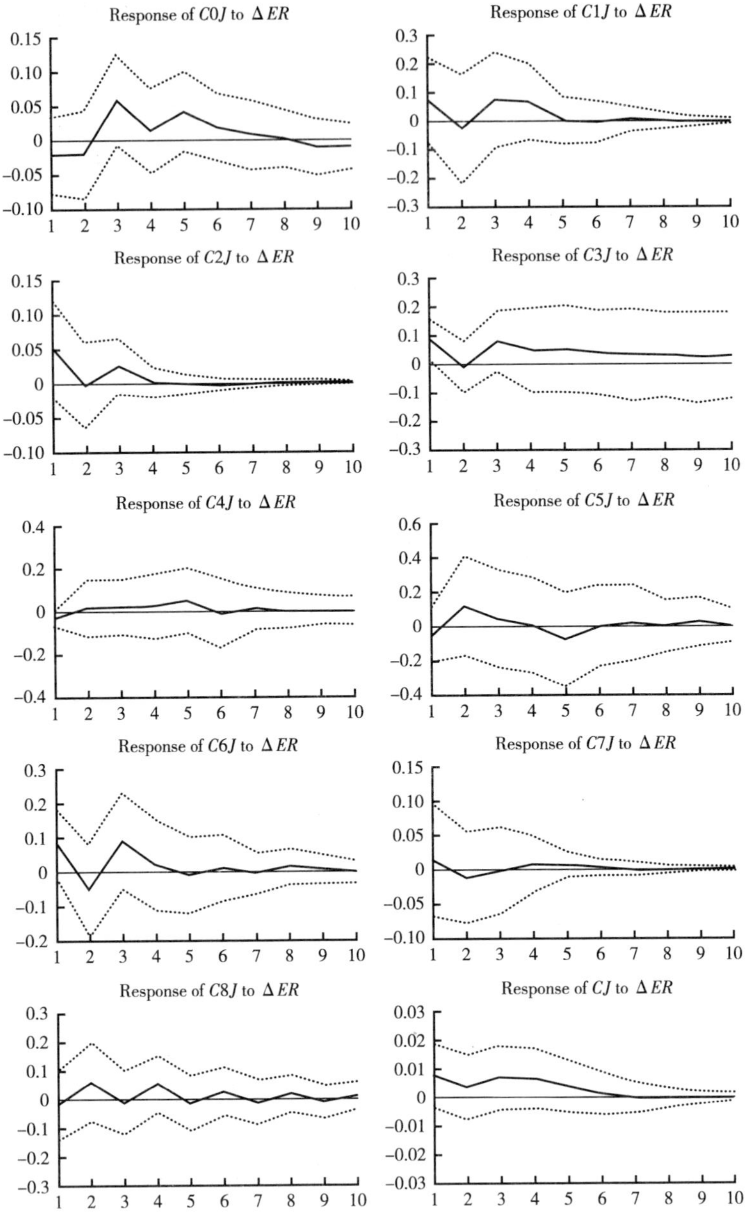

Response of C0J to ΔER

Response of C1J to ΔER

Response of C2J to ΔER

Response of C3J to ΔER

Response of C4J to ΔER

Response of C5J to ΔER

Response of C6J to ΔER

Response of C7J to ΔER

Response of C8J to ΔER

Response of CJ to ΔER

图 6 - 10   汇率冲击引起制造企业商品经营与资本经营
静态协调度的响应函数

制造企业、电子制造企业、金属非金属制造企业商品经营与资本经营的协调度受汇率冲击的影响相对比较大，而其他类制造业企业商品经营与资本

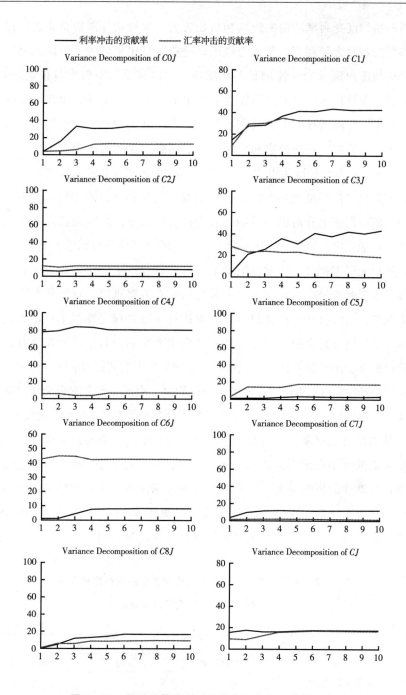

图6-11　货币政策冲击对制造企业商品经营与资本
经营静态协调度的贡献率

经营的协调度受利率冲击的影响相对比较大。木材家具制造企业之所以受汇率影响相对大于利率，是因为进出口企业贸易比重较大。中国木材资源的供应与国内需求的快速增长不相适应，木制品业的原料大量依赖进口，而且我国家具行业出口值占销售总额的比重一直超过30%，出口范围除美国、日本、欧洲世界三大家具市场外，还发展到了印度、巴基斯坦及东南亚、中东、非洲等一些国家和地区。电子制造企业之所以受汇率影响相对大于利率，一方面是因为电子信息产业是我国出口创汇最大的支柱产业之一，产业出口依存度达到62.5%，加上我国出口的产品附加值低，降价空间小，所以汇率上升对出口影响比较大；另一方面，是因为我国电子信息产业来料加工出口贸易的比例非常大，为了满足产品整机组装制造的需要，必须进口大量零部件，因此，汇率上涨也会对其产生一定的影响。而对于金属非金属制造企业，钢铁企业大量的铁矿石需要进口，对外依存度达到50%左右，人民币升值将会相对降低钢铁行业原材料采购成本；还有完全国际化定价的有色金属，汇率变动对其有很大影响，如中国大部分有色金属原材料或上游产品氧化铝、铜精矿、铅锌精矿等需要进口，人民币升值使企业原材料成本得到不同程度降低，与此同时，中国大部分有色金属（除铜和镍外）出口均占相当比重，人民币升值将抑制产品出口或减少外销收入。

从累积贡献率来看，各行业商品经营与资本经营静态协调度受利率和汇率影响的大小有所不同，如表6-7。利率对石油化学塑胶塑料制造企业静态协调度的影响最大，汇率对金属非金属制造企业静态协调度的影响最大。从整个制造企业的方差分解数据（见图6-11中CJ方差分解图）来看，静态协调度受利率和汇率的影响都没有超过20%。

表6-7　货币政策冲击对各类制造业企业商品经营与资本经营静态协调度的贡献率排序

单位：%

排序	利率		汇率	
	行业	累积贡献率	行业	累积贡献率
1	石油化学塑胶塑料	80.25	金属非金属	42.44
2	造纸印刷	43.18	纺织服装皮毛	32.20
3	纺织服装皮毛	42.92	造纸印刷	18.60

续表

排序	利率		汇率	
	行业	累积贡献率	行业	累积贡献率
4	食品饮料	33.05	电子	16.77
5	医药生物制品	16.27	食品饮料	12.77
6	机械设备仪表	11.06	木材家具	11.54
7	金属非金属	7.95	医药生物制品	9.01
8	木材家具	7.68	石油化学塑胶塑料	6.75
9	电子	2.29	机械设备仪表	1.14

二　货币政策对商品经营与资本经营杠杆效应的影响

考虑到企业商品经营杠杆系数主要会受到汇率变动的影响，而资本经营杠杆系数主要会受到利率变动的影响，所以建立 VAR 模型进行分析时，主要分析汇率对商品经营杠杆系数的影响，利率对资本经营杠杆系数的影响。

（1）汇率对商品经营杠杆系数的影响

利用 Eviews7.0 建立各类制造业企业商品经营杠杆系数（$C0G$、$C1G$、$C2G$、$C3G$、$C4G$、$C5G$、$C6G$、$C7G$、$C8G$、CG）与汇率差分序列（ΔER）的 VAR 模型。

从图 6-12 中可以看出，给汇率一个正的冲击，对各类制造业企业商品经营杠杆系数既有正的影响，也有负的影响。从整个制造企业的脉冲响应函数来看，汇率冲击对商品经营杠杆系数的影响，也是既有正效应，又有负效应。这是因为：一方面，人民币升值会使出口产品在国外市场的价格提高，销售量下降，对于出口价格弹性低的商品，出口收入将会增加，但是对于出口价格弹性高的商品，出口收入将会减少，也就是说，产品价格提高会使制造企业商品经营杠杆系数下降、商品经营风险减小，但同时，销售量下降又会使制造企业商品经营杠杆系数上升、商品经营风险加大，结果如何要看出口产品在国际市场上的竞争能力，价格上涨后对销售量减少会产生多大影响，它们对商品经营杠杆系数哪个作用程度更大；另一方面，对于进口生产要素的行业，人民币升值会使企业引进技术、设备、进口原材料、元器件的价格下降，从而降低企业变动成本和固定成

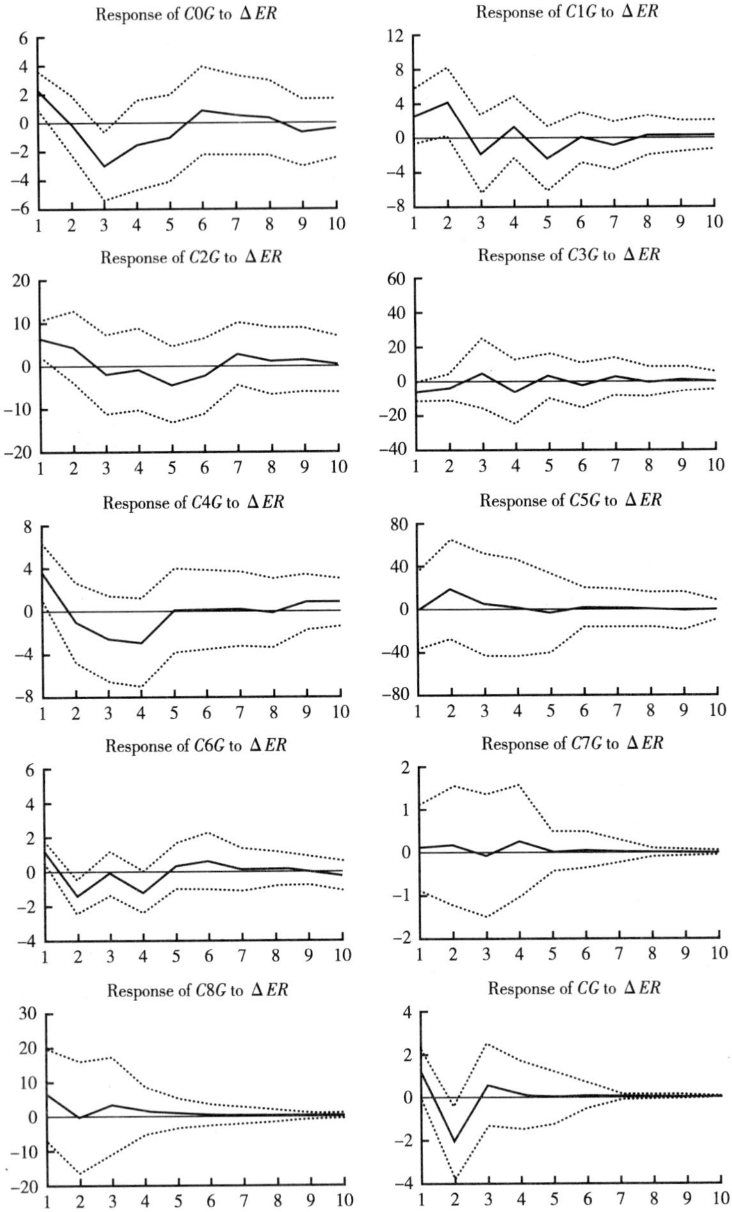

图 6 – 12 汇率冲击引起各类制造业企业商品经营
杠杆系数的响应函数

本，降低商品经营杠杆系数和商品经营风险，但是对于进口替代性行业，
人民币升值带来的进口产品价格下降，会对国内同类产品带来冲击，尤其

是那些在技术含量、品牌以及质量等方面与世界先进水平还有距离的产品，必将使其国内市场价格和市场份额下降，导致商品经营杠杆系数上升、商品经营风险加大。

从图 6 - 12 中还可以看到，汇率冲击对制造企业商品经营杠杆系数的正效应非常显著的是：电子、机械设备仪表、医药生物制品制造企业。因为我国大多数电子出口产品的附加值低、机械出口产品的技术含量不高，降价空间小，汇率上升会使其在国际上的竞争力减弱，而且电子业和机械设备仪表业是进口替代性行业，人民币升值会冲击那些技术含量不高、品牌及质量还达不到世界先进水平的产品，使其国内市场价格和市场份额下降，商品经营风险加大。而对于医药生物制品制造企业，占了出口贸易额一半的化学原料药，原料来自国内，产成品却大量出口，人民币升值必然会降低其竞争力，而且国外新特药进口价格的下降，必然会压缩化学制剂药和生物药品国内的盈利空间。

（2）利率对资本经营杠杆系数的影响

利用 Eviews7.0 建立各类制造业企业资本经营杠杆系数（$C0C$、$C1C$、$C2C$、$C3C$、$C4C$、$C5C$、$C6C$、$C7C$、$C8C$、CC）与贷款利率差分序列（ΔIR）的 VAR 模型。在通过模型平稳性检验之后，进行脉冲响应函数分析（见图 6 - 13）。

从图 6 - 13 中可以看出，给利率一个正的冲击，对各类制造业企业资本经营杠杆系数的影响主要是正效应，即利率上升会使制造企业资本经营杠杆系数上升，资本经营风险加大。因为：一方面，利率提高，不仅会加大制造企业的债务融资成本，而且会推高股东投资的必要回报率，使股东权益资本成本加大，资本经营杠杆系数上升，资本经营风险增加；另一方面，利率提高会引导人们将闲余现款存入银行，导致证券市场的资金流动性减少，股价下降，资本经营收益减少，从而资本经营杠杆系数上升，资本经营风险增加。

（3）货币政策对商品经营与资本经营总杠杆系数的影响

为了了解哪个货币政策对各类制造业企业商品经营与资本经营总杠杆系数的影响较大，更易导致总风险上升，我们通过建立 VAR 模型对制造企业商品经营与资本经营的总杠杆系数进行了方差分解（见图 6 - 14）。

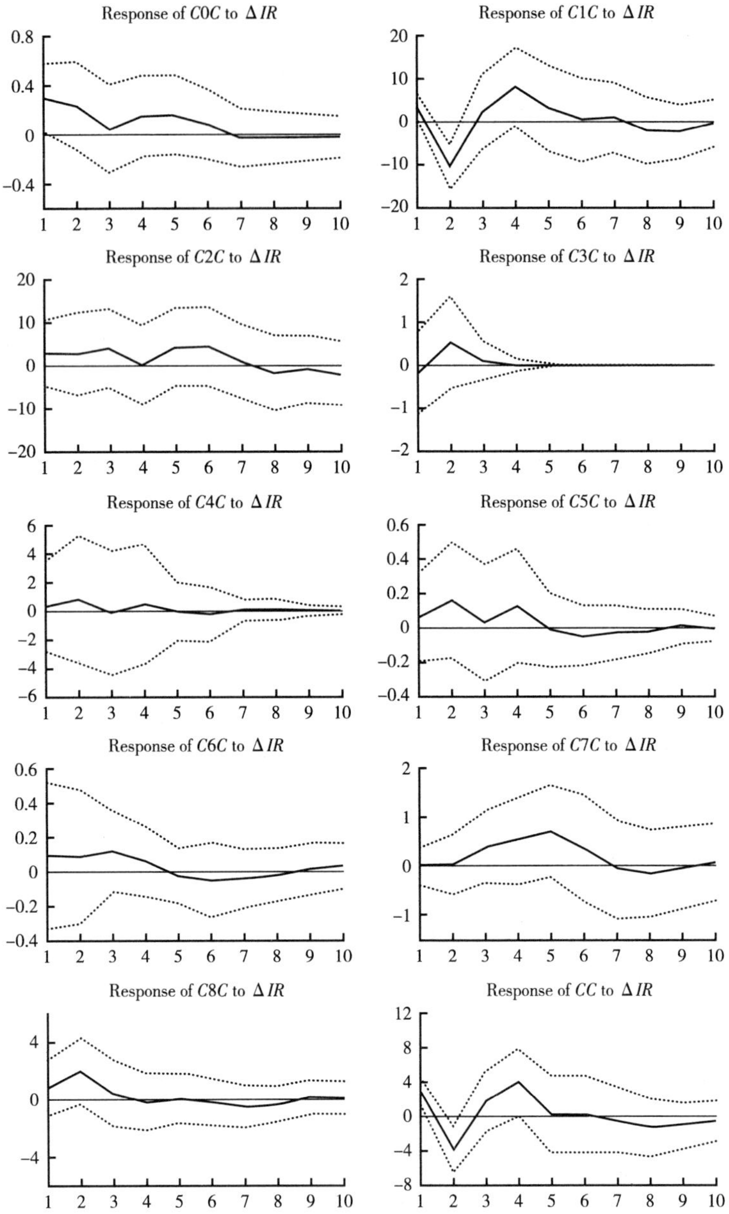

图 6-13　利率冲击引起制造企业资本经营杠杆系数的
响应函数

从图 6-14 中可以看出，就利率和汇率两个因素比较而言，木材
家具制造企业、电子制造企业、医药生物制品制造企业商品经营与资

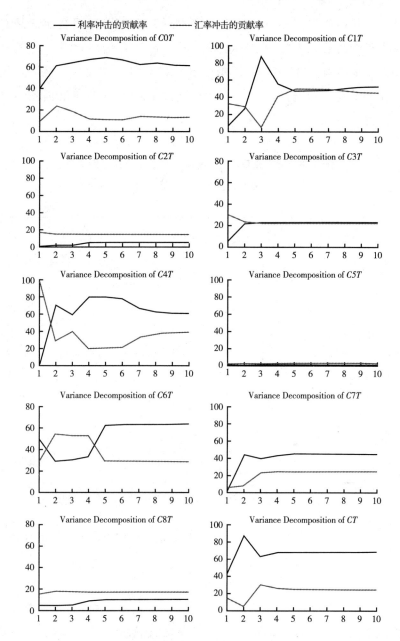

图 6 - 14　货币政策冲击对制造企业商品经营与资本
经营总杠杆系数的贡献率

本经营的总杠杆系数受汇率冲击的影响相对比较大，而其他行业制造
企业商品经营与资本经营的总杠杆系数受利率冲击的影响相对比较大。

但从累积贡献率看（表6-8），汇率对这三个行业制造企业商品经营与资本经营总杠杆系数冲击的累积贡献率都没有超过20%，尤其是电子制造企业只有2.34%。这说明虽然与利率相比较而言，汇率是影响这三类制造业企业商品经营与资本经营总杠杆系数的主要因素，但影响程度并不是太大。

表6-8　货币政策冲击对各类制造业企业商品经营与

资本经营总杠杆系数的贡献率排序

单位：%

排序	利率		汇率	
	行业	累积贡献率	行业	累积贡献率
1	金属非金属	63.23	纺织服装皮毛	44.99
2	食品饮料	61.25	石油化学塑胶塑料	38.66
3	石油化学塑胶塑料	60.62	金属非金属	29.07
4	纺织服装皮毛	52.34	机械设备仪表	24.26
5	机械设备仪表	44.73	造纸印刷	22.13
6	造纸印刷	22.90	医药生物制品	17.25
7	医药生物制品	10.52	木材家具	14.43
8	木材家具	5.04	食品饮料	13.23
9	电子	0.61	电子	2.34

三　货币政策对商品经营与资本经营协调性的影响规律

（1）货币政策对制造企业商品经营与资本经营协调度的影响规律

①利率上升对制造企业商品经营与资本经营协调度的影响既有正效应也有负效应，总体而言负效应更显著

一方面，利率提高不仅会加大制造企业的融资成本，减少证券市场的资金流动性，引起股价下降，导致企业资本经营收益减少，而且会抑制社会需求，影响企业商品经营绩效，从而使商品经营与资本经营的协调度下降；而另一方面，利率提高可以抑制制造企业盲目投资扩张，尤其会对优势企业进一步扩大融资带来新机遇，优势企业可以以扩张规模带来的效益弥补由加息带来的成本支出，从而使商品经营与资本经营的协调性提高。

所以，究竟是正效应还是负效应，要看制造企业的投融资能力和整体实力。从数据上看，负效应更大，说明利率提高会使制造企业商品经营与资本经营的协调性下降。

②汇率上升有利于制造企业商品经营与资本经营协调度的提高

一方面，人民币升值有利于企业引进技术、设备，进口原材料、元器件，降低企业进口成本；另一方面，虽然短期内人民币升值对出口企业以及生产国外同类产品的企业会带来更大的竞争压力，但从长期来看，有利于促使制造企业转变经营机制，增强自主创新能力，加快外贸增长方式转变和结构调整。

③货币政策变动时，制造企业商品经营与资本经营协调度变动呈现波动状

说明系统的协调具有动态性和自组织性。这个规律在上节已分析过，这里不再重述。

④不同制造行业企业商品经营与资本经营协调度受货币政策影响的主要因素不同

根据对 9 个制造行业企业商品经营与资本经营静态协调度的方差分解，可以发现不同制造行业企业商品经营与资本经营协调度受货币政策影响的主要因素不同。依据方差分解结果（见图 6 – 11）可以总结得到表 6 – 9。

表 6 – 9　制造企业商品经营与资本经营协调度的主要货币政策影响因素

	利率	汇率
从两个因素相比较来看受影响大的制造企业	食品、饮料 纺织、服装、皮毛 造纸、印刷 石油、化学、塑胶、塑料 机械、设备、仪表 医药、生物制品	木材、家具 电子 金属、非金属
从影响程度大小（累积贡献率 > 20%）来看受影响大的制造企业	食品、饮料 纺织、服装、皮毛 造纸、印刷 石油、化学、塑胶、塑料	纺织、服装、皮毛 金属、非金属

从表 6－9 中可以发现，受汇率影响比较大的都是一些进出口贸易比重较大的木材家具制造企业、纺织服装皮毛制造企业、电子制造企业和金属非金属制造企业。虽然汇率对纺织服装皮毛制造企业的影响不如利率，但累积贡献率也达到了 32.5%，说明出口依存度达 50% 的纺织服装皮毛制造企业受汇率的影响也非常大。不同制造行业企业在协调商品经营与资本经营时，可以根据主要影响因素不同而采取不同的应对措施。

（2）货币政策对制造企业商品经营与资本经营杠杆效应的影响规律

①汇率上升对各类制造业企业商品经营杠杆系数的影响既有正效应、也有负效应

一方面，人民币升值会使出口产品在国外市场的价格提高，销售量下降，产品价格提高会使制造企业商品经营杠杆系数下降、商品经营风险减小，但同时，销售量下降又会使制造企业商品经营杠杆系数上升、商品经营风险加大，结果如何要看出口产品在国际市场上的竞争能力和价格需求弹性的大小；另一方面，人民币升值会使企业引进技术、设备，进口原材料、元器件的价格下降，从而降低企业变动成本和固定成本，降低商品经营杠杆系数和商品经营风险，但是对于进口替代性行业，人民币升值带来的进口产品价格下降，会冲击国内同类产品的国内市场价格和市场份额，导致其商品经营杠杆系数上升、商品经营风险加大。

②利率上升会加大制造企业资本经营风险

利率提高一方面不仅会加大制造企业的债务融资成本，而且会推高股东投资必要回报率，增加股权资本成本，资本经营杠杆系数上升、资本经营风险增加；另一方面，会导致证券市场的资金流动性减少，股价下降，资本经营收益减少，从而资本经营杠杆系数上升、资本经营风险增加。

③不同制造行业企业商品经营与资本经营总杠杆系数受货币政策影响的主要因素不同

根据对 9 个制造行业企业商品经营与资本经营总杠杆系数的方差分解，可以发现不同制造行业企业商品经营与资本经营的杠杆效应受货币

政策影响的主要因素不同。依据方差分解结果（见图 6 - 14）可以总结得到表6 - 10。

表 6 - 10　制造企业商品经营与资本经营总杠杆系数的主要货币政策影响因素

	利率	汇率
从两个因素相比较来看受影响大的制造企业	食品、饮料 纺织、服装、皮毛 造纸、印刷 石油、化学、塑胶、塑料 金属、非金属 机械、设备、仪表	木材、家具 电子 医药、生物制品
从影响程度大小（累积贡献率＞20％）来看受影响大的制造企业	食品、饮料 纺织、服装、皮毛 造纸、印刷 石油、化学、塑胶、塑料 金属、非金属 机械、设备、仪表	纺织、服装、皮毛 造纸、印刷 石油、化学、塑胶、塑料 金属、非金属 机械、设备、仪表

从表 6 - 10 中可以发现，不同制造行业企业商品经营与资本经营总杠杆系数受货币政策影响的主要因素不同。就利率和汇率两个因素比较而言，木材家具制造企业、电子制造企业、医药生物制品制造企业商品经营与资本经营的总杠杆系数受汇率冲击的影响相对比较大，而从累积贡献率来看，纺织服装皮毛制造企业、造纸印刷制造企业、石油化学塑胶塑料制造企业、金属非金属制造企业、机械设备仪表制造企业商品经营与资本经营的总杠杆系数受汇率冲击的影响较大。这说明，相对于利率而言，虽然汇率不是影响纺织服装皮毛制造企业、造纸印刷制造企业、石油化学塑胶塑料制造企业、金属非金属制造企业、机械设备仪表制造企业商品经营与资本经营总杠杆系数的主要因素，但是影响却非常大，累积贡献率都超过了 20％，尤其是对纺织服装皮毛制造企业的累积贡献率在 45％ 左右，还有对石油化学塑胶塑料制造企业的第一期累积贡献率竟然达到了 97.99％（说明短期内冲击很大）。因此，货币政策变动时，各类制造业企业可以根据影响自身商品经营与资本经营总杠杆系数的主要因素以及其影响程度，采取相应对策协调控制企业经营的总风险。

第三节   行业景气度对商品经营与资本
经营协调性的影响

一   行业景气度对商品经营与资本经营协调度的影响

由于管理水平、企业规模、地域分布等方面的差异，同行业的不同企业在生产经营、效益等方面存在较大差异。行业景气指数（又称行业景气度）是反映行业变动趋势的一种综合指数。影响行业景气指数的外部因素主要有宏观经济指标波动、经济周期、上下游产业链的供应需求变动等，内部因素主要有行业的产品需求变动、生产能力变动、技术水平变化及产业政策的变化等。由于市场经济的必然规律，行业运行会出现周期性波动，当需求增加时，行业生产规模扩张，生产能力增加，供应一旦超过需求，行业内竞争就会加剧，行业周期将由上升期转向下降期，下降到一定程度，落后企业淘汰，供应量减少，价格上涨，行业转向复苏，这样周而复始。因此，我们试图探寻在不同行业运行状况下制造企业商品经营与资本经营的协调发展规律，即在行业运行的周期性波动中，制造企业该如何协调商品经营与资本经营的关系，如何协调控制商品经营风险与资本经营风险，才能持续创造价值。我们以国务院发展研究中心行业景气监测平台（http://drcicms.drcnet.com.cn）公布的行业景气度来反映各制造行业的运行状况（见表 6 – 11）。国务院发展研究中心行业景气指数由国务院发展研究中心宏观经济形势分析小组开发，是国务院发展研究中心经济监测预报体系的重要组成部分，是国务院发展研究中心行业监测分析的主要工具。由于行业分类标准与证监会不同，所以在选取指数时，我们的原则是：越少越好，即能用一个指数代表的就用一个指数，不能用一个指数代表的就根据情况增加相应子行业的景气指数。

由于我们是把同一制造行业的样本企业组合在一起，从整体上看作一个大的制造企业，所以其商品经营与资本经营的状况必然与当期行业景气指数有很大相关性，而 VAR 模型没有给出变量之间当期相关关系的确切形式，所以本节建立 SVAR 模型来进行行业景气度的脉冲响应函数分析，

表6-11　制造业各行业景气度指数

时间(年-月)	食品工业 SP	纺织服装业 FP	木材加工业 MP	家具制造业 JP	造纸工业 ZP	印刷工业 YP	石油工业 SYP
2001-12*	100.02	93.27	94.25	99.79	95.3	85.72	83.01
2002-06	102.69	94.67	93.92	99.65	97.08	94.35	86.64
2002-12	107.31	97.08	95.46	100.66	97.22	94.46	116.06
2003-06	108.41	98.72	98.28	100.53	97.56	93.93	86.15
2003-12	110.35	98.33	99.38	98.19	97.68	98.88	111.14
2004-06	110.37	97.21	100.55	99.57	100.98	94.63	125.45
2004-12	103.9	91.35	97.86	96.91	96.06	88.37	94.35
2005-06	103.88	93.39	98.99	99.22	96.63	92.26	89.88
2005-12	109.14	98.25	102.06	98.9	99.96	94.42	103.7
2006-06	105.76	97.46	102.32	98.68	101.1	96.43	110.11
2006-12	111.54	97.22	105.22	98.76	100.47	95.3	103.52
2007-06	118.56	95.65	106.95	96.46	100.12	97.56	112.44
2007-12	114.98	93.16	102.19	97.31	99.86	102.12	103.85
2008-06	114.57	92.06	100.82	97.71	105.1	100.78	90.05
2008-12	107.01	87.54	99.44	92.03	92.47	93.17	103.37
2009-06	102.11	91.21	102.04	97	87.96	98.32	137.07
2009-12	111.02	99.62	103.05	105.04	97.86	104.21	133.25
2010-06	111.72	101.52	96.59	102.32	108.1	99.14	96.13
2010-12	111.35	104.08	97.17	100.79	100.29	94.71	119.94

* 由于国务院发展研究中心行业景气监测平台的数据是从2002年1月开始公布，所以为了数据分析的完整性，2001年12月的数据采纳的是与它最近的2002年1月的数据，因为时间接近不会有太大差异。

时间（年－月）	化学工业 HP	电子工业 DP	建材工业 JP	冶金工业 YJP	金属制品 JSP	机械装备 JXP	医药 YYP
2001－12	96.85	95.31	101.04	95.54	92.25	94.54	96.57
2002－06	98.78	96.71	96.74	96.08	99.6	96.79	96.06
2002－12	100.1	96.53	95.56	100.57	99.38	95.72	98.7
2003－06	95.71	97.89	96.39	106.89	96.23	93.88	102.08
2003－12	98.68	96.79	105.72	113.24	93.42	93.14	93.98
2004－06	103.33	98.3	108.03	113.3	102.46	94.08	88.52
2004－12	98.68	92.95	95.94	109.21	94.63	92.03	90.57
2005－06	102.01	92.62	92.56	107.87	94.95	92.49	99.1
2005－12	96.37	94.17	96.18	98.86	96.64	93.33	104.38
2006－06	99.45	98.83	103.46	104.14	100.65	97.36	95.53
2006－12	100.78	97.63	102.45	109.2	97.1	95.15	96.83
2007－06	103	96.92	101.22	112.65	99	93.02	98.34
2007－12	103.47	96.73	103.38	112.91	101.15	94.16	99.33
2008－06	102.19	97.68	106.56	110.71	99.7	94.60	99.98
2008－12	84.02	94.39	98.82	73.47	87.43	91.35	92.14
2009－06	92.69	94.63	98.62	68.05	95.9	97.83	100.15
2009－12	107.83	102.08	107.18	111.7	113.4	104.40	107.44
2010－06	100.75	99.83	104.64	115.58	102.88	95.08	105.54
2010－12	107.1	96.98	103.86	100.1	96.2	93.54	104.9

SVAR 模型与 VAR 模型的区别就在于模型中包含变量之间的当期关系。建模分析时,各制造行业景气度的表示符号见表 6 – 11,为了减少异方差,对各行业的景气指数取了对数。因此,本节是将各制造业企业商品经营与资本经营的静态协调度与行业景气指数的对数进行 SVAR 模型的脉冲响应函数分析的。

　　行业景气度冲击对各类制造业企业商品经营与资本经营协调度的影响如图 6 – 15 至图 6 – 28 所示,进行脉冲响应函数分析的所有 SVAR 模型都通过了平稳性检验。从图中可以看出,给行业景气度一个正的冲击,对各类制造业企业商品经营与资本经营的协调度既有正的影响,也有负的影响,而且都呈现波动性。这是因为:行业景气度的提高反映市场需求在加大,如果这时企业有剩余生产能力,而且原材料供应能满足生产经营的需要,市场需求的增加会扩大企业的主营业务收入,提高企业资产的利用效率,促进商品经营与资本经营的协调发展;如果这时企业生产接近饱和,生产能力满足不了市场需求,或者有剩余生产能力,但原材料供应满足不了生产经营的需要,企业商品经营与资本经营之间的协调性就会下降,这就会促使企业进一步融资去扩大生产规模或者通过各种途径采购原材料,满足生产经营的需要,商品经营与资本经营的协调性就会提高。可是随着商品供应量的加大,一方面,原材料的需求会增加,价格跟着上涨,甚至容易出现短缺,一旦原材料供应不足,又会出现产能过剩;另一方面,商品供应量加大后,如果出现供大于求,产品的市场价格会下降,盈利空间缩小,企业的规模效益、总资产周转率、净资产收益率都会下降,这些都会使商品经营与资本经营的协调性下降。因此,行业景气度上升对制造企业商品经营与资本经营协调度的冲击,开始究竟是正效应,还是负效应,主要看企业的生产能力是否有剩余和原材料供应是否充足,如果剩余生产能力能满足市场的需求同时原材料供应充足,就是正效应,否则会是负效应,不过无论开始是正效应还是负效应,随着滞后期的延长,效应都会出现波动,协调状态形成后会被相关因素的变动打破,又达到新的协调状态。

　　从图 6 – 15 至图 6 – 28 中可以看出,除了食品饮料制造企业、木材家具制造企业、造纸制造企业(不包括印刷业)和电子制造企业,其他制造企业受行业景气度的影响一开始都是负效应。说明食品饮料制造

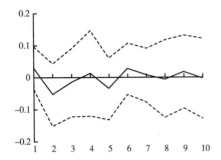

图 6 - 15　食品行业景气度的结构
冲击引起的食品饮料制造
企业商品经营与资本经
营协调度的响应函数

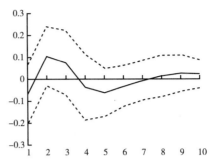

图 6 - 16　纺织服装行业景气度的结构
冲击引起的纺织服装皮毛制
造企业商品经营与资本
经营协调度的响应函数

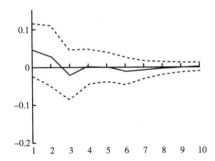

图 6 - 17　木材行业景气度的结构冲击
引起的木材家具制造企业
商品经营与协调度的
响应函数

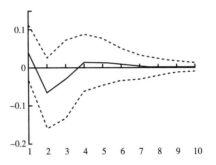

图 6 - 18　家具行业景气度的结构冲击
引起的木材家具制造企业
商品经营与资本经营
协调度的响应函数

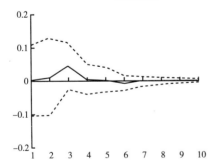

图 6 - 19　造纸行业景气度的结构
冲击引起的造纸印刷制
企业商品经营与资本经
营协调度的响应函数

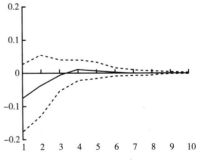

图 6 - 20　印刷行业景气度的结构
冲击引起的造纸印刷制造
企业商品经营与资本经
营协调度的响应函数

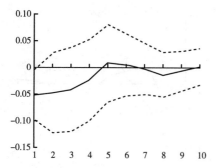

图 6 – 21　石油行业景气度的结构冲击
引起的石油化学塑胶塑料制造
企业商品经营与资本经营
协调度的响应函数

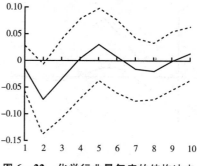

图 6 – 22　化学行业景气度的结构冲击
引起的石油化学塑胶塑料制造
企业商品经营与资本经营
协调度的响应函数

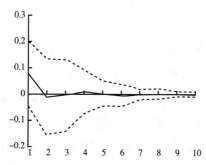

图 6 – 23　电子行业景气度的结构冲击
引起的电子制造企业商品
经营与资本经营协
调度的响应函数

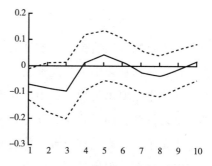

图 6 – 24　建材行业景气度的结构冲击
引起的金属非金属制造企业
商品经营与资本经营协
调度的响应函数

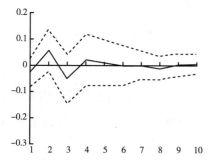

图 6 – 25　冶金行业景气度的结构冲击
引起的金属非金属制造企业
商品经营与资本经营
协调度的响应函数

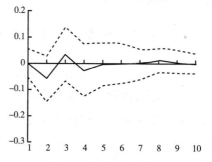

图 6 – 26　金属行业景气度的结构冲击
引起的金属非金属制造企业
商品经营与资本经营
协调度的响应函数

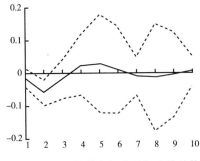

图 6 – 27　机械装备行业景气度的结构
冲击引起的机械设备仪表
制造企业商品经营与资本
经营协调度的响应函数

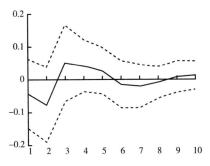

图 6 – 28　医药行业景气度的结构冲击
引起的医药生物制品制造
企业商品经营与资本
经营协调度的响应函数

企业、木材家具制造企业、造纸制造企业和电子制造企业还有多余的产能，在食品饮料业中主要是油脂业、饮料业、啤酒业等产能过剩；在木材家具业中主要木材加工、中低端家具产能过剩；造纸业中主要是铜版纸、书写纸和新闻纸等受阅读习惯改变的影响，产能相对过剩；电子业中主要是手机、光电产业等产能过剩。虽然纺织业、钢铁业、非金属业的产能也过剩，但由于资源约束、产业结构不合理等原因，市场需求增加，或是资源供应有限满足不了生产的需要，或是过剩产能的产品与市场需求有偏差不符合市场需求，对商品经营与资本经营的协调度产生的是负的影响。

二　行业景气度对商品经营与资本经营杠杆效应的影响

（1）行业景气度对制造企业商品经营杠杆效应的影响

行业景气度冲击对各制造业企业商品经营杠杆效应的影响如图 6 – 29 至图 6 – 42 所示，进行脉冲响应函数分析的所有 SVAR 模型都通过了平稳性检验。

从图 6 – 29 至图 6 – 42 中可以看出，给行业景气度一个正的冲击，对各类制造业企业商品经营杠杆系数既有正的影响，也有负的影响。这是因为：一方面，行业景气度上升，市场需求增加，可以增加制造企业的销售量，引起商品价格上涨，使商品经营杠杆系数下降，但另一方面，

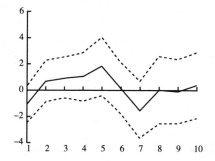

图 6 - 29　食品行业景气度的结构
冲击引起的食品饮料制造
企业商品经营杠杆
系数的响应函数

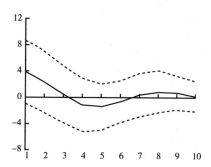

图 6 - 30　纺织服装行业景气度的
结构冲击引起的纺织服装
皮毛制造企业商品经营
杠杆系数的响应函数

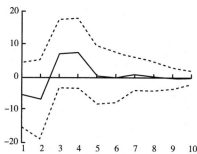

图 6 - 31　木材行业景气度的结构
冲击引起的木材家具制造
企业商品经营杠杆
系数的响应函数

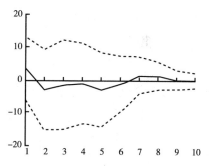

图 6 - 32　家具行业景气度的结构
冲击引起的木材家具制造
企业商品经营杠杆
系数的响应函数

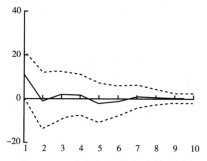

图 6 - 33　造纸行业景气度的结构
冲击引起的造纸印刷制造
企业商品经营杠杆
系数的响应函数

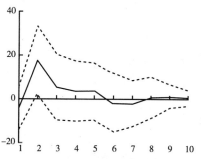

图 6 - 34　印刷行业景气度的结构
冲击引起的造纸印刷制造
企业商品经营杠杆
系数的响应函数

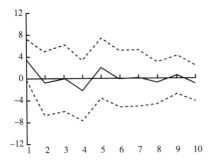

图 6 - 35 石油行业景气度的结构
冲击引起的石油化学塑胶
塑料制造企业商品经营
杠杆系数的响应函数

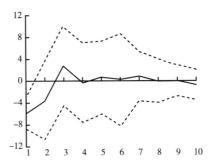

图 6 - 36 化学行业景气度的结构
冲击引起的石油化学塑胶
塑料制造企业商品经营
杠杆系数的响应函数

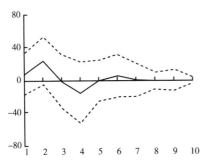

图 6 - 37 电子行业景气度的结构
冲击引起的电子制造企业
商品经营杠杆系数的
响应函数

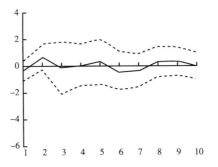

图 6 - 38 建材行业景气度的结构
冲击引起的金属非金属
制造企业商品经营
杠杆系数的响应函数

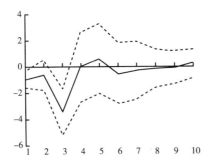

图 6 - 39 冶金行业景气度的结构
冲击引起的金属非金属
制造企业商品经营杠杆
系数的响应函数

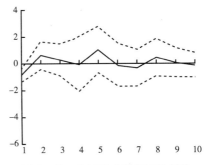

图 6 - 40 金属行业景气度的结构
冲击引起的金属非金属制造
企业商品经营杠杆
系数的响应函数

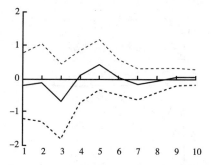 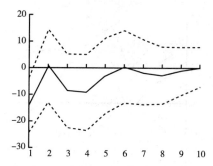

图 6 - 41　机械装备行业景气度的结构
　　　　冲击引起的机械设备仪表
　　　　制造企业商品经营杠杆
　　　　系数的响应函数

图 6 - 42　医药行业景气度的结构冲击
　　　　引起的医药生物制品制造
　　　　企业商品经营杠杆
　　　　系数的响应函数

行业景气度上升，会促使行业生产规模扩张，固定成本加大，而且需求的增加还有可能引起上游原材料价格上涨，导致商品经营杠杆系数上升。所以，行业景气度的上升对制造企业商品经营杠杆系数的影响究竟是正效应，还是负效应，关键要看销售量增加、商品价格上涨、固定成本增加、原材料价格上涨哪个因素对商品经营杠杆系数的作用程度大。如果销售量与商品价格的作用程度大，就是负效应，商品经营杠杆系数下降，商品经营风险减小；如果固定成本与原材料价格的作用程度大就是正效应，商品经营杠杆系数上升，商品经营风险加大。

　　根据图 6 - 29 至图 6 - 42 可知，商品经营杠杆系数受行业景气度冲击产生正效应比较显著的是造纸印刷制造企业，这可能是因为造纸印刷制造企业原材料受限，大量依赖进口，价格波动较大，同时在环保政策的要求下，产量增加，环保成本也增加，所以商品经营杠杆系数上升。而商品经营杠杆系数受行业景气度冲击产生负效应非常显著的是医药生物制品制造企业，这说明医药生物制品制造企业的产能比较充足，市场需求对商品经营杠杆系数的作用程度很大。

　　（2）行业景气度对制造企业资本经营杠杆效应的影响

　　行业景气度冲击对各类制造业企业资本经营杠杆效应的影响如图 6 - 43 至图 6 - 56 所示，进行脉冲响应函数分析的所有 SVAR 模型都通过了平稳性检验。

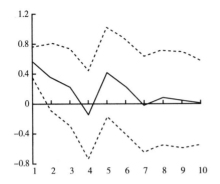

图 6 - 43　食品行业景气度的结构
冲击引起的食品饮料制造
企业资本经营杠杆
系数的响应函数

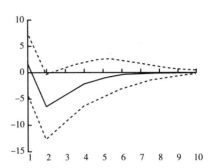

图 6 - 44　纺织服装行业景气度的
结构冲击引起的纺织服装
皮毛制造企业资本经营
杠杆系数的响应函数

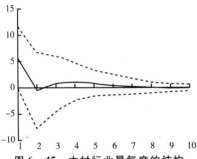

图 6 - 45　木材行业景气度的结构
冲击引起的木材家具制造
企业资本经营杠杆
系数的响应函数

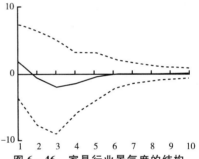

图 6 - 46　家具行业景气度的结构
冲击引起的木材家具制造
企业资本经营杠杆
系数的响应函数

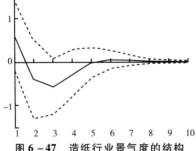

图 6 - 47　造纸行业景气度的结构
冲击引起的造纸印刷制造
企业资本经营杠杆
系数的响应函数

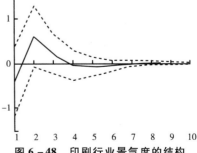

图 6 - 48　印刷行业景气度的结构
冲击引起的造纸印刷制造
企业资本经营杠杆
系数的响应函数

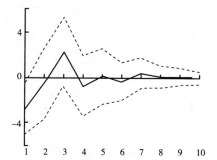

图 6 - 49　石油行业景气度的结构
冲击引起的石油化学塑胶
塑料制造企业资本经营
杠杆系数的响应函数

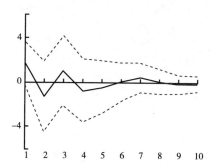

图 6 - 50　化学行业景气度的结构
冲击引起的石油化学塑胶
塑料制造企业资本经营
杠杆系数的响应函数

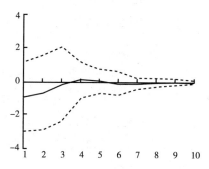

图 6 - 51　电子行业景气度的结构
冲击引起的电子制造企业
资本经营杠杆系数的
响应函数

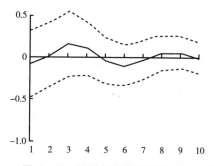

图 6 - 52　建材行业景气度的结构
冲击引起的金属非金属制造
企业资本经营杠杆
系数的响应函数

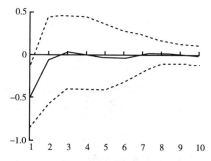

图 6 - 53　冶金行业景气度的结构
冲击引起的金属非金属制造
企业资本经营杠杆
系数的响应函数

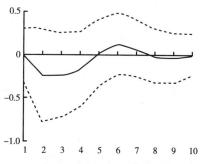

图 6 - 54　金属制品行业景气度的结构
冲击引起的金属非金属制造
企业资本经营杠杆
系数的响应函数

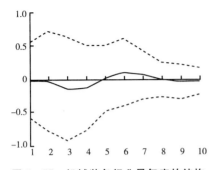

图 6-55　机械装备行业景气度的结构
冲击引起的机械设备仪表制造
企业资本经营杠杆
系数的响应函数

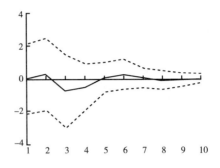

图 6-56　医药行业景气度的结构
冲击引起的医药生物制品
制造企业资本经营
杠杆系数的响应函数

　　从图 6-43 至图 6-56 中可以看出，给行业景气度一个正的冲击，对各类制造业企业资本经营杠杆系数既有正的影响，也有负的影响。这是因为：行业景气度的提高，说明行业发展的态势比较好，不仅会扩大商品经营利润，还会促进制造企业资本运营效率和效益的提高，使资本经营收益增加，资本经营杠杆系数下降，从而资本经营风险减小；但是行业景气度提高，又会促使行业平均净资产收益率上升，使股东权益资本成本增加，导致资本经营杠杆系数上升，资本经营风险加大。所以行业景气度对各类制造业企业资本经营杠杆系数的影响究竟是正效应还是负效应，应主要看企业商品经营利润、资本经营收益、股东权益资本成本这三个因素对资本经营杠杆系数的作用程度。

　　根据图 6-43 至图 6-56 可知，资本经营杠杆系数受行业景气度冲击产生正效应比较显著的是：食品饮料制造企业、木材制造企业、印刷制造企业，说明这些制造业企业资本经营杠杆系数受股权资本成本变动的影响更大，所以行业景气度上升，股权资本成本增加，使得资本经营杠杆系数上升、资本经营风险加大。而资本经营杠杆系数受行业景气度冲击产生负效应比较显著的是：纺织服装皮毛制造企业、造纸制造企业、电子制造企业、冶金制造企业、金属制品制造企业、医药生物制品制造企业，说明这些制造业企业资本经营杠杆系数受商品经营利润与资本经营收益变动的影响更大，所以行业景气度上升，商品经营利润和资本经营收益增加，使资本经营杠杆系数下降、资本经营风险减小。

三 行业景气度对商品经营与资本经营协调性的影响规律

（1）行业景气度对制造企业商品经营与资本经营协调度的影响规律

①行业景气度上升对制造企业商品经营与资本经营协调度的影响既有正效应，也有负效应

行业景气度提高时，如果企业有剩余生产能力，而且原材料供应能满足生产经营的需要，市场需求的增加会扩大企业的主营业务收入、提高企业资产的利用效率，促进商品经营与资本经营的协调发展；如果企业生产能力满足不了市场需求，或者有剩余生产能力，但原材料供应短缺，企业商品经营与资本经营之间的协调性就会下降。所以，行业景气度上升对制造企业商品经营与资本经营协调度的冲击，究竟是正效应，还是负效应，主要看企业的生产能力是否有剩余和原材料供应是否充足，如果剩余生产能力能满足市场的需求同时原材料供应也充足，就是正效应，否则会是负效应。

②行业景气度上升对制造企业商品经营与资本经营协调度的影响会产生波动性

行业景气度提高对制造企业商品经营与资本经营协调性的影响，无论开始是正效应还是负效应，随着滞后期的延长，效应都会出现波动。这是系统协调动态性和自组织性的体现。如果企业生产能力满足不了市场需求，或者有剩余生产能力，但原材料供应短缺，企业就会想办法融资去扩大生产规模或者通过各种途径采购原材料，满足生产经营的需要，商品经营与资本经营的协调性就会提高。如果企业有剩余生产能力，而且原材料供应能满足生产经营的需要，商品的供应量就会逐渐增加，随着商品供应量的增加，一方面，原材料的需求会增加，价格跟着上涨，一旦原材料供应不足，就会出现产能过剩；另一方面，如果商品供应量大于市场需求，价格就会下降，盈利空间就会缩小，企业的规模效益、总资产周转率、净资产收益率都会下降，这两方面的原因都会使商品经营与资本经营的协调性下降。

（2）行业景气度对制造企业商品经营与资本经营杠杆效应的影响规律

①行业景气度上升对制造企业商品经营杠杆系数的影响既有正效应，也有负效应

由于行业景气度上升，会影响制造企业的销售量、销售价格、固定成本、单位变动成本，所以对制造企业商品经营杠杆系数是正效应还是负效应，是多因素共同作用的结果。市场需求增加，会增加销售量，使商品价格上升，商品经营杠杆系数下降，但行业景气度上升，也会促使行业生产规模扩张，固定成本增加，同时还有可能引起上游原材料价格上涨，导致商品经营杠杆系数上升。

②行业景气度上升对制造企业资本经营杠杆系数的影响既有正效应，也有负效应

一方面，行业景气度的提高，会增加商品经营利润，使资本运营效率和效益提高，使资本经营收益增加，资本经营杠杆系数下降，资本经营风险减小；另一方面，行业景气度提高，又会促使行业平均净资产收益率上升，使股权资本成本增加，导致资本经营杠杆系数上升，资本经营风险加大。所以行业景气度上升对各类制造业企业资本经营杠杆系数的影响究竟是正效应还是负效应，是商品经营利润、资本经营收益、股权资本成本这三个因素共同作用的结果。

第四节　本章小结

本章利用 Eviews7.0 建立 VAR 模型和 SVAR 模型，通过脉冲响应函数分析和方差分解，分析了经济波动、货币政策、行业景气度对制造业整体及其所有行业商品经营与资本经营协调度和杠杆效应的影响，即从价值协调和风险协调两个方面分析了宏观经济因素的影响，探寻总结了宏观经济因素对制造企业商品经营与资本经营协调性的影响规律。具体规律有：

第一，经济波动影响方面。对协调度的影响规律：①实体经济发展可以促进制造企业商品经营与资本经营协调度的提高；②股市上涨会使制造企业商品经营与资本经营的协调度下降；③居民消费价格指数上升有利于商品经营与资本经营协调度提高；④经济波动时，制造企业商品经营与资

本经营的协调度变动呈现波动状；⑤不同制造行业企业商品经营与资本经营协调度的主要经济影响因素不同。对杠杆效应的影响规律：①实体经济发展对商品经营杠杆系数的影响呈现波动状；②居民消费价格上涨对商品经营杠杆系数的影响既有正效应也有负效应，总体而言负效应更显著；③股市走强会加大制造企业资本经营风险；④不同制造行业企业商品经营与资本经营总杠杆系数的主要经济影响因素不同。

第二，货币政策影响方面。对协调度的影响规律：①利率上升对商品经营与资本经营协调度既有正效应也有负效应，总体而言负效应更显著；②汇率上升有利于商品经营与资本经营协调度提高；③货币政策变化时，商品经营与资本经营协调度变动呈现波动状；④不同制造行业企业商品经营与资本经营协调度受货币政策影响的主要因素不同。对杠杆效应的影响规律：①汇率上升对商品经营杠杆系数的影响既有正效应也有负效应；②利率上升会加大资本经营风险；③不同制造行业企业商品经营与资本经营总杠杆系数受货币政策影响的主要因素不同。

第三，行业景气度影响方面。对协调度的影响规律：①行业景气度上升对商品经营与资本经营协调度的影响既有正效应也有负效应；②行业景气度上升对商品经营与资本经营协调度的影响会产生波动性。对杠杆效应的影响规律：行业景气度上升对制造企业商品经营杠杆系数和资本经营杠杆系数的影响既有正效应也有负效应。

第七章 基于价值创造的制造企业
商品经营与资本经营
协调策略研究

前几章通过构建系统动力学模型，揭示了商品经营与资本经营的互动性及其对企业价值创造的影响机理；通过计算商品经营与资本经营协调度、分析其对企业价值创造的影响，评价分析了各类制造业企业商品经营与资本经营的综合发展状况以及两者之间的协调性，进行了价值协调研究；通过设计并计算商品经营杠杆系数和资本经营杠杆系数、测算总杠杆系数的合理值域，衡量并分析了各类制造业企业商品经营风险与资本经营风险的大小以及风险协调状况；通过脉冲响应函数分析和方差分解，探寻了宏观因素变动对商品经营与资本经营协调性的影响规律。本章在前几章提出问题、分析问题的基础上，针对前面四个方面的研究内容，也分别从这四个方面提出了制造企业商品经营与资本经营的协调策略，具体包括：①协调商品经营与资本经营投融资关系，实现良性互动；②克服背离动因，实现商品经营与资本经营协调发展；③协调运用商品经营杠杆和资本经营杠杆控制风险、创造价值；④顺应宏观环境变化，及时调整商品经营与资本经营的协调策略。

第一节 协调商品经营与资本经营投融
资关系，实现良性互动

一 确定商品经营与资本经营的合理投资比例，避免相互侵蚀

根据商品经营与资本经营的互动因果关系图（见图 3-1），可知在资

源有限的情况下，商品经营投资与资本经营投资存在"此消彼长"的关系。在企业资源配置过程中，无论是过度偏向商品经营投资而轻视资本经营投资，还是只重视资本经营投资而无视商品经营投资，都会影响企业总的投资效率和效果，从而影响企业价值的可持续创造。所以制造企业应该确定合理的商品经营投资与资本经营投资比例（如图7-1）。

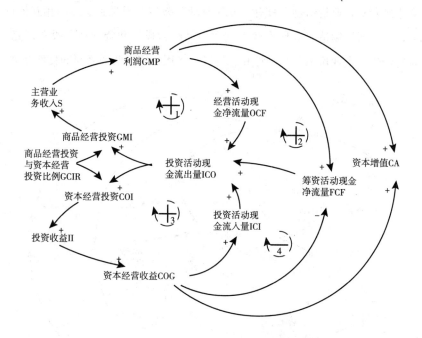

图7-1　合理确定商品经营与资本经营投资比例对策模型

由于影响商品经营投资与资本经营投资比例的因素有很多，如：企业商品经营投资的报酬率和回收期、资本经营投资的报酬率和风险、融资能力、财务管理目标、企业不同发展阶段的财务战略、产品市场和资本市场的投资环境等。因此，为了提高总的投资效率和效果，实现企业价值的可持续增长，各类制造业企业应根据不同的市场条件、不同的发展阶段、不同的行业特点和环境变化，来确定企业资金的具体投向和投量，合理确定商品经营投资与资本经营投资的比例，避免商品经营投资和资本经营投资的相互排斥、挤压和侵蚀。企业应构建商品经营投资和资本经营投资协调发展的格局，优化资源配置，实现商品经营投资与资本经营投资的优势互补，从而提升企业的市场竞争力，实现资本可持续增值和企业快速稳定发展的目标。

二　实现商品经营与资本经营投资良性互动发展，促进价值创造

根据商品经营与资本经营互动因果关系图（见图3－1），可知商品经营和资本经营对企业价值创造具有"双轮驱动"效应，而且它们之间相互依赖、相互促进。所以制造企业应有效地利用商品经营投资和资本经营投资，充分发挥它们创造企业价值的基础性和经济杠杆作用，实现两者之间的良性互动。

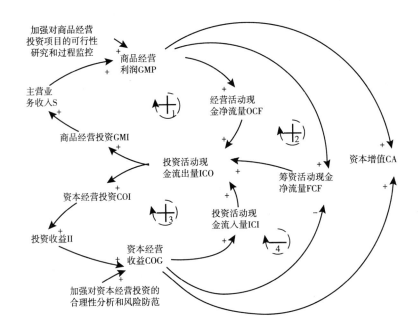

图7－2　商品经营投资与资本经营投资良性互动发展对策模型

具体措施如图7－2。一方面，制造企业应科学地分析商品经营投资项目技术上是否可行、经济效益如何、能否筹集到全部资金、人力物力能否得到保证等，加强对商品经营投资运行过程的监控，提高商品经营投资效益，促进商品经营利润增长，从而为企业再投资提供更多的资金资源和物质保障，促进资本经营投资的扩大；另一方面，企业在进行证券投资、并购重组等资本经营投资时，应认真分析资本市场、考察被投资企业，以保证资本经营投资的合理有效，降低资本经营投资风险，提高资本经营收

益，不仅要为企业再投资补充资金，促进商品经营投资的扩大，而且应通过经营领域的拓宽、产品链和产业链的延伸、资本实力的增强、核心竞争力的提高，为企业商品经营创造良好的条件。

三　以合理的资本结构及时足额地筹集资金，以满足投资需要

资金必须通过投资和运用才会创造价值，停顿、闲置的资金是不会创造价值的。根据商品经营与资本经营互动因果关系图（见图3-1），可知企业投资活动的现金来源有三个途径：经营活动现金净流量、投资活动现金流入量和筹资活动现金净流量。其中，经营活动现金净流量是商品经营活动带来的，而投资活动现金流入量和筹资活动现金净流量是资本经营活动带来的。

当企业的商品经营投资和资本经营投资所需资金出现缺口时，就需要对外筹集资金来满足投资的需要。由于筹资方式不一样，资本成本会不同，而资本成本的大小会影响筹资活动的现金流出量和资本经营收益，因此企业应按照合理的资本结构来确定筹资方式，及时足额地筹集投资所需资金（如图7-3），以降低资本成本，增加筹资活动现金净流量和资本经营收益，从而提高资金使用效益，在满足投资需要的基础上，促进资本增值。

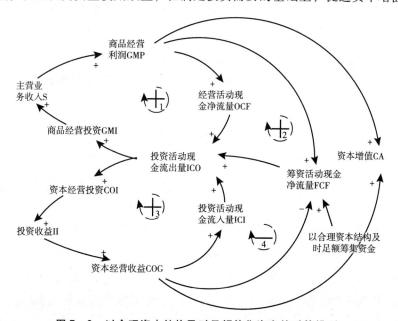

图7-3　以合理资本结构及时足额筹集资金的对策模型

第二节　克服背离动因，实现商品经营与
资本经营的协调发展

一　纠正认知偏差，商品经营与资本经营并重

认知偏差是导致商品经营与资本经营不协调的一个原因，如：认为只要有商品经营就够了，资本经营只在企业绩效不好时才考虑；或者认为资本经营会使资金回流得更快，整天在资本市场上长袖善舞，沉迷于资本游戏，而不踏踏实实地做好企业本身的主业；等等。这些认知偏差必然会导致企业在商品经营和资本经营中偏向某一方，造成两者发展不协调，结果可能是：引发商品经营资金危机、破坏企业核心竞争力、企业持续发展乏力等。因此，制造企业必须纠正认知偏差，在经营中要商品经营与资本经营并重，不能轻视任何一方，才能实现企业价值快速地、可持续地增长。

一方面，要树立以商品经营为基础的观念。商品生产与经营是企业生存与发展的基础，也是资本经营存在和效能发挥的基础，如果企业经营管理不善，不仅会使存量资产不能盘活，资本经营也不能进入良性循环。离开了商品经营，资本经营势必成为无源之水、无本之木。因此，制造企业应立足于主业，加强技术创新，调整产品结构，生产高附加值和高技术产品，形成自己的核心竞争力，这样资本经营才可能获得良性循环，最终实现资本增值的目标。

另一方面，要正确认识资本经营的作用。有效的资本经营可以促进企业商品经营的发展：一是有助于企业产品产业结构的调整，迅速实现产品链和产业链的延伸，形成更加有利的竞争优势；二是有助于迅速实现企业的规模经济效益，增强资本扩张的能力，从而有利于降低产品成本，促进新产品、新技术的研发，增强抵御市场风险的能力；三是有利于降低企业进入新行业、新市场的成本，拓宽经营领域，促进产品的市场拓展和占有率提高；四是有利于及时补充商品经营投资所需资金，促进商品经营规模的壮大和创新能力的增强等。因此，制造企业必须正确认识到资本经营是实现资本增值的必要手段。

二　克服外部环境变动的不利影响，把握动态中的协调

外部环境变动也是导致商品经营与资本经营不协调的一个原因，如：经济周期、通货膨胀、经济政策、金融市场上有价证券的价格、商品市场上原材料和商品的价格等因素。根据协调的动态性，可知在协调的过程中，当外部条件发生变化时，旧的协调状态会被打破，不可避免地会出现两个子系统发展速度不一致所造成的暂时不协调或协调程度的降低，但是这种暂时的不协调可能会对以后的进一步协调和两者的持续、快速健康发展起推动和促进作用。因此，当外部条件发生变化时，制造企业应区分有利的影响因素和不利的影响因素，分别采取不同的应对措施。对于那些会促进商品经营或资本经营发展的有利因素，如：经济繁荣、市场需求量增加、产业结构调整等，应充分发挥它们的积极作用，不用担心两个子系统由于发展步调不一致而出现的暂时不协调，这种暂时的不协调会促使落后的一方快速赶上，达到更高程度的协调状态；而对于那些阻碍商品经营或资本经营发展的不利因素，如：经济衰退、市场需求量下降、原材料价格上涨等，应尽量克服它们的负面影响，减轻它们对商品经营或资本经营的阻碍作用，使它们在动态中尽可能早地恢复到协调状态，比如在经济衰退、市场竞争激烈的外部环境下，可以通过并购重组来提高产业集中度，扩大企业产品的市场占有率。

三　提高管理者的决策能力，实现不同发展水平下的协调

管理者的决策能力也是导致商品经营与资本经营不协调的一个原因。因为管理者偏好风险的态度、认知能力、信息处理能力、对经济对象变化规律的把握能力等，会直接影响企业的经营决策，从而影响商品经营与资本经营的发展及协调性。低水平下的系统，如果各子系统之间关系和谐、相互推进、配合默契，系统的生命力就会旺盛，促进两者的快速发展，而高水平下的系统，如果各子系统之间不协调，相互不配合或配合不好，系统就会停滞不前甚至衰退，阻碍两者的发展。因此，管理者应根据系统的不同发展水平，采取不同的策略来协调商品经营与资本经营的关系，实现

不同发展水平下的协调。

①企业在初创期，产品刚刚进入市场，还没有得到完全的认可，竞争力较弱，商品经营风险较大。这时企业在协调商品经营与资本经营的关系时，应把更多资金投放于产品开发和推广，以提高产品的市场竞争力和市场占有率，而且为了避免出现由于产品市场销路不好而到期还不了债的现象，应采用股权性融资。

②企业在成长期，产品已经被市场接受，销售量在迅速扩大，现金回流量增加。这时企业在协调商品经营与资本经营的关系时，应加大对核心业务的追加投资，由于商品经营风险下降，到期还不了债的风险减小，企业可以适度引入债务性融资，以降低资本成本，提高资金使用效益。

③企业在成熟期，产品在市场上已经有了一定的占有率，市场销售比较稳定，现金回流也比较充足，商品经营风险比较小。这时企业在协调商品经营与资本经营的关系时，应考虑围绕核心业务拓展新的产品和市场，即通过相关产品和业务的并购，来迅速实现产品链和产业链的延伸、经营领域的拓宽，而且融资方面，可以通过较多举债来降低资本成本，提高资本增值率。

④企业在衰退期，产品的市场需求量不断下降，市场份额不断缩小，现金回流逐渐减少，商品经营风险加大。这时企业在协调商品经营与资本经营的关系时，应考虑通过资产剥离等手段主动放弃那些经营绩效不好的领域，集中精力做好主要产品和主要市场，不再追加筹资。

第三节　协调运用商品经营杠杆与资本经营杠杆控制风险、创造价值

一　掌握降低商品经营风险和资本经营风险的途径

（1）降低商品经营风险的途径

因为商品经营风险的大小是用商品经营杠杆系数来衡量的，而影响商品经营杠杆系数的因素主要有产品销售量、产品销售价格、单位变动成本和固定成本。销售量和销售价格上升，经营杠杆系数会下降，而单位变动

成本和固定成本上升，经营杠杆系数会上升。因此，降低商品经营风险的途径主要有：①充分利用企业现有的生产能力，扩大销售量；②如果企业具有较强的调整价格的能力，可以通过适当调高产品价格来降低商品经营风险；③加大研发投入，通过不断改进技术工艺水平来降低单位产品的原材料成本、人工成本等变动成本；④合理确定资产结构和成本结构，尽可能消除不良的、闲置的固定资产，减少固定成本。

（2）降低资本经营风险的途径

因为资本经营风险的大小是用资本经营杠杆系数来衡量的，而影响资本经营杠杆系数的因素主要有商品经营的盈利水平、未扣融资成本和所得税前的资本经营净收益、固定性融资成本。商品经营利润、未扣融资成本和所得税前的资本经营净收益越大，资本经营杠杆系数越小，而固定融资成本越高，资本经营杠杆系数越大。因此，降低资本经营风险的途径主要有：①在增加销售收入的同时控制成本费用，以提高商品经营的盈利水平；②通过提高投资收益水平、优化资产配置、盘活闲置资产等举措，来提高资本经营效率和效益；③合理安排资本结构、适度负债，以降低综合资本成本，实现资本的最大增值。

二　识别商品经营风险与资本经营风险的协调状况

制造企业在协调运用商品经营杠杆与资本经营杠杆之前，必须要了解自身所面临的商品经营风险与资本经营风险的大小以及风险协调状况，这样才能做到有的放矢。

（1）分析企业商品经营风险与资本经营风险的大小

根据第五章第四节中对制造企业商品经营风险与资本经营风险的比较分析，可以了解到不同制造行业企业所面临的商品经营风险与资本经营风险大小不同，按照标准差 >10、3.5 < 标准差 ≤10、标准差 ≤3.5，可分为高中低三档，如图 7 - 4 所示。

（2）判断企业商品经营风险与资本经营风险的协调状况

根据第五章第四节中对制造企业商品经营风险与资本经营风险的协调分析，可知各类制造业企业商品经营风险与资本经营风险的协调状况不一样，如表 7 - 1 所示。

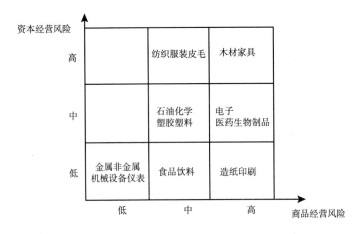

图7-4 各类制造业企业商品经营风险与资本经营风险分布

表7-1 各类制造业企业商品经营风险与资本经营风险的协调状况

商品经营与资本经营的风险协调状况	制造行业
较好	金属非金属业
一般	食品饮料业、石油化学塑胶塑料业 机械设备仪表业、医药生物制品业
较差	木材家具业、造纸印刷业
很差	纺织服装皮毛业、电子业

  企业协调商品经营杠杆与资本经营杠杆控制风险、创造价值的能力是通过企业的总杠杆系数及其合理值域来反映的。如果总杠杆系数在合理值域范围内，意味着它是合理的，说明企业商品经营杠杆与资本经营杠杆协调得不错，风险得到了较好的协调和控制，创造价值的杠杆作用也得到了较好发挥；如果总杠杆系数高于合理值域的上限，说明商品经营杠杆与资本经营杠杆没有协调好，杠杆利用过度，导致经营风险很大；如果总杠杆系数低于合理值域的下限，同样说明商品经营杠杆与资本经营杠杆没有协调好，杠杆作用没有发挥出来，商品经营与资本经营创造价值的能力不强。结合表7-1和图7-4，可以看到，商品经营风险与资本经营风险协调状况不好的制造企业有：木材家具业、造纸印刷业、纺织服装皮毛业和电子业，它们不是商品经营风险大，就是资本经营风险大，或者兼而有之。虽然医药生物制品制造企业的商品经营风险也很

高, 但其商品经营杠杆和资本经营杠杆协调得还不错, 说明其商品经营与资本经营总风险得到了一定程度的控制, 创造价值的杠杆作用也得到了一定程度的发挥。

三 协调运用商品经营杠杆与资本经营杠杆

通过前文分析, 知道了我国各类制造业企业所面临的商品经营风险与资本经营风险大小, 以及风险协调状况。针对风险协调状况较差和很差的行业, 结合前文降低商品经营风险和资本经营风险的途径, 本书提出了协调运用商品经营杠杆与资本经营杠杆的策略, 以期使这些制造企业在协调控制商品经营与资本经营总风险的同时, 发挥创造价值的杠杆作用。

(1) 木材、家具制造企业协调运用商品经营杠杆与资本经营杠杆的策略

由于木材、家具制造企业面临的商品经营风险与资本经营风险都比较大, 所以协调策略应从两方面着手。一方面, 要降低商品经营风险。①木材制造企业应加快基地建设, 以保证原材料的稳定供应, 降低原材料成本。按照商品林定向培育原则, 大力发展短周期工业原料林和速生丰产林, 迅速提高森林资源总量。积极研究和推广森林资源集约经营新技术, 加大抚育间伐和低产林改造力度, 切实提高林分质量。加快开展 "公司 + 基地 + 农户" 或 "公司 + 基地 + 林场" 等组织经营形式, 不仅可以解决企业主要原料林基地建设等问题, 而且可以解决农户和林场在发展林业中面临的资金、技术困难等问题。②家具制造企业应高度重视自有品牌建设, 提高产品竞争力, 以扩大产品销售量。扩大研发投入, 在自身力量不足的情况下, 积极寻找外援, 借助科研机构和政府力量, 培育自主品牌, 不断提升产品质量和附加价值, 以扩大市场占有率, 适应激烈的市场竞争。另一方面, 要降低资本经营风险。①通过并购重组扩大企业规模, 提高投融资能力。通过并购重组淘汰技术含量低、浪费资源的 "五小" 企业, 提高产业集中度, 调整产业结构。企业规模的扩大和竞争力的提高可以促进投融资能力的增强, 有助于降低资本经营风险。②政府应加大扶持力度。融资难一直是制约家具企业发展的瓶颈问题。政府不仅应对符合

产业政策导向的企业和新产品研发企业给予一定的减税优惠，而且应提供较低成本的信贷支持，如低息或贴息贷款，这样就有助于改善木材家具制造企业的融资结构，降低资本成本。

（2）造纸、印刷制造企业协调运用商品经营杠杆与资本经营杠杆的策略

由于造纸、印刷制造企业的资本经营风险比较低，而商品经营风险很高，所以协调策略主要是降低商品经营风险。导致造纸、印刷制造企业商品经营风险高的主要原因是原材料供应短缺和环保成本较大。所以主要应从以下几个方面采取措施：①推行"林浆纸一体化"的循环发展模式，以解决原材料的供给问题。即将制浆企业、造纸企业与营林造林基地三类企业有机集合在一起，开展林浆纸一体化生产与经营，形成以纸养林、以林促纸、林纸结合、林浆纸协同发展的造纸工业新格局，达到经济、社会、生态效益的统一，促进造纸工业的可持续发展。②扩大废纸回收利用，缓解造纸原料紧张局面。废纸作为造纸原料生产纸和纸板，既可以减轻污染保护环境，还可以减少森林砍伐，节省原生纤维资源，经济效益和社会效益都十分显著。我国废纸利用潜力还很大。企业必须有组织、有指导地进行废纸收集、分类和供应工作，需要设立专门的废纸回收机构，制定统一的废纸分类标准，进行分类回收、分类处理等。③通过废弃物回收再利用，减少环保支出。回收废弃物，实现物质循环利用，废物资源化，不仅能保护环境，实现生态效益，而且可以节约资源，带来经济效益。

（3）纺织、服装、皮毛制造企业协调运用商品经营杠杆与资本经营杠杆的策略

由于纺织、服装、皮毛制造企业的商品经营风险处于中等水平，而资本经营风险很高，所以协调策略主要是降低资本经营风险。导致纺织、服装、皮毛制造企业资本经营风险大的主要原因是企业规模小、投融资能力弱和融资成本高。所以应主要从以下几个方面采取措施：①通过并购重组，调整产业结构，促进产业升级。并购重组是转变增长方式的有效途径，优势企业通过并购重组，缓解了要素紧张局面，拓展了发展空间，提高了经济效益；劣势企业避免了"硬撑"，减少了自身损

失。开展有序的企业并购重组，有利于缓解要素制约，优化资源配置；有利于提升发展素质，促进产业升级。企业竞争力提高了，投融资能力也就增强了。②政府应加大信贷支持力度。因为纺织、服装、皮毛制造企业是劳动密集型企业，对解决社会就业问题有很大帮助，是国民经济的传统支柱产业、重要的民生产业、具有国际竞争优势的产业，政府应加大对纺织、服装、皮毛企业的融资支持，改善对纺织、服装、皮毛产业的信贷服务和融资环境，加大对纺织、服装、皮毛业重点项目和购棉资金的金融支持，降低纺织、服装、皮毛制造企业的融资成本。

（4）电子制造企业协调运用商品经营杠杆与资本经营杠杆的策略

由于电子制造企业的资本经营风险处于中等，而商品经营风险很高，所以协调策略主要是降低商品经营风险。应从以下几个方面采取措施：①加大研发投入，提高产品竞争力。电子制造企业是高技术型企业，要实现可持续发展，就必须走自主创新之路，努力突破原始创新、大力推进集成创新、加强引进技术的消化吸收再创新，只有这样才能形成一批拥有自主知识产权的技术、产品和标准，才能提高产品的市场竞争力，从而有利于扩大市场销售量、增强对产品价格的影响力。②提升成果产业化效率。研发成本投入大是电子制造企业商品经营风险高的原因之一，因此应加快科研成果向生产力的转化，形成从研发、生产到应用的完整创新链条，这样可以减轻研发成本高对商品经营杠杆系数的负面影响。③采用联合库存管理模式，降低成本并减少需求不确定性。由于电子产品的生命周期比较短，所以采购和生产的存货水平都不宜太高。联合库存管理模式强调供应链中各个节点同时参与，共同制订库存计划，实现从分销商到制造商到供应商在库存管理方面的一体化，可以让三方都能够实现准时采购（即在恰当的时间、恰当的地点，以恰当的数量和质量采购恰当的物品）。联合库存管理能有效提高供应链同步化程度，不仅可以减少库存，加快库存周转，缩短订货和交货提前期，降低企业的采购成本，而且可以使供应链库存层次简化、运输路线优化，减少物流环节降低物流成本。同时，由于联合库存管理保持了供应链各个节点之间的库存管理者对需求的预期一致，还可以消除需求变异放大现象，即可减少需求不确定带来的负面影响。

第四节　顺应宏观环境变化，及时调整商品经营
与资本经营的协调策略

一　经济波动时商品经营与资本经营的协调策略

（1）商品经营与资本经营的价值协调策略

根据第六章第一节可知，经济波动对制造企业商品经营与资本经营协调度的影响规律是：第一，实体经济发展（即宏观经济一致指数上升）可以促进商品经营与资本经营协调度的提高；第二，股市上涨会使商品经营与资本经营的协调度下降；第三，居民消费价格指数上升有利于商品经营与资本经营协调度的提高；第四，经济波动时商品经营与资本经营的协调度变动呈现波动状；第五，不同制造业企业商品经营与资本经营协调度的主要经济影响因素不同。因此，经济波动时制造企业商品经营与资本经营的价值协调策略主要有以下几点。

①实体经济发展时，应积极推动商品经营与资本经营的协调发展，实现两者的良性互动，促进企业价值迅速的、可持续的增长；

②股市上涨时，必须把握好商品经营投资与资本经营投资的资源配置，要强化证券投资的风险意识，防止资本经营投资过度而商品经营投资不足；

③居民消费价格指数上涨时，应通过直接提价、调整产品结构、内部挖潜控制费用等手段来克服原材料价格、人工成本、运输成本上升的不利影响；

④经济波动时，应认识到协调的动态性和自组织性，发挥有利因素的积极作用，克服不利因素的阻碍作用，使商品经营与资本经营保持动态中的协调；

⑤各类制造业企业应根据主要经济影响因素的不同而采取不同的协调策略。

由于从因素比较和影响程度两个方面来看，结果会有所不同（如图7-5）。图7-5中，区域Ⅰ表示：无论是从因素比较上，还是影响程度上

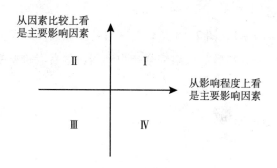

图 7 - 5　主要影响因素分析

看都是主要影响因素；区域 Ⅱ 表示：从因素比较上看是主要影响因素，但从影响程度上看不是主要影响因素；区域 Ⅲ 表示：无论是从因素比较上，还是影响程度上看都不是主要影响因素；区域 Ⅳ 表示：从影响程度上看是主要影响因素，但从因素比较上看不是主要影响因素。因此，根据重要性原则，制造企业应根据受影响的主要因素及影响程度的不同而采取不同的协调策略。

如果处在区域 Ⅰ，说明该因素不仅在相关因素比较中是最重要的影响因素，而且影响程度很大，所以制造企业必须采取"积极预防型策略"，即准确预测分析该因素的发展变化趋势以及可能带来的影响大小，事先就采取好预防措施，以便将因素有利的影响发挥到最大，将因素不利的影响降到最小。

如果处在区域 Ⅱ，说明该因素在相关因素比较中是最重要的影响因素，但影响程度不大，所以企业可以采取"关注型策略"，即随时关注因素的变化趋势，当因素可能带来不利影响时，及时调整协调策略，克服因素的不利影响。

如果处在区域 Ⅲ，说明该因素不是主要影响因素，企业可以采取"消极等待型策略"，即等因素发生变化时，再根据情况采取措施。

如果处在区域 Ⅳ，说明该因素对企业影响程度很大，但在相关因素比较中不是主要影响因素，所以企业可以采取"分析型策略"，即通过敏感性分析测算该因素变化的影响程度大小，并分析利弊，发挥有利的影响，克服不利的影响。

图7-6、图7-7、图7-8是各类制造业企业商品经营与资本经营协调度受宏观经济一致指数、股票综合指数和居民消费者价格指数影响的分析图。

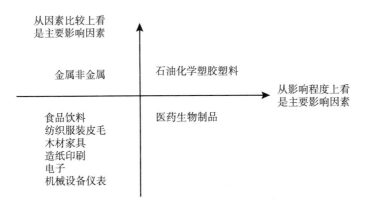

图7-6 各类制造业企业商品经营与资本经营协调度受宏观经济一致指数影响的分析

从图7-6中可以看出,商品经营与资本经营协调度受宏观经济一致指数影响比较大的是石油化学塑胶塑料制造企业、金属非金属制造企业和医药生物制品制造企业。其中石油化学塑胶塑料制造企业处于区域Ⅰ中,所以它对宏观经济一致指数应该采取积极预防型策略,准确预测宏观经济变化趋势以及对商品经营与资本经营协调度的影响,为经济周期的波动做好预防措施,以便在经济繁荣时,将实体经济的推动作用发挥到最大,实现商品经营与资本经营的良性互动,迅速创造企业价值,而在经济衰退时,将实体经济的阻碍作用降到最小,使商品经营与资本经营尽可能协调配合,避免出现相互制约的不协调现象;金属非金属制造企业处于区域Ⅱ中,所以它对宏观经济一致指数可采取关注型策略,关注宏观经济的变化,当出现不利因素时,及时调整经营策略,防止出现商品经营与资本经营不协调的问题;医药生物制品制造企业处于区域Ⅳ中,所以它对宏观经济一致指数应采取分析型策略,通过敏感性分析测算宏观经济一致指数变动对商品经营与资本经营协调度的影响程度,并分析利弊,发挥其促进作用,克服其不利影响。

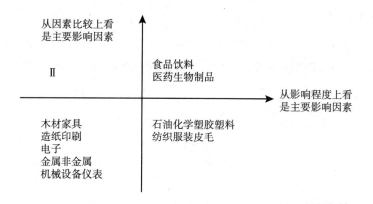

图7-7　各类制造业企业商品经营与资本经营协调度受股票综合指数影响的分析

从图7-7中可以看出，商品经营与资本经营协调度受股票综合指数影响比较大的是食品饮料、医药生物制品、石油化学塑胶塑料和纺织服装皮毛制造企业。其中食品饮料、医药生物制品制造企业处于区域Ⅰ中，所以它们对股票综合指数应采取积极预防型策略，准确预测股市变化趋势及其对商品经营与资本经营协调度的影响，如果预计股市上涨，则及时筹措资金，以满足商品经营与资本经营投资的需求，避免出现资本经营投资侵占商品经营投资资金的现象，如果预计股市下跌，则及时从股市中撤出资金，以免拖累商品经营绩效；石油化学塑胶塑料、纺织服装皮毛制造企业处于区域Ⅳ中，所以它对股票综合指数可采取分析型策略，通过敏感性分析测算股票综合指数变动对商品经营与资本经营协调度的影响程度，并分析利弊，发挥其积极作用，克服消极影响。

从图7-8中可以看出，商品经营与资本经营协调度受居民消费价格指数影响比较大的是与居民消费密切相关的纺织服装皮毛、木材家具、造纸印刷、电子、机械设备仪表制造企业，它们都处于区域Ⅰ中，所以这些制造企业应对居民消费价格指数采取积极预防型策略，准确预测居民消费价格指数变化趋势及其对商品经营与资本经营协调度的影响，如果预计居民消费价格指数有上涨趋势，则应通过按重置成本计价、调整产品结构、内部挖潜控制费用等手段来克服原材料价格、人工成本、运输成本等上升的不利影响，以满足企业维持简单再生产和实现扩大再生产的需要，如果预计居民消费价格指数有下降趋势，则应适当缩减生产规模，减少产量，处置不良资产，提高资产的利用效率，减少销售量和销售价格下降带来的不利影响，从而实现商品经营与资本经营的协调配合。

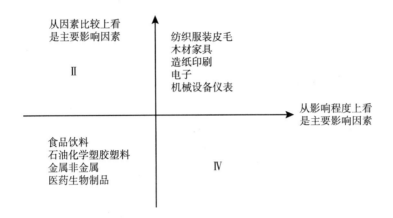

图 7 - 8　各类制造业企业商品经营与资本经营协调度受居民消费价格指数影响的分析

（2）商品经营与资本经营的风险协调策略

根据第六章第一节可知，经济波动对制造企业商品经营与资本经营杠杆效应的影响规律是：第一，实体经济发展（即宏观经济一致指数上升）对商品经营杠杆系数的影响呈现波动状；第二，居民消费价格上涨对商品经营杠杆系数的影响既有正效应也有负效应，总体而言负效应更显著；第三，股市走强会加大资本经营风险；第四，不同制造业企业商品经营与资本经营总杠杆系数的主要经济影响因素不同。因此，经济波动时制造企业商品经营与资本经营的风险协调策略主要有以下四个。

①实体经济发展时，制造企业不能盲目投资，应根据自身产品的市场竞争力、外部环境变化等因素来准确预测产品的销售量，然后以销定产，确定企业满足市场需求应具备的生产规模，将固定成本增大的负面影响降到最小。

②居民消费价格指数上涨时，制造企业不能按产品的原始成本定价，必须按产品的重置成本来定价，只有这样才能补偿企业维持再生产所需投入料工费的成本支出，并在此基础上获利以满足扩大再生产的需要。

③股市走强时，企业应强化证券投资的风险意识，提高对金融产品风险程度的判断能力，对股票、债券等金融商品及衍生金融商品进行合理的证券投资组合，以提高企业资本经营收益，减少融资成本上升的不利影响。

④各类制造业企业应根据影响自身商品经营与资本经营总杠杆系数的主要经济因素及其影响程度，采取相应策略协调控制企业经营的总风险。

从图 7-9 中可以看出，商品经营与资本经营总杠杆系数受宏观经济一致指数影响比较大的是食品饮料、纺织服装皮毛、石油化学塑胶塑料、电子、金属非金属制造企业。其中食品饮料、纺织服装皮毛、石油化学塑胶塑料、电子制造企业处于区域 I 中，所以它们对宏观经济一致指数应该采取积极预防型策略，准确预测宏观经济变化趋势及其对商品经营杠杆系数的影响，发挥商品经营创造价值的杠杆作用，控制商品经营风险；而金属非金属制造企业处于区域 IV 中，所以它在对宏观经济一致指数应采取分析型策略，通过敏感性分析测算宏观经济一致指数变动对销售量、销售单价、固定成本、单位变动成本及商品经营杠杆系数的影响程度大小，并分析利弊，协调控制商品经营与资本经营的总风险。

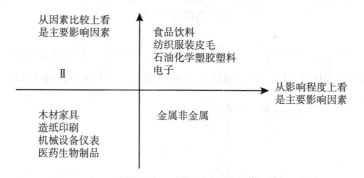

图 7-9 各类制造业企业商品经营与资本经营总杠杆系数受宏观经济一致指数影响的分析

从图 7-10 中可以看出，商品经营与资本经营总杠杆系数受股票综合指数影响比较大的是造纸印刷、金属非金属、机械设备仪表、木材家具、纺织服装皮毛、石油化学塑胶塑料、电子制造企业。其中造纸印刷、金属非金属、机械设备仪表制造企业处于区域 I 中，所以它们对股票综合指数应采取积极预防型策略，准确预测股市变化及其对资本经营杠杆系数的影响，发挥资本经营创造价值的杠杆作用，控制资本经营风险；木材家具制造企业处于区域Ⅱ中，所以它对股票综合指数可采取关注型策略，关注股市，当出现不利因素时，及时调整投资政策，防止资本经营风险扩大；纺织服装皮毛、石油化学塑胶塑料、电子制造企业处于区域Ⅳ中，所以它们对股票综合指数可采取分析型策略，通过敏感性分析测算股市变动对资本经营收益、融资成本及资本经营杠杆系数的影响程度大小，并分析利弊，协调控制商品经营与资本经营的总风险。

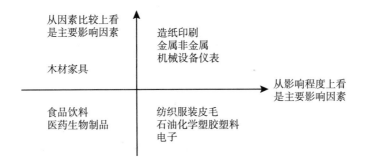

**图7-10 各类制造业企业商品经营与资本经营总杠杆系数
受股票综合指数影响的分析**

从图7-11中可以看出，商品经营与资本经营总杠杆系数受居民消费价格指数影响比较大的是医药生物制品、电子、机械设备仪表制造企业。

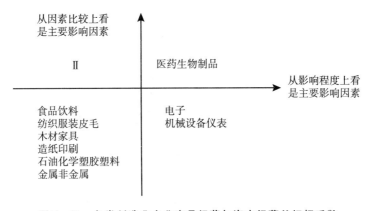

**图7-11 各类制造业企业商品经营与资本经营总杠杆系数
受居民消费价格指数影响的分析**

其中医药生物制品制造企业处于区域Ⅰ中，所以它对居民消费价格指数应该采取积极预防型策略，准确预测居民消费价格指数变化趋势及其对商品经营杠杆系数的影响，发挥商品经营创造价值的杠杆作用，控制商品经营风险；电子、机械设备仪表制造企业处于区域Ⅳ中，所以它们对居民消费价格指数可采取分析型策略，通过敏感性分析测算居民消费价格指数变动对单位变动成本、销售单价、销售量及商品经营杠杆系数影响程度的大小，并分析利弊，协调控制商品经营与资本经营的总风险。

二 货币政策变动时商品经营与资本经营的协调策略

（1）商品经营与资本经营的价值协调策略

根据第六章第二节可知，货币政策变动对制造企业商品经营与资本经营协调度的影响规律主要是：第一，利率上升对商品经营与资本经营的协调度的影响既有正效应也有负效应，总体而言负效应更显著；第二，汇率上升有利于商品经营与资本经营协调度的提高；第三，货币政策变动时，商品经营与资本经营的协调度变动呈现波动状；第四，不同制造业企业商品经营与资本经营协调度受货币政策影响的主要因素不同。因此，货币政策变动时制造企业商品经营与资本经营的价值协调策略主要有以下几点。

①利率上升时，制造企业应根据自身的实际情况及时调整投融资政策，通过科学评估合理安排商品经营投资项目与资本经营投资，避免投资损失。

②汇率上升时，企业应积极引进技术、设备，提高自身的生产技术工艺水平，尤其是出口企业以及生产国外同类产品的企业应转变经营机制，增强自主创新能力，提高产品的国际竞争能力。

③货币政策变动时，企业应认识到协调的动态性和自组织性，根据自身经营状况及时调整投融资策略和进出口策略，发挥有利因素的积极作用，克服不利因素的阻碍作用，使商品经营与资本经营保持动态中的协调。

④制造企业在协调商品经营与资本经营时，可以根据主要影响因素的不同采取不同的协调策略。

从图7－12可知，商品经营与资本经营协调度受利率影响比较大的是

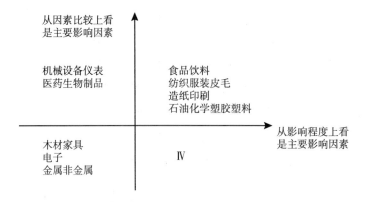

图 7 - 12 各类制造业企业商品经营与资本经营
协调度受利率影响的分析

食品饮料、纺织服装皮毛、造纸印刷、石油化学塑胶塑料、机械设备仪表、医药生物制品制造企业。其中食品饮料、纺织服装皮毛、造纸印刷、石油化学塑胶塑料制造企业处于区域Ⅰ中,所以它们对利率应采取积极预防的策略,准确预测利率变化趋势及其对商品经营与资本经营协调度的影响,如果预计利率会上升,则应采取债务融资来满足商品经营的需要,将融资成本固定在相对比较低的水平,并及时从股市撤出资金,避免投资损失拖累商品经营绩效,如果预计利率下降,则在满足商品经营需要的前提下可以加大资本经营投资,以增加资本经营收益,而且没有紧急需求时,应先暂停融资,等利率下降后再融资,从而降低资本成本,提高资本增值率;机械设备仪表、医药生物制品制造企业处于区域Ⅱ中,所以它们对利率可采取关注型策略,关注利率变化趋势,当出现不利因素时,及时调整投融资政策,以防止商品经营与资本经营不协调问题的出现。

从图 7 - 13 中可以看出,商品经营与资本经营协调度受汇率影响比较大的是金属非金属、木材家具、电子、纺织服装皮毛制造企业。其中,金属非金属制造企业处于区域Ⅰ中,所以它对汇率应采取积极预防策略,准确预测汇率变化趋势及其对商品经营与资本经营协调的影响,如果预计汇率将上升,应减少原材料和元器件的进口,加大产品出口,转变经营机制,增强自主创新能力,以提高产品在国际市场上的竞争能力,如果预计汇率将下降,则应及时筹措资金增加技术、设备、原材料和元器件的进

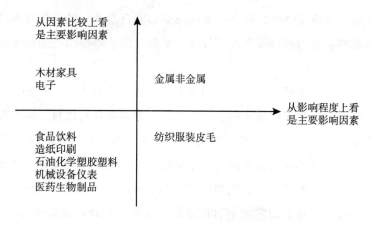

**图 7 – 13 各类制造业企业商品经营与资本经营
协调度受汇率影响的分析**

口，减缓出口，从而尽可能扩大经营收益、减少经营损失；木材家具、电子处于区域Ⅱ中，所以它们对汇率可采取关注型策略，关注汇率的变化趋势，当出现不利因素时，及时调整进出口策略，以防止商品经营与资本经营不协调问题的出现；纺织服装皮毛制造企业处于区域Ⅳ中，所以它对汇率可采取分析型策略，通过敏感性分析测算汇率变动对商品经营与资本经营协调度的影响程度，并分析利弊，发挥其积极作用，克服消极影响。

（2）商品经营与资本经营的风险协调策略

根据第六章第二节，可知货币政策变动对制造企业商品经营与资本经营杠杆效应的影响规律主要是：第一，利率上升会加大资本经营风险；第二，汇率上升对商品经营杠杆系数的影响既有正效应也有负效应；第三，不同制造业企业商品经营与资本经营总杠杆系数受货币政策影响的主要因素不同。因此，货币政策变动时制造企业商品经营与资本经营的风险协调策略主要有以下几点。

①利率上升时，应做好投资项目的可行性分析和效益评估，以抵减增加的融资成本，减小资本经营杠杆系数上升的不利影响。

②汇率上升时，应加大力度引进技术、设备，进口原材料、元器件，充分发挥变动成本和固定成本下降对降低商品经营风险的积极作用，而且出口企业和进口替代性行业应通过自主创新提高产品的市场竞争能力，以减小汇率上升对销售量及商品经营风险的负面影响。

③货币政策变动时，制造企业应根据影响自身商品经营与资本经营总杠杆系数的主要因素以及其影响程度，采取相应策略协调控制企业经营总风险。

从图7-14中可知，利率对制造企业的影响非常大，9个制造行业中有6个制造行业处于区域Ⅰ中，这6个行业分别是食品饮料、纺织服装皮毛、造纸印刷、石油化学塑胶塑料、金属非金属、机械设备仪表制造企业。它们对利率都应采取积极预防型策略，准确预测利率变化趋势及其对商品经营与资本经营杠杆效应的影响，如果预计利率会上升，则应采取债务融资，将融资成本固定在相对比较低的水平，并及时从股市撤出资金，避免投资损失，从而减轻利率上升对资本经营风险的不利影响；如果预计利率将下降，则可以加大资本经营投资，以增加资本经营收益，而且没有紧急需求时，应先暂停融资，等利率下降后再融资，从而减小资本成本，降低资本经营杠杆系数和资本经营风险。

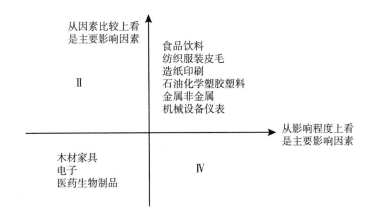

图7-14　各类制造业企业商品经营与资本经营总杠杆系数受利率影响的分析

从图7-15中可以看出，商品经营与资本经营总杠杆系数受汇率影响比较大的是木材家具、电子、医药生物制品、纺织服装皮毛、造纸印刷、石油化学塑胶塑料、金属非金属、机械设备仪表制造企业。其中，木材家具、电子、医药生物制品处于区域Ⅱ中，所以它们对汇率应该采取关注型策略，关注汇率的变化趋势，当出现不利因素时，如成本上升、销售量下降等，及时调整进出口策略，控制商品经营风险，协调总风险；纺织服装皮毛、造纸印刷、石油化学塑胶塑料、金属非金属、机械设备仪表制造企业处于区域Ⅳ中，所以它们对汇率应采取分析型策略，通过敏感性分析测算汇率变动对销售量、销售单价、单位变动成本、固定成本以及商品经营杠杆系数的影响程度大小，协调控制商品经营与资本经营的总风险。

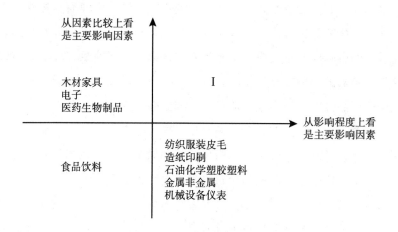

图 7 – 15　各类制造业企业商品经营与资本经营总杠杆
系数受汇率影响的分析

三　行业景气度变化时商品经营与资本经营的协调策略

（1）商品经营与资本经营的价值协调策略

根据第六章第三节可知，行业景气度变动对制造企业商品经营与资本经营协调度的影响规律主要有两点：第一，行业景气度上升对商品经营与资本经营协调度的影响既有正效应也有负效应；第二，行业景气度上升对商品经营与资本经营协调度的影响会产生波动性。因此，行业景气度变动时制造企业商品经营与资本经营的价值协调策略主要有以下两点。

①行业景气度上升时，企业应根据自身经营状况及时调整原材料采购、产品生产、固定资产投资等经营策略，尽可能实现商品经营与资本经

营的良性互动，避免不协调状况的出现，发挥市场需求增加、销售价格上升的积极作用，促进企业价值的迅速增长；

②行业景气度变动时，企业应认识到协调的动态性和自组织性，根据自身经营状况及时调整经营策略，发挥有利因素的积极作用，克服不利因素的阻碍作用，使商品经营与资本经营保持动态中的协调。

（2）商品经营与资本经营的风险协调策略

根据第六章第三节可知，行业景气度变动对制造企业商品经营与资本经营杠杆效应的影响规律主要有两点：第一，行业景气度上升对商品经营杠杆系数的影响既有正效应，也有负效应；第二，行业景气度上升对资本经营杠杆系数的影响既有正效应，也有负效应。因此，行业景气度变动时制造企业商品经营与资本经营的风险协调策略主要有以下两点。

①行业景气度上升时，企业应充分发挥市场需求增加、商品价格上升对商品经营杠杆的有利影响，克服单位变动成本、固定成本上升对商品经营杠杆的负面影响，控制商品经营风险。

②行业景气度上升时，企业应努力扩大商品经营利润、增加资本经营收益，从而减轻股权资本成本上升对资本经营杠杆的负面影响，降低资本经营风险。

第五节　本章小结

本章在前几章提出问题、分析问题的基础上，针对前面机理分析、价值协调评价、风险协调衡量和宏观经济影响分析四个方面的研究内容，分别给出了我国制造企业商品经营与资本经营协调发展的具体策略。

（1）协调商品经营与资本经营关系，实现良性互动。根据第三章的商品经营与资本经营互动因果关系图和 SD 仿真评价结果，构建了三个对策 SD 模型，包括合理确定商品经营与资本经营投资比例对策模型、商品经营投资与资本经营投资良性互动发展对策模型、以合理资本结构及时足额筹集资金的对策模型。

（2）克服背离动因，实现商品经营与资本经营协调发展。根据第四章的价值协调研究结果，分析商品经营与资本经营产生背离的动因主要有认知偏差、外部环境变动、管理者的决策能力三个因素，分别针对这三个因素提出了协调商品经营与资本经营的三个策略：①纠正认知偏差，商品经营与资本经营并重；②克服外部环境变动的不利影响，把握动态中的协调；③提高管理者的决策能力，实现不同发展水平下的协调。

（3）协调运用商品经营杠杆和资本经营杠杆控制风险、创造价值。依据第五章的风险协调研究结果，提出了协调商品经营风险与资本经营风险的具体思路：首先，必须掌握降低商品经营风险和资本经营风险的途径；其次，需要识别企业商品经营风险与资本经营风险的协调状况；最后，针对企业自身风险协调的实际状况，协调运用商品经营杠杆与资本经营杠杆，以实现在协调控制商品经营与资本经营总风险的同时，发挥商品经营与资本经营创造价值的杠杆作用。我们还针对风险协调状况较差和很差的行业——木材家具、造纸印刷、纺织服装皮毛和电子制造企业——提出了具体的风险协调策略。

（4）顺应宏观环境变化，及时调整商品经营与资本经营的协调策略。根据第六章宏观经济因素对商品经营与资本经营协调度以及杠杆效应的影响规律，分别从经济波动、货币政策变动、行业景气度变化三个方面，以价值协调和风险协调为出发点提出了具体的协调策略。尤其针对各类制造业企业商品经营与资本经营协调度以及杠杆效应受宏观经济影响的主要因素的不同，提出了制造企业应根据受影响的主要因素及影响程度不同分别采取"积极预防型策略""关注型策略""分析型策略"和"消极等待型策略"四种协调策略。

第八章 结论与展望

第一节 主要结论

本书的主要研究结论如下：

（1）通过实证研究和系统动力学模型仿真分析，主要得到以下结论。

①制造企业商品经营与资本经营之间存在着互动关系，而且这种互动关系是通过一些相关因素的传导实现的。

②商品经营与资本经营的互动关系会对企业价值创造产生影响。商品经营与资本经营是企业创造价值的两个基本途径，它们之间相互促进和相互制约的互动关系会影响到企业价值的创造。

③商品经营与资本经营协调发展是企业持续创造价值的必要条件。企业必须在不同时期的不同环境下，协调好商品经营与资本经营的关系，使两者之间达到良性互动、协调发展，才可能实现企业价值的可持续增长。

（2）通过价值协调研究，主要得到以下结论。

①各类制造业企业商品经营与资本经营的协调状况有差别。本书基于价值创造与协调性特征，构建了商品经营与资本经营协调性综合评价指标体系，并应用协调性综合评价指标体系，结合主成分分析法和协调指数法计算出制造企业商品经营与资本经营的协调度，评价分析了我国制造企业商品经营与资本经营两个子系统之间的协调性。研究结果表明：制造企业

整体商品经营与资本经营协调状况良好，但各分行业协调状况有差别，其中协调状况较差的是纺织服装皮毛制造企业、木材家具制造企业和电子制造企业。

②制造企业商品经营与资本经营动态协调度的提高对资本增值（即价值创造）具有长期的、显著的正效应。通过建立 VAR 模型，对制造业 9 个行业样本企业的面板数据进行格兰杰因果检验和脉冲响应函数分析，考察商品经营与资本经营动态协调度对企业价值创造的影响，发现商品经营与资本经营动态协调度对资本增值有长期显著的正效应。因此，制造企业应提高商品经营与资本经营的协调性以促进其资本价值可持续增长。

（3）通过杠杆效应和风险协调分析得到的结论有两点。

①商品经营与资本经营对企业的价值创造具有杠杆效应。根据商品经营和资本经营创造价值的特点和杠杆效应，结合我国会计实务，设计了商品经营杠杆系数和资本经营杠杆系数两个指标，证明了商品经营与资本经营对企业价值创造具有杠杆作用，这种杠杆作用一方面给企业带来经营利益，另一方面又给企业带来了经营风险。

②各类制造业企业商品经营风险与资本经营风险的大小及风险协调状况不同。通过计算商品经营杠杆系数和资本经营杠杆系数，发现电子业、造纸印刷业、医药生物制品业和木材家具业商品经营风险较高，而纺织服装皮毛业和木材家具业资本经营风险较高。通过测算总杠杆系数及其合理值域，分析得出：金属非金属制造企业风险协调比较好；食品饮料制造企业、石油化学塑胶塑料制造企业、机械设备仪表制造企业、医药生物制品制造企业风险协调状况一般；造纸印刷制造企业和木材家具制造企业风险协调状况较差；纺织服装皮毛制造企业和电子制造企业风险协调状况很差；制造企业整体商品经营与资本经营的杠杆作用没有得到有效发挥。

（4）宏观经济因素会对商品经营与资本经营的协调性产生影响，并且不同因素对于协调度和杠杆效应的影响规律不同，影响规律总结如下。

一是经济波动对制造企业商品经营与资本经营协调性的影响规律。对协调度的影响规律：①实体经济发展可以促进商品经营与资本经营协调度提高；②股市上涨会使商品经营与资本经营协调度下降；③居民消费价格指数上升有利于商品经营与资本经营协调度提高；④经济波动时，商品经营与资本经营的协调度变动呈现波动状；⑤不同制造业企业商品经营与资本经营协调度的主要经济影响因素不同。对杠杆效应的影响规律：①实体经济发展对商品经营杠杆系数的影响呈现波动状；②居民消费价格上涨对商品经营杠杆系数的影响既有正效应也有负效应，总体而言负效应更显著；③股市走强会加大资本经营风险；④不同制造业企业商品经营与资本经营总杠杆系数的主要经济影响因素不同。

二是货币政策变动对制造企业商品经营与资本经营协调性的影响规律。对协调度的影响规律：①利率上升对商品经营与资本经营协调度的影响既有正效应也有负效应，总体而言负效应更显著；②汇率上升有利于商品经营与资本经营协调度提高；③货币政策变化时，商品经营与资本经营协调度的变动呈现波动状；④不同制造业企业商品经营与资本经营协调度受货币政策影响的主要因素不同。对杠杆效应的影响规律：①汇率上升对商品经营杠杆系数的影响既有正效应也有负效应；②利率上升会加大资本经营风险；③不同制造业企业商品经营与资本经营总杠杆系数受货币政策影响的主要因素不同。

三是行业景气度变化对制造企业商品经营与资本经营协调性的影响规律。对协调度的影响规律：①行业景气度上升对商品经营与资本经营协调度的影响既有正效应也有负效应；②对商品经营与资本经营协调度的影响会产生波动性。对杠杆效应的影响规律：行业景气度上升对制造企业商品经营杠杆系数和资本经营杠杆系数的影响既有正效应也有负效应。

（5）针对机理分析、价值协调评价、风险协调衡量和宏观经济影响分析四个方面的研究内容，分别给出了我国制造企业商品经营与资本经营协调发展的具体策略。一是协调商品经营与资本经营投融资关系，实现良性互动。构建了三个 SD 对策模型，包括合理确定商品经营与资本经营投资比例的对策模型、商品经营投资与资本经营投资良性互动发展的对策模型、以合理资本结构及时足额筹集资金的对策模型。二是克服背离动因，实现商品经营与资本经营协调发展。针对认知偏差、外部环境变动、管理者决策能力这三个导致商品经营与资本经营背离的原因，分别提出三个协调策略：①纠正认知偏差，商品经营与资本经营并重；②克服外部环境变动的不利影响，把握动态中的协调；③提高管理者的决策能力，实现不同发展水平下的协调。三是协调运用商品经营杠杆和资本经营杠杆控制风险、创造价值。提出了协调商品经营风险与资本经营风险的具体思路：首先，必须掌握降低商品经营风险和资本经营风险的途径；其次，需要识别企业商品经营风险与资本经营风险的协调状况；最后，针对企业自身风险协调的实际状况，协调运用商品经营杠杆与资本经营杠杆，以实现在协调控制商品经营与资本经营总风险的同时，发挥商品经营与资本经营创造价值的杠杆作用。四是顺应宏观环境变化，及时调整商品经营与资本经营的协调策略。分别从经济波动、货币政策变动、行业景气度变化三个方面，以价值协调和风险协调为出发点提出了具体的协调策略。尤其针对各类制造业企业商品经营和资本经营协调度以及杠杆效应受宏观经济影响的主要因素不同，提出了制造企业应根据主要影响因素及影响程度不同分别采取"积极预防型策略""关注型策略""分析型策略"和"消极等待型策略"四种协调策略。

第二节 研究展望

（1）扩大研究样本，使价值协调评价和风险协调衡量的结果更为准确

本书以我国2001年以前在沪市和深市上市的502家制造企业作为总体，按50%的比例随机抽取样本，共抽取253家上市公司作为样本（由于木材、家具制造企业的样本太少，为了能更准确地反映整个行业的经营情况，在不影响计量分析的前提下，对该行业增加了两家在2001年初上市的公司作为样本），选取2001年~2010年财务报表的半年报和年报共20期数据，通过计算整理得到所需的全部数据。虽然数据工作量已经很大，特别是为了统一指标口径以保证计算分析结果的有效性，对于2007年实施新会计准则后，会计报表有变动的项目，是通过查阅每家上市公司年报和半年报计算得到相关指标数据的，但毕竟50%的样本还不能完全代表整体，尤其是样本很少的木材家具制造企业，在分行业分析时小样本可能会使计量分析结果产生偏差。所以在今后研究中会进一步扩大研究样本，以期能更准确地反映各类制造业企业的实际经营情况。

（2）进一步明细行业分类，使研究的针对性更强

本书是根据证监会的行业分类标准，将制造业分成了九大行业，分别对九类制造业企业商品经营与资本经营的协调性进行了研究。而各类制造企业实际上又包含了不同的子行业，不同子行业的经营特点和状况存在着差异性。因此，未来研究中会进一步明细行业分类，将同一类制造业中不同子行业的制造企业区分开来进行研究，这样研究的针对性会更强。

（3）对系统动力学仿真模型作进一步的深入研究

本书在构建商品经营与资本经营互动关系及其对价值创造产生影响的系统动力学模型时，主要是从企业内部来考虑影响因素的，实际上影响模型变量的还有很多外部因素，不过由于企业外部影响因素不确定性很大、数据很难取得，所以本书在建模时考虑得较少。因此，充分考虑外部影响因素是未来研究的一个重要内容，以后研究会逐步深入，将市场需求、证券价格波动、投资风险等外部因素加入模型，以使模型更为完善。

附录 A　各类制造业企业样本公司的股票代码和全称

表 A1　食品、饮料制造企业的样本公司

序号	股票代码	最新公司全称	证监会次类行业代码
1	000568	泸州老窖股份有限公司	C0
2	000729	北京燕京啤酒股份有限公司	C0
3	000752	西藏银河科技发展股份有限公司	C0
4	000848	河北承德露露股份有限公司	C0
5	000858	宜宾五粮液股份有限公司	C0
6	000869	烟台张裕葡萄酿酒股份有限公司	C0
7	000876	四川新希望农业股份有限公司	C0
8	000895	河南双汇投资发展股份有限公司	C0
9	000911	南宁糖业股份有限公司	C0
10	600059	浙江古越龙山绍兴酒股份有限公司	C0
11	600132	重庆啤酒股份有限公司	C0
12	600186	河南莲花味精股份有限公司	C0
13	600298	安琪酵母股份有限公司	C0
14	600300	维维食品饮料股份有限公司	C0
15	600305	江苏恒顺醋业股份有限公司	C0
16	600519	贵州茅台酒股份有限公司	C0
17	600600	青岛啤酒股份有限公司	C0
18	600702	四川沱牌舍得酒业股份有限公司	C0
19	600809	山西杏花村汾酒厂股份有限公司	C0
20	600887	内蒙古伊利实业集团股份有限公司	C0

表 A2　纺织、服装、皮毛制造企业的样本公司

序号	股票代码	最新公司全称	证监会次类行业代码
1	000045	深圳市纺织(集团)股份有限公司	C1
2	000158	石家庄常山纺织股份有限公司	C1
3	000726	鲁泰纺织股份有限公司	C1
4	000810	华润锦华股份有限公司	C1
5	000850	安徽华茂纺织股份有限公司	C1
6	600070	浙江富润股份有限公司	C1
7	600177	雅戈尔集团股份有限公司	C1
8	600220	江苏阳光股份有限公司	C1
9	600232	浙江金鹰股份有限公司	C1
10	600233	大连大杨创世股份有限公司	C1
11	600241	辽宁时代万恒股份有限公司	C1
12	600295	内蒙古鄂尔多斯资源股份有限公司	C1
13	600398	凯诺科技股份有限公司	C1
14	600400	江苏红豆实业股份有限公司	C1
15	600626	上海申达股份有限公司	C1
16	600677	航天通信控股集团股份有限公司	C1
17	600884	宁波杉杉股份有限公司	C1

表 A3　木材、家具制造企业的样本公司

序号	股票代码	最新公司全称	证监会次类行业代码
1	000587	光明集团家具股份有限公司	C2
2	000910	大亚科技股份有限公司	C2
3	600321	四川国栋建设股份有限公司	C2

注：2011 年 12 月 13 日光明集团改变经营方向，更名为"金叶珠宝股份有限公司"。

表 A4　造纸、印刷制造企业的样本公司

序号	股票代码	最新公司全称	证监会次类行业代码
1	000488	山东晨鸣纸业集团股份有限公司	C3
2	000812	陕西金叶科教集团股份有限公司	C3
3	200986	佛山华新包装股份有限公司	C3
4	600235	民丰特种纸股份有限公司	C3
5	600308	山东华泰纸业股份有限公司	C3
6	600356	牡丹江恒丰纸业股份有限公司	C3
7	600836	上海界龙实业集团股份有限公司	C3

表 A5　石油、化学、塑胶、塑料制造企业的样本公司

序号	股票代码	最新公司全称	证监会次类行业代码
1	000059	辽宁华锦通达化工股份有限公司	C4
2	000155	川化股份有限公司	C4
3	000407	山东胜利股份有限公司	C4
4	000422	湖北宜化化工股份有限公司	C4
5	000523	广州市浪奇实业股份有限公司	C4
6	000525	南京红太阳股份有限公司	C4
7	000553	湖北沙隆达股份有限公司	C4
8	000565	重庆三峡油漆股份有限公司	C4
9	000589	贵州轮胎股份有限公司	C4
10	000615	湖北金环股份有限公司	C4
11	000619	芜湖海螺型材科技股份有限公司	C4
12	000635	宁夏英力特化工股份有限公司	C4
13	000637	茂名石化实华股份有限公司	C4
14	000659	珠海中富实业股份有限公司	C4
15	000698	沈阳化工股份有限公司	C4
16	000707	湖北双环科技股份有限公司	C4
17	000731	四川美丰化工股份有限公司	C4
18	000755	山西三维集团股份有限公司	C4
19	000792	青海盐湖工业股份有限公司	C4
20	000819	岳阳兴长石化股份有限公司	C4
21	000822	山东海化股份有限公司	C4
22	000830	鲁西化工集团股份有限公司	C4
23	000859	安徽国风塑业股份有限公司	C4
24	000912	四川泸天化股份有限公司	C4
25	000936	江苏华西村股份有限公司	C4
26	000949	新乡化纤股份有限公司	C4
27	000985	大庆华科股份有限公司	C4
28	600061	中纺投资发展股份有限公司	C4
29	600063	安徽皖维高新材料股份有限公司	C4
30	600078	江苏澄星磷化工股份有限公司	C4
31	600096	云南云天化股份有限公司	C4
32	600135	乐凯胶片股份有限公司	C4
33	600141	湖北兴发化工集团股份有限公司	C4
34	600160	浙江巨化股份有限公司	C4

续表

序号	股票代码	最新公司全称	证监会次类行业代码
35	600226	浙江升华拜克生物股份有限公司	C4
36	600227	贵州赤天化股份有限公司	C4
37	600230	沧州大化股份有限公司	C4
38	600260	湖北凯乐科技股份有限公司	C4
39	600309	烟台万华聚氨酯股份有限公司	C4
40	600315	上海家化联合股份有限公司	C4
41	600339	新疆独山子天利高新技术股份有限公司	C4
42	600367	贵州红星发展股份有限公司	C4
43	600389	南通江山农药化工股份有限公司	C4
44	600589	广东榕泰实业股份有限公司	C4
45	600596	浙江新安化工集团股份有限公司	C4
46	600623	双钱集团股份有限公司	C4
47	600636	上海三爱富新材料股份有限公司	C4
48	600688	中国石化上海石油化工股份有限公司	C4
49	600725	云南云维股份有限公司	C4
50	600731	湖南海利化工股份有限公司	C4
51	600889	南京化纤股份有限公司	C4

表 A6　电子制造企业的样本公司

序号	股票代码	最新公司全称	证监会次类行业代码
1	000016	康佳集团股份有限公司	C5
2	000636	广东风华高新科技股份有限公司	C5
3	000733	中国振华(集团)科技股份有限公司	C5
4	000823	广东汕头超声电子股份有限公司	C5
5	000988	华工科技产业股份有限公司	C5
6	600060	青岛海信电器股份有限公司	C5
7	600171	上海贝岭股份有限公司	C5
8	600183	广东生益科技股份有限公司	C5
9	600330	天通控股股份有限公司	C5
10	600360	吉林华微电子股份有限公司	C5
11	600363	江西联创光电科技股份有限公司	C5
12	600366	宁波韵升股份有限公司	C5
13	600839	四川长虹电器股份有限公司	C5

表 A7 金属、非金属制造企业的样本公司

序号	股票代码	最新公司全称	证监会次类行业代码
1	000012	中国南玻集团股份有限公司	C6
2	000039	中国国际海运集装箱(集团)股份有限公司	C6
3	000060	深圳市中金岭南有色金属股份有限公司	C6
4	000401	唐山冀东水泥股份有限公司	C6
5	000612	焦作万方铝业股份有限公司	C6
6	000630	铜陵有色金属集团股份有限公司	C6
7	000708	大冶特殊钢股份有限公司	C6
8	000709	河北钢铁股份有限公司	C6
9	000761	本钢板材股份有限公司	C6
10	000778	新兴铸管股份有限公司	C6
11	000786	北新集团建材股份有限公司	C6
12	000807	云南铝业股份有限公司	C6
13	000825	山西太钢不锈钢股份有限公司	C6
14	000878	云南铜业股份有限公司	C6
15	000890	江苏法尔胜股份有限公司	C6
16	000959	北京首钢股份有限公司	C6
17	000962	宁夏东方钽业股份有限公司	C6
18	000969	安泰科技股份有限公司	C6
19	600005	武汉钢铁股份有限公司	C6
20	600019	宝山钢铁股份有限公司	C6
21	600111	内蒙古包钢稀土(集团)高科技股份有限公司	C6
22	600117	西宁特殊钢股份有限公司	C6
23	600126	杭州钢铁股份有限公司	C6
24	600172	河南黄河旋风股份有限公司	C6
25	600231	凌源钢铁股份有限公司	C6
26	600255	安徽鑫科新材料股份有限公司	C6
27	600282	南京钢铁股份有限公司	C6
28	600291	内蒙古西水创业股份有限公司	C6
29	600307	甘肃酒钢集团宏兴钢铁股份有限公司	C6
30	600399	抚顺特殊钢股份有限公司	C6
31	600539	太原狮头水泥股份有限公司	C6
32	600558	四川大西洋焊接材料股份有限公司	C6
33	600569	安阳钢铁股份有限公司	C6
34	600660	福耀玻璃工业集团股份有限公司	C6
35	600720	甘肃祁连山水泥集团股份有限公司	C6
36	600782	新余钢铁股份有限公司	C6
37	600801	华新水泥股份有限公司	C6
38	600808	马鞍山钢铁股份有限公司	C6
39	600888	新疆众和股份有限公司	C6

表 A8 机械、设备、仪表制造企业的样本公司

序号	股票代码	最新公司全称	证监会次类行业代码
1	000157	长沙中联重工科技发展股份有限公司	C7
2	000400	许继电气股份有限公司	C7
3	000418	无锡小天鹅股份有限公司	C7
4	000425	徐工集团工程机械股份有限公司	C7
5	000527	广东美的电器股份有限公司	C7
6	000528	广西柳工机械股份有限公司	C7
7	000530	大连冷冻机股份有限公司	C7
8	000541	佛山电器照明股份有限公司	C7
9	000550	江铃汽车股份有限公司	C7
10	000551	创元科技股份有限公司	C7
11	000559	万向钱潮股份有限公司	C7
12	000581	无锡威孚高科技集团股份有限公司	C7
13	000617	济南柴油机股份有限公司	C7
14	000625	重庆长安汽车股份有限公司	C7
15	000651	珠海格力电器股份有限公司	C7
16	000680	山推工程机械股份有限公司	C7
17	000700	江南模塑科技股份有限公司	C7
18	000768	西安飞机国际航空制造股份有限公司	C7
19	000800	一汽轿车股份有限公司	C7
20	000811	烟台冰轮股份有限公司	C7
21	000821	湖北京山轻工机械股份有限公司	C7
22	000837	陕西秦川机械发展股份有限公司	C7
23	000852	江汉石油钻头股份有限公司	C7
24	000903	昆明云内动力股份有限公司	C7
25	000913	浙江钱江摩托股份有限公司	C7
26	000957	中通客车控股股份有限公司	C7
27	200706	瓦房店轴承股份有限公司	C7
28	200771	杭州汽轮机股份有限公司	C7
29	600006	东风汽车股份有限公司	C7
30	600038	哈飞航空工业股份有限公司	C7
31	600055	北京万东医疗装备股份有限公司	C7
32	600066	郑州宇通客车股份有限公司	C7
33	600067	冠城大通股份有限公司	C7
34	600071	凤凰光学股份有限公司	C7
35	600072	中船江南重工股份有限公司	C7

序号	股票代码	最新公司全称	证监会次类行业代码
36	600089	特变电工股份有限公司	C7
37	600099	林海股份有限公司	C7
38	600104	上海汽车集团股份有限公司	C7
39	600150	中国船舶工业股份有限公司	C7
40	600151	上海航天汽车机电股份有限公司	C7
41	600178	哈尔滨东安汽车动力股份有限公司	C7
42	600192	兰州长城电工股份有限公司	C7
43	600202	哈尔滨空调股份有限公司	C7
44	600218	安徽全柴动力股份有限公司	C7
45	600243	青海华鼎实业股份有限公司	C7
46	600261	浙江阳光照明电器集团股份有限公司	C7
47	600262	内蒙古北方重型汽车股份有限公司	C7
48	600268	国电南京自动化股份有限公司	C7
49	600302	西安标准工业股份有限公司	C7
50	600303	辽宁曙光汽车集团股份有限公司	C7
51	600312	河南平高电气股份有限公司	C7
52	600316	江西洪都航空工业股份有限公司	C7
53	600388	福建龙净环保股份有限公司	C7
54	600391	四川成发航空科技股份有限公司	C7
55	600418	安徽江淮汽车股份有限公司	C7
56	600468	天津百利特精电气股份有限公司	C7
57	600501	航天晨光股份有限公司	C7
58	600550	保定天威保变电气股份有限公司	C7
59	600566	湖北洪城通用机械股份有限公司	C7
60	600605	上海汇通能源股份有限公司	C7
61	600619	上海海立（集团）股份有限公司	C7
62	600676	上海交运股份有限公司	C7
63	600685	广州广船国际股份有限公司	C7
64	600686	厦门金龙汽车集团股份有限公司	C7
65	600690	青岛海尔股份有限公司	C7
66	600710	常林股份有限公司	C7
67	600761	安徽合力股份有限公司	C7
68	600765	中航重机股份有限公司	C7
69	600815	厦门厦工机械股份有限公司	C7
70	600818	中路股份有限公司	C7

序号	股票代码	最新公司全称	证监会次类行业代码
71	600835	上海机电股份有限公司	C7
72	600841	上海柴油机股份有限公司	C7
73	600848	上海自动化仪表股份有限公司	C7
74	600879	航天时代电子技术股份有限公司	C7
75	900956	黄石东贝电器股份有限公司	C7

表 A9 医药、生物制品制造企业的样本公司

序号	股票代码	最新公司全称	证监会次类行业代码
1	000153	安徽丰原药业股份有限公司	C8
2	000423	山东东阿阿胶股份有限公司	C8
3	000513	丽珠医药集团股份有限公司	C8
4	000522	广州白云山制药股份有限公司	C8
5	000538	云南白药集团股份有限公司	C8
6	000597	东北制药集团股份有限公司	C8
7	000623	吉林敖东药业集团股份有限公司	C8
8	000919	金陵药业股份有限公司	C8
9	000952	湖北广济药业股份有限公司	C8
10	000989	九芝堂股份有限公司	C8
11	000990	诚志股份有限公司	C8
12	000999	华润三九医药股份有限公司	C8
13	600062	北京双鹤药业股份有限公司	C8
14	600085	北京同仁堂股份有限公司	C8
15	600161	北京天坛生物制品股份有限公司	C8
16	600196	上海复星医药(集团)股份有限公司	C8
17	600216	浙江医药股份有限公司	C8
18	600222	河南太龙药业股份有限公司	C8
19	600267	浙江海正药业股份有限公司	C8
20	600276	江苏恒瑞医药股份有限公司	C8
21	600285	河南羚锐制药股份有限公司	C8
22	600332	广州药业股份有限公司	C8
23	600488	天津天药药业股份有限公司	C8
24	600518	康美药业股份有限公司	C8
25	600664	哈药集团股份有限公司	C8
26	600666	西南药业股份有限公司	C8
27	600750	江中药业股份有限公司	C8
28	600867	通化东宝药业股份有限公司	C8

附录 B 制造企业商品经营与资本经营系统综合发展水平评价指标数据

表 B1　制造企业所有样本公司商品经营系统的综合发展水平评价指标数据

时间（年-月-日）	主营业务收入（百万元）	商品经营投资（百万元）	固定资产（百万元）	商品经营利润（百万元）	主营业务成本率	管理费用率	销售费用率	主营业务利润率	主营业务收入入增长率	应收账款周转率	存货周转率	固定资产周转率
2001-06-30	199864.11	22871.46	185053.00	15923.70	0.78	0.06	0.05	0.08	—	—	—	—
2001-12-31	200373.73	31307.37	228435.59	11696.41	0.79	0.07	0.06	0.06	0.00	0.56	0.45	0.24
2002-06-30	228311.18	21824.41	236034.10	16256.44	0.78	0.06	0.06	0.07	0.14	0.61	0.49	0.25
2002-12-31	255457.75	30262.38	257261.78	17110.89	0.78	0.07	0.06	0.07	0.12	0.69	0.52	0.26
2003-06-30	294162.21	26757.33	263631.67	22503.85	0.78	0.06	0.05	0.08	0.15	0.74	0.54	0.28
2003-12-31	336548.75	36973.90	288752.01	23309.58	0.79	0.06	0.06	0.07	0.14	0.73	0.57	0.30
2004-06-30	393804.70	36052.02	305004.94	30496.85	0.79	0.05	0.05	0.08	0.17	0.77	0.59	0.33
2004-12-31	444615.13	49713.76	339970.58	28101.67	0.80	0.06	0.05	0.06	0.13	0.84	0.58	0.34
2005-06-30	510823.14	43893.97	392212.15	38531.40	0.80	0.04	0.05	0.08	0.15	0.92	0.56	0.35
2005-12-31	537079.06	53741.76	426031.00	25872.41	0.83	0.05	0.05	0.05	0.05	0.91	0.56	0.33
2006-06-30	585806.75	50266.31	441354.11	33532.11	0.83	0.04	0.05	0.06	0.09	0.93	0.60	0.34
2006-12-31	697124.63	71911.50	523202.70	42999.56	0.82	0.05	0.04	0.06	0.19	1.02	0.62	0.36
2007-06-30	803162.33	60341.83	516390.29	52303.35	0.81	0.04	0.05	0.07	0.15	1.11	0.62	0.39
2007-12-31	911977.84	85320.74	596164.21	51822.20	0.84	0.04	0.05	0.06	0.14	1.17	0.64	0.41
2008-06-30	1041529.16	81615.85	636481.35	65508.01	0.83	0.04	0.04	0.06	0.14	1.21	0.62	0.42
2008-12-31	915162.61	94765.10	675975.04	24212.79	0.86	0.05	0.05	0.03	-0.12	1.07	0.54	0.35
2009-06-30	828205.82	66610.58	680866.77	35267.52	0.81	0.05	0.05	0.04	-0.10	1.01	0.51	0.31
2009-12-31	1071343.14	85515.62	799944.75	57227.99	0.84	0.05	0.06	0.05	0.29	1.13	0.66	0.36
2010-06-30	1281639.85	73798.01	830670.74	78499.73	0.82	0.04	0.05	0.06	0.20	1.09	0.65	0.39
2010-12-31	1430567.61	95838.08	903405.95	72584.00	0.83	0.05	0.05	0.05	0.12	1.05	0.64	0.41

表 B2　食品、饮料制造企业样本公司商品经营系统的综合发展水平评价指标数据

时间（年-月-日）	主营业务收入（百万元）	商品经营投资（百万元）	固定资产（百万元）	商品经营利润（百万元）	主营业务成本率	管理费用率	销售费用率	主营业务利润率	主营业务收入增长率	应收账款周转率	存货周转率	固定资产周转率
2001-06-30	15139.94	2857.79	17038.21	1550.67	0.62	0.06	0.11	0.10	—	—	—	—
2001-12-31	14657.05	2593.61	18829.04	1257.66	0.63	0.08	0.13	0.09	-0.03	0.88	0.31	0.20
2002-06-30	18529.15	2195.16	20043.52	1520.37	0.62	0.06	0.12	0.08	0.26	1.06	0.35	0.24
2002-12-31	19030.95	3054.96	21874.59	1115.39	0.64	0.07	0.13	0.06	0.03	1.12	0.36	0.23
2003-06-30	21663.08	2281.47	22969.53	1708.10	0.63	0.07	0.13	0.08	0.14	1.21	0.37	0.24
2003-12-31	24901.62	3043.00	25962.72	1476.62	0.65	0.07	0.14	0.06	0.15	1.10	0.39	0.25
2004-06-30	26625.92	1782.86	26734.72	2172.42	0.63	0.06	0.13	0.08	0.07	1.05	0.37	0.25
2004-12-31	30660.39	2760.32	29230.99	1762.08	0.67	0.06	0.13	0.06	0.15	1.14	0.41	0.27
2005-06-30	33887.66	2029.96	29635.15	2508.07	0.65	0.05	0.13	0.07	0.11	1.18	0.42	0.29
2005-12-31	36489.29	2336.72	31675.04	2110.95	0.67	0.06	0.13	0.06	0.08	1.35	0.45	0.30
2006-06-30	41033.73	3151.66	32161.54	3425.47	0.64	0.05	0.13	0.08	0.12	1.67	0.45	0.32
2006-12-31	43510.67	3221.28	33799.18	3030.95	0.67	0.07	0.12	0.07	0.06	1.81	0.46	0.33
2007-06-30	48581.43	2918.83	33170.13	4399.85	0.65	0.04	0.13	0.09	0.12	2.49	0.47	0.36
2007-12-31	54574.91	3657.12	34377.82	4229.86	0.67	0.06	0.11	0.08	0.12	3.29	0.51	0.40
2008-06-30	61385.78	3361.92	35681.29	6421.45	0.65	0.05	0.13	0.10	0.12	3.74	0.49	0.44
2008-12-31	56870.42	4072.85	37315.62	2531.50	0.68	0.08	0.13	0.04	-0.07	3.64	0.43	0.39
2009-06-30	65712.78	3053.34	40841.77	8088.22	0.61	0.05	0.14	0.12	0.16	3.85	0.44	0.42
2009-12-31	67879.99	4066.86	43393.92	7356.11	0.62	0.06	0.13	0.11	0.03	3.27	0.45	0.40
2010-06-30	78788.03	4196.78	43289.82	10076.75	0.60	0.05	0.13	0.13	0.16	3.30	0.45	0.45
2010-12-31	84546.08	6867.21	46056.93	8583.44	0.64	0.06	0.12	0.10	0.07	2.98	0.47	0.47

表 B3　纺织、服装、皮毛制造企业样本公司商品经营系统的综合发展水平评价指标数据

时间 (年-月-日)	主营业务收入(百万元)	商品经营投资(百万元)	固定资产(百万元)	商品经营利润(百万元)	主营业务成本率	管理费用率	销售费用率	主营业务利润率	主营业务收入增长率	应收账款周转率	存货周转率	固定资产周转率
2001-06-30	8203.95	949.99	6036.25	755.80	0.78	0.05	0.05	0.09	—	—	—	—
2001-12-31	9301.23	1635.25	7701.11	614.02	0.80	0.05	0.06	0.07	0.13	0.85	0.37	0.34
2002-06-30	8769.71	1542.70	8722.97	810.38	0.78	0.05	0.05	0.09	-0.06	0.82	0.32	0.27
2002-12-31	11961.49	2475.09	10185.30	687.06	0.80	0.06	0.06	0.06	0.36	1.09	0.39	0.32
2003-06-30	10238.33	1996.85	10691.78	790.45	0.79	0.06	0.05	0.08	-0.14	0.86	0.26	0.25
2003-12-31	14566.57	1707.86	12149.15	928.42	0.81	0.05	0.05	0.06	0.42	1.07	0.33	0.32
2004-06-30	12358.50	2509.55	13078.70	943.04	0.81	0.05	0.05	0.08	-0.15	0.86	0.27	0.24
2004-12-31	17375.74	3685.84	15690.44	1086.34	0.81	0.05	0.05	0.06	0.41	1.15	0.37	0.30
2005-06-30	14423.18	1397.69	16339.12	1127.56	0.80	0.05	0.05	0.08	-0.17	0.89	0.28	0.23
2005-12-31	17255.19	1678.48	17112.68	1060.48	0.81	0.06	0.05	0.06	0.20	1.07	0.30	0.26
2006-06-30	15957.19	1465.73	16726.18	1244.43	0.80	0.05	0.05	0.08	-0.08	0.99	0.26	0.24
2006-12-31	20499.37	3169.97	21017.79	1063.55	0.80	0.07	0.05	0.05	0.28	1.03	0.30	0.27
2007-06-30	19020.10	2543.20	20814.99	1627.79	0.78	0.05	0.05	0.09	-0.07	0.90	0.24	0.23
2007-12-31	24015.99	6425.20	22326.11	1796.92	0.80	0.05	0.05	0.07	0.26	1.28	0.29	0.28
2008-06-30	23710.71	5195.34	22729.03	2649.04	0.75	0.05	0.05	0.11	-0.01	1.17	0.23	0.26
2008-12-31	25563.47	4547.27	25122.88	1437.77	0.81	0.06	0.05	0.06	0.08	1.13	0.23	0.27
2009-06-30	20995.87	2866.56	24904.47	1507.02	0.79	0.06	0.05	0.07	-0.18	0.91	0.17	0.21
2009-12-31	27620.69	2846.91	28832.81	2758.32	0.77	0.06	0.05	0.10	0.32	1.19	0.20	0.26
2010-06-30	26537.60	2387.31	28166.28	2204.88	0.78	0.06	0.05	0.08	-0.04	1.05	0.17	0.23
2010-12-31	36586.29	2666.66	29807.77	2946.61	0.76	0.06	0.05	0.08	0.38	1.41	0.22	0.32

表 B4　木材、家具制造企业样本公司商品经营系统的综合发展水平评价指标数据

时间 (年-月-日)	主营业务收入(百万元)	商品经营投资(百万元)	固定资产(百万元)	商品经营利润(百万元)	主营业务成本率	管理费用率	销售费用率	主营业务利润率	主营业务收入增长率	应收账款周转率	存货周转率	固定资产周转率
2001-06-30	519.08	96.11	697.49	63.40	0.76	0.05	0.04	0.12	—	—	—	—
2001-12-31	614.46	94.85	699.30	85.38	0.74	0.04	0.05	0.14	0.18	0.43	0.21	0.22
2002-06-30	492.41	93.78	680.89	37.61	0.76	0.06	0.05	0.08	-0.20	0.22	0.15	0.18
2002-12-31	696.93	150.61	822.92	-1.36	0.80	0.12	0.05	0.00	0.42	0.30	0.22	0.23
2003-06-30	890.86	208.35	880.65	22.18	0.81	0.06	0.08	0.02	0.28	0.35	0.26	0.26
2003-12-31	1095.62	189.80	1271.87	-36.07	0.83	0.10	0.06	-0.03	0.23	0.34	0.36	0.25
2004-06-30	1012.65	111.61	1239.27	38.24	0.79	0.07	0.07	0.04	-0.08	0.32	0.35	0.20
2004-12-31	1200.88	465.37	1351.59	81.99	0.79	0.04	0.08	0.07	0.19	0.37	0.37	0.23
2005-06-30	1190.10	104.12	1324.43	59.73	0.78	0.06	0.09	0.05	-0.01	0.32	0.32	0.22
2005-12-31	1646.02	416.18	2016.83	-70.36	0.84	0.12	0.06	-0.04	0.38	0.40	0.43	0.25
2006-06-30	1746.90	126.88	3152.94	97.80	0.81	0.05	0.07	0.06	0.06	0.38	0.33	0.17
2006-12-31	2872.35	339.71	3268.08	146.55	0.80	0.06	0.07	0.05	0.64	0.72	0.42	0.22
2007-06-30	2620.50	255.58	3530.24	176.19	0.78	0.07	0.08	0.07	-0.09	0.83	0.33	0.19
2007-12-31	3636.08	675.85	3444.19	251.01	0.80	0.05	0.07	0.07	0.39	0.94	0.42	0.26
2008-06-30	2739.41	466.19	3632.12	235.01	0.77	0.07	0.06	0.09	-0.25	0.74	0.27	0.19
2008-12-31	3562.68	507.03	3860.94	232.66	0.78	0.06	0.08	0.07	0.30	1.15	0.34	0.24
2009-06-30	2648.91	209.69	3709.59	170.93	0.76	0.08	0.08	0.06	-0.26	0.87	0.26	0.17
2009-12-31	4357.40	844.80	3988.26	222.47	0.77	0.06	0.10	0.05	0.64	1.35	0.46	0.28
2010-06-30	3216.96	257.18	3912.74	172.11	0.76	0.08	0.09	0.05	-0.26	0.85	0.34	0.20
2010-12-31	4247.02	285.60	3762.90	228.07	0.76	0.07	0.11	0.05	0.32	1.16	0.40	0.28

表 B5　造纸、印刷制造业样本公司商品经营系统的综合发展水平评价指标数据

时间 (年-月-日)	主营业务收入（百万元）	商品经营投资（百万元）	固定资产（百万元）	商品经营利润（百万元）	主营业务成本率	管理费用率	销售费用率	主营业务利润率	主营业务收入增长率	应收账款周转率	存货周转率	固定资产周转率
2001-06-30	2550.11	759.44	3615.84	257.04	0.77	0.06	0.04	0.10	—	—	—	—
2001-12-31	2457.78	1855.87	4957.17	196.46	0.73	0.09	0.07	0.08	-0.04	0.34	0.36	0.14
2002-06-30	3441.79	1234.33	6577.61	379.92	0.73	0.07	0.06	0.11	0.40	0.41	0.46	0.15
2002-12-31	4702.48	1701.03	8322.64	608.40	0.71	0.07	0.05	0.13	0.37	0.52	0.62	0.16
2003-06-30	4329.47	1030.73	8332.13	685.41	0.68	0.07	0.06	0.16	-0.08	0.43	0.46	0.13
2003-12-31	5482.71	1280.30	10195.38	616.22	0.75	0.06	0.05	0.11	0.27	0.51	0.52	0.15
2004-06-30	5793.33	1725.65	10365.70	655.19	0.74	0.06	0.05	0.11	0.06	0.52	0.45	0.14
2004-12-31	6664.89	3497.14	10539.53	612.81	0.78	0.05	0.05	0.09	0.15	0.60	0.48	0.16
2005-06-30	6939.83	2597.21	15622.28	655.10	0.77	0.06	0.05	0.09	0.04	0.62	0.45	0.13
2005-12-31	8498.15	2511.82	18048.83	624.98	0.79	0.05	0.05	0.07	0.22	0.68	0.51	0.13
2006-06-30	9093.57	2515.68	18465.93	734.08	0.80	0.05	0.05	0.08	0.07	0.58	0.53	0.12
2006-12-31	9618.82	2899.23	19639.39	572.64	0.81	0.06	0.06	0.06	0.06	0.56	0.57	0.13
2007-06-30	11240.55	1021.02	25046.67	951.76	0.80	0.04	0.04	0.08	0.17	0.59	0.63	0.13
2007-12-31	14247.89	652.15	24388.55	1245.68	0.80	0.04	0.05	0.09	0.27	0.69	0.75	0.14
2008-06-30	14272.93	1185.50	24284.60	1466.34	0.79	0.04	0.04	0.10	0.00	0.75	0.65	0.15
2008-12-31	11944.67	1613.63	24920.95	654.30	0.84	0.05	0.04	0.05	-0.16	0.67	0.44	0.12
2009-06-30	11491.73	931.59	24844.61	531.77	0.84	0.05	0.05	0.05	-0.04	0.49	0.38	0.12
2009-12-31	15270.42	3058.39	27051.52	1174.66	0.81	0.05	0.05	0.08	0.33	0.53	0.55	0.15
2010-06-30	15165.82	2631.76	26589.07	1080.85	0.81	0.05	0.05	0.07	-0.01	0.51	0.51	0.14
2010-12-31	16961.89	7118.41	26380.34	986.36	0.83	0.05	0.04	0.06	0.12	0.53	0.52	0.16

表 B6　石油、化学、塑胶、塑料制造企业样本公司商品经营系统的综合发展水平评价指标数据

时间（年-月-日）	主营业务收入（百万元）	商品经营投资（百万元）	固定资产（百万元）	商品经营利润（百万元）	主营业务成本率	管理费用率	销售费用率	主营业务利润率	主营业务收入增长率	应收账款周转率	存货周转率	固定资产周转率
2001-06-30	27671.63	3865.88	33537.74	1806.55	0.82	0.06	0.03	0.07	—	—	—	—
2001-12-31	29058.06	6963.08	39961.59	1308.99	0.84	0.06	0.04	0.05	0.05	0.63	0.60	0.20
2002-06-30	30674.08	4641.56	43991.05	2083.30	0.80	0.06	0.03	0.07	0.06	0.68	0.60	0.18
2002-12-31	36458.57	5370.90	48996.52	2332.48	0.82	0.06	0.03	0.06	0.19	0.91	0.69	0.20
2003-06-30	41209.37	4969.62	51357.80	2567.35	0.83	0.05	0.03	0.06	0.13	1.02	0.73	0.21
2003-12-31	45154.65	6046.27	55467.67	2885.88	0.82	0.06	0.03	0.06	0.10	0.95	0.76	0.21
2004-06-30	53030.39	5834.35	56634.69	4327.60	0.81	0.05	0.03	0.08	0.17	1.02	0.80	0.24
2004-12-31	63015.28	9049.99	63414.37	5735.56	0.81	0.05	0.03	0.09	0.19	1.11	0.84	0.26
2005-06-30	66058.63	7111.31	64351.29	5745.59	0.81	0.05	0.03	0.09	0.05	1.11	0.79	0.26
2005-12-31	69503.83	10287.46	72037.97	2722.27	0.87	0.05	0.03	0.04	0.05	1.19	0.82	0.25
2006-06-30	75060.55	8573.04	74528.13	4096.72	0.85	0.04	0.03	0.05	0.08	1.25	0.83	0.26
2006-12-31	85953.48	9776.24	80802.49	4424.82	0.86	0.04	0.02	0.05	0.15	1.41	0.91	0.28
2007-06-30	89950.28	9048.26	82117.17	7260.28	0.82	0.04	0.02	0.08	0.05	1.50	0.86	0.28
2007-12-31	100299.65	14030.10	93252.17	5496.14	0.84	0.04	0.02	0.05	0.12	1.60	0.88	0.29
2008-06-30	118488.23	11527.53	93641.86	6789.50	0.85	0.05	0.02	0.06	0.18	1.78	0.88	0.32
2008-12-31	100045.86	17975.72	101031.46	-4227.35	0.93	0.05	0.03	-0.04	-0.16	1.61	0.77	0.26
2009-06-30	86501.02	12452.12	103290.77	4884.82	0.82	0.05	0.03	0.06	-0.14	1.53	0.65	0.21
2009-12-31	100846.85	16038.90	114425.47	4026.37	0.83	0.06	0.03	0.04	0.17	1.63	0.74	0.23
2010-06-30	122902.56	12566.68	128409.98	7250.39	0.83	0.04	0.03	0.06	0.22	1.71	0.74	0.25
2010-12-31	144192.57	11629.37	142458.05	6757.95	0.84	0.05	0.03	0.05	0.17	1.65	0.77	0.27

表 B7 电子制造企业样本公司商品经营系统的综合发展水平评价指标数据

时间(年-月-日)	主营业务收入(百万元)	商品经营投资(百万元)	固定资产(百万元)	商品经营利润(百万元)	主营业务成本率	管理费用率	销售费用率	主营业务利润率	主营业务收入增长率	应收账款周转率	存货周转率	固定资产周转率
2001-06-30	11877.73	1105.59	7070.76	271.08	0.83	0.05	0.09	0.02	—	—	—	—
2001-12-31	13842.09	1545.72	8257.07	-529.67	0.88	0.05	0.10	-0.04	0.17	0.38	0.25	0.45
2002-06-30	15806.29	1196.86	8456.81	356.59	0.83	0.04	0.10	0.02	0.14	0.39	0.28	0.47
2002-12-31	16781.08	1391.24	9800.56	263.36	0.84	0.04	0.10	0.02	0.06	0.40	0.28	0.46
2003-06-30	17310.91	1382.37	10138.48	355.18	0.84	0.04	0.10	0.02	0.03	0.40	0.25	0.43
2003-12-31	23351.22	1290.49	11315.85	433.10	0.84	0.04	0.09	0.02	0.35	0.43	0.34	0.54
2004-06-30	19470.98	1018.44	11485.84	383.60	0.84	0.04	0.09	0.02	-0.17	0.33	0.27	0.43
2004-12-31	23065.54	974.91	12017.29	-2982.80	0.84	0.20	0.09	-0.13	0.18	0.46	0.32	0.49
2005-06-30	22471.91	846.93	11892.85	580.61	0.84	0.04	0.10	0.03	-0.03	0.44	0.37	0.47
2005-12-31	26702.42	1019.11	12495.54	693.85	0.83	0.04	0.10	0.03	0.19	0.45	0.45	0.55
2006-06-30	26656.94	630.12	12349.98	767.36	0.83	0.04	0.09	0.03	0.00	0.44	0.43	0.54
2006-12-31	34311.30	1415.89	12645.81	957.80	0.84	0.04	0.08	0.03	0.29	0.58	0.54	0.69
2007-06-30	30554.39	1119.01	11990.97	929.17	0.84	0.04	0.08	0.03	-0.11	0.53	0.47	0.62
2007-12-31	37515.11	952.86	12927.34	1236.96	0.82	0.04	0.10	0.03	0.23	0.59	0.53	0.75
2008-06-30	34785.25	1052.79	13449.66	964.98	0.83	0.04	0.09	0.03	-0.07	0.51	0.47	0.66
2008-12-31	35226.18	3365.57	13818.01	750.87	0.83	0.05	0.10	0.02	0.01	0.54	0.51	0.65
2009-06-30	32131.02	1482.24	13375.37	431.88	0.82	0.05	0.10	0.01	-0.09	0.48	0.49	0.59
2009-12-31	44800.89	2080.82	17886.86	1343.38	0.81	0.04	0.11	0.03	0.39	0.58	0.58	0.72
2010-06-30	44804.84	1692.17	15449.58	1365.20	0.83	0.04	0.09	0.03	0.00	0.50	0.49	0.67
2010-12-31	53500.30	2082.63	19407.17	1476.26	0.82	0.04	0.10	0.03	0.19	0.51	0.55	0.77

表 B8　金属、非金属制造企业样本公司商品经营系统的综合发展水平评价指标数据

时间 （年-月-日）	主营业务收入（百万元）	商品经营投资（百万元）	固定资产（百万元）	商品经营利润（百万元）	主营业务成本率	管理费用率	销售费用率	主营业务利润率	主营业务收入增长率	应收账款周转率	存货周转率	固定资产周转率
2001-06-30	66650.45	8349.83	81023.19	6066.76	0.82	0.04	0.02	0.09	—	—	—	—
2001-12-31	64708.37	10279.79	104812.85	5038.43	0.85	0.04	0.02	0.08	-0.03	0.73	0.63	0.17
2002-06-30	70313.24	5932.99	103065.94	5815.67	0.83	0.04	0.02	0.08	0.09	0.83	0.67	0.17
2002-12-31	82562.56	9051.14	107291.41	7664.43	0.81	0.05	0.02	0.09	0.17	0.91	0.75	0.20
2003-06-30	97588.47	9445.94	107529.22	9877.38	0.80	0.04	0.01	0.10	0.18	0.97	0.80	0.23
2003-12-31	113028.00	14907.93	115714.51	11519.33	0.81	0.04	0.01	0.10	0.16	0.97	0.80	0.25
2004-06-30	146296.00	15740.13	129024.08	14541.92	0.82	0.03	0.01	0.10	0.29	1.08	0.80	0.30
2004-12-31	181613.67	19068.27	141254.50	17057.49	0.82	0.03	0.01	0.09	0.24	1.30	0.77	0.34
2005-06-30	219499.03	22122.95	185815.06	20990.10	0.82	0.03	0.01	0.10	0.21	1.51	0.64	0.34
2005-12-31	236338.38	26147.18	199366.61	13251.75	0.88	0.03	0.01	0.06	0.08	1.45	0.64	0.31
2006-06-30	249668.38	26357.81	210686.38	15319.86	0.87	0.02	0.02	0.06	0.06	1.37	0.69	0.30
2006-12-31	313925.22	37921.62	245933.20	25381.05	0.84	0.03	0.01	0.08	0.26	1.62	0.72	0.34
2007-06-30	355481.12	34635.07	249803.17	26947.44	0.83	0.02	0.01	0.08	0.13	1.67	0.67	0.36
2007-12-31	412293.15	44724.08	306287.60	25707.26	0.89	0.03	0.01	0.06	0.16	1.72	0.69	0.37
2008-06-30	473970.97	42528.54	336320.49	31918.11	0.87	0.03	0.01	0.07	0.15	1.91	0.65	0.37
2008-12-31	417258.68	39358.19	357121.70	11468.21	0.92	0.03	0.01	0.03	-0.12	1.83	0.61	0.30
2009-06-30	302641.99	31181.15	361940.70	3698.88	0.92	0.04	0.01	0.01	-0.27	1.48	0.53	0.21
2009-12-31	437246.87	37249.04	435561.28	21291.24	0.89	0.04	0.01	0.05	0.44	1.82	0.70	0.27
2010-06-30	488088.39	30810.61	438434.15	24900.56	0.89	0.03	0.01	0.05	0.12	1.58	0.65	0.28
2010-12-31	536291.91	37721.73	473176.39	21591.14	0.90	0.04	0.01	0.04	0.10	1.53	0.62	0.29

表 B9　机械、设备、仪表制造企业样本公司商品经营系统的综合发展水平评价指标数据

时间（年－月－日）	主营业务收入（百万元）	商品经营投资（百万元）	固定资产（百万元）	商品经营利润（百万元）	主营业务成本率	管理费用率	销售费用率	主营业务利润率	主营业务收入增长率	应收账款周转率	存货周转率	固定资产周转率
2001－06－30	52942.00	3557.95	30269.46	3888.67	0.78	0.07	0.06	0.07	—	—	—	—
2001－12－31	51079.42	3959.26	32980.95	2783.49	0.77	0.08	0.07	0.05	-0.04	0.46	0.43	0.40
2002－06－30	62203.13	3228.23	33207.58	3801.38	0.78	0.07	0.06	0.06	0.22	0.53	0.51	0.47
2002－12－31	64603.22	5121.64	36637.30	3170.34	0.78	0.09	0.07	0.05	0.04	0.55	0.49	0.46
2003－06－30	78643.61	3670.87	37793.12	4839.36	0.79	0.06	0.06	0.06	0.22	0.63	0.56	0.53
2003－12－31	86792.06	6235.85	40560.95	4404.81	0.80	0.07	0.06	0.05	0.10	0.62	0.57	0.55
2004－06－30	104852.70	5754.85	40267.06	5784.50	0.79	0.06	0.07	0.06	0.21	0.68	0.59	0.65
2004－12－31	97895.86	8135.16	47443.39	4133.98	0.82	0.07	0.06	0.04	-0.07	0.60	0.49	0.56
2005－06－30	118867.40	6249.44	48542.89	4922.66	0.81	0.06	0.07	0.04	0.21	0.68	0.53	0.62
2005－12－31	113575.18	7626.71	52965.41	3860.23	0.82	0.06	0.06	0.03	-0.04	0.63	0.49	0.56
2006－06－30	137570.24	6029.24	53118.04	5882.08	0.82	0.06	0.06	0.04	0.21	0.70	0.57	0.65
2006－12－31	157248.07	11111.51	84690.11	5807.24	0.81	0.06	0.07	0.04	0.14	0.66	0.54	0.57
2007－06－30	213381.15	7495.94	70357.23	7635.15	0.83	0.05	0.08	0.04	0.36	0.79	0.65	0.69
2007－12－31	231677.20	12479.62	79055.65	9432.27	0.82	0.05	0.07	0.04	0.09	0.78	0.63	0.78
2008－06－30	277011.57	13168.56	86791.09	11431.67	0.83	0.05	0.07	0.04	0.20	0.78	0.64	0.84
2008－12－31	231059.29	20888.21	91860.18	8137.12	0.83	0.06	0.07	0.04	-0.17	0.60	0.51	0.65
2009－06－30	268153.69	12490.45	87579.69	11749.12	0.75	0.04	0.06	0.04	0.16	0.72	0.58	0.75
2009－12－31	332378.67	15516.20	106347.25	14423.71	0.87	0.05	0.08	0.04	0.24	0.76	0.81	0.86
2010－06－30	456975.04	16438.89	124051.15	26195.22	0.81	0.05	0.07	0.06	0.37	0.82	0.87	0.99
2010－12－31	508905.68	23677.27	138773.24	25708.25	0.80	0.05	0.07	0.05	0.11	0.76	0.81	0.97

表 B10 医药、生物制品制造企业样本公司商品经营系统的综合发展水平评价指标数据

时 间（年-月-日）	主营业务收入（百万元）	商品经营投资（百万元）	固定资产（百万元）	商品经营利润（百万元）	主营业务成本率	管理费用率	销售费用率	主营业务利润率	主营业务收入增长率	应收账款周转率	存货周转率	固定资产周转率
2001-06-30	14309.21	1328.88	8015.43	1263.72	0.63	0.11	0.14	0.09	—	—	—	—
2001-12-31	14655.26	2379.95	10236.52	941.65	0.63	0.13	0.15	0.06	0.02	0.33	0.36	0.40
2002-06-30	18081.38	1758.81	11287.74	1451.21	0.65	0.11	0.14	0.08	0.23	0.37	0.42	0.42
2002-12-31	18660.48	1945.77	13330.54	1270.80	0.64	0.13	0.15	0.07	0.03	0.43	0.39	0.38
2003-06-30	22288.10	1771.12	13938.95	1658.45	0.65	0.11	0.14	0.07	0.19	0.50	0.46	0.41
2003-12-31	22176.30	2272.40	16113.91	1081.28	0.64	0.12	0.15	0.05	-0.01	0.40	0.44	0.37
2004-06-30	24364.21	1574.58	16174.88	1650.34	0.67	0.10	0.14	0.07	0.10	0.41	0.50	0.38
2004-12-31	23122.88	2076.76	19028.48	614.22	0.65	0.14	0.16	0.03	-0.05	0.37	0.45	0.33
2005-06-30	27485.40	1434.38	18689.08	1941.97	0.67	0.10	0.14	0.07	0.19	0.42	0.50	0.36
2005-12-31	27070.61	1718.10	20312.09	1618.26	0.67	0.10	0.14	0.06	-0.02	0.40	0.46	0.35
2006-06-30	29019.25	1416.16	20165.00	1964.30	0.68	0.09	0.14	0.07	0.07	0.43	0.48	0.36
2006-12-31	29185.36	2056.05	21406.66	1614.95	0.68	0.10	0.14	0.06	0.01	0.41	0.46	0.35
2007-06-30	32332.81	1304.92	19559.71	2375.72	0.70	0.07	0.13	0.07	0.11	0.52	0.50	0.39
2007-12-31	33717.85	1723.75	20104.77	2426.11	0.66	0.09	0.15	0.07	0.04	0.62	0.48	0.43
2008-06-30	35164.30	3129.48	19951.21	3731.91	0.70	0.08	0.15	0.11	0.04	0.60	0.50	0.44
2008-12-31	33631.36	2436.64	20923.29	3227.70	0.56	0.09	0.15	0.10	-0.04	0.59	0.37	0.41
2009-06-30	37928.80	1943.44	20379.82	4204.88	0.63	0.08	0.15	0.11	0.13	0.69	0.47	0.46
2009-12-31	40941.36	3813.70	22457.39	4631.73	0.61	0.09	0.16	0.11	0.08	0.69	0.47	0.48
2010-06-30	45160.61	2816.63	22367.97	5253.77	0.62	0.08	0.15	0.12	0.10	0.70	0.48	0.50
2010-12-31	45335.86	3789.19	23583.16	4305.91	0.63	0.09	0.17	0.09	0.00	0.67	0.43	0.49

表 B11 制造企业所有样本公司资本经营系统的综合发展水平评价指标数据

时间（年-月-日）	总资产（百万元）	净资产（百万元）	资本经营投资（百万元）	长期投资（百万元）	资本经营收益（百万元）	产权比率	长期资本负债率	投资收益（百万元）	财务费用（百万元）	资本积累率	净资产收益率	总资产周转率
2001-06-30	564194.39	344666.01	16391.42	25085.30	-3386.26	0.64	0.11	1318.48	2155.90	—	—	—
2001-12-31	607601.08	352915.45	20963.85	26235.41	-431.54	0.72	0.15	1019.47	2319.28	0.01	0.01	0.09
2002-06-30	639265.52	372588.13	12193.60	30215.49	-3947.04	0.72	0.14	955.06	2956.67	0.01	0.01	0.09
2002-12-31	673422.87	378601.71	12322.08	32059.61	-2651.07	0.78	0.13	895.75	2774.01	0.01	0.01	0.10
2003-06-30	724822.13	403813.81	11499.26	33948.36	-4562.07	0.80	0.14	1807.84	2986.11	0.01	0.01	0.11
2003-12-31	786912.16	435126.20	11744.32	35576.02	-5065.40	0.81	0.15	1417.98	3241.82	0.01	0.01	0.11
2004-06-30	882766.35	463517.95	20901.92	41123.36	-6562.68	0.91	0.15	2046.81	3231.80	0.02	0.02	0.12
2004-12-31	928765.36	493984.28	11208.38	41316.14	-7300.24	0.88	0.15	-27.83	4371.56	0.01	0.01	0.12
2005-06-30	1079267.99	540126.54	35803.74	46906.81	-8952.42	1.00	0.15	836.83	4269.68	0.02	0.02	0.13
2005-12-31	1098942.78	566367.77	6145.99	46329.40	-3667.37	0.94	0.16	929.46	5236.64	0.01	0.01	0.12
2006-06-30	1203275.60	581525.70	10101.34	49884.38	-7457.02	1.07	0.17	2677.83	5880.46	0.01	0.01	0.13
2006-12-31	1381793.86	661689.02	16174.49	47922.80	-9490.83	1.09	0.19	3246.99	6883.96	0.02	0.02	0.13
2007-06-30	1546449.17	720252.26	36873.53	89202.91	-6369.99	1.15	0.18	12292.71	8479.51	0.02	0.02	0.14
2007-12-31	1792268.37	819695.02	32280.13	123767.98	-9066.55	1.19	0.19	13724.43	9888.78	0.02	0.02	0.14
2008-06-30	2001755.85	871014.80	40578.40	115700.26	-8243.59	1.30	0.21	11502.99	11468.02	0.02	0.02	0.14
2008-12-31	1980023.60	877838.97	38597.65	108663.27	-21349.64	1.26	0.22	7882.77	14701.35	0.00	0.00	0.11
2009-06-30	2099161.36	908004.69	39765.41	117135.89	-2906.17	1.29	0.23	11433.97	10399.29	0.01	0.01	0.10
2009-12-31	2369548.31	1017168.61	37791.41	144084.85	-5309.69	1.33	0.23	17438.62	9605.41	0.02	0.02	0.12
2010-06-30	2603022.07	1089383.22	34781.09	135823.32	-13512.84	1.39	0.24	12152.96	11103.16	0.02	0.02	0.13
2010-12-31	2895730.30	1216921.12	89410.82	158059.99	-10761.65	1.38	0.23	16029.73	11899.94	0.02	0.02	0.13

表 B12　食品、饮料制造企业样本公司资本经营系统的综合发展水平评价指标数据

时间 (年-月-日)	总资产 (百万元)	净资产 (百万元)	资本经营投资 (百万元)	长期投资 (百万元)	资本经营收益(百万元)	产权比率	长期资本负债率	投资收益(百万元)	财务费用(百万元)	资本积累率	净资产收益率	总资产周转率
2001-06-30	44072.40	28460.86	833.54	1159.09	-291.17	0.55	0.06	94.39	113.45	—	—	—
2001-12-31	47571.72	30823.81	559.74	1633.19	-154.53	0.54	0.05	56.27	124.35	0.08	0.01	0.08
2002-06-30	50301.51	32979.36	766.00	1786.86	-268.89	0.53	0.05	62.20	125.90	0.07	0.01	0.09
2002-12-31	55350.28	34497.60	799.74	1986.25	-98.15	0.60	0.05	-10.00	151.14	0.05	0.01	0.09
2003-06-30	59147.10	36727.82	1139.03	2093.53	-325.03	0.61	0.07	89.94	164.88	0.06	0.01	0.09
2003-12-31	62996.23	38593.92	464.26	2192.76	-16.35	0.63	0.08	73.40	136.31	0.05	0.01	0.10
2004-06-30	67934.87	40048.27	1104.27	2530.46	-332.93	0.70	0.09	58.61	168.86	0.04	0.01	0.10
2004-12-31	72372.27	42244.84	776.87	2727.32	-35.92	0.71	0.08	116.81	114.74	0.05	0.01	0.11
2005-06-30	75287.86	44456.93	908.18	2707.85	-433.98	0.69	0.05	85.53	209.09	0.05	0.01	0.11
2005-12-31	76288.83	46503.60	463.93	2617.02	-268.24	0.64	0.05	46.08	137.68	0.05	0.01	0.12
2006-06-30	80184.40	47677.08	288.91	2626.05	-621.63	0.68	0.04	173.46	178.38	0.03	0.02	0.13
2006-12-31	83842.62	50964.95	979.73	2694.14	-415.36	0.65	0.04	105.90	149.30	0.07	0.02	0.13
2007-06-30	91729.54	52483.45	1814.77	4239.80	-641.18	0.75	0.04	350.40	225.69	0.03	0.02	0.14
2007-12-31	98410.36	59514.83	1563.94	5969.64	-799.25	0.65	0.03	464.83	213.06	0.13	0.02	0.14
2008-06-30	106831.79	63852.43	756.47	6777.20	-1024.23	0.67	0.05	552.88	248.80	0.07	0.03	0.15
2008-12-31	113449.55	67539.69	730.05	7119.63	-220.15	0.68	0.04	262.05	308.36	0.06	0.01	0.13
2009-06-30	121870.23	71833.10	3185.11	7434.37	-1038.74	0.70	0.05	791.53	251.03	0.06	0.03	0.14
2009-12-31	137047.28	81650.68	1504.12	8581.73	-1216.17	0.68	0.06	732.98	159.52	0.14	0.03	0.13
2010-06-30	150071.65	87611.75	1356.60	9532.09	-1140.73	0.71	0.07	675.42	112.01	0.07	0.03	0.14
2010-12-31	166964.27	96716.66	1861.74	10380.81	-789.94	0.73	0.07	710.01	49.38	0.10	0.03	0.13

表 B13　纺织、服装、皮毛制造企业样本公司资本经营系统的综合发展水平评价指标数据

时间 (年-月-日)	总资产 (百万元)	净资产 (百万元)	资本经营投资 (百万元)	长期投资 (百万元)	资本经营收益 (百万元)	产权比率	长期资本负债率	投资收益 (百万元)	财务费用 (百万元)	资本积累率	净资产收益率	总资产周转率
2001-06-30	22716.40	15817.40	866.10	1638.64	-40.06	0.44	0.04	159.27	66.60	—	—	—
2001-12-31	24427.77	16334.47	481.34	1788.60	-8.44	0.50	0.03	99.14	80.01	0.03	0.01	0.10
2002-06-30	26936.29	17395.72	984.89	2387.19	-61.58	0.55	0.07	117.08	99.82	0.06	0.01	0.09
2002-12-31	30849.56	17710.96	-21.79	2151.09	-27.26	0.74	0.07	57.16	138.95	0.02	0.01	0.10
2003-06-30	34188.39	18870.75	640.74	2183.45	-51.91	0.81	0.12	70.78	129.39	0.07	0.01	0.08
2003-12-31	37607.38	19923.01	230.46	2240.04	-168.57	0.89	0.13	74.54	196.14	0.06	0.01	0.10
2004-06-30	43050.76	21368.55	1013.04	3042.92	-161.91	1.01	0.11	58.25	198.54	0.07	0.01	0.08
2004-12-31	47444.66	23028.18	982.03	3437.32	46.94	1.06	0.12	-4.97	294.47	0.08	0.01	0.10
2005-06-30	48005.73	23409.69	209.51	3468.12	-310.56	1.05	0.09	-8.20	317.78	0.02	0.01	0.08
2005-12-31	48963.49	24454.59	401.07	3571.30	-125.17	1.00	0.08	19.58	313.73	0.04	0.01	0.09
2006-06-30	50596.69	25234.06	557.57	3915.68	-270.68	1.01	0.08	112.02	324.56	0.03	0.01	0.08
2006-12-31	60408.94	27614.83	377.22	3285.11	-226.61	1.19	0.15	7.95	497.53	0.09	0.01	0.09
2007-06-30	72243.07	33814.16	919.83	8423.19	783.19	1.14	0.18	1520.61	498.05	0.22	0.02	0.07
2007-12-31	89459.28	42489.39	6090.20	20658.79	635.32	1.11	0.19	1909.19	622.36	0.26	0.02	0.07
2008-06-30	91158.49	39975.57	2078.70	14338.38	387.07	1.28	0.19	1499.51	724.96	-0.06	0.02	0.07
2008-12-31	91306.50	38567.23	1905.84	8513.00	-955.43	1.37	0.20	1125.16	856.69	-0.04	0.00	0.07
2009-06-30	98310.87	43461.81	1857.10	13519.86	315.93	1.26	0.21	1186.37	648.61	0.13	0.01	0.06
2009-12-31	109109.92	48149.84	6151.75	18662.47	-41.65	1.27	0.23	1227.94	665.07	0.11	0.02	0.07
2010-06-30	113701.10	46383.25	4404.51	17299.83	-405.20	1.45	0.28	448.76	659.61	-0.04	0.01	0.06
2010-12-31	128203.97	53851.48	12337.85	23131.65	392.59	1.38	0.25	2320.32	967.34	0.16	0.02	0.08

表 B14　木材、家具制造企业样本公司资本经营系统的综合发展水平评价指标数据

时间 （年-月-日）	总资产 （百万元）	净资产 （百万元）	资本经营投资（百万元）	长期投资 （百万元）	资本经营收益（百万元）	产权比率	长期资本负债率	投资收益 （百万元）	财务费用 （百万元）	资本积累率	净资产收益率	总资产周转率
2001-06-30	3006.23	2539.29	252.00	156.27	1.74	0.26	0.01	3.83	5.54	—	—	—
2001-12-31	3314.67	2689.17	149.20	153.65	7.87	0.35	0.02	4.46	-0.74	0.06	0.01	0.05
2002-06-30	3664.41	2829.81	415.94	177.10	-0.15	0.44	0.02	-0.28	9.08	0.05	0.00	0.04
2002-12-31	3784.85	2876.31	211.97	225.58	18.75	0.49	0.02	13.22	19.11	0.02	0.00	0.05
2003-06-30	4034.68	3007.71	151.36	225.54	7.12	0.52	0.03	0.16	24.09	0.05	0.00	0.06
2003-12-31	4146.27	3137.31	35.56	156.74	83.99	0.54	0.04	19.00	27.19	0.04	0.00	0.07
2004-06-30	4072.08	3012.16	2.06	156.40	-39.61	0.52	0.04	4.59	25.06	-0.04	0.00	0.06
2004-12-31	4672.13	3100.89	26.42	179.18	-23.80	0.67	0.05	42.65	24.59	0.03	0.01	0.07
2005-06-30	5014.11	3276.06	0.00	182.77	-34.21	0.69	0.05	3.59	27.12	0.06	0.00	0.06
2005-12-31	5707.28	3248.73	38.07	180.06	-132.59	0.97	0.03	-9.16	37.88	-0.01	-0.01	0.08
2006-06-30	8330.14	3618.90	505.47	189.02	-58.50	1.50	0.24	1.44	63.55	0.11	0.01	0.06
2006-12-31	8218.79	3697.21	-26.05	189.84	-123.44	1.44	0.22	-0.99	128.89	0.02	0.01	0.09
2007-06-30	9325.15	4104.57	0.09	174.12	-93.02	1.45	0.21	0.77	102.56	0.11	0.01	0.07
2007-12-31	9964.24	4083.52	10.51	188.86	-81.53	1.57	0.16	-2.08	159.62	-0.01	0.02	0.09
2008-06-30	10434.16	4237.22	0.00	191.54	-165.35	1.59	0.13	2.68	161.05	0.04	0.01	0.07
2008-12-31	10775.76	4348.05	1.90	184.97	-165.92	1.62	0.16	3.81	165.76	0.03	0.00	0.08
2009-06-30	10650.47	3994.64	404.55	190.69	-114.23	1.82	0.20	5.73	130.15	-0.08	0.00	0.06
2009-12-31	10587.47	4031.12	223.23	293.52	-14.64	1.77	0.21	3.79	145.90	0.01	0.02	0.10
2010-06-30	11462.22	4133.23	41.25	299.97	-103.93	1.91	0.33	6.45	131.53	0.03	0.01	0.07
2010-12-31	11328.46	4180.93	-20.50	320.94	-184.94	1.83	0.31	-16.24	126.13	0.01	0.01	0.09

表 B15　造纸、印刷制造企业样本公司资本经营系统的综合发展水平评价指标数据

时间（年-月-日）	总资产（百万元）	净资产（百万元）	资本经营投资（百万元）	长期投资（百万元）	资本经营收益（百万元）	产权比率	长期资本负债率	投资收益（百万元）	财务费用（百万元）	资本积累率	净资产收益率	总资产周转率
2001-06-30	12990.73	8015.37	667.24	468.84	-17.96	0.62	0.16	64.01	15.79	—	—	—
2001-12-31	14547.15	8086.38	202.50	274.47	9.34	0.80	0.21	55.39	71.31	0.01	0.01	0.04
2002-06-30	15518.67	8518.66	530.32	544.65	-54.30	0.82	0.21	85.60	74.52	0.05	0.01	0.06
2002-12-31	16663.85	8904.63	128.14	471.57	-145.74	0.87	0.20	39.08	132.95	0.05	0.02	0.07
2003-06-30	17979.96	9652.47	386.55	667.97	-141.59	0.86	0.18	49.66	112.38	0.08	0.02	0.06
2003-12-31	19652.39	10845.92	124.84	630.84	-105.26	0.81	0.15	61.24	133.53	0.12	0.01	0.07
2004-06-30	22426.59	11375.98	235.46	661.65	-142.36	0.97	0.18	45.79	145.72	0.05	0.01	0.07
2004-12-31	26688.91	12495.93	44.54	706.89	-157.88	1.14	0.28	40.09	191.21	0.10	0.01	0.07
2005-06-30	28463.72	12973.50	120.41	695.33	-117.91	1.19	0.29	42.75	173.61	0.04	0.01	0.06
2005-12-31	32015.85	13507.18	40.40	704.77	-37.26	1.37	0.30	71.69	198.23	0.04	0.01	0.07
2006-06-30	35180.96	13852.33	39.07	747.33	-177.84	1.54	0.37	47.33	291.33	0.03	0.01	0.07
2006-12-31	37122.83	14350.91	191.15	844.60	-185.60	1.59	0.39	146.66	343.46	0.04	0.01	0.07
2007-06-30	40060.39	17473.70	100.06	672.50	-282.02	1.29	0.28	80.82	370.55	0.22	0.01	0.07
2007-12-31	40607.89	18882.45	733.96	632.67	-389.85	1.15	0.26	63.12	397.74	0.08	0.02	0.09
2008-06-30	45188.55	22567.19	36.91	623.84	-292.97	1.00	0.23	14.44	279.42	0.20	0.02	0.08
2008-12-31	46363.48	22730.47	148.67	596.08	-363.46	1.04	0.22	-2.31	479.83	0.01	0.00	0.07
2009-06-30	51500.17	23897.09	34.23	650.17	-212.42	1.16	0.22	69.63	369.81	0.05	0.00	0.06
2009-12-31	53582.73	27118.81	30.70	612.11	466.22	0.98	0.24	-14.52	357.09	0.13	0.02	0.07
2010-06-30	56153.21	27236.88	102.72	607.96	-372.59	1.06	0.26	43.17	320.87	0.00	0.01	0.07
2010-12-31	64166.17	28131.60	50.03	632.14	-326.28	1.28	0.30	34.53	322.46	0.03	0.01	0.07

表B16　石油、化学、塑胶、塑料制造业样本公司资本经营系统的综合发展水平评价指标数据

时间（年-月-日）	总资产（百万元）	净资产（百万元）	资本经营投资（百万元）	长期投资（百万元）	资本经营收益（百万元）	产权比率	长期资本负债率	投资收益（百万元）	财务费用（百万元）	资本积累率	净资产收益率	总资产周转率
2001 - 06 - 30	88089.39	52173.71	1524.73	4065.23	-504.39	0.69	0.15	113.78	451.63	—	—	—
2001 - 12 - 31	92156.76	53379.75	1450.04	3965.90	-189.28	0.73	0.15	23.08	539.39	0.02	0.01	0.08
2002 - 06 - 30	97738.59	56031.40	1439.66	4465.72	-607.72	0.75	0.16	6.64	623.52	0.05	0.01	0.08
2002 - 12 - 31	100264.49	56835.94	1465.87	4760.98	-739.82	0.76	0.16	-4.18	673.65	0.01	0.01	0.09
2003 - 06 - 30	106974.25	59977.18	1581.71	4545.38	-776.74	0.78	0.17	50.12	702.23	0.06	0.01	0.10
2003 - 12 - 31	116744.39	63713.35	1251.76	4980.50	-867.69	0.83	0.19	14.27	732.22	0.06	0.01	0.10
2004 - 06 - 30	126256.91	65798.15	1787.72	5656.40	-1566.78	0.92	0.19	-5.30	802.85	0.03	0.01	0.11
2004 - 12 - 31	134657.99	71845.99	1316.08	5859.29	-1859.93	0.87	0.19	-20.47	936.67	0.09	0.02	0.12
2005 - 06 - 30	143898.49	73580.75	1375.46	6236.36	-1734.94	0.96	0.20	-144.33	936.83	0.02	0.02	0.12
2005 - 12 - 31	149683.69	77080.77	514.60	6078.59	-107.24	0.94	0.20	47.89	942.02	0.05	0.01	0.12
2006 - 06 - 30	160907.04	78038.01	789.94	6355.30	-972.92	1.06	0.23	354.63	1156.17	0.01	0.01	0.12
2006 - 12 - 31	166938.80	84150.13	965.81	7267.99	-114.27	0.98	0.21	561.44	1249.75	0.08	0.01	0.13
2007 - 06 - 30	185441.55	91572.73	875.90	7820.90	-1633.54	1.03	0.23	997.61	1457.53	0.09	0.02	0.13
2007 - 12 - 31	207911.66	104705.54	1629.04	11983.22	-1763.85	0.99	0.21	1282.03	1731.92	0.14	0.01	0.13
2008 - 06 - 30	232835.05	106812.65	2431.38	9586.74	-407.59	1.18	0.26	634.97	2161.94	0.02	0.02	0.13
2008 - 12 - 31	238375.57	104842.03	2155.77	8306.43	3112.51	1.27	0.28	426.01	2479.94	-0.02	-0.01	0.11
2009 - 06 - 30	253404.59	107587.09	1825.28	8515.13	-532.20	1.36	0.31	664.62	2094.97	0.03	0.01	0.09
2009 - 12 - 31	269876.84	113790.07	3126.83	9120.94	-678.51	1.37	0.33	897.48	1885.87	0.06	0.01	0.10
2010 - 06 - 30	290153.01	119064.54	2637.92	9892.39	-1986.29	1.44	0.35	750.95	2212.15	0.05	0.01	0.11
2010 - 12 - 31	309363.31	127441.27	3941.19	10529.58	-2681.44	1.43	0.33	1404.04	2586.18	0.07	0.01	0.12

表 B17　电子制造企业样本公司资本经营系统的综合发展水平评价指标数据

时　间 （年 - 月 - 日）	总资产 （百万元）	净资产 （百万元）	资本经营投资（百万元）	长期投资 （百万元）	资本经营收益（百万元）	产权 比率	长期资本负债率	投资收益（百万元）	财务费用 （百万元）	资本积累率	净资产收益率	总资产周转率
2001 - 06 - 30	42210.45	29465.71	2982.44	1040.73	-96.58	0.43	0.03	97.26	36.66	—	—	—
2001 - 12 - 31	42992.67	28692.60	787.84	1267.00	225.92	0.50	0.04	80.52	-1.40	-0.03	0.00	0.08
2002 - 06 - 30	43090.42	29072.52	1362.03	1564.91	-63.13	0.48	0.04	75.68	49.55	0.01	0.00	0.09
2002 - 12 - 31	45317.14	29297.40	340.71	1454.48	-60.50	0.55	0.03	-33.02	54.59	0.01	0.00	0.09
2003 - 06 - 30	49697.63	29711.64	1154.81	1497.76	-108.03	0.67	0.04	80.03	71.28	0.01	0.00	0.09
2003 - 12 - 31	53619.40	30568.21	286.25	1761.35	-348.52	0.75	0.05	34.62	121.51	0.03	0.00	0.11
2004 - 06 - 30	55196.48	30768.97	480.15	1821.72	-189.13	0.79	0.05	73.37	67.52	0.01	0.00	0.09
2004 - 12 - 31	49474.64	27505.94	1903.27	2108.16	6.08	0.80	0.06	-229.37	118.48	-0.11	-0.03	0.11
2005 - 06 - 30	48373.32	28034.65	1013.51	2223.98	138.47	0.73	0.06	8.75	123.49	0.02	0.01	0.11
2005 - 12 - 31	51761.70	28812.27	1524.77	2149.75	44.76	0.80	0.05	-57.18	222.75	0.03	0.00	0.13
2006 - 06 - 30	51632.13	28259.77	226.92	2252.38	267.95	0.83	0.07	63.41	152.56	-0.02	0.01	0.13
2006 - 12 - 31	55578.50	29203.24	203.04	2511.68	217.38	0.90	0.07	102.64	285.32	0.03	0.01	0.16
2007 - 06 - 30	56354.15	30195.20	312.13	2389.60	-15.84	0.87	0.06	244.42	288.82	0.03	0.01	0.14
2007 - 12 - 31	68210.70	34885.18	3320.19	5628.07	-395.32	0.96	0.07	371.06	352.75	0.16	0.01	0.15
2008 - 06 - 30	68345.75	35476.53	956.99	4815.49	-453.86	0.93	0.08	167.43	380.23	0.02	0.01	0.13
2008 - 12 - 31	71133.61	36058.52	754.35	3576.93	-260.53	0.97	0.07	1.60	256.82	0.02	0.01	0.13
2009 - 06 - 30	75376.00	36415.29	394.61	3715.69	500.51	1.07	0.12	451.35	225.02	0.01	0.01	0.11
2009 - 12 - 31	87600.79	39879.71	601.43	3547.71	-117.13	1.20	0.14	745.42	212.50	0.10	0.01	0.14
2010 - 06 - 30	91190.91	40741.36	1559.66	3384.65	-220.16	1.24	0.15	386.76	293.03	0.02	0.01	0.13
2010 - 12 - 31	104624.84	43686.02	1112.12	3991.97	-196.59	1.39	0.16	546.28	133.95	0.07	0.01	0.14

表 B18 金属、非金属制造企业样本公司资本经营系统的综合发展水平评价指标数据

时间 （年-月-日）	总资产 （百万元）	净资产 （百万元）	资本经营投资 （百万元）	长期投资 （百万元）	资本经营收益 （百万元）	产权比率	长期资本负债率	投资收益 （百万元）	财务费用 （百万元）	资本积累率	净资产收益率	总资产周转率
2001-06-30	167699.88	100685.97	2145.54	3318.45	-1878.29	0.67	0.18	181.14	808.38	—	—	—
2001-12-31	189857.62	100698.22	1700.96	3286.41	-1538.86	0.89	0.29	154.08	913.47	0.00	0.01	0.09
2002-06-30	195513.08	107424.27	1232.59	3595.08	-2094.63	0.82	0.25	117.06	1238.91	0.07	0.01	0.09
2002-12-31	207423.45	109528.34	3155.09	4069.66	-2325.31	0.89	0.24	87.38	1044.83	0.02	0.02	0.10
2003-06-30	222494.95	119237.91	1490.51	4111.25	-2781.82	0.87	0.23	71.97	1116.68	0.09	0.02	0.11
2003-12-31	247317.33	133872.52	3101.84	4434.77	-3524.42	0.85	0.23	63.88	1293.20	0.12	0.02	0.12
2004-06-30	298253.25	150446.72	11052.17	4882.77	-3994.69	0.98	0.24	137.98	1127.12	0.12	0.02	0.13
2004-12-31	316431.99	165312.79	2635.39	4848.17	-4571.83	0.91	0.21	-104.14	1886.76	0.10	0.02	0.15
2005-06-30	431187.23	203098.47	29493.55	8975.27	-5555.34	1.12	0.22	193.70	1605.26	0.23	0.03	0.15
2005-12-31	432207.90	214918.47	-165.90	8056.35	-3708.68	1.01	0.23	-14.15	2159.67	0.06	0.01	0.14
2006-06-30	487006.64	222233.94	2916.99	8448.92	-4862.71	1.19	0.24	506.92	2545.91	0.03	0.02	0.14
2006-12-31	545625.96	255123.53	4242.21	8886.71	-8137.60	1.14	0.26	379.54	2946.72	0.15	0.02	0.15
2007-06-30	634605.46	277206.03	10680.74	16392.33	-7034.84	1.29	0.24	1566.10	3641.02	0.09	0.02	0.15
2007-12-31	740122.01	310148.46	2881.71	22139.31	-9247.45	1.39	0.26	2298.09	4949.65	0.12	0.02	0.15
2008-06-30	831072.33	334633.85	5902.70	19575.06	-7510.64	1.48	0.29	1221.22	5624.64	0.08	0.02	0.15
2008-12-31	788049.05	329380.83	9053.63	19468.93	-18589.65	1.39	0.29	1452.86	7354.66	-0.02	-0.01	0.13
2009-06-30	799455.96	326845.01	7578.64	21929.37	-1233.49	1.45	0.30	2644.96	5246.49	-0.01	0.00	0.10
2009-12-31	913411.82	369440.95	672.83	23536.90	-7915.79	1.47	0.29	2054.68	5057.90	0.13	0.01	0.13
2010-06-30	975771.00	383516.13	5647.61	23853.74	-8367.40	1.54	0.30	1090.62	6028.72	0.04	0.01	0.13
2010-12-31	1045785.70	410452.42	11579.01	26980.85	-7237.54	1.55	0.30	1919.70	6378.36	0.07	0.01	0.13

表 B19　机械、设备、仪表制造企业样本公司资本经营系统的综合发展水平评价指标数据

时间 (年-月-日)	总资产 (百万元)	净资产 (百万元)	资本经营投资 (百万元)	长期投资 (百万元)	资本经营收益 (百万元)	产权比率	长期资本负债率	投资收益 (百万元)	财务费用 (百万元)	资本积累率	净资产收益率	总资产周转率
2001-06-30	139773.29	82729.98	5960.57	11270.04	-288.03	0.69	0.07	526.17	487.80	—	—	—
2001-12-31	144976.45	85350.59	6668.99	11045.44	1280.50	0.70	0.06	457.85	425.95	0.03	0.01	0.09
2002-06-30	153211.60	89332.44	3661.25	12449.67	-415.74	0.72	0.06	432.61	440.59	0.05	0.01	0.10
2002-12-31	160141.84	90298.13	4204.93	13440.94	1036.47	0.77	0.05	696.57	324.02	0.01	0.01	0.10
2003-06-30	173147.84	96288.67	3024.56	14513.44	-54.11	0.80	0.05	1184.74	363.63	0.07	0.02	0.12
2003-12-31	183749.39	102217.18	3959.30	14934.77	-17.02	0.80	0.06	1029.93	343.22	0.06	0.01	0.12
2004-06-30	202166.38	106883.50	2870.34	16951.00	273.10	0.89	0.07	1582.23	407.54	0.05	0.02	0.14
2004-12-31	211866.14	113496.73	3158.15	16496.59	-292.77	0.87	0.06	370.88	468.64	0.06	0.01	0.12
2005-06-30	230848.82	115064.08	1924.45	17094.53	-486.53	1.01	0.06	534.15	527.15	0.01	0.01	0.13
2005-12-31	233428.87	120616.70	2177.37	17870.33	968.15	0.94	0.06	759.72	841.24	0.05	0.01	0.12
2006-06-30	257104.61	123774.45	3389.39	19997.30	-374.12	1.08	0.06	1193.74	749.23	0.03	0.01	0.14
2006-12-31	348914.89	155785.04	5854.90	16580.81	-497.89	1.24	0.10	1360.74	837.93	0.26	0.01	0.13
2007-06-30	376326.49	169260.13	19490.38	41506.09	2133.10	1.22	0.10	5846.93	1385.13	0.09	0.02	0.15
2007-12-31	451077.85	194771.55	13910.41	46789.93	1635.22	1.32	0.11	5389.14	976.18	0.15	0.02	0.14
2008-06-30	528896.83	210559.77	26608.47	50072.77	1625.18	1.51	0.13	6061.30	1395.90	0.08	0.02	0.14
2008-12-31	529613.70	216271.57	21257.26	50334.23	-4030.62	1.45	0.15	3850.41	2279.06	0.03	0.01	0.11
2009-06-30	588950.62	231950.24	22705.63	49817.58	-304.86	1.45	0.15	4581.49	1034.29	0.07	0.02	0.12
2009-12-31	678401.75	261915.02	23243.66	64598.53	3052.05	1.59	0.16	7984.82	870.85	0.13	0.02	0.13
2010-06-30	796639.32	305520.55	15327.71	54316.00	-413.57	1.61	0.17	7174.51	980.54	0.17	0.03	0.15
2010-12-31	936818.87	370048.45	54257.45	64058.32	330.48	1.53	0.14	7679.02	1044.61	0.21	0.03	0.15

表 B20　医药、生物制品制造企业样本公司资本经营系统的综合发展水平评价指标数据

时间 (年-月-日)	总资产 (百万元)	净资产 (百万元)	资本经营投资 (百万元)	长期投资 (百万元)	资本经营收益 (百万元)	产权比率	长期资本负债率	投资收益 (百万元)	财务费用 (百万元)	资本积累率	净资产收益率	总资产周转率
2001-06-30	43635.61	24777.71	1159.27	1967.99	-271.52	0.76	0.07	78.64	170.05	—	—	—
2001-12-31	47756.27	26860.46	8963.24	2820.74	-64.07	0.78	0.05	88.68	166.95	0.08	0.01	0.08
2002-06-30	53290.95	29003.94	1800.91	3244.31	-380.89	0.84	0.05	58.45	294.78	0.08	0.01	0.09
2002-12-31	53627.41	28652.39	2037.43	3499.06	-309.51	0.87	0.06	49.53	234.78	-0.01	0.01	0.09
2003-06-30	57157.33	30339.68	1929.99	4110.04	-329.94	0.88	0.06	210.43	301.54	0.06	0.01	0.10
2003-12-31	61079.38	32254.80	2290.05	4244.24	-101.56	0.89	0.09	47.11	258.50	0.06	0.01	0.09
2004-06-30	63409.04	33815.63	2356.70	5420.04	-408.36	0.88	0.09	91.30	288.58	0.05	0.01	0.10
2004-12-31	65156.64	34952.99	365.62	4953.22	-411.13	0.86	0.09	-239.29	336.01	0.03	0.00	0.09
2005-06-30	68188.71	36232.40	758.68	5322.62	-417.41	0.88	0.09	120.89	349.34	0.04	0.01	0.10
2005-12-31	68885.16	37225.47	1151.69	5101.23	-301.10	0.85	0.07	64.99	383.43	0.03	0.01	0.10
2006-06-30	72333.00	38837.17	1387.08	5352.40	-386.57	0.86	0.06	224.90	418.76	0.04	0.01	0.10
2006-12-31	75142.54	40799.19	3386.48	5661.94	-7.44	0.84	0.07	583.10	445.06	0.05	0.01	0.10
2007-06-30	80363.37	44142.28	2679.62	7584.38	414.17	0.82	0.06	1685.07	510.16	0.08	0.02	0.10
2007-12-31	86504.38	50214.10	2140.18	9777.50	1340.16	0.72	0.06	1949.05	485.51	0.14	0.02	0.10
2008-06-30	86992.90	52899.58	1806.78	9719.24	-401.21	0.64	0.06	1348.55	491.07	0.05	0.02	0.10
2008-12-31	90956.38	58100.57	2590.18	10563.07	123.61	0.57	0.07	763.19	520.22	0.10	0.02	0.09
2009-06-30	99642.44	62020.43	1780.27	11363.03	-286.67	0.61	0.10	1038.31	398.94	0.07	0.02	0.10
2009-12-31	109929.71	71192.41	2236.86	15130.95	1155.93	0.54	0.10	3806.03	250.71	0.15	0.03	0.10
2010-06-30	117879.64	75175.53	3703.10	16636.69	-502.97	0.57	0.11	1576.30	364.71	0.06	0.02	0.10
2010-12-31	128474.72	82412.29	4291.93	18033.71	-67.98	0.56	0.13	1432.08	291.52	0.10	0.02	0.09

附录 C 各类制造业企业总杠杆系数合理值域
确定的样本筛选结果

表 C1 2001 年下半年至 2005 年下半年各类制造业企业总杠杆系数合理值域确定的样本筛选结果（按评分结果由低到高排列）

行业类别	2001-12-31 股票代码	总杠杆系数	2002-06-30 股票代码	总杠杆系数	2002-12-31 股票代码	总杠杆系数	2003-06-30 股票代码	总杠杆系数	2003-12-31 股票代码	总杠杆系数	2004-06-30 股票代码	总杠杆系数	2004-12-31 股票代码	总杠杆系数	2005-06-30 股票代码	总杠杆系数	2005-12-31 股票代码	总杠杆系数
	000895	1.6613	600887	1.0827	600600	3.8601	000729	2.8795	000895	0.8537	000876	8.9099	000858	2.5145	600600	1.9128	000895	1.3927
	000876	0.7868	000911	3.7982	000729	0.8252	000858	0.8444	000876	0.8877	600887	1.9925	600519	1.4559	000895	0.6478	000876	2.3757
	000858	0.8367	000858	0.0673	000858	0.7923	600887	1.3305	000729	2.2377	000858	3.0742	000729	0.0066	600887	5.3043	600519	1.1717
	600519	3.5123	000876	1.2399	000876	1.5777	000895	2.3936	600519	1.2222	000752	1.4529	600600	11.202	000858	2.7576	600305	1.0466
食品饮料	000848	3.1038	600300	0.5669	600887	12.313	600186	10.579	600132	1.4106	000869	2.0263	000895	0.1731	600519	6.9991	600298	1.3006
	600300	9.708	000848	9.911	600132	1.1364	600519	4.556	000911	1.1448	000848	1.123	000876	0.1355	000869	0.4675	600132	2.8005
	000911	6.8116	600519	3.9629	600519	4.5223	600132	0.7468	600059	4.782	600059	5.3301	000911	9.037	000848	2.3282	600300	4.932
	000869	0.2423	600132	9.5945	000568	4.1025	000568	11.838	600298	2.0205	600186	1.6869	600132	0.9531	000568	8.025	000848	3.4151
	600809	16.427	600305	1.1955	000895	0.3957	600059	4.241	600809	3.357	600702	14.203	000869	6.0355			000568	11.043

续表

行业类别	2001-12-31 股票代码	2001-12-31 总杠杆系数	2002-06-30 股票代码	2002-06-30 总杠杆系数	2002-12-31 股票代码	2002-12-31 总杠杆系数	2003-06-30 股票代码	2003-06-30 总杠杆系数	2003-12-31 股票代码	2003-12-31 总杠杆系数	2004-06-30 股票代码	2004-06-30 总杠杆系数	2004-12-31 股票代码	2004-12-31 总杠杆系数	2005-06-30 股票代码	2005-06-30 总杠杆系数	2005-12-31 股票代码	2005-12-31 总杠杆系数
食品饮料	600059	5.6517	600059	3.4764	600059	9.7976	000752	0.0322	000752	2.9325			600059	5.5144			000858	2.2041
			600298	3.1388	000911	3.9432	600305	2.2112					600298	0.9666				
													000568	5.6295				
纺织服装皮毛	600626	2.2344	600177	3.4375	600241	5.8549	600626	2.7177	600295	0.9496	600626	1.193	600177	0.9737	600177	1.0777	600295	2.4384
	600295	1.1073	600884	0.8886	600884	2.13	000158	3.1673	600232	3.8423	600295	0.6723	000726	0.534	000726	1.8402	600232	1.106
	000158	10.419	000810	2.6723	600232	2.3655	000726	10.083	600241	1.6668	000726	3.4377	600295	0.6692	600295	1.2651	000158	2.7901
	600884	0.8819	000850	1.9735	000850	0.797	600295	0.7725	600884	2.0784	600884	1.2932	600241	3.2727	600626	1.0315	000810	1.3341
	000850	2.311	000726	10.931	600400	1.3583	600677	6.3377	600400	1.6879	600220	15.000	600232	2.7324	600400	0.3917	600884	4.2699
	600241	3.625	600241	4.1112	600233	2.8107	600398	1.7583	600398	7.8459	600398	1.1831	600400	11.544	000158	3.1483	600070	2.013
	000726	0.2168	600295	0.925	600070	5.9765	600884	2.0468	600070	3.181	000045	3.0777	600884	3.9481	600232	2.6746		
	600398	2.0731	600233	2.3324			600241	1.8228	600233	1.7053	000810	2.2776	000045	3.8846	000810	10.161		
	600400	4.9156					600233	1.5792			600232	3.071	600070	1.5568	600241	2.8151		
	600233	3.9875									600233	2.8592	600233	12.593	600233	5.3583		
											600241	1.4964			000045	2.4457		

续表

行业类别	2001-12-31 股票代码	总杠杆系数	2002-06-30 股票代码	总杠杆系数	2002-12-31 股票代码	总杠杆系数	2003-06-30 股票代码	总杠杆系数	2003-12-31 股票代码	总杠杆系数	2004-06-30 股票代码	总杠杆系数	2004-12-31 股票代码	总杠杆系数	2005-06-30 股票代码	总杠杆系数	2005-12-31 股票代码	总杠杆系数
木材家具*	000587	1.546	000587	2.239	000587	10.000	000587	2.970	000587	3.930	000587	3.780	000587	11.000	000910	7.520	000910	8.860
	000910	5.030	000910	3.638	000910	3.620	000910	-1.190	000910	6.650	000910	5.980	000910	1.200	600321	-0.860	600321	-10.000
	600321	-8.808	600321	-0.537	600321	-5.180	600321	-1.240	600321	-4.290	600321	-0.800	600321	4.070	000587	-11.290	000587	-10.000
造纸印刷	000488	5.5969	000488	9.9102	000488	0.9681	600356	2.2018	200986	0.8464	000488	6.4671	600308	1.2239	000488	3.3439	000488	3.3494
	600308	2.9612	200986	-0.8015	600836	20.233	600836	0.2487	600308	0.3728	600308	-0.0969	200986	0.1821	600308	-0.5032	600356	3.2541
	200986	7.4733	600308	0.824	600308	2.1312	600308	9.3035	600836	2.7058	200986	1.2923	600356	1.493	200986	7.1978	600235	5.8668
	600235	5.8362	600235	-3.7513	600356	2.044	600235	0.4062	600235	0.9118	000812	3.8608			600836	11.853		
					600235	2.7067	200986	0.5265							000812	3.8169		
							600812	2.7999							600356	-0.0217		
电子	600016	13.059	600839	-5.3449	600988	6.759	000016	1.586	000016	16.07	600183	4.9749	600366	3.0668	600060	7.6726	600060	3.5176
	600366	0.1462	000016	-13.465	600183	4.6782	600366	0.9758	600330	1.347	600733	2.0374	600183	0.9567	000016	4.5916	600366	1.0122
	600988	1.1123	600060	-2.9597	600330	1.4568	600183	1.522	600363	5.2703	000988	7.9471	600330	1.6807	600330	2.022	600183	8.4347
	600183	9.9426	600366	-0.4403	600363	6.8569	600171	11.295	600360	4.3782	600330	4.6907	600360	5.1232	600366	2.108	000823	2.6582
	600171	1.8052	600183	31.337	600360	13.392	600060	9.6408	000823	14.960	600360	2.4279			600360	2.6691	600360	0.8488
	600360	1.9342	600171	3.7909			000636	7.411	600171	5.2805					000823	1.4977	600363	2.8335
	600330	4.3602	600330	0.4281			600330	1.8666							000988	0.3182	000988	2.8023
	600733	2.1862	600363	-0.3277			600360	21.305							000636	2.0448		
	000823	6.4975					000988	6.9216										
	000636	4.4607																

续表

行业类别	2001-12-31 股票代码	总杠杆系数	2002-06-30 股票代码	总杠杆系数	2002-12-31 股票代码	总杠杆系数	2003-06-30 股票代码	总杠杆系数	2003-12-31 股票代码	总杠杆系数	2004-06-30 股票代码	总杠杆系数	2004-12-31 股票代码	总杠杆系数	2005-06-30 股票代码	总杠杆系数	2005-12-31 股票代码	总杠杆系数
	000637	1.6217	600636	0.6973	600688	9.5431	600315	18.633	600688	15.322	600688	3.5842	600688	2.9208	600309	1.5711	600096	2.9787
	000615	2.2437	600309	2.3741	000637	1.1548	600309	1.9202	000637	4.7251	600309	1.7389	000819	4.6811	600096	0.8909	000830	0.1251
	000619	1.5057	000615	20.480	000615	0.1983	600389	1.8606	000819	12.339	600636	7.1552	000637	4.696	000912	3.4719	000059	1.54
	000819	0.4462	000912	2.5983	000731	0.2233	600623	20.769	000615	0.4411	000525	0.7032	600596	9.9944	600227	3.7259	600623	4.2593
	600160	17.687	600135	4.2032	000819	1.5241	000912	10.206	000830	0.1523	600096	10.934	000822	0.3929	600636	18.154	000912	0.6429
	000422	0.3956	000525	2.232	000659	4.1172	600636	1.2893	600339	10.170	600389	0.2973	000936	0.9745	000822	2.7497	000422	9.9235
石油	000822	6.5703	000819	2.5162	600227	13.770	000822	0.4762	000589	0.7203	000830	7.1076	000830	1.7519	000731	2.7565	600596	6.8693
化学	000407	2.7846	600160	1.4443	000339	0.5804	000819	4.1897	000731	1.4831	000912	6.9963	000731	0.7499	000422	0.8084	000155	17.150
塑胶	600367	4.1831	600227	1.2048	600367	19.925	600160	2.6533	000635	1.2111	000635	1.0641	600389	6.2778	600160	2.6957	000731	1.9044
塑料	000698	12.506	000659	0.562	000822	0.5224	600889	1.4041	600636	10.970	600596	0.4033	000792	1.8445	000155	1.7706	000635	1.3986
	600725	8.0876	000731	1.2065	600061	1.7859	600367	0.121	600226	0.0494	000422	1.0458	600226	0.7976	600141	5.1282	600230	4.6145
	000859	1.4634	000830	2.0823	600135	1.1792	000615	1.1405	600078	13.630	600160	0.5556	600078	1.3527	600389	0.9783	000755	1.2132
	000309	11.280	000059	7.3898	000792	4.6334	000830	0.3132	000422	0.4585	600315	8.6971	000422	2.5711	600226	0.6911	000659	3.5325
	600227	0.4501	000155	1.5991	000912	9.1205	600096	2.701	000755	0.1813	000523	16.677			000819	2.8535	600725	9.0587
	600141	3.2695	000698	26.017			000589	12.725	000407	0.9021					000339	3.5834	600636	4.4324
	000659	5.2211	000407	2.3389			000731	0.9148							000407	16.406	600227	0.9843
			000859	2.1007			600227	0.0532							600078	6.795		
															000936	3.9215		

续表

行业类别	2001-12-31 股票代码	总杠杆系数	2002-06-30 股票代码	总杠杆系数	2002-12-31 股票代码	总杠杆系数	2003-06-30 股票代码	总杠杆系数	2003-12-31 股票代码	总杠杆系数	2004-06-30 股票代码	总杠杆系数	2004-12-31 股票代码	总杠杆系数	2005-06-30 股票代码	总杠杆系数	2005-12-31 股票代码	总杠杆系数
金属非金属	000959	12.096	600019	9.747	600019	6.0446	600019	1.4575	000959	2.7116	600019	2.1314	600005	1.853	600808	4.0974	000959	8.3634
	000039	1.1436	000959	19.272	000761	1.0201	000039	4.6671	600808	4.8365	000039	4.3026	000959	3.6318	600005	1.8271	600005	4.2735
	000401	5.046	000825	0.3877	600005	1.2771	600282	3.2253	000825	4.3197	600282	0.5825	000761	13.255	600282	0.8716	600808	8.9367
	000778	3.183	000761	0.5732	600808	7.3455	000825	0.9016	600282	1.3799	000825	0.6599	000709	3.3724	000039	2.3072	000709	4.0847
	000786	2.4204	000039	1.0797	600569	6.1112	000959	2.5589	000709	2.5817	600307	0.5139	000825	1.5949	600569	1.593	000878	3.9618
	600888	5.5462	600282	17.663	600231	14.686	600307	4.4307	000761	4.7814	600005	2.9167	000807	0.4365	000630	3.582	000807	4.2845
	000612	1.312	600005	3.1149	000807	1.8559	600126	2.1219	600126	1.8838	000630	2.8961	000039	1.5171			000761	5.2797
	600231	9.0124	600307	17.775			600231	0.7243	600307	0.9172	600801	2.7187	600569	7.0546			600282	5.484
			000630	3.6445			600569	0.7542	600660	0.5758	000807	1.6782	000878	15.963			000630	0.1924
			000778	0.0169			600660	2.6346	600231	4.3588			000630	0.5906			000825	3.6133
							000709	0.4814	000612	3.422			600255	25.999			000039	2.3267
							000778	0.6724	600569	3.9567							000612	3.9714
							000807	3.2507	600005	2.4926							600569	5.5649
							000630	0.2707										

续表

行业类别	2001-12-31 股票代码	总杠杆系数	2002-06-30 股票代码	总杠杆系数	2002-12-31 股票代码	总杠杆系数	2003-06-30 股票代码	总杠杆系数	2003-12-31 股票代码	总杠杆系数	2004-06-30 股票代码	总杠杆系数	2004-12-31 股票代码	总杠杆系数	2005-06-30 股票代码	总杠杆系数	2005-12-31 股票代码	总杠杆系数
机械、设备、仪表	600690	1.1436	600104	3.232	600104	2.4275	000527	2.6532	000625	6.5244	600104	7.1611	000625	2.1784	600104	1.8684	600104	3.8692
	000527	2.0719	000527	2.2848	000527	2.4738	600104	0.9526	600418	1.0907	000527	11.778	000527	9.3644	000527	2.7701	600686	0.3854
	600104	0.3576	000651	1.9177	600418	1.9811	000550	1.8638	600686	1.7345	600089	3.7092	600818	0.6586	600418	1.5724	200771	3.8596
	600418	2.7499	600006	0.471	600686	0.433	000651	0.6205	000800	2.0888	000625	0.4314	600686	1.6794	000651	1.0501	600418	9.5196
	600006	0.5591	000550	6.1479	600066	2.6399	600710	2.7944	600067	4.0487	600418	-0.0227	600066	3.5691	000581	1.301	000651	0.5875
	000550	3.3039	600619	1.6249	600006	3.5284	600418	4.5623	000527	9.5081	000157	0.628	600104	3.0407	600686	0.6739	600066	1.7836
	600066	9.8161	000680	4.7923	000316	1.882	600686	1.3003	600104	7.9299	600619	19.445	000617	4.3729	600006	1.0368	000541	2.0544
	600879	2.0253	000559	0.4027	000550	2.8421	600685	17.779	600066	7.4135	000400	1.3135	200771	2.5484	200771	0.4914	600550	5.5387
	600835	21.226	600710	0.9327	000625	14.591	600006	14.457	000550	1.1215	000800	-0.0491	000913	6.9607	600619	1.5677	000550	1.4159
	000651	1.8641	000581	0.1888	000913	3.3967	600835	0.4728	600835	0.6076	000651	1.7462	600303	5.3744	600835	4.2709	000800	24.384
	000913	1.2992	000800	11.556	600619	2.6109	600815	2.6534	000418	8.145	200771	2.1198	000157	3.7661	000550	12.401	600150	12.268
	000541	2.4771	600841	3.025	600501	2.846	600841	1.3635	600038	2.1056	600841	14.4	600835	23.982	600302	0.2104	600685	18.507
	600038	26.552	000528	0.5509	000559	0.2312	600066	2.7838	600303	3.0913	000550	0.8406	600388	0.1204	600067	2.9319	600202	1.7931
	600316	11.920	000913	16.946	600089	0.2724	600302	0.9331	000157	0.6769	000528	0.9309	600605	3.0041	000852	2.1016	000089	2.4145
	000400	0.6799			000425	19.499	900956	1.1645	600617	5.0622	600268	13.495	600006	0.0514	000157	3.3681	600527	0.8712
	000700	1.0574			600268	36.697	000551	2.5492	000400	0.7468	600617	0.8717	600150	6.5525	600528	3.0411	600006	16.437
	600261	4.5977			600303	0.4745	000527	2.6532	600619	1.9303	600006	1.9729	000559	5.5026	000400	0.9235	600879	3.329
	600391	6.1976			600151	1.6702			000528	1.0264	000700	4.2567	000400	0.4733	600765	0.3179	600303	1.7669
	000903	2.9659			600841	14.446			000680	0.9573			600268	3.5723	600761	1.1793	600761	1.1143
	600089	3.511							600710	3.5472			600501	3.9369	600303	2.0434	000157	0.0083
	600055	6.5712							000425	2.9774			600550	2.6939			000551	12.549
									600879	21.885			600619	1.2811			600261	1.1167
									600055	10.124							000400	1.0431
																	000528	1.2581

续表

行业类别	2001-12-31 代码	总杠杆系数	2002-06-30 代码	总杠杆系数	2002-12-31 代码	总杠杆系数	2003-06-30 代码	总杠杆系数	2003-12-31 代码	总杠杆系数	2004-06-30 代码	总杠杆系数	2004-12-31 代码	总杠杆系数	2005-06-30 代码	总杠杆系数	2005-12-31 代码	总杠杆系数
医药生物制品	600196	5.1823	600196	0.5625	000538	0.7196	600196	1.1144	000999	3.3845	600196	5.6637	600196	0.8264	600196	0.7760	000999	0.4508
	000999	4.1637	600332	5.8519	600085	1.0152	000999	4.2368	600196	11.026	600664	11.419	600085	0.2582	600664	9.8683	600332	3.5175
	000989	3.6398	600664	0.0368	000989	10.947	600664	6.0935	600664	5.0463	600085	1.0951	600267	10.302	000538	0.7595	600276	7.2596
	000990	6.3504	600085	1.3320	000990	2.7553	000522	2.9915	600267	1.9096	000522	6.3616	000623	0.0842	600085	0.3735	600085	0.5495
	000513	1.265	000522	1.1971	600488	2.1772	600085	0.7206	000522	5.0322	000999	5.9417	000919	19.301	600332	9.0745	000522	5.2975
	600085	1.9206	600062	1.0546	000522	3.5137	600267	1.3847	600332	10.652	600488	0.0524	000538	2.5523	000919	0.3664	000513	7.0845
	000623	0.5103	600488	0.3875	000423	0.1850	600161	2.0866	600276	12.905	000538	2.1987	600488	0.2038	000513	3.7572	600062	16.981
	600276	0.52	000623	0.5882	600666	5.0190	000538	7.6688	000623	3.8287	600276	2.9913	600518	3.3255	600276	0.8543	600267	5.5104
	000423	4.0976	600518	14.530	600267	13.120	600332	2.3258	000513	0.0056	600518	1.8140	000423	2.0661	000623	0.0600	000538	0.1769
	000522	3.942	600276	0.9586	000999	4.2884	000919	0.9206	600285	3.6514			000522	10.874	600161	4.8345	600750	3.9135
			000423	14.546	600216	5.1893	000623	6.0489	600085	1.1428			000153	1.6493	600750	8.7032	000423	0.3512
			600285	6.5240	000538		000989	0.2947	000919	1.0331			000989	3.0374	600216	12.687		
			000597	6.6454	600085				000423	0.7294			600276	2.6161				
			600161	3.8181									600161	13.045				
			600867	3.5103														

*由于木材家具制造企业的样本太少（只有三家），所以没有删掉样本，不过为了保证值域的合理性，对于异常常大和异常常小的值分别以 10 和 -10 代替。

表C2 2006年上半年至2010年下半年各类制造业企业总杠杆系数合理值域确定的样本筛选结果（按评分结果由高到低排列）

行业类别	2006-06-30 股票代码	总杠杆系数	2006-12-31 股票代码	总杠杆系数	2007-06-30 股票代码	总杠杆系数	2007-12-31 股票代码	总杠杆系数	2008-06-30 股票代码	总杠杆系数	2008-12-31 股票代码	总杠杆系数	2009-06-30 股票代码	总杠杆系数	2009-12-31 股票代码	总杠杆系数	2010-06-30 股票代码	总杠杆系数	2010-12-31 股票代码	总杠杆系数
食品饮料	000858	4.990	000876	0.932	000876	4.816	000895	0.715	000876	1.770	000895	32.00	600519	1.243	000858	1.893	600519	2.059	600519	1.79
	600887	2.379	000895	0.994	600887	3.355	000729	10.94	600600	14.73	600600	2.122	000858	3.282	600519	1.994	000858	0.905	000568	0.695
	600600	3.996	000911	7.855	600305	6.349	000568	11.98	600298	19.86	000911	5.011	600600	6.291	600600	7.491	600600	4.217	000895	1.930
	000895	0.940	600132	7.225	600600	7.881	600519	1.887	600132	2.676	600519	1.225	000895	9.441	000895	2.593	000729	4.301	000876	0.866
	600519	1.189	600298	1.023	000729	0.182	000858	2.759	600059	2.582	600132	0.958	000568	1.495	000869	4.322	000568	1.984	600132	11.85
	600809	4.404	000568	1.484	600132	6.447	000911	13.83	000858	11.44	000858	2.169	600298	7.499	000568	1.054	000848	0.791	600809	4.216
	600305	1.006	000729	9.011	000869	0.184	600300	6.682	600809	2.080	600298	1.033	600809	0.896	600300	3.716	600809	3.384	000911	2.226
	600132	0.807	600519	1.372	000568	1.693	600132	0.526			000568	1.132	600132	3.658	600132	0.968	600298	0.890	000848	4.374
	000752	3.801	000752	2.772	600059	9.669	600809	4.900			000848	0.221			600298	0.948	000752	1.616		
	000848	10.63	600809	2.086	600702	14.15	600059	1.223			000752	8.924			600809	12.16	600132	1.061		
			000858	1.919	600809	2.332					600809	6.470			000752	6.017	000911	3.598		
					600519	1.212					600702	4.836					600702	10.39		
					000858	5.941					000059	1.571					600305	1.878		
纺织服装皮毛	000726	0.268	600177	1.883	600677	15.63	000726	1.196	600677	6.318	600398	4.932	000045	1.771	000726	1.673	600295	0.344	600626	2.172
	000850	5.637	600626	1.422	000726	4.416	600070	7.969	600220	0.579	600884	5.360	600626	20.64	600233	2.841	000726	4.933	600241	1.048
	000810	4.611	000810	3.249	000158	5.218	000810	9.495	000850	18.11	000850	16.48	600884	2.560	000850	0.919	600233	2.064	600233	2.997
	600295	1.347	600070	3.024	600220	12.62	600233	1.322	000158	11.61	000810	5.101	600233	0.814	600398	8.164	000810	8.683	600220	3.005
	600177	1.332	600295	1.367	600295	1.658	600295	3.967	600177	1.608	600233	8.335	600295	2.682	600177	1.957	600177	3.512	600177	4.629
	600398	1.625			000850	8.997			600232	5.648	600241	8.576	600220	1.991	000810	8.910	600220	17.10		
	600232	3.056			600241	3.475			600233	4.293	000045	1.384	600241	9.331	600232	1.427	000158	2.610		

续表

行业类别	2006-06-30		2006-12-31		2007-06-30		2007-12-31		2008-06-30		2008-12-31		2009-06-30		2009-12-31		2010-06-30		2010-12-31	
	股票代码	总杠杆系数	股票代码	总杠杆系数	股票代码	总杠杆系数	股票代码	总杠杆系数	股票代码	总杠杆系数	股票代码	总杠杆系数	股票代码	总杠杆系数	股票代码	总杠杆系数	股票代码	总杠杆系数	股票代码	总杠杆系数
纺织服装皮毛	600400	1.132			600232	2.502			600398	2.248			000158	0.924			600398	2.815		
	600233	1.567			600398	1.983							600400	7.139			600232	3.330		
	600070	4.125			000045	3.559							600677	3.382						
	600241	3.566											600398	2.165						
													600232	1.932						
木材家具	000910	-8.080	000910	2.200	000910	2.690	000910	1.030	000910	0.320	000587	0.390	000587	0.870	000910	2.820	000910	1.690	000910	3.900
	600321	-1.400	600321	7.590	600321	10.00	600321	-1.740	600321	-10.0	000910	1.530	000910	1.900	600321	-0.770	600321	1.150	600321	4.220
	000587	3.150	000587	10.00	000587	2.590	000587	3.580	000587	10.00	600321	-0.32	600321	-1.030	000587	-3.170	000587	-4.57	000587	-10.00
造纸印刷	000488	5.137	200986	3.663	600308	1.823	000488	1.374	200986	25.63	600308	4.338	000488	1.757	600836	-12.75	600308	-0.24	600308	-1.895
	600308	1.690	600235	5.161	000812	0.731	600836	-1.526	600235	-5.36	600836	-0.74	600356	3.388	200986	6.894	600836	-1.58	600836	4.997
	200986	1.537	600356	0.549	600235	16.81	600308	34.628	600356	-4.25	200986	3.680	600235	4.605	600235	-2.244	200986	8.052	200986	19.692
	600235	5.737	600836	9.192	600836	1.933	200986	0.513	000812	0.543	600356	4.514	000812	4.225			600235	15.52	600235	-2.806
	600356	3.388					600356	2.410					200986	2.033			000812	-0.35	600356	-0.709
							000812	-3.962												
电子	600183	1.961	600839	0.851	600839	11.17	600366	-1.466	600060	1.196	600183	7.337	600839	5.811	600839	2.316	600183	1.526	600839	9.258
	600060	13.24	600060	1.427	600060	2.028	600183	0.526	000016	3.678	600060	6.438	600060	8.249	600366	1.178	600060	2.628	600060	7.431
	000823	1.241	000016	2.164	600360	1.765	000016	24.369	000988	10.62	000016	14.61	000016	2.648	600060	1.320	600366	-1.88	600330	1.808
	600360	0.925	600360	0.934	600330	4.110	600060	0.989	600360	2.710	000823	8.073	000988	5.699	600183	1.849	000823	-2.71	000823	4.348
	000988	2.054	000823	0.590	000016	3.438	000823	-0.378	600363	2.725	000988	0.839	600183	16.231	000823	2.397	000988	10.93	600171	1.553
	000733	7.504	600363	4.040	600363	9.318	600360	0.869	000733	22.87	600360	8.243	000823	1.857	600171	6.987	600171	13.26		
					600171	1.857			600171	3.041	600366	0.064	000733	1.686	600330	11.89				
													000636	5.030						
													600363	6.798						

续表

行业类别	2006-06-30 股票代码	总杠杆系数	2006-12-31 股票代码	总杠杆系数	2007-06-30 股票代码	总杠杆系数	2007-12-31 股票代码	总杠杆系数	2008-06-30 股票代码	总杠杆系数	2008-12-31 股票代码	总杠杆系数	2009-06-30 股票代码	总杠杆系数	2009-12-31 股票代码	总杠杆系数	2010-06-30 股票代码	总杠杆系数	2010-12-31 股票代码	总杠杆系数
	000792	1.181	000819	12.82	000637	1.356	600725	2.974	600688	2.590	600096	0.495	600688	5.154	000819	2.338	600688	8.286	000830	6.500
	000422	1.476	000822	0.229	000912	2.079	600309	2.002	000637	1.539	000422	6.574	000637	8.209	600309	0.530	000422	17.85	600725	16.798
	600635	0.522	600623	5.068	600096	0.764	000731	2.426	600596	2.646	600725	7.657	000819	1.705	600315	3.069	600096	3.487	600309	3.118
	000731	1.252	000422	0.946	000698	5.219	600596	2.213	600315	2.319	000635	21.09	000059	4.189	000830	12.42	000830	3.588	000635	15.437
	600141	7.942	000635	1.962	000422	1.378	600315	0.245	000822	3.275	000830	5.491	000731	0.218	000589	4.198	600623	6.006	600160	6.401
	600636	15.98	600141	9.483	000822	1.832	000985	1.142	000422	2.190	000698	6.660	600315	1.657	000422	1.737	000698	1.126	600061	7.536
	000619	0.977	600160	0.803	600309	0.575	000912	11.552	600096	0.379	600309	0.746	000525	18.071	000059	5.672	600141	0.370	000822	8.556
	600227	1.012	600309	2.373	000819	0.295	000830	6.741	000707	5.622	600389	0.958	600309	1.502	600141	0.941	600315	3.089	600339	2.658
	600589	2.227	000755	1.212	600389	2.356	600160	12.360	000830	1.335	000822	3.489	000912	12.339	000523	1.800	600227	2.371	000936	4.464
	600367	2.560	600389	20.45	600141	10.16			600226	1.556	000792	1.593	000985	11.570	600596	1.944	000523	5.077	000912	7.245
石油化学塑胶塑料	000819	18.91	000936	4.977	000635	3.260			600389	5.149	600160	2.464	600698	4.517	600227	4.011	000525	4.656	000949	0.133
	600260	3.121	600636	0.511	600755	8.188			000912	3.414	000912	2.760	000635	9.807	000936	7.661				
	600725	3.587	600061	5.795	000731	0.276			000698	10.10	600339	2.343	000936	2.138	600226	1.898				
			000792	1.668	600061	19.06			600227	1.018	000731	2.681	600227	0.163						
			600078	1.213	600063	0.882			600141	3.529	600230	3.634	000707	7.197						
			000912	2.909	600339	13.52			600367	3.647			600061	12.781						
			600063	0.025	000936	2.071			600725	2.943			600596	2.234						
			600725	5.115	000949	11.75			600135	20.31										
			600339	1.366																

续表

行业类别	2006-06-30 股票代码	总杠杆系数	2006-12-31 股票代码	总杠杆系数	2007-06-30 股票代码	总杠杆系数	2007-12-31 股票代码	总杠杆系数	2008-06-30 股票代码	总杠杆系数	2008-12-31 股票代码	总杠杆系数	2009-06-30 股票代码	总杠杆系数	2009-12-31 股票代码	总杠杆系数	2010-06-30 股票代码	总杠杆系数	2010-12-31 股票代码	总杠杆系数
	600019	3.281	600019	5.287	600825	1.125	600808	1.826	600019	21.68	600019	21.45	600019	4.161	600019	15.11	600019	3.919	000401	1.632
	000878	0.784	000878	0.972	000878	4.920	000630	1.273	600005	1.614	600005	9.606	600808	1.523	000709	2.255	000709	2.822	000709	4.440
	000039	8.398	000060	0.707	600005	2.880	000039	15.767	600808	2.420	600808	16.25	000709	2.437	600005	1.156	600111	4.583	000039	1.680
	000825	4.386	000761	6.104	000709	5.182	600569	1.928	000825	9.700	000825	23.95	600720	2.441	000401	1.083	000012	1.985	600801	25.596
	600255	2.099	000825	2.643	600282	7.901	000878	16.212	000709	2.106	000039	0.103	000825	0.457	600660	7.562	600612	7.485	000878	1.283
	600808	7.450	600005	5.439	600569	2.458	600282	1.550	000630	1.212	600801	6.749	600660	22.967	600291	9.880	000778	2.457	600111	3.056
	000630	0.584	600808	0.050			600801	4.227	000612	1.671	600720	6.100	600801	2.790	000012	1.678	600888	0.563	000012	1.093
	000709	5.558	000612	0.467			600117	3.979	600126	2.579	000709	5.616	000778	5.011	600720	3.574	000060	1.857	000630	6.603
	600005	13.18	000807	5.781			600307	1.110	000878	26.60	000786	16.20	000878	1.822	600307	2.811	000630	1.925	000060	4.307
	600126	5.120	600117	1.925			000401	1.676	600255	25.12	600888	4.064	600782	2.501	600801	1.095	000786	6.251	600720	0.281
金属非金属			600282	4.979			600660	1.114	000708	1.623			000612	15.546	000786	1.584			000786	2.093
			600660	0.109			600888	4.266	600782	1.072			000060	7.791	000060	2.917			600117	22.711
									000807	4.500									600569	4.292
									600231	0.898										

续表

行业类别	2006-06-30 股票代码	总杠杆系数	2006-12-31 股票代码	总杠杆系数	2007-06-30 股票代码	总杠杆系数	2007-12-31 股票代码	总杠杆系数	2008-06-30 股票代码	总杠杆系数	2008-12-31 股票代码	总杠杆系数	2009-06-30 股票代码	总杠杆系数	2009-12-31 股票代码	总杠杆系数	2010-06-30 股票代码	总杠杆系数	2010-12-31 股票代码	总杠杆系数
	000527	1.268	600104	0.052	600104	4.142	600150	1.529	600104	3.745	600104	27.19	000651	0.275	600104	7.205	600104	1.055	600104	0.721
	000651	0.374	600685	10.30	000527	2.381	600765	0.517	000527	1.315	600150	0.368	000157	2.347	000527	3.439	000157	1.582	000651	1.933
	600067	0.518	600686	0.765	000651	0.691	600066	3.376	600150	1.244	600089	0.115	000527	25.784	000157	0.546	600690	2.822	000527	2.047
	600006	5.493	600066	3.002	600685	4.001	000527	1.675	000651	0.798	000527	2.033	600690	6.459	000651	10.05	000527	2.099	600690	1.090
	000157	1.168	600418	17.57	600690	3.007	600848	6.344	000157	0.834	600686	9.029	600150	2.128	600150	3.835	000800	2.353	000418	1.042
	600690	0.730	600089	0.088	600067	6.336	600686	5.551	000768	0.234	600690	1.781	600800	5.173	000800	3.575	000528	1.952	600066	0.731
	600879	16.18	000527	1.401	000157	2.232	600089	1.564	600690	5.090	600066	12.42	600625	16.206	000625	-0.710	000625	14.68	600067	0.545
	000581	1.657	600150	2.761	600089	19.51	000157	1.151	600089	7.956	600848	18.12	600067	4.910	600067	1.887	600089	3.298	600686	2.729
	600303	0.319	000550	18.67	000528	1.850	600676	0.907	000528	1.369	600550	0.407	600550	4.167	600550	2.832	600066	0.053	000157	24.652
	000400	0.885	600690	1.817	600418	1.842	600690	1.779	600550	6.575	600268	6.427	600262	0.411	600066	1.916	000559	0.725	600303	3.816
	000680	3.552	600835	6.913	600686	-1.56	600268	7.296	000800	1.208	600388	27.42	200771	7.088	600151	-1.193	000425	4.754	600268	8.615
	600761	1.839	000800	12.25	600815	13.91	600388	1.110	600815	0.524	000528	3.272	600268	4.273	600686	11.54	600418	4.552	000528	5.138
	000852	3.326	600388	13.39	000550	18.97	600550	2.204	600006	0.791	000957	13.75	000700	2.451	000559	1.128	600067	9.029	000957	5.542
	600268	12.66	000528	2.038	600066	5.972			600848	6.162	600303	3.259	600685	1.402	000550	1.564	600150	-0.92	600685	-0.024
	000903	2.945	200771	6.341	600150	1.894			000680	2.967	600418	7.215	600686	2.043	600690	24.01	600550	11.06	600150	-0.104
	600150	0.390	600818	1.734	600006	1.390			600686	7.236	600202	0.677	000680	5.378	000528	5.450	000550	2.496	600501	27.086
	600501	2.723	000157	5.273	000680	5.790			000550	13.49	600835	2.770	600151	1.916	600418	10.38	600848	2.390	000680	3.176
机械设备仪表	600262	4.882	600815	2.747	600619	6.815			600391	5.812	600312	0.229			000768	-0.841	000680	2.018		
			600761	3.479	600710	11.07			600835	4.955	200771	5.663			600303	2.125	000651	-0.36		
			600261	0.681	600550	2.122			200771	2.376	600815	1.552			200771	7.499	600686	22.56		
					600761	0.344			600268	5.278	000680	3.619			000700	2.858	000418	0.735		
					600202	0.038			200706	21.08					600765	1.213	000913	-1.30		
					600501	3.686											600303	-0.78		
					000903	2.325											900956	-1.56		

续表

行业类别	2006－06－30		2006－12－31		2007－06－30		2007－12－31		2008－06－30		2008－12－31		2009－06－30		2009－12－31		2010－06－30		2010－12－31	
	股票代码	总杠杆系数	股票代码	总杠杆系数	股票代码	总杠杆系数	股票代码	总杠杆系数	股票代码	总杠杆系数	股票代码	总杠杆系数	股票代码	总杠杆系数	股票代码	总杠杆系数	股票代码	总杠杆系数	股票代码	总杠杆系数
	000538	1.595	600196	0.295	600332	1.498	600267	8.346	600216	12.23	000538	2.867	000597	1.486	000538	11.67	000597	0.631	000538	0.827
	600332	2.180	000999	0.689	600062	7.500	600518	1.100	600196	0.601	000990	1.251	000522	7.203	600216	5.016	000538	1.668	000623	2.299
	000919	0.180	600518	0.300	600196	4.869	000999	10.287	000538	1.032	000999	2.289	600518	0.118	600267	1.549	600267	4.107	600518	2.047
	600085	0.422	600332	2.332	000999	19.18	600062	13.207	000597	14.80	600062	6.252	000623	11.470	000597	4.415	000990	12.15	600750	0.064
	600518	1.034	600216	16.64	600276	2.566	000513	1.493	000999	4.620	600518	6.449	600276	2.993	000423	1.131	000522	8.643	000999	0.649
	600161	3.153	000522	15.21	000952	4.911	600085	3.335	600085	6.295	000522	1.792	000919	9.709	600161	0.553	600664	1.634	600267	6.009
	600276	1.386	000513	8.959	000919	4.066	000538	0.502	600518	3.537	000423	12.41	000999	0.024	600664	5.108	600216	12.84	000423	3.764
	000990	28.77	600062	2.170	000423	3.260	000952	6.993	000989	7.766	000989	7.013	600085	1.157	600750	0.028	600518	1.033	600332	9.260
	600750	0.948	600085	4.376					600332	0.118	600276	16.34	600750	13.177	000999	0.440	600062	18.48	600216	0.668
	600488	12.95	600488	6.213											600085	6.794	000423	7.511	600085	4.022
医药生物制品	000153	0.107															600750	11.45	000919	14.482
		27.60															600161	0.250		
	600285	3.628															600276	2.455		
	000989	13.29																		

参考文献

［1］杨波，2002，《资本经营》，北京：中央广播电视大学出版社。

［2］夏乐书等，2000，《资本经营理论与实务》，大连：东北财经大学出版社。

［3］吕波，2009，《资本的雪球》，北京：机械工业出版社。

［4］李锦，2009，《资本经营理论的提出》，长沙：湖南人民出版社。

［5］Modigliani F. & Miller M. H. 1958. The Cost of Capital, Corporation Finance, and the Theory of Investment. *American Economic Review*, 53: 433 – 443.

［6］Myers S. C. 1974. Interactions of Corporate Financing and Investment Decision: Implications for Capital Budgeting. *The Journal of Finance*, 29 (1): 1 – 25.

［7］Myers S. C. & Majluf N. 1984. Corporate Finance and Investment Decision when Firms have Information that Investors Do not Have. *Journal of Financial Economics*, (13): 187 – 221.

［8］Jensen, M. C. & W. H. Meckling. 1976. Theory of the Firm: Managerial Behavior, Agency Costs and Ownership Structure. *Journal of Financial Economics*, 3: 305 – 360.

［9］Harris, M. and A. Raviv. 1988. Corporate Control Contests and Capital

Structure, *Journal of Financial Economics*, 20: 55 - 86.

[10] Aghion P. & P. Bolton. 1992. An Incomplete Contract Approach to Financial Contracting, *Review of Economic Studies*, 59: 473 - 94.

[11] 马克思, 1975,《资本论》, 北京: 人民出版社。

[12] C. K. Prahalad & Gary Hamel. 1990. The Core Competence of the Corporation. *Harvard Business Review*, 5 (6): 2 - 15.

[13] 弗雷德·威斯通, 1998,《兼并、重组与公司控制》, 北京: 经济科学出版社。

[14] 潘爱香, 2001,《全面预算管理》, 杭州: 浙江人民出版社。

[15] Financial Accounting Standards Board. 1987. *Statement of Financial Accounting Standards* No. 95. Norwalk, CT.

[16] 熊海斌, 1997,《所有权与资本经营》, 北京: 中国物价出版社。

[17] 李凤云、王克、刘志伟, 1997,《资本经营》, 北京: 中国发展出版社。

[18] 高勇, 1998,《资本经营与操作》, 成都: 四川人民出版社。

[19] 石兆文, 2001,《现代产业资本运营》, 北京: 中国经济出版社。

[20] 孙世敏、王星、王永安, 2003,《沈阳市上市公司资本运作绩效评价》,《财会研究》第 5 期。

[21] 陈冬涛, 2005,《燕京啤酒资本运营研究》, 西北大学硕士学位论文。

[22] 刘玉丽, 2006,《上市传媒公司经营绩效及资本运营实证分析》,《价值工程》第 4 期。

[23] 郑江南, 2007,《我国上市公司收缩性资本运营绩效的实证研究》, 湖南大学硕士学位论文。

[24] 韩刚, 2009,《我国旅游饭店类上市公司资本运营实证分析》, 上海师范大学硕士学位论文。

[25] 任浩, 2005,《丰科集团有限公司资本运营风险研究》, 天津大学硕士学位论文。

[26] 倪瑛, 2007,《浙江民营企业资本运营风险及其评价体系研究》, 浙江工业大学硕士学位论文。

[27] 张刚刚、褚义景，2008，《企业资本运营风险研究》，《财会通讯》（理财版）第 10 期。

[28] 王雪峰，2001，《高等教育的资本运营研究》，河海大学博士学位论文。

[29] 何广涛、信育平，2004，《解读资本运营——企业资本运营模式精要与实证分析》，北京：机械工业出版社。

[30] 王泽波，2006，《企业资本运作模式及其优化选择研究》，重庆大学硕士学位论文。

[31] 曾建平，2006，《国有控股公司资本运营研究》，福建师范大学博士学位论文。

[32] 王炜，2006，《成功企业资本运营的分析》，对外经济贸易大学硕士学位论文。

[33] 王春霞，2008，《我国酒店类上市公司资本运营模式的选择研究》，青岛大学硕士学位论文。

[34] 唐成，2008，《国有资本运营比较模式研究》，中共中央党校博士学位论文。

[35] 陈明森、林述舜，2003，《中国资本运营问题报告》，北京：中国发展出版社。

[36] 陶功浩，2003，《农业企业资本运营研究》，湖南农业大学硕士学位论文。

[37] 高雅翠，2006，《我国企业资本运营存在的问题及对策分析》，《特区经济》第 6 期。

[38] 史立松，2006，《我国航运企业资本运营研究》，大连海事大学硕士学位论文。

[39] 薛晓军，2006，《企业资本运营理论与实证研究》，武汉理工大学硕士学位论文。

[40] 蒋文超，2007，《我国电力企业资本运营问题与对策研究》，中南大学硕士学位论文。

[41] 叶思遐，2009，《我国出版传媒整体上市及资本运营研究——对传媒改革路径再思考》，浙江大学硕士学位论文。

［42］陈承明、凌宗诠，2003，《〈资本论〉与社会主义市场经济》，上海：学林出版社。

［43］王鸿雁、黄宇、胡亚特，2004，《资本运营基本理论研究》，长沙：企业技术开发。

［44］胡鸣，2007，《江西民营企业资本运营研究》，南昌大学硕士学位论文。

［45］李玲洁，2008，《我国国有企业资本运营问题研究》，东北师范大学硕士学位论文。

［46］任秀梅，2007，《国有企业资本运营风险研究》，吉林大学博士学位论文。

［47］陈永忠、姚洪，2000，《国有企业资本运营研究》，北京：人民出版社。

［48］李玉平，2003，《资本经营会计研究》，山东农业大学博士学位论文。

［49］杨文，2003，《资本运营基本理论及资本运营与企业目标关系分析》，西安建筑科技大学硕士学位论文。

［50］马建国，2005，《国有资本运营风险的关键因素分析及对策研究》，河海大学硕士学位论文。

［51］徐欢，2006，《基于因子分析模型的航空航天上市公司资本运营评价研究》，西北工业大学硕士学位论文。

［52］车正红、李华，2010，《资本运营理论与实务》，北京：清华大学出版社。

［53］马学玲、刘志芳，2010，《资本经营理论与案例分析》，北京：中国人民大学出版社。

［54］Meyer J. & E. Kuh. 1957. *The Investment Decision*. Cambridge：Harvard University Press.

［55］Myers S. C. & N. S. Majluf. 1984. Corporate Financing and Investment Decisions when Firms have Information that Investors do not have. *Journal of Financial Economics*, 13（2）：187–221.

［56］Stiglitz J. & A. Weiss. 1981. Credit Rationing in Markets with Imperfect

Information. *American Economic Review*, (6): 393 – 410.

[57] Fazzari S. M. , R. G. Hubbard, B. C. Peterson. 1988. Financing Constraints and Corporate Investment. *Brookings Papers on Economic Activity*, (1): 141 – 206.

[58] Hoshi T. , Kashyap A. , Scharfstein D. 1991, Corporate Structure, Liquidity and Investment: Evidence from Japanese Industrial Groups. *Quarterly Journal of Economy*, 6: 88 – 98.

[59] Schaller, Huntley. 1993. Asymmetric Information, Liquidity Constrains, and Canadian Investment. *Canadian Journal of Economics*, 26: 552 – 574.

[60] Kaplan, S. N. and L. Zingales. 1997. "Do Investment-Cash Flow Sensitivities Provide Useful Measures of Financing Constraints," *The Quarterly Journal of Economics*, pp. 169 – 213.

[61] Kaplan Steven & Luigi Zingales. 2000. Investment – Cash Flow Sensitivities are not Valid Measures of Financing Constraints. *Quarterly Journal of Economics*, 2000, 115 (2): 707 – 712.

[62] Cleary S. 1999. The Relationship between Firm Investment and Financial Status. *The Journal of Finance*, 54 (2): 673 – 692.

[63] Jensen M. C. 1986. Agency Costs of Free Cash Flow, Corporate Finance, and Takeovers. *American Economic Review*, 76: 323 – 329.

[64] Devereux M. & F. Schiantarelli. 1990. Investment, Financial Factors, and Cash flow: Evidence from U. K. Panel Data. *Asymmetric Information, Corporate Finance and Investment*, University of Chicago Press, 279 – 306.

[65] Strong J. S. & J. R. Meyer. 1990. Sustaining Investment, Discretionary Investment, and Valuation: A Residual Funds Study of the Paper Industry [J] . *Asymmetric Information, Corporate Finance, and Investment*, University of Chicago Press, 127 – 148.

[66] Vogt S. 1994. The Cash Flow/Investment Relationship: Evidence from U. S. Manufacturing Firms, *Financial Management*. 23: 3 – 20.

[67] Hoshi T. , Kashyap A. , Scharfstein D. 1991. Corporate Structure, Liquidity, and Investment: Evidence from Japanese Industrial Groups.

Quarterly Journal of Economics. 106（1）：33 – 60.

[68] Carpenter R. 1993. Finance Constraints or Free Cash Flow? the Impact of Asymmetric Information on Investment, Emory University Working Paper.

[69] Stein Jeremy C. Agency. 2003. Information and Corporate Investment, *Handbook of the Economics of Finance*, 1：111 – 165.

[70] Arthur Morgado & Julio Pindado. 2003, The Underinvestment and Overinvestment Hypotheses：an Analysis Using Panel Data, *European Financial Management*, 9（2）：163 – 177.

[71] Brander J. & T. Lewis. 1986, Oligopoly and Financial Structure：the Limited Liability Effect, *American Economic Review*, 76（5）：956 – 970.

[72] Bolton P. & D. Scharfstein. 1990, A Theory of Predation Based on Agency Problems in Financial Contracting, *American Economic Review*, 80：93 – 106.

[73] Kovenock D. & G. M. Phillips. 1996, Capital Structure and Product Market Rivalry：How Do We Reconcile Theory and Practice?, *American Economic Review*, 85：403 – 408.

[74] 刘平，2003,《国外企业并购绩效理论及实证研究述评》,《外国经济与管理》第 7 期。

[75] Singh H. & Montgomery C. A. 1987, Corporate Acquisition Strategies and Economic Performance, *Strategic Management Journal*, 8：377 – 387.

[76] Healy Paul M. , Krishna G. A. Palepu, Richard S. Ruback. 1992, Does Corporate Performance Improve after Mergers? *Journal of Financial Economies*, 31（2）：135 – 175.

[77] Ghosh A. 2001, Does Operating Performance Really Improve Following Corporate Acquisitions? *Journal of Corporate Finance*, 7：151 – 178.

[78] Megginson W. L. , Morgan A. , Nail L. 2004, The Determinants of Positive Long – term Performance in Strategic Mergers：Corporate Focus and Cash, *Journal of Banking & Finance*, 28：523 – 552.

[79] Franks J R, Harris R S. , Titman S. 1991, The Post – merger Share – Price Performance of Acquiring Firms, *Journal of Financial Economies*, 29: 81 – 96.

[80] Fama E. F. & French K. R. , 1992, The Cross – Section of Expected Return, *Journal of Finance*, 47: 427 – 465.

[81] Rau P. R. & T. Vermaelen. Glamour, 1998, Value and the Post – Acquisition Performance of Acquiring Firms, *Journal of Financial Economics*, 49: 223 – 253.

[82] Shleifer A. & R. Vishny, 1986, Large Shareholders and Corporate Control, *Journal of Political Economy*, 94 (3): 461 – 488.

[83] Bradley M. , Desai A, Kim E H. 1988, Synergistic Gains From Corporate Acquisitions and Their Division Between the Shareholders of Target and Acquiring Firms, *Journal of Financial Economics*, 21: 3 – 40.

[84] Salter M. S. & Weinhold W. A. 1978, Diversification via Acquisition: Creating Value, *Harvard Business Review*, 55: 155 – 175.

[85] Mueller, D. C. 1980, *The Determinants and Effects of Mergers: An International Comparison*, Gunn & Hain Publishers, pp. 271 – 298.

[86] Ravenscraft D. J. & Scherer F. M. 1989, The Profitability of Mergers, *International Journal of Industrial Organization*, 7: 101 – 116.

[87] Seth A. 1990, Value Creation in Acquisitions: A Reexamination of Performance, *Strategic Management Journal*, 11: 99 – 115.

[88] Seth, A. 1990, Sources of Value Creation in Acquisitions: An Empirical Investigation, *Strategic Management Journal*, 11: 431 – 447.

[89] Carline N. F. , Linn S. C. , Yadav P. K. 2001, Impact of Firm Specific and Deal Specific Factors on the Real Gains in Corporate Mergers and Acquisitions: An Empirical Analysis, University of Oklahoma.

[90] Gort M. 1962, *Diversification and Integration in American Industry*, Princeton University Press.

[91] Arnould, R. J. 1969, Conglomerate Growth and Public Policy, *Economics of Conglomerate Growth*.

[92] Rumelt, R. P. 1974, *Strategy, Structure and Economic Performance*, Harvard Business University.

[93] Christensen H. K. & C. A. Montgomery. 1981, Corporate Economic Performance: Diversification Strategy versus Market Structure, *Strategic Management Journal*, 2 (4): 67 – 71.

[94] Lubatkin M. H. & S. Chatterjee. Extending Modern Portfolio Theory into the Domain of Corporate Diversification: Does it Apply?, *Academy of Management Journal*, 1994, (37): 109 – 136.

[95] Lubatkin M. L. and R. C. Rogers. 1989, Diversification, Systematic Risk, and Shareholder Return: A Capital Market Extension of Rumelt's 1974 Study, *Academy of Management Journal*, (32): 454 – 465.

[96] Markides C. C. 1992, Consequence of Corporate Refocusing: Ex ante Evidence, *Academy of Management Journal*, (35): 398 – 412.

[97] Markides C. C. & P. J. Williamson. 1994, Related Diversification, Core Competencies and Corporate Performance, *Strategic Management Journal*, (15): 149 – 165.

[98] Krubasik E. & H. Lautenschlager. 1993, *Forming Successful Strategic Alliances in High – Tech Businesses*, Collaborating to compete using strategic alliances and acquisitions in the global marketplace.

[99] James C. Anderson, Håkan Håkansson & Jan Johanson. 1994, Dyadic Business Relationships within a Business Network Context, *Journal of Marketing*, 58 (4): 1 – 15.

[100] Duhaime, I. M. & Grant, J. H.. 1984, Factors Influencing Divestment Decision – making: Evidence from a Lied Study, *Strategic Management Journal*. 5: 301 – 318.

[101] Coyne J. & Wright M. 1986, *Divestment and strategic change*, Philip Allan.

[102] Haynes M., Thompson S., Wright M. 2000, The Determinants of Corporate Divestment in UK, *International Journal of Industrial Organizations*. 18: 1201 – 1222.

[103] Montgomery C. A. & Thomas A. R. 1988, Divestment: Motives and Gains, *Strategic Management Journal*, 9: 93 - 97.

[104] Cho M. H. & Cohen M. A. 1997, Economic Cause and Consequences of Corporate Divestiture, *Managerial and Decision Economics*. 18: 367 - 374.

[105] Gadad A. M. & Thomas H. 2001, Effects of Divestiture on Operating Performance and Shareholders' Wealth: UK Evidence. Working Paper.

[106] Haynes M., Thompson S. & Wright M. 2002, The Impact of Divestment on Firm Performance: Evidence from a Panel of UK Firms, *Journal of Industrial Economics*. 50: 173 - 196.

[107] Peavy John W. III & Jonathan A. Scott. 1985, The Effect of Stock for Debt Swaps on Security Returns, *Financial Review*, (20): 303 - 327.

[108] Finnerty John D. 1985, Stock - for - debt Swaps and Shareholder Returns, *Financial Management*, (14): 5 - 17.

[109] Lys, Thomas, Kondurur Sivaramakrishnan. 1988, Earnings Expectations and Capital Restructuring: The Case of Equity - for - Debt Swaps, *Journal of Accounting Research*, (26): 273 - 299.

[110] Bowe Michael & Dean James W. 1993, Debt - Equity Swaps: Investment Incentive Effects and Secondary Market Prices, *Oxford Economic Papers* (web site), 45 (1): 130 - 47.

[111] Yuta Seki. 2002, The Use of Debt - equity Swaps by Japanese Companies, *Capital Research Journal*, (3): 35 - 40.

[112] Lev B. and T. Sougiannis. 1996, The Capitalization, Amortization, and Value - Relevance of R&D, *Journal of Accounting and Economics*, (21): 107 - 137.

[113] Aboody D. & B. lev. 1998, The Value Relevance of Intangibles: the Case of Software Capitalization, *Journal of Accounting Research*, (36): 161 - 191.

[114] 巴鲁·列弗, 2003, 《无形资产》, 王志台译, 北京: 中国劳动社

会保障出版社。

[115] Bontis N. 1986, Intellectual Capital: an Exploratory Study that Develops Measures and Models, *Management Decision*, 36 (2): 63 – 76.

[116] Pefia I. 2002, Intellectual Capital and Business Start – up Success, *Journal of Intellectual capital*, 3 (2): 180 – 198.

[117] Raine Hermans & Ilkka Kauranen. 2003, Intellectual Capital and Anticipated Future Sales in Small and Medium – sized Biotechnology Companies, The Research Institute of the Finnish Economy.

[118] Riahi – Belkaoui A. 2003, Intellectual capital and firm performance of U. S. multinational firms, *Journal of Intellectual Capital*, 4 (2): 215 – 226.

[119] 刘星原, 1998,《论商业企业资本、资产和商品的经营关系》,《商业经济研究》第 4 期。

[120] 苗耕书, 1998,《抓好资本经营与商品经营的结合》,《中国经贸》第 2 期。

[121] 吕根旭, 1998,《强基固本, 开拓外延——探索商品经营与资本经营的扩张发展道路》,《商场现代化》第 8 期。

[122] 唐瑞福, 1998,《商品经营和资本经营结合的成功道路——成都人民商场（集团）股份有限公司的探索》,《财经科学》第 6 期。

[123] 杨依依, 2006,《企业价值与价值创造的理论研究》, 武汉理工大学博士学位论文。

[124] 丁浩, 2006,《商品经营和资本运营的互动研究》,《首都经贸大学学报》第 5 期。

[125] 丁浩、尹丽萍, 2006,《商品经营、资本运营与核心竞争力》,《现代管理科学》第 5 期。

[126] 科普兰等, 2002,《价值评估: 公司价值的衡量与管理》（第 3 版）, 郝绍伦、谢关平译, 北京: 电子工业出版社。

[127] 张先治, 2007,《高级财务管理》, 大连: 东北财经大学出版社。

[128] 白仲林, 2008,《面板数据的计量经济分析》, 天津: 南开大学出

版社。

[129] 高铁梅，2006，《计量经济分析方法与建模》，北京：清华大学出版社。

[130] 陈涛、何宜庆、谢江林，2010，《基于 SD 的城镇就业人数影响因子模型及其仿真》，《南昌大学学报》（理科版）第 1 期。

[131] 贾俊平，2007，《统计学》，北京：中国人民大学出版社。

[132] 《中国证券监督管理委员会》，《上市公司行业分类指引》2001，4。

[133] 国泰安数据库［DB］，http：//www.gtaedu.com，2011 - 9。

[134] 贾仁安、丁荣化，2002，《系统动力学——反馈动态性复杂分析》，北京：高等教育出版社。

[135] 王维国，2000，《协调发展的方法与理论研究》，北京：中国财政经济出版社。

[136] 赵凌晨，2007，《黑龙江省区域创新系统与区域经济发展协调性研究》，哈尔滨工业大学硕士学位论文。

[137] 孟庆松、韩文秀，2000，《复合系统协调度模型研究》，《天津大学学报》第 33（4）期。

[138] 何晓群，2008，《多元统计分析》，北京：中国人民大学出版社。

[139] 陈长杰等，2004，《基于可持续发展的中国经济——资源系统协调分析》，《系统工程》第 22（3）期。

[140] Chen C. J. 2002，Research on the Evaluation of Sustainable Development Based on Information Share, Proceedings of the Fourth Asia - Pacific Conference on Industrial Engineering and Management system. 1048 - 1051.

[141] 赵生龙，2007，《人力资源与经济协调发展的系统研究》，西北工业大学博士学位论文。

[142] 李艳、曾珍香，2003，《经济 - 环境系统协调发展评价方法研究及应用》，《系统工程理论与实践》第 5 期。

[143] 中华人民共和国财政部，2001，《企业会计制度》，北京：经济科学出版社。

[144] 中华人民共和国财政部，2006，《企业会计准则应用指南》，上海：

立信会计出版社。

[145] 清科数据库 [DB]，http：//zdb. pedaily. cn/invlist. aspx，2011 - 7。

[146] 《11 月钢铁业亏损企业达 48 家》，《中国证券报》2008 年 12 月 29 日。

[147] 中国银行监督管理委员会，2008，《商业银行并购贷款风险管理指引》。

[148] 龚茂全，2007，《基于杠杆理论的公司财务风险控制研究》，湖南大学硕士学位论文。

[149] 中华人民共和国国家统计局数据库 [DB]，http：//www. stats. gov. cn/tjsj，2012 - 2 - 6。

[150] 国务院发展研究中心行业景气监测平台 [DB]，http：//drcicms. drcnet. com. cn，2012 - 2 - 6。

后 记

本书在撰写过程中，得到了许多师长和朋友的帮助。因此，在本书出版之际，首先，特别感谢我的导师何宜庆教授！他的循循善诱和谆谆教诲，使我逐步完善了自己的理论知识体系，为本书的出版奠定了知识基础。同时衷心感谢华东交通大学的欧阳治刚教授及南昌大学的陈涛、景德镇陶瓷学院的杨建仁、江西财经大学的王翠霞等老师，他们对本书在撰写过程中遇到的难点问题，提出了很多宝贵的建议，令本书增色颇多。其次，感谢江西省社会科学院设立了这个哲学社会科学成果出版资助项目，给我们提供了良好的机会和平台；感谢评审专家的厚爱，让这本书得以入选出版；感谢社会科学文献出版社编辑的辛勤劳动和指导，使本书得以顺利出版。最后，感谢给予我全力支持的家人！正是他们的鼓励、帮助和支持才使我有充足的信心和精力完成本书。

因自己的水平有限，书中难免存在错误，敬请读者批评指正和谅解。

图书在版编目（CIP）数据

制造企业商品经营和资本经营的互动与协调/胡俊南著. —北京：
社会科学文献出版社，2013.12
（江西省哲学社会科学成果文库）
ISBN 978 - 7 - 5097 - 5258 - 6

Ⅰ.①制… Ⅱ.①胡… Ⅲ.①制造工业 - 工业企业 - 商品经营 -
研究 ②制造工业 - 工业企业 - 资本经营 - 研究 Ⅳ.①F407.406

中国版本图书馆 CIP 数据核字（2013）第 265188 号

· 江西省哲学社会科学成果文库 ·
制造企业商品经营和资本经营的互动与协调

著　　者／胡俊南

出 版 人／谢寿光
出 版 者／社会科学文献出版社
地　　址／北京市西城区北三环中路甲 29 号院 3 号楼华龙大厦
邮政编码／100029

责任部门／社会政法分社（010）59367156　　责任编辑／赵慧英　关晶焱
电子信箱／shekebu@ ssap. cn　　　　　　责任校对／王绍颖
项目统筹／王 绯 周 琼　　　　　　　　 责任印制／岳 阳
经　　销／社会科学文献出版社市场营销中心（010）59367081　59367089
读者服务／读者服务中心（010）59367028

印　　装／三河市尚艺印装有限公司
开　　本／787mm×1092mm 1/16　　　　印　张／21.75
版　　次／2013 年 12 月第 1 版　　　　 字　数／341 千字
印　　次／2013 年 12 月第 1 次印刷
书　　号／ISBN 978 - 7 - 5097 - 5258 - 6
定　　价／75.00 元